JN075709

埋蔵文化財調査要覧

令和6年度

公益社団法人

日本文化財保護協会

監　修

監修にあたって

　公益社団法人日本文化財保護協会は平成 17 年 4 月に発足し、その後、一般社団法人を経て現在は公益社団法人として活動しています。

　当協会は文化財保護に携わる民間調査組織として必要となる技術の研鑽と更なる向上を図り、もって我が国の文化芸術の振興に寄与することを目的とし、全国 83 社の会員とともに公益活動などを行っています。

　さて、文化庁は平成 20 年 3 月 31 日の報告で、民間調査組織を導入する際の要件を明確にして民間活力導入への道を示し、平成 26 年 10 月 31 日の報告では民間調査組織を利用するに際しての留意事項を示しました。これらに応えて民間調査組織が、良きパートナーとして行政機関を支援して行くことができるのかどうか、当協会をはじめ、すべての民間調査組織がその力を強く問われています。

　本書はこうした協会を取り巻く状況を念頭に文化財保護に関する法令、その他の関係法令、調査の標準、費用の算出基準などに加え当協会の会員各社について、概要・業務内容・調査体制を編纂して掲載しています。

　発掘調査については文化庁による「発掘調査の手引き」という形で標準が示されています。本書はこれに準じて発掘調査を実施するための費用の算出基準として、文化庁の積算標準を掲載致しました。

　当協会では、平成 19 年に資格制度を設立し、既に 880 名を超える埋蔵文化財調査士・調査士補を認定していますが、本書には会員各社所属の同資格者の他、関連有資格者についても掲載致しました。あわせてご活用頂ければ幸いです。

　令和 6 年 7 月 1 日

公益社団法人　日本文化財保護協会
理事長　　　山　口　　寛

目　　次

公益社団法人　日本文化財保護協会

会　　員

【東日本支部】

目　次

本書の編集方法

　本書は、埋蔵文化財をはじめ、文化財保護に関する各種活動に資するために編集したものです。

　まず文化財保護法（抜粋）、文化財保護法及び地方教育行政の組織及び運営に関する法律の一部を改正する法律の概要、同新旧対照表、労働安全衛生法（抜粋）、改正品確法などの法令と文化庁の調査の標準（報告）、更に文化庁の積算標準（報告）を掲載しました。

　また、公益社団法人日本文化財保護協会会員各社の概要を令和6年6月までの報告に基づき編集してあります。会員各社の掲載順序は利用者の便宜を考慮して、地方・地域順に配列致しました。

　収録事項のうち留意すべき点は次のとおりです。

　　① 【本社】及び【営業所】は、会員会社の申請に基づき全て掲載しています。
　　② 【役職員数】は、会員会社の全ての役職員数及び文化財部門の人員です。
　　③ 【文化財統括責任者】は、会員会社の文化財部門の責任者です。
　　④ 【埋蔵文化財調査士】【埋蔵文化財調査士補】は、当協会に登録され、会員会社に所属
　　　する者を掲載しました。
　　⑤ 会員会社に所属している考古学関連学会会員の氏名及び関連資格者の人数を掲載しま
　　　した。
　　⑥ 【直前1年間の会社の総売上高】は、会員会社の年間総売上高及び文化財部門の売上高
　　　を掲載しました。
　　⑦ 【業務内容】は、会員各社の文化財関連の業務内容とその他の業務内容を掲載しました。
　　⑧ 【直前3年間の主な調査実績】は、会員会社の文化財関連の主な実績を掲載しました。

関係法令及び積算標準

文化財保護法（抜粋）

昭和25年5月30日法律第214号
最終改正：令和4年6月17日法律第68号

第1章　総　則

（この法律の目的）
第1条　この法律は、文化財を保存し、且つ、その活用を図り、もつて国民の文化的向上に資するとともに、世界文化の進歩に貢献することを目的とする。

（文化財の定義）
第2条　この法律で「文化財」とは、次に掲げるものをいう。

一　建造物、絵画、彫刻、工芸品、書跡、典籍、古文書その他の有形の文化的所産で我が国にとつて歴史上又は芸術上価値の高いもの（これらのものと一体をなしてその価値を形成している土地その他の物件を含む。）並びに考古資料及びその他の学術上価値の高い歴史資料（以下「有形文化財」という。）

二　演劇、音楽、工芸技術その他の無形の文化的所産で我が国にとつて歴史上又は芸術上価値の高いもの（以下「無形文化財」という。）

三　衣食住、生業、信仰、年中行事等に関する風俗慣習、民俗芸能、民俗技術及びこれらに用いられる衣服、器具、家屋その他の物件で我が国民の生活の推移の理解のため欠くことのできないもの（以下「民俗文化財」という。）

四　貝づか、古墳、都城跡、城跡、旧宅その他の遺跡で我が国にとつて歴史上又は学術上価値の高いもの、庭園、橋梁、峡谷、海浜、山岳その他の名勝地で我が国にとつて芸術上又は観賞上価値の高いもの並びに動物（生息地、繁殖地及び渡来地を含む。）、植物（自生地を含む。）及び地質鉱物（特異な自然の現象の生じている土地を含む。）で我が国にとつて学術上価値の高いもの（以下「記念物」という。）

五　地域における人々の生活又は生業及び当該地域の風土により形成された景観地で我が国民の生活又は生業の理解のため欠くことのできないもの（以下「文化的景観」という。）

六　周囲の環境と一体をなして歴史的風致を形成している伝統的な建造物群で価値の高いもの（以下「伝統的建造物群」という。）

2　この法律の規定（第27条から第29条まで、第37条、第55条第1項第4号、第153条第1項第1号、第165条、第171条及び附則第3条の規定を除く。）中「重要文化財」には、国宝を含むものとする。

3　この法律の規定（第109条、第110条、第112条、第122条、第131条第1項第4号、第153条第1項第10号及び第11号、第165条並びに第171条の規定を除く。）中「史跡名勝天然記念物」には、特別史跡名勝天然記念物を含むものとする。

（政府及び地方公共団体の任務）
第3条　政府及び地方公共団体は、文化財がわが国の歴史、文化等の正しい理解のため欠くことのできないものであり、且つ、将来の文化の向上発展の基礎をなすものであることを認識し、その保存が適切に行われるように、周到の注意をもつてこの法律の趣旨の徹底に努めなければならない。

（国民、所有者等の心構）
第4条　一般国民は、政府及び地方公共団体がこの法律の目的を達成するために行う措置に誠実に協力しなければならない。

2　文化財の所有者その他の関係者は、文化財が貴重な国民的財産であることを自覚し、これを公共のために大切に保存するとともに、できるだけこれを公開する等その文化的活用に努めなければならない。

3　政府及び地方公共団体は、この法律の執行に当つて関係者の所有権その他の財産権を尊重しなければならない。

第6章　埋蔵文化財

（調査のための発掘に関する届出、指示及び命令）
第92条　土地に埋蔵されている文化財（以下「埋蔵文化財」という。）について、その調査のため土地を発掘しようとする者は、文部科学省令の定める事項を記載した書面をもつて、発掘に着手しようとする日の30日前までに文化庁長官に届け出なければならない。ただし、文部科学省令の定める場合は、この限りでない。

2　埋蔵文化財の保護上特に必要があると認めるときは、文化庁長官は、前項の届出に係る発掘に関し必要な事項及び報告書の提出を指示し、又はその発掘の禁止、停止若しくは中止を命ずることができる。

（土木工事等のための発掘に関する届出及び指示）
第93条　土木工事その他埋蔵文化財の調査以外の目的で、貝づか、古墳その他埋蔵文化財を包蔵する土地として周知されている土地（以下「周知の埋蔵文化財包蔵地」という。）を発掘しようとする場合には、前条第1項の規定を準用する。この場合において、同項中「30日前」とあるのは、「60日前」と読み替えるものとする。

2　埋蔵文化財の保護上特に必要があると認めるときは、文化庁長官は、前項で準用する前条第1項の届出に係る発掘に関し、当該発掘前における埋蔵文化財の記録の作成のための発掘調査の実施その他の必要な事項を指示することができる。

（国の機関等が行う発掘に関する特例）

第94条　国の機関、地方公共団体又は国若しくは地方公共団体の設立に係る法人で政令の定めるもの（以下この条及び第97条において「国の機関等」と総称する。）が、前条第1項に規定する目的で周知の埋蔵文化財包蔵地を発掘しようとする場合においては、同条の規定を適用しないものとし、当該国の機関等は、当該発掘に係る事業計画の策定に当たつて、あらかじめ、文化庁長官にその旨を通知しなければならない。

2　文化庁長官は、前項の通知を受けた場合において、埋蔵文化財の保護上特に必要があると認めるときは、当該国の機関等に対し、当該事業計画の策定及びその実施について協議を求めるべき旨の通知をすることができる。

3　前項の通知を受けた国の機関等は、当該事業計画の策定及びその実施について、文化庁長官に協議しなければならない。

4　文化庁長官は、前2項の場合を除き、第1項の通知があつた場合において、当該通知に係る事業計画の実施に関し、埋蔵文化財の保護上必要な勧告をすることができる。

5　前各項の場合において、当該国の機関等が各省各庁の長（国有財産法（昭和23年法律第73号）第4条第2項に規定する各省各庁の長をいう。以下同じ。）であるときは、これらの規定に規定する通知、協議又は勧告は、文部科学大臣を通じて行うものとする。

（埋蔵文化財包蔵地の周知）

第95条　国及び地方公共団体は、周知の埋蔵文化財包蔵地について、資料の整備その他その周知の徹底を図るために必要な措置の実施に努めなければならない。

2　国は、地方公共団体が行う前項の措置に関し、指導、助言その他の必要と認められる援助をすることができる。

（遺跡の発見に関する届出、停止命令等）

第96条　土地の所有者又は占有者が出土品の出土等により貝づか、住居跡、古墳その他遺跡と認められるものを発見したときは、第92条第1項の規定による調査に当たつて発見した場合を除き、その現状を変更することなく、遅滞なく、文部科学省令の定める事項を記載した書面をもつて、その旨を文化庁長官に届け出なければならない。ただし、非常災害のために必要な応急措置を執る場合は、その限度において、その現状を変更することを妨げない。

2　文化庁長官は、前項の届出があつた場合において、当該届出に係る遺跡が重要なものであり、かつ、その保護のため調査を行う必要があると認めるときは、その土地の所有者又は占有者に対し、期間及び区域を定めて、その現状を変更することとなるような行為の停止又は禁止を命ずることができる。ただし、その期間は、3月を超えることができない。

3　文化庁長官は、前項の命令をしようとするときは、あらかじめ、関係地方公共団体の意見を聴かなければならない。

4　第2項の命令は、第1項の届出があつた日から起算して1月以内にしなければならない。

5　第2項の場合において、同項の期間内に調査が完了せず、引き続き調査を行う必要があるときは、文化庁長官は、1回に限り、当該命令に係る区域の全部又は一部について、その期間を延長することができる。ただし、当該命令の期間が、同項の期間と通算して6月を超えることとなつてはならない。

6　第2項及び前項の期間を計算する場合においては、第1項の届出があつた日から起算して第2項の命令を発した日までの期間が含まれるものとする。

7　文化庁長官は、第1項の届出がなされなかつた場合においても、第2項及び第5項に規定する措置を執ることができる。

8　文化庁長官は、第2項の措置を執つた場合を除き、第1項の届出がなされた場合には、当該遺跡の保護上必要な指示をすることができる。前項の規定により第2項の措置を執つた場合を除き、第1項の届出がなされなかつたときも、同様とする。

9　第2項の命令によつて損失を受けた者に対しては、国は、その通常生ずべき損失を補償する。

10　前項の場合には、第41条第2項から第4項までの規定を準用する。

（国の機関等の遺跡の発見に関する特例）

第97条　国の機関等が前条第1項に規定する発見をしたときは、同条の規定を適用しないものとし、第92条第1項又は第99条第1項の規定による調査に当たつて発見した場合を除き、その現状を変更することなく、遅滞なく、その旨を文化庁長官に通知しなければならない。ただし、非常災害のために必要な応急措置を執る場合は、その限度において、その現状を変更することを妨げない。

2　文化庁長官は、前項の通知を受けた場合において、当該通知に係る遺跡が重要なものであり、かつ、その保護のため調査を行う必要があると認めるときは、当該国の機関等に対し、その調査、保存等について協議を求めるべき旨の通知をすることができる。

3　前項の通知を受けた国の機関等は、文化庁長官に協議しなければならない。

4　文化庁長官は、前2項の場合を除き、第1項の通知があつた場合において、当該遺跡の保護上必要な勧告をすることができる。

5　前各項の場合には、第94条第5項の規定を準用する。

（文化庁長官による発掘の施行）

第98条　文化庁長官は、歴史上又は学術上の価値が特に高く、かつ、その調査が技術的に困難なため国において調査する必要があると認められる埋蔵文化財については、その調査のため土地の発掘を施行することができる。

2　前項の規定により発掘を施行しようとするときは、文化庁長官は、あらかじめ、当該土地の所有者及び権原に基づく占有者に対し、発掘の目的、方法、着手の時期その他必要と認める事項を記載した令書を交付しなければならない。

3　第1項の場合には、第39条(同条第3項において準用する第32条の2第5項の規定を含む。)及び第41条の規定を準用する。

（地方公共団体による発掘の施行）

第99条　地方公共団体は、文化庁長官が前条第1項の規定により発掘を施行するものを除き、埋蔵文化財について調査する必要があると認めるときは、埋蔵文化財を包蔵すると認められる土地の発掘を施行することができる。

2　地方公共団体は、前項の発掘に関し、事業者に対し協力を求めることができる。

3　文化庁長官は、地方公共団体に対し、第1項の発掘に関し必要な指導及び助言をすることができる。

4　国は、地方公共団体に対し、第1項の発掘に要する経費の一部を補助することができる。

（返還又は通知等）

第100条　第98条第1項の規定による発掘により文化財を発見した場合において、文化庁長官は、当該文化財の所有者が判明しているときはこれを所有者に返還し、所有者が判明しないときは、遺失物法（平成18年法律第73号）第4条第1項の規定にかかわらず、警察署長にその旨を通知することをもつて足りる。

2　前項の規定は、前条第1項の規定による発掘により都道府県又は地方自治法（昭和22年法律第67号）第252条の19第1項の指定都市（以下「指定都市」という。）若しくは同法第252条の22第1項の中核市（以下「指定都市等」という。）の教育委員会が文化財を発見した場合における当該教育委員会について準用する。

3　第1項（前項において準用する場合を含む。）の通知を受けたときは、警察署長は、直ちに当該文化財につき遺失物法第7条第1項の規定による公告をしなければならない。

（提出）

第101条　遺失物法第4条第1項の規定により、埋蔵物として提出された物件が文化財と認められるときは、警察署長は、直ちに当該物件を当該物件の発見された土地を管轄する都道府県の教育委員会（当該土地が指定都市等の区域内に存する場合にあつては、当該指定都市等の教育委員会。次条において同じ。）に提出しなければならない。ただし、所有者の判明している場合は、この限りでない。

（鑑査）

第102条　前条の規定により物件が提出されたときは、都道府県の教育委員会は、当該物件が文化財であるかどうかを鑑査しなければならない。

2　都道府県の教育委員会は、前項の鑑査の結果当該物件を文化財と認めたときは、その旨を警察署長に通知し、文化財でないと認めたときは、当該物件を警察署長に差し戻さなければならない。

（引渡し）

第103条　第100条第1項に規定する文化財又は同条第2項若しくは前条第2項に規定する文化財の所有者から、警察署長に対し、その文化財の返還の請求があつたときは、文化庁長官又は都道府県若しくは指定都市等の教育委員会は、当該警察署長にこれを引き渡さなければならない。

（国庫帰属及び報償金）

第104条　第100条第1項に規定する文化財又は第102条第2項に規定する文化財（国の機関又は独立行政法人国立文化財機構が埋蔵文化財の調査のための土地の発掘により発見したものに限る。）で、その所有者が判明しないものの所有権は、国庫に帰属する。この場合においては、文化庁長官は、当該文化財の発見された土地の所有者にその旨を通知し、かつ、その価格の2分の1に相当する額の報償金を支給する。

2　前項の場合には、第41条第2項から第4項までの規定を準用する。

（都道府県帰属及び報償金）

第105条　第100条第2項に規定する文化財又は第102条第2項に規定する文化財（前条第1項に規定するものを除く。）で、その所有者が判明しないものの所有権は、当該文化財の発見された土地を管轄する都道府県に帰属する。この場合においては、当該都道府県の教育委員会は、当該文化財の発見者及びその発見された土地の所有者にその旨を通知し、かつ、その価格に相当する額の報償金を支給する。

2　前項に規定する発見者と土地所有者とが異なるときは、前項の報償金は、折半して支給する。

3　第1項の報償金の額は、当該都道府県の教育委員会が決定する。

4　前項の規定による報償金の額については、第41条第3項の規定を準用する。

5　前項において準用する第41条第3項の規定による訴えにおいては、都道府県を被告とする。

（譲与等）

第106条　政府は、第104条第1項の規定により国庫に帰属した文化財の保存のため又はその効用から見て国が保有する必要がある場合を除いて、当該文化財の発見された土地の所有者に、その者が同条の規定により受けるべき報償金の額に相当するものの範囲内でこれを譲与することができる。

2　前項の場合には、その譲与した文化財の価格に相当する金額は、第104条に規定する報償金の額から控除するものとする。

3　政府は、第104条第1項の規定により国庫に帰属した文化財の保存のため又はその効用から見て国が保有する必要がある場合を除いて、独立行政法人国立文化財機構又は当該文化財の発見された土地を管轄する地方公共団体に対し、その申請に基づき、当該文化財を譲与し、又は時価よりも低い対価で譲渡することができる。

第107条　都道府県の教育委員会は、第105条第1項の規定により当該都道府県に帰属した文化財の保存のため又はその効用から見て当該都道府県が保有する必要がある場合を除いて、当該文化財の発見者又はその発見された土地の所有者に、その者が同条の規定により受けるべき報償金の額に相当するものの範囲内でこれを譲与することができる。

2　前項の場合には、その譲与した文化財の価格に相当する金額は、第105条に規定する報償金の額から控除するものとする。

（遺失物法の適用）

第108条　埋蔵文化財に関しては、この法律に特別の定めのある場合のほか、遺失物法の適用があるものとする。

第12章　補　則

第1節　聴聞、意見の聴取及び審査請求

（聴聞の特例）

第154条　文化庁長官（第184条第1項の規定により文化庁長官の権限に属する事務を都道府県又は市の教育委員会が行う場合には、当該都道府県又は市の教育委員会。）は、次に掲げる処分を行おうとするときは、行政手続法（平成5年法律第88号）第13条第1項の規定による意見陳述のための手続の区分にかかわらず、聴聞を行わなければならない。

三　第92条第2項の規定による発掘の禁止又は中止命令

四　第96条第2項の規定による同項の調査のための停止命令若しくは禁止命令又は同条第5項の規定によるこれらの命令の期間の延長

2　文化庁長官（第184条第1項又は第184条の2第1項の規定により文化庁長官の権限に属する事務を都道府県又は市町村の教育委員会が行う場合には、当該都道府県又は市町村の教育委員会。次条において同じ。）は、前項の聴聞又は第43条第4項（第125条第3項において準用する場合を含む。）若しくは第53条第4項の規定による許可の取消しに係る聴聞をしようとするときは、当該聴聞の期日の10日前までに、行政手続法第15条第1項の規定による通知をし、かつ、当該処分の内容並びに当該聴聞の期日及び場所を公示しなければならない。

3　前項の聴聞の期日における審理は、公開により行わなければならない。

（意見の聴取）

第155条　文化庁長官は、次に掲げる措置を行おうとするときは、関係者又はその代理人の出頭を求めて、公開による意見の聴取を行わなければならない。

三　第98条第1項の規定による発掘の施行

2　文化庁長官は、前項の意見の聴取を行おうとするときは、その期日の10日前までに、同項各号に掲げる措置を行おうとする理由、その措置の内容並びに当該意見の聴取の期日及び場所を当該関係者に通告し、かつ、その措置の内容並びに当該意見の聴取の期日及び場所を公示しなければならない。

3　第1項の意見の聴取においては、当該関係者又はその代理人は、自己又は本人のために意見を述べ、又は釈明し、かつ、証拠を提出することができる。

4　当該関係者又はその代理人が正当な理由がなくて第1項の意見の聴取に応じなかつたときは、文化庁長官は、当該意見の聴取を行わないで同項各号に掲げる措置をすることができる。

第3節　地方公共団体及び教育委員会

（都道府県又は市の教育委員会が処理する事務）

第184条　次に掲げる文化庁長官の権限に属する事務の全部又は一部は、政令で定めるところにより、都道府県又は市の教育委員会が行うこととすることができる。

六　第92条第1項（第93条第1項において準用する場合を含む。）の規定による届出の受理、第92条第2項の規定による指示及び命令、第93条第2項の規定による指示、第94条第1項の規定による通知の受理、同条第2項の規定による通知、同条第3項の規定による協議、同条第4項の規定による勧告、第96条第1項の規定による届出の受理、同条第2項又は第7項の規定による命令、同条第3項の規定による意見の聴取、同条第5項又は第7項の規定による期間の延長、同条第8項の規定による指示、第97条第1項の規定による通知の受理、同条第2項の規定による通知、同条第3項の規定による協議並びに同条第4項の規定による勧告

2　都道府県又は市の教育委員会が前項の規定によつてした同項第5号に掲げる第55条又は第131条の規定による立入調査又は調査のための必要な措置の施行については、審査請求をすることができない。

3　都道府県又は市の教育委員会が、第1項の規定により、同項第6号に掲げる事務のうち第94条第1項から第4項まで又は第97条第1項から第4項までの規定によるものを行う場合には、第94条第5項又は第97条第5項の規定は適用しない。

4　都道府県又は市の教育委員会が第1項の規定によつてした次の各号に掲げる事務（当該事務が地方自治法第2条第8項に

規定する自治事務である場合に限る。）により損失を受けた者に対しては、当該各号に定める規定にかかわらず、当該都道府県又は市が、その通常生ずべき損失を補償する。

　　三　第1項第6号に掲げる第96条第2項の規定による命令　同条第9項

5　前項の補償の額は、当該都道府県又は市の教育委員会が決定する。

6　前項の規定による補償額については、第41条第3項の規定を準用する。

7　前項において準用する第41条第3項の規定による訴えにおいては、都道府県又は市を被告とする。

8　都道府県又は市の教育委員会が第1項の規定によつてした処分その他公権力の行使に当たる行為のうち地方自治法第2条第9項第1号に規定する第1号法定受託事務に係るものについての審査請求は、文化庁長官に対してするものとする。

（修理等の施行の委託）

第186条　文化庁長官は、必要があると認めるときは、第38条第1項又は第170条の規定による国宝の修理又は滅失、き損若しくは盗難の防止の措置の施行、第98条第1項の規定による発掘の施行及び第123条第1項又は第170条の規定による特別史跡名勝天然記念物の復旧又は滅失、き損、衰亡若しくは盗難の防止の措置の施行につき、都道府県の教育委員会に対し、その全部又は一部を委託することができる。

2　都道府県の教育委員会が前項の規定による委託に基づき、第38条第1項の規定による修理又は措置の施行の全部又は一部を行う場合には、第39条の規定を、第98条第1項の規定による発掘の施行の全部又は一部を行う場合には、同条第3項で準用する第39条の規定を、第123条第1項の規定による復旧又は措置の施行の全部又は一部を行う場合には、同条第2項で準用する第39条の規定を準用する。

第13章　罰　則

第197条　次の各号のいずれかに該当する者は、50万円以下の罰金に処する。

　　二　第96条第2項の規定に違反して、現状を変更することとなるような行為の停止又は禁止の命令に従わなかつた者

第198条　次の各号のいずれかに該当する者は、30万円以下の罰金に処する。

　　二　第98条第3項（第186条第2項において準用する場合を含む。）において準用する第39条第3項において準用する第32条の2第5項の規定に違反して、発掘の施行を拒み、又は妨げた者

第202条　次の各号のいずれかに該当する者は、10万円以下の過料に処する。

　　六　第92条第2項の規定に違反して、発掘の禁止、停止又は中止の命令に従わなかつた者

　　七　正当な理由がなくて、第128条第1項の規定による制限若しくは禁止又は施設の命令に違反した者

第203条　次の各号のいずれかに該当する者は、5万円以下の過料に処する。

　　二　第31条第3項（第60条第4項（第90条第3項において準用する場合を含む。）、第80条及び第119条第2項（第133条において準用する場合を含む。）において準用する場合を含む。）、第32条（第60条第4項（第90条第3項において準用する場合を含む。）、第80条及び第120条（第133条において準用する場合を含む。）において準用する場合を含む。）、第33条（第80条、第118条及び第120条（これらの規定を第133条において準用する場合を含む。）並びに第172条第5項において準用する場合を含む。）、第34条（第80条及び第172条第5項において準用する場合を含む。）、第43条の2第1項、第53条の4若しくは第53条の5（これらの規定を第174条の2第1項において準用する場合を含む。）、第61条若しくは第62条（これらの規定を第90条第3項において準用する場合を含む。）、第64条第1項（第90条第3項及び第133条において準用する場合を含む。）、第65条第1項（第90条第3項において準用する場合を含む。）、第67条の4、第73条、第76条の9、第81条第1項、第84条第1項本文、第85条の3（第174条の2第1項において準用する場合を含む。）、第90条の3、第92条第1項、第96条第1項、第115条第2項（第120条、第133条及び第172条第5項において準用する場合を含む。）、第127条第1項、第129条の4（第174条の2第1項において準用する場合を含む。）、第133条の3、第136条又は第139条第1項の規定に違反して、届出をせず、又は虚偽の届出をした者

文化財保護法及び地方教育行政の組織及び運営に関する法律の一部を改正する法律の概要

| 趣　旨 | 過疎化・少子高齢化などを背景に、<u>文化財の滅失や散逸等の防止が緊急の課題</u>であり、未指定を含めた<u>文化財をまちづくりに活かし</u>つつ、<u>地域社会総がかりで、その継承に取組んでいく</u>ことが必要。このため、地域における<u>文化財の計画的な保存・活用の促進</u>や、<u>地方文化財保護行政の推進力の強化</u>を図る。 |

概　要

1．文化財保護法の一部改正

（1）地域における文化財の総合的な保存・活用

① <u>都道府県</u>は、文化財の保存・活用に関する<u>総合的な施策の大綱</u>を策定できる
【第183条の2第1項】

② <u>市町村</u>は、都道府県の大綱を勘案し、文化財の保存・活用に関する<u>総合的な計画</u>（文化財保存活用地域計画）を作成し、<u>国の認定を申請</u>できる。計画作成等に当たっては、住民の意見の反映に努めるとともに、<u>協議会を組織できる</u>（協議会は市町村、都道府県、文化財の所有者、文化財保存活用支援団体のほか、学識経験者、商工会、観光関係団体などの必要な者で構成）
【第183条の3第1項、同条第3項、第183条の9】

> 【計画の認定を受けることによる効果】　　　　　【第183条の5、第184条の2】
> ・<u>国の登録文化財とすべき物件を提案できる</u>こととし、未指定文化財の確実な継承を推進
> ・現状変更の許可など文化庁長官の権限に属する事務の一部について、都道府県・市のみならず認定町村でも行うことを可能とし、認定計画の円滑な実施を促進

③ 市町村は、地域において、文化財所有者の相談に応じたり調査研究を行ったりする民間団体等を<u>文化財保存活用支援団体</u>として指定できる
【第192条の2、第192条の3】

（2）個々の文化財の確実な継承に向けた保存活用制度の見直し

① 国指定等<u>文化財の所有者</u>又は<u>管理団体</u>（主に地方公共団体）は、<u>保存活用計画</u>を作成し、国の認定を申請できる
【第53条の2第1項等】

> 【計画の認定を受けることによる効果】　　　【第53条の4等（税制優遇は税法で措置）】
> ・国指定等文化財の現状変更等にはその都度国の許可等が必要であるが、認定保存活用計画に記載された行為は、<u>許可を届出とする</u>など手続きを弾力化
> ・美術工芸品に係る<u>相続税の納税猶予</u>（計画の認定を受け美術館等に寄託・公開した場合の特例）

② 所有者に代わり文化財を保存・活用する<u>管理責任者</u>について、<u>選任できる要件を拡大</u>し、高齢化等により所有者だけでは十分な保護が難しい場合への対応を図る
【第31条第2項等】

（3）地方における文化財保護行政に係る制度の見直し

① 下記2．により地方公共団体の長が文化財保護を担当する場合、当該地方公共団体には地方文化財保護審議会を必置とする
【第190条第2項】

② 文化財の巡視や所有者への助言等を行う<u>文化財保護指導委員</u>について、都道府県だけでなく<u>市町村にも置くことができる</u>こととする
【第191条第1項】

（4）罰則の見直し

① 重要文化財等の損壊や毀棄等に係る罰金刑の引き上げ等
【第195条第1項等】

2．地方教育行政の組織及び運営に関する法律の一部改正

地方公共団体における<u>文化財保護の事務</u>は教育委員会の所管とされているが、条例により<u>地方公共団体の長</u>が担当できるようにする
【地教行法第23条第1項】

| 施行期日 | 平成31年4月1日 |

文化財保護法及び地方教育行政の組織及び運営に関する法律の一部を改正する法律　新旧対照表

○文化財保護法（昭和二十五年法律第二百十四号）（第一条関係）······················12
○地方教育行政の組織及び運営に関する法律（昭和三十一年法律第百六十二号）（第二条関係）·····47
○銃砲刀剣類所持等取締法（昭和三十三年法律第六号）（附則第四条関係）·············48
○文化芸術基本法（平成十三年法律第百四十八号）（附則第五条関係）·············48
○武力攻撃事態等における国民の保護のための措置に関する法律（平成十六年法律第百十二号）（附則第六条関係）······49
○地域における歴史的風致の維持及び向上に関する法律（平成二十年法律第四十号）（附則第七条関係）·············51

○文化財保護法（昭和二十五年法律第二百十四号）（第一条関係）　　　　　　　　　　（傍線部分は改正部分）

改正後	現行
目次	目次
第一章　総則（第一条—第四条）	第一章　総則（第一条—第四条）
第二章　削除	第二章　削除
第三章　有形文化財	第三章　有形文化財
第一節　重要文化財	第一節　重要文化財
第一款　指定（第二十七条—第二十九条）	第一款　指定（第二十七条—第二十九条）
第二款　管理（第三十条—第三十四条）	第二款　管理（第三十条—第三十四条）
第三款　保護（第三十四条の二—第四十七条）	第三款　保護（第三十四条の二—第四十七条）
第四款　公開（第四十七条の二—第五十三条）	第四款　公開（第四十七条の二—第五十三条）
<u>第五款　重要文化財保存活用計画（第五十三条の二—第五十三条の八）</u>	
<u>第六款</u>　調査（第五十四条・第五十五条）	<u>第五款</u>　調査（第五十四条・第五十五条）
<u>第七款</u>　雑則（第五十六条）	<u>第六款</u>　雑則（第五十六条）
第二節　登録有形文化財（第五十七条—第六十九条）	第二節　登録有形文化財（第五十七条—第六十九条）
第三節　重要文化財及び登録有形文化財以外の有形文化財（第七十条）	第三節　重要文化財及び登録有形文化財以外の有形文化財（第七十条）
第四章　無形文化財（第七十一条—第七十七条）	第四章　無形文化財（第七十一条—第七十七条）
第五章　民俗文化財（第七十八条—第九十一条）	第五章　民俗文化財（第七十八条—第九十一条）
第六章　埋蔵文化財（第九十二条—第百八条）	第六章　埋蔵文化財（第九十二条—第百八条）
第七章　史跡名勝天然記念物（第百九条—<u>第百三十三条の四</u>）	第七章　史跡名勝天然記念物（第百九条—<u>第百三十三条</u>）
第八章　重要文化的景観（第百三十四条—第百四十一条）	第八章　重要文化的景観（第百三十四条—第百四十一条）

改正後	現　行
第九章　伝統的建造物群保存地区（第百四十二条―第百四十六条）	第九章　伝統的建造物群保存地区（第百四十二条―第百四十六条）
第十章　文化財の保存技術の保護（第百四十七条―第百五十二条）	第十章　文化財の保存技術の保護（第百四十七条―第百五十二条）
第十一章　文化審議会への諮問（第百五十三条）	第十一章　文化審議会への諮問（第百五十三条）
第十二章　補則	第十二章　補則
第一節　聴聞、意見の聴取及び審査請求（第百五十四条―第百六十一条）	第一節　聴聞、意見の聴取及び審査請求（第百五十四条―第百六十一条）
第二節　国に関する特例（第百六十二条―第百八十一条）	第二節　国に関する特例（第百六十二条―第百八十一条）
第三節　地方公共団体及び教育委員会（第百八十二条―第百九十二条）	第三節　地方公共団体及び教育委員会（第百八十二条―第百九十二条）
<u>第四節　文化財保存活用支援団体（第百九十二条の二―第百九十二条の六）</u>	
第十三章　罰則（第百九十三条―第二百三条）	第十三章　罰則（第百九十三条―第二百三条）
附則	附則
第三章　有形文化財	第三章　有形文化財
第一節　重要文化財	第一節　重要文化財
第二款　管理	第二款　管理
（所有者の管理義務及び管理責任者）	（所有者の管理義務及び管理責任者）
第三十一条　（略）	第三十一条　（略）
2　重要文化財の所有者は、<u>当該重要文化財の適切な管理のため必要があるときは、第百九十二条の二第一項に規定する文化財保存活用支援団体その他の適当な者を専ら自己に代わり</u>当該重要文化財の管理の責めに任ずべき者（以下この節及び<u>第百八十七条第一項第一号</u>において「管理責任者」という。）に選任することができる。	2　重要文化財の所有者は、<u>特別の事情が</u>あるときは、<u>適当な者をもつぱら自己に代り</u>当該重要文化財の管理の責に任ずべき者（以下この節及び<u>第十二章</u>において「管理責任者」という。）に選任することができる。
3・4　（略）	3・4　（略）
（管理団体による管理）	（管理団体による管理）
第三十二条の二　（略）	第三十二条の二　（略）
2～4　（略）	2～4　（略）
5　重要文化財の所有者又は占有者は、正当な理由がなくて、第一項の規定による指定を受けた地方公共団体その他の法人（以下この節及び<u>第百八十七条第一項第一号</u>において「管理団体」という。）が行う管理又はその管理のため必要な措置を拒み、妨げ、又は忌避してはならない。	5　重要文化財の所有者又は占有者は、正当な理由がなくて、第一項の規定による指定を受けた地方公共団体その他の法人（以下この節及び<u>第十二章</u>において「管理団体」という。）が行う管理又はその管理のため必要な措置を拒み、妨げ、又は忌避してはならない。
6　（略）	6　（略）

改正後	現　行
（現状変更等の制限）	（現状変更等の制限）
第四十三条　重要文化財に関しその現状を変更し、又はその保存に影響を及ぼす行為をしようとするときは、文化庁長官の許可を受けなければならない。ただし、現状変更については維持の措置又は非常災害のために必要な応急措置を執る場合、保存に影響を及ぼす行為については影響の軽微である場合は、この限りでない。	第四十三条　重要文化財に関しその現状を変更し、又はその保存に影響を及ぼす行為をしようとするときは、文化庁長官の許可を受けなければならない。ただし、現状の変更については維持の措置又は非常災害のために必要な応急措置を執る場合、保存に影響を及ぼす行為については影響の軽微である場合は、この限りでない。
2　（略）	2　（略）
3　文化庁長官は、第一項の許可を与える場合において、その許可の条件として同項の現状変更又は保存に影響を及ぼす行為に関し必要な指示をすることができる。	3　文化庁長官は、第一項の許可を与える場合において、その許可の条件として同項の現状の変更又は保存に影響を及ぼす行為に関し必要な指示をすることができる。
4　第一項の許可を受けた者が前項の許可の条件に従わなかつたときは、文化庁長官は、許可に係る現状変更若しくは保存に影響を及ぼす行為の停止を命じ、又は許可を取り消すことができる。	4　第一項の許可を受けた者が前項の許可の条件に従わなかつたときは、文化庁長官は、許可に係る現状の変更若しくは保存に影響を及ぼす行為の停止を命じ、又は許可を取り消すことができる。
5・6　（略）	5・6　（略）
第五款　重要文化財保存活用計画	
（重要文化財保存活用計画の認定）	
第五十三条の二　重要文化財の所有者（管理団体がある場合は、その者）は、文部科学省令で定めるところにより、重要文化財の保存及び活用に関する計画（以下「重要文化財保存活用計画」という。）を作成し、文化庁長官の認定を申請することができる。	
2　重要文化財保存活用計画には、次に掲げる事項を記載するものとする。	
一　当該重要文化財の名称及び所在の場所	
二　当該重要文化財の保存及び活用のために行う具体的な措置の内容	
三　計画期間	
四　その他文部科学省令で定める事項	
3　前項第二号に掲げる事項には、次に掲げる事項を記載することができる。	
一　当該重要文化財の現状変更又は保存に影響を及ぼす行為に関する事項	
二　当該重要文化財の修理に関する事項	
三　当該重要文化財（建造物であるものを除く。次項第六号において同じ。）の公開を目的とする寄託契約に関する事項	
4　文化庁長官は、第一項の規定による認定の申請があつた場合において、その重要文化財保存活用計画が次の各号のいずれにも適合するものであると認めるときは、その認定をするものとする。	

改正後	現　行
一　当該重要文化財保存活用計画の実施が当該重要文化財の保存及び活用に寄与するものであると認められること。 二　円滑かつ確実に実施されると見込まれるものであること。 三　第百八十三条の二第一項に規定する文化財保存活用大綱又は第百八十三条の五第一項に規定する認定文化財保存活用地域計画が定められているときは、これらに照らし適切なものであること。 四　当該重要文化財保存活用計画に前項第一号に掲げる事項が記載されている場合には、その内容が重要文化財の現状変更又は保存に影響を及ぼす行為を適切に行うために必要なものとして文部科学省令で定める基準に適合するものであること。 五　当該重要文化財保存活用計画に前項第二号に掲げる事項が記載されている場合には、その内容が重要文化財の修理を適切に行うために必要なものとして文部科学省令で定める基準に適合するものであること。 六　当該重要文化財保存活用計画に前項第三号に掲げる事項が記載されている場合には、当該寄託契約の内容が重要文化財の公開を適切かつ確実に行うために必要なものとして文部科学省令で定める基準に適合するものであること。 5　文化庁長官は、前項の認定をしたときは、遅滞なく、その旨を当該認定を申請した者に通知しなければならない。 （認定を受けた重要文化財保存活用計画の変更） 第五十三条の三　前条第四項の認定を受けた重要文化財の所有者又は管理団体は、当該認定を受けた重要文化財保存活用計画の変更（文部科学省令で定める軽微な変更を除く。）をしようとするときは、文化庁長官の認定を受けなければならない。 2　前条第四項及び第五項の規定は、前項の認定について準用する。 （現状変更等の許可の特例） 第五十三条の四　第五十三条の二第三項第一号に掲げる事項が記載された重要文化財保存活用計画が同条第四項の認定（前条第一項の変更の認定を含む。以下この款及び第百五十三条第二項第六号において同じ。）を受けた場合において、当該重要文化財の現状変更又は保存に影響を及ぼす行為をその記載された事項の内容に即して行うに当たり、第四十三条第一項の許可を受けなければならないときは、同項の規定にかかわらず、当該現状変更又は保存に影響を及ぼす行為が終了した後遅滞なく、文部科学省令で定めるところにより、その旨を文化庁長官に届け出ることをもつて足りる。	

改正後	現　行
（修理の届出の特例） 第五十三条の五　第五十三条の二第三項第二号に掲げる事項が記載された重要文化財保存活用計画が同条第四項の認定を受けた場合において、当該重要文化財の修理をその記載された事項の内容に即して行うに当たり、第四十三条の二第一項の規定による届出を行わなければならないときは、同項の規定にかかわらず、当該修理が終了した後遅滞なく、文部科学省令で定めるところにより、その旨を文化庁長官に届け出ることをもつて足りる。 （認定重要文化財保存活用計画の実施状況に関する報告の徴収） 第五十三条の六　文化庁長官は、第五十三条の二第四項の認定を受けた重要文化財の所有者又は管理団体に対し、当該認定を受けた重要文化財保存活用計画（変更があつたときは、その変更後のもの。次条第一項及び第五十三条の八において「認定重要文化財保存活用計画」という。）の実施の状況について報告を求めることができる。 （認定の取消し） 第五十三条の七　文化庁長官は、認定重要文化財保存活用計画が第五十三条の二第四項各号のいずれかに適合しなくなつたと認めるときは、その認定を取り消すことができる。 2　文化庁長官は、前項の規定により認定を取り消したときは、遅滞なく、その旨を当該認定を受けていた者に通知しなければならない。 （所有者等への指導又は助言） 第五十三条の八　都道府県及び市（特別区を含む。以下同じ。）町村の教育委員会（地方教育行政の組織及び運営に関する法律（昭和三十一年法律第百六十二号）第二十三条第一項の条例の定めるところによりその長が文化財の保護に関する事務を管理し、及び執行することとされた地方公共団体（以下「特定地方公共団体」という。）にあつては、その長。第百四十三条第三項、第百八十三条の八第四項、第百九十条第一項及び第百九十一条第一項を除き、以下同じ。）は、重要文化財の所有者又は管理団体の求めに応じ、重要文化財保存活用計画の作成及び認定重要文化財保存活用計画の円滑かつ確実な実施に関し必要な指導又は助言をすることができる。 2　文化庁長官は、重要文化財の所有者又は管理団体の求めに応じ、重要文化財保存活用計画の作成及び認定重要文化財保存活用計画の円滑かつ確実な実施に関し必要な指導又は助言をするように努めなければならない。 　　　第六款　調査 第五十五条　文化庁長官は、次の各号のいずれかに該当する場合において、前条の報告によつてもなお重要文化財に関する状況を確認することができず、かつ、その確認のため他に方法がない	 　　　第五款　調査 第五十五条　文化庁長官は、次の各号の一に該当する場合において、前条の報告によつてもなお重要文化財に関する状況を確

改正後	現行
と認めるときは、調査に当たる者を定め、その所在する場所に立ち入つてその現状又は管理、修理若しくは環境保全の状況につき実地調査をさせることができる。	認することができず、かつ、その確認のため他に方法がないと認めるときは、調査に当たる者を定め、その所在する場所に立ち入つてその現状又は管理、修理若しくは環境保全の状況につき実地調査をさせることができる。
一　重要文化財に関し現状変更又は保存に影響を及ぼす行為につき許可の申請があつたとき。	一　重要文化財に関し現状の変更又は保存に影響を及ぼす行為につき許可の申請があつたとき。
二　重要文化財が毀損しているとき又はその現状若しくは所在の場所につき変更があつたとき。	二　重要文化財がき損しているとき又はその現状若しくは所在の場所につき変更があつたとき。
三　重要文化財が滅失し、毀損し、又は盗み取られるおそれのあるとき。	三　重要文化財が滅失し、き損し、又は盗み取られる虞のあるとき。
四　特別の事情により改めて国宝又は重要文化財としての価値を鑑査する必要があるとき。	四　特別の事情によりあらためて国宝又は重要文化財としての価値を鑑査する必要があるとき。
2～4　（略）	2～4　（略）
第七款　雑則	第六款　雑則
第二節　登録有形文化財	第二節　登録有形文化財
（有形文化財の登録）	（有形文化財の登録）
第五十七条　（略）	第五十七条　（略）
2　文部科学大臣は、前項の規定による登録をしようとするときは、あらかじめ、関係地方公共団体の意見を聴くものとする。ただし、当該登録をしようとする有形文化財が第百八十三条の五第一項の規定による登録の提案に係るものであるときは、この限りでない。	2　文部科学大臣は、前項の規定による登録をしようとするときは、あらかじめ、関係地方公共団体の意見を聴くものとする。
3　（略）	3　（略）
（登録有形文化財の管理）	（登録有形文化財の管理）
第六十条　登録有形文化財の所有者は、この法律及びこれに基づく文部科学省令に従い、登録有形文化財を管理しなければならない。	第六十条　登録有形文化財の所有者は、この法律及びこれに基づく文部科学省令に従い、登録有形文化財を管理しなければならない。
2　登録有形文化財の所有者は、当該登録有形文化財の適切な管理のため必要があるときは、第百九十二条の二第一項に規定する文化財保存活用支援団体その他の適当な者を専ら自己に代わり当該登録有形文化財の管理の責めに任ずべき者（以下この節において「管理責任者」という。）に選任することができる。	2　登録有形文化財の所有者は、特別の事情があるときは、適当な者を専ら自己に代わり当該登録有形文化財の管理の責めに任ずべき者（以下この節において「管理責任者」という。）に選任することができる。
3～5　（略）	3～5　（略）
（登録有形文化財の現状変更の届出等）	（登録有形文化財の現状変更の届出等）
第六十四条　登録有形文化財に関しその現状を変更しようとする者は、現状を変更しようとする日の三十日前までに、文部科学省令で定めるところにより、文化庁長官にその旨を届け出なけれ	第六十四条　登録有形文化財に関しその現状を変更しようとする者は、現状を変更しようとする日の三十日前までに、文部

改正後	現　行
ばならない。ただし、維持の措置若しくは非常災害のために必要な応急措置又は他の法令の規定による現状変更を内容とする命令に基づく措置を執る場合は、この限りでない。 2　（略） 3　登録有形文化財の保護上必要があると認めるときは、文化庁長官は、第一項の届出に係る登録有形文化財の現状変更に関し必要な指導、助言又は勧告をすることができる。 （登録有形文化財保存活用計画の認定） 第六十七条の二　登録有形文化財の所有者（管理団体がある場合は、その者）は、文部科学省令で定めるところにより、登録有形文化財の保存及び活用に関する計画（以下「登録有形文化財保存活用計画」という。）を作成し、文化庁長官の認定を申請することができる。 2　登録有形文化財保存活用計画には、次に掲げる事項を記載するものとする。 　一　当該登録有形文化財の名称及び所在の場所 　二　当該登録有形文化財の保存及び活用のために行う具体的な措置の内容 　三　計画期間 　四　その他文部科学省令で定める事項 3　前項第二号に掲げる事項には、次に掲げる事項を記載することができる。 　一　当該登録有形文化財の現状変更に関する事項 　二　当該登録有形文化財（建造物であるものを除く。次項第五号において同じ。）のうち世界文化の見地から歴史上、芸術上又は学術上特に優れた価値を有するものの公開を目的とする寄託契約に関する事項 4　文化庁長官は、第一項の規定による認定の申請があつた場合において、その登録有形文化財保存活用計画が次の各号のいずれにも適合するものであると認めるときは、その認定をするものとする。 　一　当該登録有形文化財保存活用計画の実施が当該登録有形文化財の保存及び活用に寄与するものであると認められること。 　二　円滑かつ確実に実施されると見込まれるものであること。 　三　第百八十三条の二第一項に規定する文化財保存活用大綱又は第百八十三条の五第一項に規定する認定文化財保存活用地域計画が定められているときは、これらに照らし適切なものであること。	科学省令で定めるところにより、文化庁長官にその旨を届け出なければならない。ただし、維持の措置若しくは非常災害のために必要な応急措置又は他の法令の規定による現状の変更を内容とする命令に基づく措置を執る場合は、この限りでない。 2　（略） 3　登録有形文化財の保護上必要があると認めるときは、文化庁長官は、第一項の届出に係る登録有形文化財の現状の変更に関し必要な指導、助言又は勧告をすることができる。

改正後	現　行
四　当該登録有形文化財保存活用計画に前項第一号に掲げる事項が記載されている場合には、その内容が登録有形文化財の現状変更を適切に行うために必要なものとして文部科学省令で定める基準に適合するものであること。 　五　当該登録有形文化財保存活用計画に前項第二号に掲げる事項が記載されている場合には、当該寄託契約の内容が登録有形文化財の公開を適切かつ確実に行うために必要なものとして文部科学省令で定める基準に適合するものであること。 5　文化庁長官は、前項の認定をしたときは、遅滞なく、その旨を当該認定を申請した者に通知しなければならない。 （認定を受けた登録有形文化財保存活用計画の変更） 第六十七条の三　前条第四項の認定を受けた登録有形文化財の所有者又は管理団体は、当該認定を受けた登録有形文化財保存活用計画の変更（文部科学省令で定める軽微な変更を除く。）をしようとするときは、文化庁長官の認定を受けなければならない。 2　前条第四項及び第五項の規定は、前項の認定について準用する。 （現状変更の届出の特例） 第六十七条の四　第六十七条の二第三項第一号に掲げる事項が記載された登録有形文化財保存活用計画が同条第四項の認定（前条第一項の変更の認定を含む。以下この節及び第百五十三条第二項第七号において同じ。）を受けた場合において、当該登録有形文化財の現状変更をその記載された事項の内容に即して行うに当たり、第六十四条第一項の規定による届出を行わなければならないときは、同項の規定にかかわらず、当該現状変更が終了した後遅滞なく、文部科学省令で定めるところにより、その旨を文化庁長官に届け出ることをもつて足りる。 （認定登録有形文化財保存活用計画の実施状況に関する報告の徴収） 第六十七条の五　文化庁長官は、第六十七条の二第四項の認定を受けた登録有形文化財の所有者又は管理団体に対し、当該認定を受けた登録有形文化財保存活用計画（変更があつたときは、その変更後のもの。次条第一項及び第六十七条の七において「認定登録有形文化財保存活用計画」という。）の実施の状況について報告を求めることができる。 （認定の取消し） 第六十七条の六　文化庁長官は、認定登録有形文化財保存活用計画が第六十七条の二第四項各号のいずれかに適合しなくなつたと認めるときは、その認定を取り消すことができる。 2　文化庁長官は、前項の規定により認定を取り消したときは、遅滞なく、その旨を当該認定を受けていた者に通知しなければならない。	

改正後	現　行
(所有者等への指導又は助言)	
第六十七条の七　都道府県及び市町村の教育委員会は、登録有形文化財の所有者又は管理団体の求めに応じ、登録有形文化財保存活用計画の作成及び認定登録有形文化財保存活用計画の円滑かつ確実な実施に関し必要な指導又は助言をすることができる。	
2　文化庁長官は、登録有形文化財の所有者又は管理団体の求めに応じ、登録有形文化財保存活用計画の作成及び認定登録有形文化財保存活用計画の円滑かつ確実な実施に関し必要な指導又は助言をするように努めなければならない。	
第四章　無形文化財	第四章　無形文化財
(重要無形文化財の保存)	(重要無形文化財の保存)
第七十四条　文化庁長官は、重要無形文化財の保存のため必要があると認めるときは、重要無形文化財について自ら記録の作成、伝承者の養成その他その保存のため適当な措置を執ることができるものとし、国は、保持者、保持団体又は地方公共団体その他その保存に当たることが適当と認められる者(以下この章において「保持者等」という。)に対し、その保存に要する経費の一部を補助することができる。	第七十四条　文化庁長官は、重要無形文化財の保存のため必要があると認めるときは、重要無形文化財について自ら記録の作成、伝承者の養成その他その保存のため適当な措置を執ることができるものとし、国は、保持者、保持団体又は地方公共団体その他その保存に当たることを適当と認める者に対し、その保存に要する経費の一部を補助することができる。
2　(略)	2　(略)
(重要無形文化財の保存に関する助言又は勧告)	(重要無形文化財の保存に関する助言又は勧告)
第七十六条　文化庁長官は、重要無形文化財の保持者等に対し、重要無形文化財の保存のため必要な助言又は勧告をすることができる。	第七十六条　文化庁長官は、重要無形文化財の保持者若しくは保持団体又は地方公共団体その他その保存に当たることを適当と認める者に対し、重要無形文化財の保存のため必要な助言又は勧告をすることができる。
(重要無形文化財保存活用計画の認定)	
第七十六条の二　重要無形文化財の保持者等は、文部科学省令で定めるところにより、重要無形文化財の保存及び活用に関する計画(以下この章及び第百五十三条第二項第八号において「重要無形文化財保存活用計画」という。)を作成し、文化庁長官の認定を申請することができる。	
2　重要無形文化財保存活用計画には、次に掲げる事項を記載するものとする。	
一　当該重要無形文化財の名称及び保持者又は保持団体	
二　当該重要無形文化財の保存及び活用のために行う具体的な措置の内容	
三　計画期間	
四　その他文部科学省令で定める事項	

改正後	現　行
3　文化庁長官は、第一項の規定による認定の申請があつた場合において、その重要無形文化財保存活用計画が次の各号のいずれにも適合するものであると認めるときは、その認定をするものとする。 　一　当該重要無形文化財保存活用計画の実施が当該重要無形文化財の保存及び活用に寄与するものであると認められること。 　二　円滑かつ確実に実施されると見込まれるものであること。 　三　第百八十三条の二第一項に規定する文化財保存活用大綱又は第百八十三条の五第一項に規定する認定文化財保存活用地域計画が定められているときは、これらに照らし適切なものであること。 4　文化庁長官は、前項の認定をしたときは、遅滞なく、その旨を当該認定を申請した者に通知しなければならない。 （認定を受けた重要無形文化財保存活用計画の変更） 第七十六条の三　前条第三項の認定を受けた重要無形文化財の保持者等は、当該認定を受けた重要無形文化財保存活用計画の変更（文部科学省令で定める軽微な変更を除く。）をしようとするときは、文化庁長官の認定を受けなければならない。 2　前条第三項及び第四項の規定は、前項の認定について準用する。 （認定重要無形文化財保存活用計画の実施状況に関する報告の徴収） 第七十六条の四　文化庁長官は、第七十六条の二第三項の認定を受けた重要無形文化財の保持者等に対し、当該認定（前条第一項の変更の認定を含む。次条及び第百五十三条第二項第八号において同じ。）を受けた重要無形文化財保存活用計画（変更があつたときは、その変更後のもの。次条第一項及び第七十六条の六において「認定重要無形文化財保存活用計画」という。）の実施の状況について報告を求めることができる。 （認定の取消し） 第七十六条の五　文化庁長官は、認定重要無形文化財保存活用計画が第七十六条の二第三項各号のいずれかに適合しなくなつたと認めるときは、その認定を取り消すことができる。 2　文化庁長官は、前項の規定により認定を取り消したときは、遅滞なく、その旨を当該認定を受けていた者に通知しなければならない。 （保持者等への指導又は助言） 第七十六条の六　都道府県及び市町村の教育委員会は、重要無形文化財の保持者等の求めに応じ、重要無形文化財保存活用計画の作成及び認定重要無形文化財保存活用計画の円滑かつ確実な実施に関し必要な指導又は助言をすることができる。 2　文化庁長官は、重要無形文化財の保持者等の求めに応じ、重要無形文化財保存活用計画の作成及び認定重要無形文化財保存活用計画の円滑かつ確実な実施に関し必要な指導又は助言をす	

改正後	現　行
るように努めなければならない。 　　　第五章　民俗文化財 （重要有形民俗文化財の公開） 第八十四条　重要有形民俗文化財の所有者及び管理団体（第八十条において準用する第三十二条の二第一項の規定による指定を受けた地方公共団体その他の法人をいう。以下この章（第九十条の二第一項を除く。）及び第百八十七条第一項第二号において同じ。）以外の者がその主催する展覧会その他の催しにおいて重要有形民俗文化財を公衆の観覧に供しようとするときは、文部科学省令の定める事項を記載した書面をもつて、観覧に供しようとする最初の日の三十日前までに、文化庁長官に届け出なければならない。ただし、文化庁長官以外の国の機関若しくは地方公共団体があらかじめ文化庁長官から事前の届出の免除を受けた博物館その他の施設（以下この項において「公開事前届出免除施設」という。）において展覧会その他の催しを主催する場合又は公開事前届出免除施設の設置者が当該公開事前届出免除施設においてこれらを主催する場合には、重要有形民俗文化財を公衆の観覧に供した期間の最終日の翌日から起算して二十日以内に、文化庁長官に届け出ることをもつて足りる。 ２　（略） （重要有形民俗文化財保存活用計画の認定） 第八十五条の二　重要有形民俗文化財の所有者（管理団体がある場合は、その者）は、文部科学省令で定めるところにより、重要有形民俗文化財の保存及び活用に関する計画（以下「重要有形民俗文化財保存活用計画」という。）を作成し、文化庁長官の認定を申請することができる。 ２　重要有形民俗文化財保存活用計画には、次に掲げる事項を記載するものとする。 　一　当該重要有形民俗文化財の名称及び所在の場所 　二　当該重要有形民俗文化財の保存及び活用のために行う具体的な措置の内容 　三　計画期間 　四　その他文部科学省令で定める事項 ３　前項第二号に掲げる事項には、当該重要有形民俗文化財の現状変更又は保存に影響を及ぼす行為に関する事項を記載することができる。	第五章　民俗文化財 （重要有形民俗文化財の公開） 第八十四条　重要有形民俗文化財の所有者及び管理団体（第八十条で準用する第三十二条の二第一項の規定による指定を受けた地方公共団体その他の法人をいう。以下この章及び第十二章において同じ。）以外の者がその主催する展覧会その他の催しにおいて重要有形民俗文化財を公衆の観覧に供しようとするときは、文部科学省令の定める事項を記載した書面をもつて、観覧に供しようとする最初の日の三十日前までに、文化庁長官に届け出なければならない。ただし、文化庁長官以外の国の機関若しくは地方公共団体があらかじめ文化庁長官から事前の届出の免除を受けた博物館その他の施設（以下この項において「公開事前届出免除施設」という。）において展覧会その他の催しを主催する場合又は公開事前届出免除施設の設置者が当該公開事前届出免除施設においてこれらを主催する場合には、重要有形民俗文化財を公衆の観覧に供した期間の最終日の翌日から起算して二十日以内に、文化庁長官に届け出ることをもつて足りる。 ２　（略）

改正後	現　行
4　文化庁長官は、第一項の規定による認定の申請があつた場合において、その重要有形民俗文化財保存活用計画が次の各号のいずれにも適合するものであると認めるときは、その認定をするものとする。 一　当該重要有形民俗文化財保存活用計画の実施が当該重要有形民俗文化財の保存及び活用に寄与するものであると認められること。 二　円滑かつ確実に実施されると見込まれるものであること。 三　第百八十三条の二第一項に規定する文化財保存活用大綱又は第百八十三条の五第一項に規定する認定文化財保存活用地域計画が定められているときは、これらに照らし適切なものであること。 四　当該重要有形民俗文化財保存活用計画に前項に規定する事項が記載されている場合には、その内容が重要有形民俗文化財の現状変更又は保存に影響を及ぼす行為を適切に行うために必要なものとして文部科学省令で定める基準に適合するものであること。 5　文化庁長官は、前項の認定をしたときは、遅滞なく、その旨を当該認定を申請した者に通知しなければならない。 （現状変更等の届出の特例） 第八十五条の三　前条第三項に規定する事項が記載された重要有形民俗文化財保存活用計画が同条第四項の認定（次条において準用する第五十三条の三第一項の変更の認定を含む。第百五十三条第二項第十二号において同じ。）を受けた場合において、当該重要有形民俗文化財の現状変更又は保存に影響を及ぼす行為をその記載された事項の内容に即して行うに当たり、第八十一条第一項の規定による届出を行わなければならないときは、同項の規定にかかわらず、当該現状変更又は保存に影響を及ぼす行為が終了した後遅滞なく、文部科学省令で定めるところにより、その旨を文化庁長官に届け出ることをもつて足りる。 （準用） 第八十五条の四　重要有形民俗文化財保存活用計画については、第五十三条の三及び第五十三条の六から第五十三条の八までの規定を準用する。この場合において、第五十三条の三第一項中「前条第四項」とあるのは「第八十五条の二第四項」と、同条第二項中「前条第四項及び第五項」とあるのは「第八十五条の二第四項及び第五項」と、第五十三条の六中「第五十三条の二第四項」とあるのは「第八十五条の二第四項」と、第五十三条の七第一項中「第五十三条の二第四項各号」とあるのは「第八十五条の二第四項各号」と読み替えるものとする。 （重要無形民俗文化財の保存） 第八十七条　文化庁長官は、重要無形民俗文化財の保存のため必要があると認めるときは、重要無形民俗文化財について自ら記録の作	（重要無形民俗文化財の保存） 第八十七条　文化庁長官は、重要無形民俗文化財の保存のため必要があると認める

改正後	現　行
成その他その保存のため適当な措置を執ることができるものとし、国は、地方公共団体その他その保存に当たることが適当と認められる者（第八十九条及び第八十九条の二第一項において「保存地方公共団体等」という。）に対し、その保存に要する経費の一部を補助することができる。 ２　（略） （重要無形民俗文化財の保存に関する助言又は勧告） 第八十九条　文化庁長官は、保存地方公共団体等に対し、その保存のため必要な助言又は勧告をすることができる。 （重要無形民俗文化財保存活用計画の認定） 第八十九条の二　保存地方公共団体等は、文部科学省令で定めるところにより、重要無形民俗文化財の保存及び活用に関する計画（以下この章及び第百五十三条第二項第十三号において「重要無形民俗文化財保存活用計画」という。）を作成し、文化庁長官の認定を申請することができる。 ２　重要無形民俗文化財保存活用計画には、次に掲げる事項を記載するものとする。 　一　当該重要無形民俗文化財の名称 　二　当該重要無形民俗文化財の保存及び活用のために行う具体的な措置の内容 　三　計画期間 　四　その他文部科学省令で定める事項 ３　文化庁長官は、第一項の規定による認定の申請があつた場合において、その重要無形民俗文化財保存活用計画が次の各号のいずれにも適合するものであると認めるときは、その認定をするものとする。 　一　当該重要無形民俗文化財保存活用計画の実施が当該重要無形民俗文化財の保存及び活用に寄与するものであると認められること。 　二　円滑かつ確実に実施されると見込まれるものであること。 　三　第百八十三条の二第一項に規定する文化財保存活用大綱又は第百八十三条の五第一項に規定する認定文化財保存活用地域計画が定められているときは、これらに照らし適切なものであること。 ４　文化庁長官は、前項の認定をしたときは、遅滞なく、その旨を当該認定を申請した者に通知しなければならない。	ときは、重要無形民俗文化財について自ら記録の作成その他その保存のため適当な措置を執ることができるものとし、国は、地方公共団体その他その保存に当たることを適当と認める者に対し、その保存に要する経費の一部を補助することができる。 ２　（略） （重要無形民俗文化財の保存に関する助言又は勧告） 第八十九条　文化庁長官は、地方公共団体その他重要無形民俗文化財の保存に当たることを適当と認める者に対し、その保存のため必要な助言又は勧告をすることができる。

改正後	現　行
(準用) 第八十九条の三　重要無形民俗文化財保存活用計画については、第七十六条の三から第七十六条の六までの規定を準用する。この場合において、第七十六条の三第一項中「前条第三項」とあるのは「第八十九条の二第三項」と、同条第二項中「前条第三項及び第四項」とあるのは「第八十九条の二第三項及び第四項」と、第七十六条の四中「第七十六条の二第三項」とあるのは「第八十九条の二第三項」と、「次条及び第百五十三条第二項第八号」とあるのは「次条」と、第七十六条の五第一項中「第七十六条の二第三項各号」とあるのは「第八十九条の二第三項各号」と読み替えるものとする。 (登録有形民俗文化財) 第九十条　(略) 2　(略) 3　前二項の規定により登録された有形の民俗文化財(以下「登録有形民俗文化財」という。)については、第三章第二節(第五十七条及び第六十七条の二から第六十七条の七までの規定を除く。)の規定を準用する。この場合において、第六十四条第一項及び第六十五条第一項中「三十日前」とあるのは「二十日前」と、第六十四条第一項ただし書中「維持の措置若しくは非常災害のために必要な応急措置又は他の法令の規定による現状変更を内容とする命令に基づく措置を執る場合」とあるのは「文部科学省令で定める場合」と読み替えるものとする。 (登録有形民俗文化財保存活用計画の認定) 第九十条の二　登録有形民俗文化財の所有者(管理団体(前条第三項において準用する第六十条第三項の規定による指定を受けた地方公共団体その他の法人をいう。)がある場合は、その者)は、文部科学省令で定めるところにより、登録有形民俗文化財の保存及び活用に関する計画(以下「登録有形民俗文化財保存活用計画」という。)を作成し、文化庁長官の認定を申請することができる。 2　登録有形民俗文化財保存活用計画には、次に掲げる事項を記載するものとする。 一　当該登録有形民俗文化財の名称及び所在の場所 二　当該登録有形民俗文化財の保存及び活用のために行う具体的な措置の内容	(登録有形民俗文化財) 第九十条　(略) 2　(略) 3　前二項の規定により登録された有形の民俗文化財(以下「登録有形民俗文化財」という。)については、第三章第二節(第五十七条の規定を除く。)の規定を準用する。この場合において、第六十四条第一項及び第六十五条第一項中「三十日前」とあるのは「二十日前」と、第六十四条第一項ただし書中「維持の措置若しくは非常災害のために必要な応急措置又は他の法令の規定による現状の変更を内容とする命令に基づく措置を執る場合」とあるのは「文部科学省令で定める場合」と読み替えるものとする。

改正後	現　行
三　計画期間 　　四　その他文部科学省令で定める事項 3　前項第二号に掲げる事項には、当該登録有形民俗文化財の現状変更に関する事項を記載することができる。 4　文化庁長官は、第一項の規定による認定の申請があつた場合において、その登録有形民俗文化財保存活用計画が次の各号のいずれにも適合するものであると認めるときは、その認定をするものとする。 　　一　当該登録有形民俗文化財保存活用計画の実施が当該登録有形民俗文化財の保存及び活用に寄与するものであると認められること。 　　二　円滑かつ確実に実施されると見込まれるものであること。 　　三　第百八十三条の二第一項に規定する文化財保存活用大綱又は第百八十三条の五第一項に規定する認定文化財保存活用地域計画が定められているときは、これらに照らし適切なものであること。 　　四　当該登録有形民俗文化財保存活用計画に前項に規定する事項が記載されている場合には、登録有形民俗文化財の現状変更を適切に行うために必要なものとして文部科学省令で定める基準に適合するものであること。 5　文化庁長官は、前項の認定をしたときは、遅滞なく、その旨を当該認定を申請した者に通知しなければならない。 （現状変更の届出の特例） 第九十条の三　前条第三項に規定する事項が記載された登録有形民俗文化財保存活用計画が同条第四項の認定（次条において準用する第六十七条の三第一項の変更の認定を含む。第百五十三条第二項第十四号において同じ。）を受けた場合において、当該登録有形民俗文化財の現状変更をその記載された事項の内容に即して行うに当たり、第九十条第三項において準用する第六十四条第一項の規定による届出を行わなければならないときは、同項の規定にかかわらず、当該現状変更が終了した後遅滞なく、文部科学省令で定めるところにより、その旨を文化庁長官に届け出ることをもつて足りる。 （準用） 第九十条の四　登録有形民俗文化財保存活用計画については、第六十七条の三及び第六十七条の五から第六十七条の七までの規定を準用する。この場合において、第六十七条の三第一項中「前条第四項」とあるのは「第九十条の二第四項」と、同条第二項中「前条第四項及び第五項」とあるのは「第九十条の二第四項及び第五項」と、第六十七条の五中「第六十七条の二第四項」とあるのは「第九十条の二第四項」と、第六十七条の六第一項中「第六十七条の二第四項各号」とあるのは「第九十条の二第四項各号」と読み替えるものとする。	

改正後	現行
第七章　史跡名勝天然記念物	第七章　史跡名勝天然記念物
（指定）	（指定）
第百九条　（略）	第百九条　（略）
２・３　（略）	２・３　（略）
４　前項の規定により通知すべき相手方が著しく多数で個別に通知し難い事情がある場合には、文部科学大臣は、同項の規定による通知に代えて、その通知すべき事項を当該特別史跡名勝天然記念物又は史跡名勝天然記念物の所在地の市町村の事務所又はこれに準ずる施設の掲示場に掲示することができる。この場合においては、その掲示を始めた日から二週間を経過した時に同項の規定による通知が相手方に到達したものとみなす。	４　前項の規定により通知すべき相手方が著しく多数で個別に通知し難い事情がある場合には、文部科学大臣は、同項の規定による通知に代えて、その通知すべき事項を当該特別史跡名勝天然記念物又は史跡名勝天然記念物の所在地の市（特別区を含む。以下同じ。）町村の事務所又はこれに準ずる施設の掲示場に掲示することができる。この場合においては、その掲示を始めた日から二週間を経過した時に前項の規定による通知が相手方に到達したものとみなす。
５・６　（略）	５・６　（略）
第百十五条　第百十三条第一項の規定による指定を受けた地方公共団体その他の法人（以下この章（第百三十三条の二第一項を除く。）及び第百八十七条第一項第三号において「管理団体」という。）は、文部科学省令の定める基準により、史跡名勝天然記念物の管理に必要な標識、説明板、境界標、囲いその他の施設を設置しなければならない。	第百十五条　第百十三条第一項の規定による指定を受けた地方公共団体その他の法人（以下この章及び第十二章において「管理団体」という。）は、文部科学省令の定める基準により、史跡名勝天然記念物の管理に必要な標識、説明板、境界標、囲いその他の施設を設置しなければならない。
２～４　（略）	２～４　（略）
（所有者による管理及び復旧）	（所有者による管理及び復旧）
第百十九条　管理団体がある場合を除いて、史跡名勝天然記念物の所有者は、当該史跡名勝天然記念物の管理及び復旧に当たるものとする。	第百十九条　管理団体がある場合を除いて、史跡名勝天然記念物の所有者は、当該史跡名勝天然記念物の管理及び復旧に当たるものとする。
２　前項の規定により史跡名勝天然記念物の管理に当たる所有者は、当該史跡名勝天然記念物の適切な管理のため必要があるときは、第百九十二条の二第一項に規定する文化財保存活用支援団体その他の適当な者を専ら自己に代わり当該史跡名勝天然記念物の管理の責めに任ずべき者（以下この章及び第百八十七条第一項第三号において「管理責任者」という。）に選任することができる。この場合には、第三十一条第三項の規定を準用する。	２　前項の規定により史跡名勝天然記念物の管理に当たる所有者は、特別の事情があるときは、適当な者を専ら自己に代わり当該史跡名勝天然記念物の管理の責めに任ずべき者（以下この章及び第十二章において「管理責任者」という。）に選任することができる。この場合には、第三十一条第三項の規定を準用する。
（関係行政庁による通知）	（関係行政庁による通知）
第百二十六条　前条第一項の規定により許可を受けなければならないこととされている行為であつてその行為をするについて、他の法令の規定により許可、認可その他の処分で政令に定めるものを受けなければならないこととされている場合において、	第百二十六条　前条第一項の規定により許可を受けなければならないこととされている行為であつてその行為をするについて、他の法令の規定により許可、認可その他の処

改正後	現行
当該他の法令において当該処分の権限を有する行政庁又はその委任を受けた者は、当該処分をするときは、政令の定めるところにより、文化庁長官（第百八十四条第一項又は第百八十四条の二第一項の規定により前条第一項の規定による許可を都道府県又は市町村の教育委員会が行う場合には、当該都道府県又は市町村の教育委員会）に対し、その旨を通知するものとする。	分で政令に定めるものを受けなければならないこととされている場合において、当該他の法令において当該処分の権限を有する行政庁又はその委任を受けた者は、当該処分をするときは、政令の定めるところにより、文化庁長官（第百八十四条第一項の規定により前条第一項の規定による許可を都道府県又は市の教育委員会が行う場合には、当該都道府県又は市の教育委員会）に対し、その旨を通知するものとする。

（史跡名勝天然記念物保存活用計画の認定）

第百二十九条の二　史跡名勝天然記念物の管理団体又は所有者は、文部科学省令で定めるところにより、史跡名勝天然記念物の保存及び活用に関する計画（以下「史跡名勝天然記念物保存活用計画」という。）を作成し、文化庁長官の認定を申請することができる。

2　史跡名勝天然記念物保存活用計画には、次に掲げる事項を記載するものとする。

一　当該史跡名勝天然記念物の名称及び所在地

二　当該史跡名勝天然記念物の保存及び活用のために行う具体的な措置の内容

三　計画期間

四　その他文部科学省令で定める事項

3　前項第二号に掲げる事項には、当該史跡名勝天然記念物の現状変更又は保存に影響を及ぼす行為に関する事項を記載することができる。

4　文化庁長官は、第一項の規定による認定の申請があつた場合において、その史跡名勝天然記念物保存活用計画が次の各号のいずれにも適合するものであると認めるときは、その認定をするものとする。

一　当該史跡名勝天然記念物保存活用計画の実施が当該史跡名勝天然記念物の保存及び活用に寄与するものであると認められること。

二　円滑かつ確実に実施されると見込まれるものであること。

三　第百八十三条の二第一項に規定する文化財保存活用大綱又は第百八十三条の五第一項に規定する認定文化財保存活用地域計画が定められているときは、これらに照らし適切なものであること。

四　当該史跡名勝天然記念物保存活用計画に前項に規定する事項が記載されている場合には、その内容が史跡名勝天然記念物の現状変更又は保存に影響を及ぼす行為を適切に行うために必要なものとして文部科学省令で定める基準に適合するものであること。

改正後	現　行
5　文化庁長官は、前項の認定をしたときは、遅滞なく、その旨を当該認定を申請した者に通知しなければならない。 （認定を受けた史跡名勝天然記念物保存活用計画の変更） 第百二十九条の三　前条第四項の認定を受けた史跡名勝天然記念物の管理団体又は所有者は、当該認定を受けた史跡名勝天然記念物保存活用計画の変更（文部科学省令で定める軽微な変更を除く。）をしようとするときは、文化庁長官の認定を受けなければならない。 2　前条第四項及び第五項の規定は、前項の認定について準用する。 （現状変更等の許可の特例） 第百二十九条の四　第百二十九条の二第三項に規定する事項が記載された史跡名勝天然記念物保存活用計画が同条第四項の認定（前条第一項の変更の認定を含む。以下この章及び第百五十三条第二項第二十三号において同じ。）を受けた場合において、当該史跡名勝天然記念物の現状変更又は保存に影響を及ぼす行為をその記載された事項の内容に即して行うに当たり、第百二十五条第一項の許可を受けなければならないときは、同項の規定にかかわらず、当該現状変更又は保存に影響を及ぼす行為が終了した後遅滞なく、文部科学省令で定めるところにより、その旨を文化庁長官に届け出ることをもつて足りる。 （認定史跡名勝天然記念物保存活用計画の実施状況に関する報告の徴収） 第百二十九条の五　文化庁長官は、第百二十九条の二第四項の認定を受けた史跡名勝天然記念物の管理団体又は所有者に対し、当該認定を受けた史跡名勝天然記念物保存活用計画（変更があつたときは、その変更後のもの。次条第一項及び第百二十九条の七において「認定史跡名勝天然記念物保存活用計画」という。）の実施の状況について報告を求めることができる。 （認定の取消し） 第百二十九条の六　文化庁長官は、認定史跡名勝天然記念物保存活用計画が第百二十九条の二第四項各号のいずれかに適合しなくなつたと認めるときは、その認定を取り消すことができる。 2　文化庁長官は、前項の規定により認定を取り消したときは、遅滞なく、その旨を当該認定を受けていた者に通知しなければならない。 （管理団体等への指導又は助言） 第百二十九条の七　都道府県及び市町村の教育委員会は、史跡名勝天然記念物の管理団体又は所有者の求めに応じ、史跡名勝天然記念物保存活用計画の作成及び認定史跡名勝天然記念物保存活用計画の円滑かつ確実な実施に関し必要な指導又は助言をすることができる。	

改正後	現　行
2　文化庁長官は、史跡名勝天然記念物の管理団体又は所有者の求めに応じ、史跡名勝天然記念物保存活用計画の作成及び認定史跡名勝天然記念物保存活用計画の円滑かつ確実な実施に関し必要な指導又は助言をするように努めなければならない。 （登録記念物保存活用計画の認定） 第百三十三条の二　登録記念物の管理団体（前条において準用する第百十三条第一項の規定による指定を受けた地方公共団体その他の法人をいう。）又は所有者は、文部科学省令で定めるところにより、登録記念物の保存及び活用に関する計画（以下「登録記念物保存活用計画」という。）を作成し、文化庁長官の認定を申請することができる。 2　登録記念物保存活用計画には、次に掲げる事項を記載するものとする。 一　当該登録記念物の名称及び所在地 二　当該登録記念物の保存及び活用のために行う具体的な措置の内容 三　計画期間 四　その他文部科学省令で定める事項 3　前項第二号に掲げる事項には、当該登録記念物の現状変更に関する事項を記載することができる。 4　文化庁長官は、第一項の規定による認定の申請があつた場合において、その登録記念物保存活用計画が次の各号のいずれにも適合するものであると認めるときは、その認定をするものとする。 一　当該登録記念物保存活用計画の実施が当該登録記念物の保存及び活用に寄与するものであると認められること。 二　円滑かつ確実に実施されると見込まれるものであること。 三　第百八十三条の二第一項に規定する文化財保存活用大綱又は第百八十三条の五第一項に規定する認定文化財保存活用地域計画が定められているときは、これらに照らし適切なものであること。 四　当該登録記念物保存活用計画に前項に規定する事項が記載されている場合には、その内容が登録記念物の現状変更を適切に行うために必要なものとして文部科学省令で定める基準に適合するものであること。 5　文化庁長官は、前項の認定をしたときは、遅滞なく、その旨を当該認定を申請した者に通知しなければならない。 （現状変更の届出の特例） 第百三十三条の三　前条第三項に規定する事項が記載された登録記念物保存活用計画が同条第四項の認定（次条において準用する第六十七条の三第一項の変更の認定を含む。第百五十三条第二	

改正後	現　行
項第二十四号において同じ。）を受けた場合において、当該登録記念物の現状変更をその記載された事項の内容に即して行うに当たり、第百三十三条において準用する第六十四条第一項の規定による届出を行わなければならないときは、同項の規定にかかわらず、当該現状変更が終了した後遅滞なく、文部科学省令で定めるところにより、その旨を文化庁長官に届け出ることをもつて足りる。 （準用） 第百三十三条の四　登録記念物保存活用計画については、第六十七条の三及び第六十七条の五から第六十七条の七までの規定を準用する。この場合において、第六十七条の三第一項中「前条第四項」とあるのは「第百三十三条の二第四項」と、同条第二項中「前条第四項及び第五項」とあるのは「第百三十三条の二第四項及び第五項」と、第六十七条の五中「第六十七条の二第四項」とあるのは「第百三十三条の二第四項」と、第六十七条の六第一項中「第六十七条の二第四項各号」とあるのは「第百三十三条の二第四項各号」と読み替えるものとする。	
第八章　重要文化的景観	第八章　重要文化的景観
（現状変更等の届出等）	（現状変更等の届出等）
第百三十九条　重要文化的景観に関しその現状を変更し、又はその保存に影響を及ぼす行為をしようとする者は、現状を変更し、又は保存に影響を及ぼす行為をしようとする日の三十日前までに、文部科学省令で定めるところにより、文化庁長官にその旨を届け出なければならない。ただし、現状変更については維持の措置若しくは非常災害のために必要な応急措置又は他の法令の規定による現状変更を内容とする命令に基づく措置を執る場合、保存に影響を及ぼす行為については影響の軽微である場合は、この限りでない。	第百三十九条　重要文化的景観に関しその現状を変更し、又はその保存に影響を及ぼす行為をしようとする者は、現状を変更し、又は保存に影響を及ぼす行為をしようとする日の三十日前までに、文部科学省令で定めるところにより、文化庁長官にその旨を届け出なければならない。ただし、現状変更については維持の措置若しくは非常災害のために必要な応急措置又は他の法令の規定による現状の変更を内容とする命令に基づく措置を執る場合、保存に影響を及ぼす行為については影響の軽微である場合は、この限りでない。
２　（略）	２　（略）
３　重要文化的景観の保護上必要があると認めるときは、文化庁長官は、第一項の届出に係る重要文化的景観の現状変更又は保存に影響を及ぼす行為に関し必要な指導、助言又は勧告をすることができる。	３　重要文化的景観の保護上必要があると認めるときは、文化庁長官は、第一項の届出に係る重要文化的景観の現状の変更又は保存に影響を及ぼす行為に関し必要な指導、助言又は勧告をすることができる。
第九章　伝統的建造物群保存地区	第九章　伝統的建造物群保存地区
（伝統的建造物群保存地区の決定及びその保護）	（伝統的建造物群保存地区の決定及びその保護）
第百四十三条　（略）	第百四十三条　（略）

改正後	現　行
２　（略）	２　（略）
３　都道府県知事は、第一項の伝統的建造物群保存地区に関する都市計画についての都市計画法第十九条第三項の規定による同意に当たつては、あらかじめ、当該都道府県の教育委員会の意見を聴かなければならない。ただし、当該都道府県が特定地方公共団体である場合は、この限りでない。	３　都道府県知事は、第一項の伝統的建造物群保存地区に関する都市計画についての都市計画法第十九条第三項の規定による同意に当たつては、あらかじめ、当該都道府県の教育委員会の意見を聴かなければならない。
４・５　（略）	４・５　（略）
第十一章　文化審議会への諮問	第十一章　文化審議会への諮問
第百五十三条　文部科学大臣は、次に掲げる事項については、あらかじめ、文化審議会に諮問しなければならない。	第百五十三条　文部科学大臣は、次に掲げる事項については、あらかじめ、文化審議会に諮問しなければならない。
一～十三　（略）	一～十三　（略）
２　文化庁長官は、次に掲げる事項については、あらかじめ、文化審議会に諮問しなければならない。	２　文化庁長官は、次に掲げる事項については、あらかじめ、文化審議会に諮問しなければならない。
一　重要文化財の管理又は国宝の修理に関する命令	一　重要文化財の管理又は国宝の修理に関する命令
二　文化庁長官による国宝の修理又は滅失、毀損若しくは盗難の防止の措置の施行	二　文化庁長官による国宝の修理又は滅失、き損若しくは盗難の防止の措置の施行
三　重要文化財の現状変更又は保存に影響を及ぼす行為の許可	三　重要文化財の現状変更又は保存に影響を及ぼす行為の許可
四　重要文化財の環境保全のための制限若しくは禁止又は必要な施設の命令	四　重要文化財の環境保全のための制限若しくは禁止又は必要な施設の命令
五　国による重要文化財の買取り	五　国による重要文化財の買取り
六　重要文化財保存活用計画の第五十三条の二第四項の認定	
七　登録有形文化財保存活用計画の第六十七条の二第四項の認定	
八　重要無形文化財保存活用計画の第七十六条の二第三項の認定	
九　重要無形文化財以外の無形文化財のうち文化庁長官が記録を作成すべきもの又は記録の作成等につき補助すべきものの選択	六　重要無形文化財以外の無形文化財のうち文化庁長官が記録を作成すべきもの又は記録の作成等につき補助すべきものの選択
十　重要有形民俗文化財の管理に関する命令	七　重要有形民俗文化財の管理に関する命令
十一　重要有形民俗文化財の買取り	八　重要有形民俗文化財の買取り
十二　重要有形民俗文化財保存活用計画の第八十五条の二第四項の認定	
十三　重要無形民俗文化財保存活用計画の第八十九条の二第三項の認定（第八十九条の三において準用する第七十六条の三第一項の変更の認定を含む。）	
十四　登録有形民俗文化財保存活用計画の第九十条の二第四項の認定	

改正後	現　行
十五　重要無形民俗文化財以外の無形の民俗文化財のうち文化庁長官が記録を作成すべきもの又は記録の作成等につき補助すべきものの選択	九　重要無形民俗文化財以外の無形の民俗文化財のうち文化庁長官が記録を作成すべきもの又は記録の作成等につき補助すべきものの選択
十六　遺跡の現状変更となる行為についての停止命令又は禁止命令の期間の延長	十　遺跡の現状変更となる行為についての停止命令又は禁止命令の期間の延長
十七　文化庁長官による埋蔵文化財の調査のための発掘の施行	十一　文化庁長官による埋蔵文化財の調査のための発掘の施行
十八　史跡名勝天然記念物の管理又は特別史跡名勝天然記念物の復旧に関する命令	十二　史跡名勝天然記念物の管理又は特別史跡名勝天然記念物の復旧に関する命令
十九　文化庁長官による特別史跡名勝天然記念物の復旧又は滅失、毀損、衰亡若しくは盗難の防止の措置の施行	十三　文化庁長官による特別史跡名勝天然記念物の復旧又は滅失、き損、衰亡若しくは盗難の防止の措置の施行
二十　史跡名勝天然記念物の現状変更又は保存に影響を及ぼす行為の許可	十四　史跡名勝天然記念物の現状変更又は保存に影響を及ぼす行為の許可
二十一　史跡名勝天然記念物の環境保全のための制限若しくは禁止又は必要な施設の命令	十五　史跡名勝天然記念物の環境保全のための制限若しくは禁止又は必要な施設の命令
二十二　史跡名勝天然記念物の現状変更若しくは保存に影響を及ぼす行為の許可を受けず、若しくはその許可の条件に従わない場合又は史跡名勝天然記念物の環境保全のための制限若しくは禁止に違反した場合の原状回復の命令	十六　史跡名勝天然記念物の現状変更若しくは保存に影響を及ぼす行為の許可を受けず、若しくはその許可の条件に従わない場合又は史跡名勝天然記念物の環境保全のための制限若しくは禁止に違反した場合の原状回復の命令
二十三　史跡名勝天然記念物保存活用計画の第百二十九条の二第四項の認定	
二十四　登録記念物保存活用計画の第百三十三条の二第四項の認定	
二十五　重要文化的景観の管理に関する命令	十七　重要文化的景観の管理に関する命令
二十六　第百八十三条の三第一項に規定する文化財保存活用地域計画の同条第五項の認定（第百八十三条の四第一項の変更の認定を含む。）	
二十七　第百八十四条第一項の政令（同項第二号に掲げる事務に係るものに限る。）又は第百八十四条の二第一項の政令（第百八十四条第一項第二号に掲げる事務に係るものに限る。）の制定又は改廃の立案	十八　第百八十四条第一項の政令（同項第二号に掲げる事務に係るものに限る。）の制定又は改廃の立案
第十二章　補則	第十二章　補則
第一節　聴聞、意見の聴取及び審査請求	第一節　聴聞、意見の聴取及び審査請求
（聴聞の特例）	（聴聞の特例）
第百五十四条　文化庁長官（第百八十四条第一項の規定により文化庁長官の権限に属する事務を都道府県又は市の教育委員会が行う場合には、当該都道府県又は市の教育委員会）は、次に掲げる処分を行おうとするときは、行政手続法（平成五年法律第八十八号）第十三条第一項の規定による意見陳述のための手続	第百五十四条　文化庁長官（第百八十四条第一項の規定により文化庁長官の権限に属する事務を都道府県又は市の教育委員会が行う場合には、当該都道府県又は市の教育委員会。次項及び次条において同

改正後	現　行
の区分にかかわらず、聴聞を行わなければならない。	じ。）は、次に掲げる処分を行おうとするときは、行政手続法（平成五年法律第八十八号）第十三条第一項の規定による意見陳述のための手続の区分にかかわらず、聴聞を行わなければならない。
一　（略）	一　（略）
二　第五十一条第五項（第五十一条の二（第八十五条において準用する場合を含む。）、第八十四条第二項及び第八十五条において準用する場合を含む。）の規定による公開の中止命令	二　第五十一条第五項（第五十一条の二（第八十五条で準用する場合を含む。）、第八十四条第二項及び第八十五条で準用する場合を含む。）の規定による公開の中止命令
三・四　（略）	三・四　（略）
五　第百二十五条第七項（第百二十八条第三項において準用する場合を含む。）の規定による原状回復の命令	五　第百二十五条第七項（第百二十八条第三項で準用する場合を含む。）の規定による原状回復の命令
2　文化庁長官（第百八十四条第一項又は第百八十四条の二第一項の規定により文化庁長官の権限に属する事務を都道府県又は市町村の教育委員会が行う場合には、当該都道府県又は市町村の教育委員会。次条において同じ。）は、前項の聴聞又は第四十三条第四項（第百二十五条第三項において準用する場合を含む。）若しくは第五十三条第四項の規定による許可の取消しに係る聴聞をしようとするときは、当該聴聞の期日の十日前までに、行政手続法第十五条第一項の規定による通知をし、かつ、当該処分の内容並びに当該聴聞の期日及び場所を公示しなければならない。	2　文化庁長官は、前項の聴聞又は第四十三条第四項（第百二十五条第三項で準用する場合を含む。）若しくは第五十三条第四項の規定による許可の取消しに係る聴聞をしようとするときは、当該聴聞の期日の十日前までに、行政手続法第十五条第一項の規定による通知をし、かつ、当該処分の内容並びに当該聴聞の期日及び場所を公示しなければならない。
3　（略）	3　（略）
（審査請求の手続における意見の聴取）	（審査請求の手続における意見の聴取）
第百五十六条　第一号に掲げる処分若しくはその不作為又は第二号に掲げる処分についての審査請求に対する裁決は、行政不服審査法（平成二十六年法律第六十八号）第二十四条の規定により当該審査請求を却下する場合を除き、当該審査請求がされた日（同法第二十三条の規定により不備を補正すべきことを命じた場合にあつては、当該不備が補正された日）から三十日以内に、審査請求人及び参加人（同法第十三条第四項に規定する参加人をいう。以下同じ。）又はこれらの者の代理人の出頭を求めて、審理員（同法第十一条第二項に規定する審理員をいい、審査庁（同法第九条第一項に規定する審査庁をいう。以下この条において同じ。）が都道府県又は市町村の教育委員会である場合にあつては、審査庁とする。次項及び次条において同じ。）が公開による意見の聴取をした後でなければ、してはならない。	第百五十六条　第一号に掲げる処分若しくはその不作為又は第二号に掲げる処分についての審査請求に対する裁決は、行政不服審査法（平成二十六年法律第六十八号）第二十四条の規定により当該審査請求を却下する場合を除き、当該審査請求がされた日（同法第二十三条の規定により不備を補正すべきことを命じた場合にあつては、当該不備が補正された日）から三十日以内に、審査請求人及び参加人（同法第十三条第四項に規定する参加人をいう。以下同じ。）又はこれらの者の代理人の出頭を求めて、審理員（同法第十一条第二項に規定する審理員をいい、審査庁（同法第九条第一項に規定する審査庁をいう。以下この条において同じ。）が都道府県又は市の教育委員会である場合に

改正後	現　行
	あつては、審査庁とする。次項及び次条において同じ。）が公開による意見の聴取をした後でなければ、してはならない。
一　第四十三条第一項又は第百二十五条第一項の規定による現状変更又は保存に影響を及ぼす行為の許可又は不許可	一　第四十三条第一項又は第百二十五条第一項の規定による現状変更又は保存に影響を及ぼす行為の許可又は不許可
二　第百十三条第一項（第百三十三条において準用する場合を含む。）の規定による地方公共団体その他の法人の指定	二　第百十三条第一項（第百三十三条で準用する場合を含む。）の規定による管理団体の指定
2　審理員は、前項の意見の聴取の期日及び場所をその期日の十日前までに全ての審理関係人（行政不服審査法第二十八条に規定する審理関係人をいい、審査庁が都道府県又は市町村の教育委員会である場合にあつては、審査請求人及び参加人とする。）に通告し、かつ、事案の要旨並びに当該意見の聴取の期日及び場所を公示しなければならない。	2　審理員は、前項の意見の聴取の期日及び場所をその期日の十日前までに全ての審理関係人（行政不服審査法第二十八条に規定する審理関係人をいい、審査庁が都道府県又は市の教育委員会である場合にあつては、審査請求人及び参加人とする。）に通告し、かつ、事案の要旨並びに当該意見の聴取の期日及び場所を公示しなければならない。
3　（略）	3　（略）
第二節　国に関する特例	第二節　国に関する特例
（重要文化財等についての国に関する特例）	（重要文化財等についての国に関する特例）
第百六十三条　（略）	第百六十三条　（略）
第百七十条の二　国の所有に属する重要文化財、重要有形民俗文化財又は史跡名勝天然記念物を管理する各省各庁の長は、文部科学省令で定めるところにより、重要文化財保存活用計画、重要有形民俗文化財保存活用計画又は史跡名勝天然記念物保存活用計画を作成し、文部科学大臣を通じ文化庁長官の同意を求めることができる。	
2　文化庁長官は、前項の規定による同意の求めがあつた場合において、その重要文化財保存活用計画、重要有形民俗文化財保存活用計画又は史跡名勝天然記念物保存活用計画がそれぞれ第五十三条の二第四項各号、第八十五条の二第四項各号又は第百二十九条の二第四項各号のいずれにも適合するものであると認めるときは、その同意をするものとする。	
第百七十条の三　前条第二項の同意を得た各省各庁の長は、当該同意を得た重要文化財保存活用計画、重要有形民俗文化財保存活用計画又は史跡名勝天然記念物保存活用計画の変更（文部科学省令で定める軽微な変更を除く。）をしようとするときは、文部科学大臣を通じ文化庁長官の同意を求めなければならない。	
2　前条第二項の規定は、前項の同意について準用する。	

改正後	現　行
第百七十条の四　第五十三条の二第三項第一号に掲げる事項が記載された重要文化財保存活用計画、第八十五条の二第三項に規定する事項が記載された重要有形民俗文化財保存活用計画又は第百二十九条の二第三項に規定する事項が記載された史跡名勝天然記念物保存活用計画について第百七十条の二第二項の同意（前条第一項の変更の同意を含む。次条及び第百七十条の六において同じ。）を得た場合において、当該重要文化財、重要有形民俗文化財又は史跡名勝天然記念物の現状変更又は保存に影響を及ぼす行為をその記載された事項の内容に即して行うに当たり、第百六十七条第一項（第六号に係る部分に限る。）の規定による通知をし、又は第百六十八条第一項（第一号に係る部分に限る。）の規定による同意を求めなければならないときは、これらの規定にかかわらず、当該現状変更又は保存に影響を及ぼす行為が終了した後遅滞なく、文部科学省令で定めるところにより、その旨を文部科学大臣を通じ文化庁長官に通知することをもつて足りる。 第百七十条の五　第五十三条の二第三項第二号に掲げる事項が記載された重要文化財保存活用計画について第百七十条の二第二項の同意を得た場合において、当該重要文化財の修理をその記載された事項の内容に即して行うに当たり、第百六十七条第一項（第五号に係る部分に限る。）の規定による通知をしなければならないときは、同項の規定にかかわらず、当該修理が終了した後遅滞なく、文部科学省令で定めるところにより、その旨を文部科学大臣を通じ文化庁長官に通知することをもつて足りる。 第百七十条の六　文部科学大臣は、第百七十条の二第二項の同意を得た各省各庁の長に対し、当該同意を得た重要文化財保存活用計画、重要有形民俗文化財保存活用計画又は史跡名勝天然記念物保存活用計画（いずれも変更があつたときは、その変更後のもの）の実施の状況について報告を求めることができる。 第百七十四条の二　第百七十二条第一項の規定による指定を受けた地方公共団体その他の法人が作成する重要文化財保存活用計画、重要有形民俗文化財保存活用計画又は史跡名勝天然記念物保存活用計画については、それぞれ第五十三条の二から第五十三条の八までの規定、第八十五条の二から第八十五条の四までの規定又は第百二十九条の二から第百二十九条の七までの規定を準用する。 2　文化庁長官は、前項において準用する第五十三条の二第四項、第八十五条の二第四項又は第百二十九条の二第四項の認定（前項において準用する第五十三条の三第一項（前項において準用する第八十五条の四において準用する場合を含む。）又は第百二十九条の三第一項の変更の認定を含む。）をしようとするときは、あらかじめ、文部科学大臣を通じ当該重要文化財、重要有形民俗文化財又は史跡名勝天然記念物を管理する各省各庁の長と協議しなければならない。ただし、当該各省各庁の長が文部科学大臣であるときは、その承認を受けるべきものとする。	

改正後	現　行
（登録有形文化財等についての国に関する特例）	（登録有形文化財等についての国に関する特例）
第百七十八条　（略）	第百七十八条　（略）
2・3　（略）	2・3　（略）
第百七十九条　（略）	第百七十九条　（略）
2・3　（略）	2・3　（略）
4　第一項第五号及び第二項に規定する現状変更については、第六十四条第一項ただし書及び第二項の規定を準用する。	4　第一項第五号及び第二項に規定する現状の変更には、第六十四条第一項ただし書及び第二項の規定を準用する。
5　登録有形文化財、登録有形民俗文化財又は登録記念物の保護上必要があると認めるときは、文化庁長官は、第一項第五号又は第二項に規定する現状変更に関し、文部科学大臣を通じ関係各省各庁の長に対し、又は各省各庁の長以外の国の機関に対して意見を述べることができる。	5　登録有形文化財、登録有形民俗文化財又は登録記念物の保護上必要があると認めるときは、文化庁長官は、第一項第五号又は第二項に規定する現状の変更に関し、文部科学大臣を通じ関係各省各庁の長に対し、又は各省各庁の長以外の国の機関に対して意見を述べることができる。
第百七十九条の二　国の所有に属する登録有形文化財、登録有形民俗文化財又は登録記念物を管理する各省各庁の長は、文部科学省令で定めるところにより、登録有形文化財保存活用計画、登録有形民俗文化財保存活用計画又は登録記念物保存活用計画を作成し、文部科学大臣を通じ文化庁長官の同意を求めることができる。	
2　文化庁長官は、前項の規定による同意の求めがあつた場合において、その登録有形文化財保存活用計画、登録有形民俗文化財保存活用計画又は登録記念物保存活用計画がそれぞれ第六十七条の二第四項各号、第九十条の二第四項各号又は第百三十三条の二第四項各号のいずれにも適合するものであると認めるときは、その同意をするものとする。	
第百七十九条の三　前条第二項の同意を得た各省各庁の長は、当該同意を得た登録有形文化財保存活用計画、登録有形民俗文化財保存活用計画又は登録記念物保存活用計画の変更（文部科学省令で定める軽微な変更を除く。）をしようとするときは、文部科学大臣を通じ文化庁長官の同意を求めなければならない。	
2　前条第二項の規定は、前項の同意について準用する。	
第百七十九条の四　第六十七条の二第三項第一号に掲げる事項が記載された登録有形文化財保存活用計画、第九十条の二第三項に規定する事項が記載された登録有形民俗文化財保存活用計画又は第百三十三条の二第三項に規定する事項が記載された登録記念物保存活用計画について第百七十九条の二第二項の同意（前条第一項の変更の同意を含む。次条において同じ。）を得た場合において、当該登録有形文化財、登録有形民俗文化財又は登録記念物の現状変更をその記載された事項の内容に即して行うに当たり、第百七十九条第一項（第五号に係る部分に限る。）の規定による通知をしなければならないときは、同項の規定に	

改正後	現　行
かかわらず、当該現状変更が終了した後遅滞なく、文部科学省令で定めるところにより、その旨を文部科学大臣を通じ文化庁長官に通知することをもつて足りる。 第百七十九条の五　文部科学大臣は、第百七十九条の二第二項の同意を得た各省各庁の長に対し、当該同意を得た登録有形文化財保存活用計画、登録有形民俗文化財保存活用計画又は登録記念物保存活用計画（いずれも変更があつたときは、その変更後のもの）の実施の状況について報告を求めることができる。 　　　　　第三節　地方公共団体及び教育委員会 （文化財保存活用大綱） 第百八十三条の二　都道府県の教育委員会は、当該都道府県の区域における文化財の保存及び活用に関する総合的な施策の大綱（次項及び次条において「文化財保存活用大綱」という。）を定めることができる。 2　都道府県の教育委員会は、文化財保存活用大綱を定め、又は変更したときは、遅滞なく、これを公表するよう努めるとともに、文化庁長官及び関係市町村に送付しなければならない。 （文化財保存活用地域計画の認定） 第百八十三条の三　市町村の教育委員会（地方文化財保護審議会を置くものに限る。）は、文部科学省令で定めるところにより、単独で又は共同して、文化財保存活用大綱が定められているときは当該文化財保存活用大綱を勘案して、当該市町村の区域における文化財の保存及び活用に関する総合的な計画（以下この節及び第百九十二条の六第一項において「文化財保存活用地域計画」という。）を作成し、文化庁長官の認定を申請することができる。 2　文化財保存活用地域計画には、次に掲げる事項を記載するものとする。 　一　当該市町村の区域における文化財の保存及び活用に関する基本的な方針 　二　当該市町村の区域における文化財の保存及び活用を図るために当該市町村が講ずる措置の内容 　三　当該市町村の区域における文化財を把握するための調査に関する事項 　四　計画期間 　五　その他文部科学省令で定める事項 3　市町村の教育委員会は、文化財保存活用地域計画を作成しようとするときは、あらかじめ、公聴会の開催その他の住民の意見を反映させるために必要な措置を講ずるよう努めるとともに、地方文化財保護審議会（第百八十三条の九第一項に規定する協議会が組織されている場合にあつては、地方文化財保護審議会及び当該協議会。第百八十三条の五第二項において同じ。）の意見を聴かなければならない。	第三節　地方公共団体及び教育委員会

改正後	現　行
4　文化財保存活用地域計画は、地域における歴史的風致の維持及び向上に関する法律（平成二十年法律第四十号）第五条第一項に規定する歴史的風致維持向上計画が定められているときは、当該歴史的風致維持向上計画との調和が保たれたものでなければならない。 5　文化庁長官は、第一項の規定による認定の申請があつた場合において、その文化財保存活用地域計画が次の各号のいずれにも適合するものであると認めるときは、その認定をするものとする。 　一　当該文化財保存活用地域計画の実施が当該市町村の区域における文化財の保存及び活用に寄与するものであると認められること。 　二　円滑かつ確実に実施されると見込まれるものであること。 　三　文化財保存活用大綱が定められているときは、当該文化財保存活用大綱に照らし適切なものであること。 6　文化庁長官は、前項の認定をしようとするときは、あらかじめ、文部科学大臣を通じ関係行政機関の長に協議しなければならない。 7　文化庁長官は、第五項の認定をしたときは、遅滞なく、その旨を当該認定を申請した市町村の教育委員会に通知しなければならない。 8　市町村の教育委員会は、前項の通知を受けたときは、遅滞なく、当該通知に係る文化財保存活用地域計画を公表するよう努めなければならない。 （認定を受けた文化財保存活用地域計画の変更） 第百八十三条の四　前条第五項の認定を受けた市町村（以下この節及び第百九十二条の六第二項において「認定市町村」という。）の教育委員会は、当該認定を受けた文化財保存活用地域計画の変更（文部科学省令で定める軽微な変更を除く。）をしようとするときは、文化庁長官の認定を受けなければならない。 2　前条第三項から第八項までの規定は、前項の認定について準用する。 （文化財の登録の提案） 第百八十三条の五　認定市町村の教育委員会は、第百八十三条の三第五項の認定（前条第一項の変更の認定を含む。第百八十三条の七第一項及び第二項において同じ。）を受けた文化財保存活用地域計画（変更があつたときは、その変更後のもの。以下この節及び第百九十二条の六において「認定文化財保存活用地域計画」という。）の計画期間内に限り、当該認定市町村の区域内に存する文化財であつて第五十七条第一項、第九十条第一項又は第百三十二条第一項の規定により登録されることが適当であると思料するものがあるときは、文部科学省令で定めるところにより、文部科学大臣に対し、当該文化財を文化財登録原簿に登録することを提案することができる。	

改正後	現　行
2　認定市町村の教育委員会は、前項の規定による提案をしようとするときは、あらかじめ、地方文化財保護審議会の意見を聴かなければならない。 3　文部科学大臣は、第一項の規定による提案が行われた場合において、当該提案に係る文化財について第五十七条第一項、第九十条第一項又は第百三十二条第一項の規定による登録をしないこととしたときは、遅滞なく、その旨及びその理由を当該提案をした認定市町村の教育委員会に通知しなければならない。 （認定文化財保存活用地域計画の実施状況に関する報告の徴収） 第百八十三条の六　文化庁長官は、認定市町村の教育委員会に対し、認定文化財保存活用地域計画の実施の状況について報告を求めることができる。 （認定の取消し） 第百八十三条の七　文化庁長官は、認定文化財保存活用地域計画が第百八十三条の三第五項各号のいずれかに適合しなくなつたと認めるときは、その認定を取り消すことができる。 2　文化庁長官は、前項の規定により認定を取り消したときは、遅滞なく、その旨を当該認定を受けていた市町村の教育委員会に通知しなければならない。 3　市町村の教育委員会は、前項の通知を受けたときは、遅滞なく、その旨を公表するよう努めなければならない。 （市町村への助言等） 第百八十三条の八　都道府県の教育委員会は、市町村に対し、文化財保存活用地域計画の作成及び認定文化財保存活用地域計画の円滑かつ確実な実施に関し必要な助言をすることができる。 2　国は、市町村に対し、文化財保存活用地域計画の作成及び認定文化財保存活用地域計画の円滑かつ確実な実施に関し必要な情報の提供又は指導若しくは助言をするように努めなければならない。 3　前二項に定めるもののほか、国、都道府県及び市町村は、文化財保存活用地域計画の作成及び認定文化財保存活用地域計画の円滑かつ確実な実施が促進されるよう、相互に連携を図りながら協力しなければならない。 4　市町村の長及び教育委員会は、文化財保存活用地域計画の作成及び認定文化財保存活用地域計画の円滑かつ確実な実施が促進されるよう、相互に緊密な連携を図りながら協力しなければならない。 （協議会） 第百八十三条の九　市町村の教育委員会は、単独で又は共同して、文化財保存活用地域計画の作成及び変更に関する協議並びに認	

改正後	現行
定文化財保存活用地域計画の実施に係る連絡調整を行うための協議会（以下この条において「協議会」という。）を組織することができる。 2　協議会は、次に掲げる者をもつて構成する。 一　当該市町村 二　当該市町村の区域をその区域に含む都道府県 三　第百九十二条の二第一項の規定により当該市町村の教育委員会が指定した文化財保存活用支援団体 四　文化財の所有者、学識経験者、商工関係団体、観光関係団体その他の市町村の教育委員会が必要と認める者 3　協議会は、必要があると認めるときは、関係行政機関に対して、資料の提供、意見の表明、説明その他必要な協力を求めることができる。 4　協議会において協議が調つた事項については、協議会の構成員は、その協議の結果を尊重しなければならない。 5　前各項に定めるもののほか、協議会の運営に関し必要な事項は、協議会が定める。 （認定市町村の教育委員会が処理する事務） 第百八十四条の二　前条第一項第二号、第四号又は第五号に掲げる文化庁長官の権限に属する事務であつて認定市町村の区域内に係るものの全部又は一部は、認定文化財保存活用地域計画の計画期間内に限り、政令で定めるところにより、当該認定文化財保存活用地域計画の実施に必要な範囲内において、当該認定市町村の教育委員会が行うこととすることができる。 2　前項の規定により認定市町村の教育委員会が同項に規定する事務を行う場合には、前条第二項、第四項（第三号に係る部分を除く。）及び第五項から第八項までの規定を準用する。 3　第一項の規定により認定市町村の教育委員会が同項に規定する事務を開始する日前になされた当該事務に係る許可等の処分その他の行為（以下この条において「処分等の行為」という。）又は許可の申請その他の行為（以下この条において「申請等の行為」という。）は、同日以後においては、当該認定市町村の教育委員会のした処分等の行為又は当該認定市町村の教育委員会に対して行つた申請等の行為とみなす。 4　認定文化財保存活用地域計画の計画期間の終了その他の事情により認定市町村の教育委員会が第一項に規定する事務を終了する日以前になされた当該事務に係る処分等の行為又は申請等の行為は、同日の翌日以後においては、その終了後に当該事務を行うこととなる者のした処分等の行為又は当該者に対して行つた申請等の行為とみなす。	

改正後	現　行
（重要文化財等の管理等の受託又は技術的指導） 第百八十七条　都道府県又は指定都市の教育委員会は、次の各号に掲げる者の求めに応じ、当該各号に定める管理、修理又は復旧につき委託を受け、又は技術的指導をすることができる。 一　重要文化財の所有者（管理団体がある場合は、その者）又は管理責任者　当該重要文化財の管理（管理団体がある場合を除く。）又は修理 二　重要有形民俗文化財の所有者（管理団体がある場合は、その者）又は管理責任者（第八十条において準用する第三十一条第二項の規定により選任された管理の責めに任ずべき者をいう。）　当該重要有形民俗文化財の管理（管理団体がある場合を除く。）又は修理 三　史跡名勝天然記念物の所有者（管理団体がある場合は、その者）又は管理責任者　当該史跡名勝天然記念物の管理（管理団体がある場合を除く。）又は復旧 2　（略）	（重要文化財等の管理等の受託又は技術的指導） 第百八十七条　都道府県又は指定都市の教育委員会は、所有者（管理団体がある場合は、その者）又は管理責任者の求めに応じ、重要文化財、重要有形民俗文化財又は史跡名勝天然記念物の管理（管理団体がある場合を除く。）、修理若しくは復旧につき委託を受け、又は技術的指導をすることができる。 2　（略）
（地方文化財保護審議会） 第百九十条　都道府県及び市町村（いずれも特定地方公共団体であるものを除く。）の教育委員会に、条例の定めるところにより、文化財に関して優れた識見を有する者により構成される地方文化財保護審議会を置くことができる。 2　特定地方公共団体に、条例の定めるところにより、地方文化財保護審議会を置くものとする。 3　地方文化財保護審議会は、都道府県又は市町村の教育委員会の諮問に応じて、文化財の保存及び活用に関する重要事項について調査審議し、並びにこれらの事項に関して当該都道府県又は市町村の教育委員会に建議する。 4　（略）	（地方文化財保護審議会） 第百九十条　都道府県及び市町村の教育委員会に、条例の定めるところにより、地方文化財保護審議会を置くことができる。 2　地方文化財保護審議会は、都道府県又は市町村の教育委員会の諮問に応じて、文化財の保存及び活用に関する重要事項について調査審議し、並びにこれらの事項に関して当該都道府県又は市町村の教育委員会に建議する。 3　（略）
（文化財保護指導委員） 第百九十一条　都道府県及び市町村の教育委員会（当該都道府県及び市町村が特定地方公共団体である場合には、当該特定地方公共団体）に、文化財保護指導委員を置くことができる。 2・3　（略）	（文化財保護指導委員） 第百九十一条　都道府県の教育委員会に、文化財保護指導委員を置くことができる。 2・3　（略）

改正後	現　行
第四節　文化財保存活用支援団体 （文化財保存活用支援団体の指定） 第百九十二条の二　市町村の教育委員会は、法人その他これに準ずるものとして文部科学省令で定める団体であつて、次条に規定する業務を適正かつ確実に行うことができると認められるものを、その申請により、文化財保存活用支援団体（以下この節において「支援団体」という。）として指定することができる。 ２　市町村の教育委員会は、前項の規定による指定をしたときは、当該支援団体の名称、住所及び事務所の所在地を公示しなければならない。 ３　支援団体は、その名称、住所又は事務所の所在地を変更しようとするときは、あらかじめ、その旨を市町村の教育委員会に届け出なければならない。 ４　市町村の教育委員会は、前項の規定による届出があつたときは、当該届出に係る事項を公示しなければならない。 （支援団体の業務） 第百九十二条の三　支援団体は、次に掲げる業務を行うものとする。 　一　当該市町村の区域内に存する文化財の保存及び活用を行うこと。 　二　当該市町村の区域内に存する文化財の保存及び活用を図るための事業を行う者に対し、情報の提供、相談その他の援助を行うこと。 　三　文化財の所有者の求めに応じ、当該文化財の管理、修理又は復旧その他その保存及び活用のため必要な措置につき委託を受けること。 　四　文化財の保存及び活用に関する調査研究を行うこと。 　五　前各号に掲げるもののほか、当該市町村の区域における文化財の保存及び活用を図るために必要な業務を行うこと。 （監督等） 第百九十二条の四　市町村の教育委員会は、前条各号に掲げる業務の適正かつ確実な実施を確保するため必要があると認めるときは、支援団体に対し、その業務に関し報告をさせることができる。 ２　市町村の教育委員会は、支援団体が前条各号に掲げる業務を適正かつ確実に実施していないと認めるときは、支援団体に対し、その業務の運営の改善に関し必要な措置を講ずべきことを命ずることができる。 ３　市町村の教育委員会は、支援団体が前項の規定による命令に違反したときは、第百九十二条の二第一項の規定による指定を取り消すことができる。	

改正後	現　行
4　市町村の教育委員会は、前項の規定により指定を取り消したときは、その旨を公示しなければならない。 （情報の提供等） 第百九十二条の五　国及び関係地方公共団体は、支援団体に対し、その業務の実施に関し必要な情報の提供又は指導若しくは助言をするものとする。 （文化財保存活用地域計画の作成の提案等） 第百九十二条の六　支援団体は、市町村の教育委員会に対し、文化財保存活用地域計画の作成又は認定文化財保存活用地域計画の変更をすることを提案することができる。 2　支援団体は、認定市町村の教育委員会に対し、認定文化財保存活用地域計画の計画期間内に限り、当該認定市町村の区域内に存する文化財であつて第五十七条第一項、第九十条第一項又は第百三十二条第一項の規定により登録されることが適当であると思料するものがあるときは、文部科学省令で定めるところにより、当該文化財について第百八十三条の五第一項の規定による提案をするよう要請することができる。	
第十三章　罰則	第十三章　罰則
第百九十五条　重要文化財を損壊し、毀棄し、又は隠匿した者は、五年以下の懲役若しくは禁錮又は百万円以下の罰金に処する。	第百九十五条　重要文化財を損壊し、き棄し、又は隠匿した者は、五年以下の懲役若しくは禁錮又は三十万円以下の罰金に処する。
2　前項に規定する者が当該重要文化財の所有者であるときは、二年以下の懲役若しくは禁錮又は五十万円以下の罰金若しくは科料に処する。	2　前項に規定する者が当該重要文化財の所有者であるときは、二年以下の懲役若しくは禁錮又は二十万円以下の罰金若しくは科料に処する。
第百九十六条　史跡名勝天然記念物の現状を変更し、又はその保存に影響を及ぼす行為をして、これを滅失し、毀損し、又は衰亡するに至らしめた者は、五年以下の懲役若しくは禁錮又は百万円以下の罰金に処する。	第百九十六条　史跡名勝天然記念物の現状を変更し、又はその保存に影響を及ぼす行為をして、これを滅失し、き損し、又は衰亡するに至らしめた者は、五年以下の懲役若しくは禁錮又は三十万円以下の罰金に処する。
2　前項に規定する者が当該史跡名勝天然記念物の所有者であるときは、二年以下の懲役若しくは禁錮又は五十万円以下の罰金若しくは科料に処する。	2　前項に規定する者が当該史跡名勝天然記念物の所有者であるときは、二年以下の懲役若しくは禁錮又は二十万円以下の罰金若しくは科料に処する。
第百九十七条　次の各号のいずれかに該当する者は、五十万円以下の罰金に処する。 一　第四十三条又は第百二十五条の規定に違反して、許可を受けず、若しくはその許可の条件に従わないで、重要文化財若しくは史跡名勝天然記念物の現状を変更し、若しくはその保存に影響を及ぼす行為をし、又は現状変更若しくは保存に	第百九十七条　次の各号のいずれかに該当する者は、二十万円以下の罰金に処する。 一　第四十三条又は第百二十五条の規定に違反して、許可を受けず、若しくはその許可の条件に従わないで、重要文化財若しくは史跡名勝天然記念物の現

改正後	現　行
影響を及ぼす行為の停止の命令に従わなかつた者	状を変更し、若しくはその保存に影響を及ぼす行為をし、又は現状の変更若しくは保存に影響を及ぼす行為の停止の命令に従わなかつた者
二　第九十六条第二項の規定に違反して、現状を変更することとなるような行為の停止又は禁止の命令に従わなかつた者	二　第九十六条第二項の規定に違反して、現状を変更することとなるような行為の停止又は禁止の命令に従わなかつた者
第百九十八条　次の各号のいずれかに該当する者は、三十万円以下の罰金に処する。	第百九十八条　次の各号のいずれかに該当する者は、十万円以下の罰金に処する。
一　第三十九条第三項（第百八十六条第二項において準用する場合を含む。）において準用する第三十二条の二第五項の規定に違反して、国宝の修理又は滅失、毀損若しくは盗難の防止の措置の施行を拒み、又は妨げた者	一　第三十九条第三項（第百八十六条第二項で準用する場合を含む。）で準用する第三十二条の二第五項の規定に違反して、国宝の修理又は滅失、き損若しくは盗難の防止の措置の施行を拒み、又は妨げた者
二　第九十八条第三項（第百八十六条第二項において準用する場合を含む。）において準用する第三十九条第三項において準用する第三十二条の二第五項の規定に違反して、発掘の施行を拒み、又は妨げた者	二　第九十八条第三項（第百八十六条第二項で準用する場合を含む。）で準用する第三十九条第三項で準用する第三十二条の二第五項の規定に違反して、発掘の施行を拒み、又は妨げた者
三　第百二十三条第二項（第百八十六条第二項において準用する場合を含む。）において準用する第三十九条第三項において準用する第三十二条の二第五項の規定に違反して、特別史跡名勝天然記念物の復旧又は滅失、毀損、衰亡若しくは盗難の防止の措置の施行を拒み、又は妨げた者	三　第百二十三条第二項（第百八十六条第二項で準用する場合を含む。）で準用する第三十九条第三項で準用する第三十二条の二第五項の規定に違反して、特別史跡名勝天然記念物の復旧又は滅失、き損、衰亡若しくは盗難の防止の措置の施行を拒み、又は妨げた者
第二百二条　次の各号のいずれかに該当する者は、十万円以下の過料に処する。	第二百二条　次の各号のいずれかに該当する者は、十万円以下の過料に処する。
一　（略）	一　（略）
二　第四十六条（第八十三条において準用する場合を含む。）の規定に違反して、文化庁長官に国に対する売渡しの申出をせず、若しくは申出をした後第四十六条第五項（第八十三条において準用する場合を含む。）に規定する期間内に、国以外の者に重要文化財又は重要有形民俗文化財を譲り渡し、又は第四十六条第一項（第八十三条において準用する場合を含む。）の規定による売渡しの申出につき、虚偽の事実を申し立てた者	二　第四十六条（第八十三条で準用する場合を含む。）の規定に違反して、文化庁長官に国に対する売渡しの申出をせず、若しくは申出をした後第四十六条第五項（第八十三条で準用する場合を含む。）に規定する期間内に、国以外の者に重要文化財又は重要有形民俗文化財を譲り渡し、又は第四十六条第一項（第八十三条で準用する場合を含む。）の規定による売渡しの申出につき、虚偽の事実を申し立てた者

改正後	現　行
三　第四十八条第四項（第五十一条第三項（第八十五条において準用する場合を含む。）及び第八十五条において準用する場合を含む。）の規定に違反して、出品若しくは公開をせず、又は第五十一条第五項（第五十一条の二（第八十五条において準用する場合を含む。）、第八十四条第二項及び第八十五条において準用する場合を含む。）の規定に違反して、公開の停止若しくは中止の命令に従わなかつた者	三　第四十八条第四項（第五十一条第三項（第八十五条で準用する場合を含む。）及び第八十五条で準用する場合を含む。）の規定に違反して、出品若しくは公開をせず、又は第五十一条第五項（第五十一条の二（第八十五条で準用する場合を含む。）、第八十四条第二項及び第八十五条で準用する場合を含む。）の規定に違反して、公開の停止若しくは中止の命令に従わなかつた者
四　（略）	四　（略）
五　第五十三条の六（第八十五条の四（第百七十四条の二第一項において準用する場合を含む。）及び第百七十四条の二第一項において準用する場合を含む。）、第五十四条（第八十六条及び第百七十二条第五項において準用する場合を含む。）、第五十五条、第六十七条の五（第九十条の四及び第百三十三条の四において準用する場合を含む。）、第六十八条（第九十条第三項及び第百三十三条において準用する場合を含む。）、第七十六条の四（第八十九条の三において準用する場合を含む。）、第百二十九条の五（第百七十四条の二第一項において準用する場合を含む。）、第百三十条（第百七十二条第五項において準用する場合を含む。）、第百三十一条又は第百四十条の規定に違反して、報告をせず、若しくは虚偽の報告をし、又は当該公務員の立入調査若しくは調査のための必要な措置の施行を拒み、妨げ、若しくは忌避した者	五　第五十四条（第八十六条及び第百七十二条第五項で準用する場合を含む。）、第五十五条、第六十八条（第九十条第三項及び第百三十三条で準用する場合を含む。）、第百三十条（第百七十二条第五項で準用する場合を含む。）、第百三十一条又は第百四十条の規定に違反して、報告をせず、若しくは虚偽の報告をし、又は当該公務員の立入調査若しくは調査のための必要な措置の施行を拒み、妨げ、若しくは忌避した者
六・七　（略）	六・七　（略）
第二百三条　次の各号のいずれかに該当する者は、五万円以下の過料に処する。	第二百三条　次の各号のいずれかに該当する者は、五万円以下の過料に処する。
一　第二十八条第五項、第二十九条第四項（第七十九条第二項において準用する場合を含む。）、第五十六条第二項（第八十六条において準用する場合を含む。）又は第五十九条第六項若しくは第六十九条（これらの規定を第九十条第三項において準用する場合を含む。）の規定に違反して、重要文化財若しくは重要有形民俗文化財の指定書又は登録有形文化財若しくは登録有形民俗文化財の登録証を文部科学大臣に返付せず、又は新所有者に引き渡さなかつた者	一　第二十八条第五項、第二十九条第四項（第七十九条第二項で準用する場合を含む。）、第五十六条第二項（第八十六条で準用する場合を含む。）又は第五十九条第六項若しくは第六十九条（これらの規定を第九十条第三項で準用する場合を含む。）の規定に違反して、重要文化財若しくは重要有形民俗文化財の指定書又は登録有形文化財若しくは登録有形民俗文化財の登録証を文部科学大臣に返付せず、又は新所有者に引き渡さなかつた者
二　第三十一条第三項（第六十条第四項（第九十条第三項において準用する場合を含む。）、第八十条及び第百十九条第二項（第百三十三条において準用する場合を含む。）において準用する場合を含む。）、第三十二条（第六十条第四項（第九十条第三項において準用する場合を含む。）、第八十条及び第百二十条（第百三十三条において準用する場合を含む。）に	二　第三十一条第三項（第六十条第四項（第九十条第三項で準用する場合を含む。）、第八十条及び第百十九条第二項（第百三十三条で準用する場合を含む。）で準用する場合を含む。）、第三十二条（第六十条第四項（第九十条

改正後	現　行
おいて準用する場合を含む。）、第三十三条（第八十条、第百十八条及び第百二十条（これらの規定を第百三十三条において準用する場合を含む。）並びに第百七十二条第五項において準用する場合を含む。）、第三十四条（第八十条及び第百七十二条第五項において準用する場合を含む。）、第四十三条の二第一項、第五十三条の四若しくは第五十三条の五（これらの規定を第百七十四条の二第一項において準用する場合を含む。）、第六十一条若しくは第六十二条（これらの規定を第九十条第三項において準用する場合を含む。）、第六十四条第一項（第九十条第三項及び第百三十三条において準用する場合を含む。）、第六十五条第一項（第九十条第三項において準用する場合を含む。）、第六十七条の四、第七十三条、第八十一条第一項、第八十四条第一項本文、第八十五条の三（第百七十四条の二第一項において準用する場合を含む。）、第九十条の三、第九十二条第一項、第九十六条第一項、第百十五条第二項（第百二十条、第百三十三条及び第百七十二条第五項において準用する場合を含む。）、第百二十七条第一項、第百二十九条の四（第百七十四条の二第一項において準用する場合を含む。）、第百三十三条の三、第百三十六条又は第百三十九条第一項の規定に違反して、届出をせず、又は虚偽の届出をした者	第三項で準用する場合を含む。）、第八十条及び第百二十条（第百三十三条で準用する場合を含む。）で準用する場合を含む。）、第三十三条（第八十条、第百十八条及び第百二十条（これらの規定を第百三十三条で準用する場合を含む。）並びに第百七十二条第五項で準用する場合を含む。）、第三十四条（第八十条及び第百七十二条第五項で準用する場合を含む。）、第四十三条の二第一項、第六十一条若しくは第六十二条（これらの規定を第九十条第三項で準用する場合を含む。）、第六十四条第一項（第九十条第三項及び第百三十三条で準用する場合を含む。）、第六十五条第一項（第九十条第三項で準用する場合を含む。）、第七十三条、第八十一条第一項、第八十四条第一項本文、第九十二条第一項、第九十六条第一項、第百十五条第二項（第百二十条、第百三十三条及び第百七十二条第五項で準用する場合を含む。）、第百二十七条第一項、第百三十六条又は第百三十九条第一項の規定に違反して、届出をせず、又は虚偽の届出をした者
三　第三十二条の二第五項（第三十四条の三第二項（第八十三条において準用する場合を含む。）、第六十条第四項及び第六十三条第二項（これらの規定を第九十条第三項において準用する場合を含む。）並びに第八十条において準用する場合を含む。）又は第百十五条第四項（第百三十三条において準用する場合を含む。）の規定に違反して、管理、修理若しくは復旧又は管理、修理若しくは復旧のため必要な措置を拒み、妨げ、又は忌避した者	三　第三十二条の二第五項（第三十四条の三第二項（第八十三条で準用する場合を含む。）、第六十条第四項及び第六十三条第二項（これらの規定を第九十条第三項で準用する場合を含む。）並びに第八十条で準用する場合を含む。）又は第百十五条第四項（第百三十三条で準用する場合を含む。）の規定に違反して、管理、修理若しくは復旧又は管理、修理若しくは復旧のため必要な措置を拒み、妨げ、又は忌避した者

○地方教育行政の組織及び運営に関する法律（昭和三十一年法律第百六十二号）（第二条関係）

（傍線部分は改正部分）

改正後	現　行
（職務権限の特例） 第二十三条　前二条の規定にかかわらず、地方公共団体は、前条各号に掲げるもののほか、条例の定めるところにより、当該地方公共団体の長が、次の各号に掲げる教育に関する事務のいずれか又は全てを管理し、及び執行することとすることができる。	（職務権限の特例） 第二十三条　前二条の規定にかかわらず、地方公共団体は、前条各号に掲げるもののほか、条例の定めるところにより、当該地方公共団体の長が、次の各号に掲げる教育に関する事務のいずれか又は全てを管理し、及び執行することとすることができる。

改正後	現　行
一　スポーツに関すること（学校における体育に関することを除く。）。	一　スポーツに関すること（学校における体育に関することを除く。）。
二　文化に関すること（<u>次号に掲げるもの</u>を除く。）。	二　文化に関すること（<u>文化財の保護に関すること</u>を除く。）。
<u>三　文化財の保護に関すること。</u>	
2　地方公共団体の議会は、前項の条例の制定又は改廃の議決をする前に、当該地方公共団体の教育委員会の意見を聴かなければならない。	2　地方公共団体の議会は、前項の条例の制定又は改廃の議決をする前に、当該地方公共団体の教育委員会の意見を聴かなければならない。

○銃砲刀剣類所持等取締法（昭和三十三年法律第六号）（附則第四条関係）　　　　　　（傍線部分は改正部分）

改正後	現　行
（登録）	（登録）
第十四条　都道府県の教育委員会<u>（地方教育行政の組織及び運営に関する法律（昭和三十一年法律第百六十二号）第二十三条第一項の条例の定めるところによりその長が文化財の保護に関する事務を管理し、及び執行することとされた都道府県にあつては、当該都道府県の知事。以下同じ。）</u>は、美術品若しくは骨とう品として価値のある火縄式銃砲等の古式銃砲又は美術品として価値のある刀剣類の登録をするものとする。	第十四条　都道府県の教育委員会は、美術品若しくは骨とう品として価値のある火縄式銃砲等の古式銃砲又は美術品として価値のある刀剣類の登録をするものとする。
2〜5　（略）	2〜5　（略）

○文化芸術基本法（平成十三年法律第百四十八号）（附則第五条関係）　　　　　　（傍線部分は改正部分）

改正後	現　行
（地方文化芸術推進基本計画）	（地方文化芸術推進基本計画）
第七条の二　都道府県及び市（特別区を含む。第三十七条において同じ。）町村の教育委員会（地方教育行政の組織及び運営に関する法律（昭和三十一年法律第百六十二号）第二十三条第一項の条例の定めるところによりその長が<u>同項第二号に掲げる事務</u>を管理し、及び執行することとされた地方公共団体（次項において「特定地方公共団体」という。）にあっては、その長）は、文化芸術推進基本計画を参酌して、その地方の実情に即した文化芸術の推進に関する計画（次項及び第三十七条において「地方文化芸術推進基本計画」という。）を定めるよう努めるものとする。	第七条の二　都道府県及び市（特別区を含む。第三十七条において同じ。）町村の教育委員会（地方教育行政の組織及び運営に関する法律（昭和三十一年法律第百六十二号）第二十三条第一項の条例の定めるところによりその長が<u>文化に関する事務（文化財の保護に関する事務を除く。）</u>を管理し、及び執行することとされた地方公共団体（次項において「特定地方公共団体」という。）にあっては、その長）は、文化芸術推進基本計画を参酌して、その地方の実情に即した文化芸術の推進に関する計画（次項及び第三十七条において「地方文化芸術推進基本計画」という。）を定めるよう努めるものとする。

改正後	現　行
2　特定地方公共団体の長が地方文化芸術推進基本計画を定め、又はこれを変更しようとするときは、あらかじめ、当該特定地方公共団体の教育委員会の意見を聴かなければならない。	2　特定地方公共団体の長が地方文化芸術推進基本計画を定め、又はこれを変更しようとするときは、あらかじめ、当該特定地方公共団体の教育委員会の意見を聴かなければならない。

○武力攻撃事態等における国民の保護のための措置に関する法律(平成十六年法律第百十二号)(附則第六条関係)

(傍線部分は改正部分)

改正後	現　行
（文化財保護の特例）	（文化財保護の特例）
第百二十五条　文化庁長官は、武力攻撃災害による重要文化財等（重要文化財（文化財保護法（昭和二十五年法律第二百十四号）第二十七条第一項の重要文化財をいう。）、重要有形民俗文化財（同法第七十八条第一項の重要有形民俗文化財をいう。）又は史跡名勝天然記念物（同法第百九条第一項の史跡名勝天然記念物をいう。）をいう。以下この項及び第三項において同じ。）の滅失、き損その他の被害を防止するため特に必要があると認めるときは、当該重要文化財等の所有者、管理責任者（同法第三十一条第二項（同法第八十条において準用する場合を含む。）及び同法第百十九条第二項の管理責任者をいう。）、管理団体（同法第三十二条の二第五項（同法第八十条において準用する場合を含む。）及び同法第百十五条第一項の管理団体をいう。）又は同法第百七十二条第一項の規定により重要文化財等を管理する地方公共団体その他の法人（以下この条において「所有者等」という。）に対し、当該重要文化財等について、所在の場所又は管理の方法の変更その他その保護に関し必要な措置を講ずべきことを命じ、又は勧告することができる。	第百二十五条　文化庁長官は、武力攻撃災害による重要文化財等（重要文化財（文化財保護法（昭和二十五年法律第二百十四号）第二十七条第一項の重要文化財をいう。）、重要有形民俗文化財（同法第七十八条第一項の重要有形民俗文化財をいう。）又は史跡名勝天然記念物（同法第百九条第一項の史跡名勝天然記念物をいう。）をいう。以下この項及び第三項において同じ。）の滅失、き損その他の被害を防止するため特に必要があると認めるときは、当該重要文化財等の所有者、管理責任者（同法第三十一条第二項（同法第八十条において準用する場合を含む。）及び同法第百十九条第二項の管理責任者をいう。）、管理団体（同法第三十二条の二第五項（同法第八十条において準用する場合を含む。）及び同法第百十五条第一項の管理団体をいう。）又は同法第百七十二条第一項の規定により重要文化財等を管理する地方公共団体その他の法人（以下この条において「所有者等」という。）に対し、当該重要文化財等について、所在の場所又は管理の方法の変更その他その保護に関し必要な措置を講ずべきことを命じ、又は勧告することができる。
2　文化財保護法第三十六条第二項及び第三項並びに第百八十八条第三項の規定は、前項の場合について準用する。	2　文化財保護法第三十六条第二項及び第三項並びに第百八十八条第三項の規定は、前項の場合について準用する。
3　第一項の規定による命令又は勧告に従って必要な措置を講じようとする重要文化財等の所有者等は、文化庁長官に対し、当該重要文化財等の保護のため必要な支援を求めることができる。	3　第一項の規定による命令又は勧告に従って必要な措置を講じようとする重要文化財等の所有者等は、文化庁長官に対し、当該重要文化財等の保護のため必要な支援を求めることができる。

改正後	現　行
4　第一項の場合において、国宝（文化財保護法第二十七条第二項の国宝をいう。以下この条及び第百九十二条第三号において同じ。）若しくは特別史跡名勝天然記念物（同法第百九条第二項の特別史跡名勝天然記念物をいう。以下この条及び第百九十二条第三号において同じ。）の所有者等が第一項の規定による命令に従わないとき、又は所有者等に国宝若しくは特別史跡名勝天然記念物の滅失、き損その他の被害を防止するための措置を講じさせることが適当でないと認めるときは、文化庁長官は、当該国宝又は特別史跡名勝天然記念物について、自ら滅失、き損その他の被害を防止するため必要な措置を講ずることができる。	4　第一項の場合において、国宝（文化財保護法第二十七条第二項の国宝をいう。以下この条及び第百九十二条第三号において同じ。）若しくは特別史跡名勝天然記念物（同法第百九条第二項の特別史跡名勝天然記念物をいう。以下この条及び第百九十二条第三号において同じ。）の所有者等が第一項の規定による命令に従わないとき、又は所有者等に国宝若しくは特別史跡名勝天然記念物の滅失、き損その他の被害を防止するための措置を講じさせることが適当でないと認めるときは、文化庁長官は、当該国宝又は特別史跡名勝天然記念物について、自ら滅失、き損その他の被害を防止するため必要な措置を講ずることができる。
5　文化財保護法第三十八条第二項、第三十九条第一項及び第二項並びに第百八十六条第一項の規定は、前項の場合について準用する。	5　文化財保護法第三十八条第二項、第三十九条第一項及び第二項並びに第百八十六条第一項の規定は、前項の場合について準用する。
6　文化財保護法第三十九条第一項及び第二項の規定は、都道府県の教育委員会（地方教育行政の組織及び運営に関する法律（昭和三十一年法律第百六十二号）第二十三条第一項の条例の定めるところによりその長が文化財の保護に関する事務を管理し、及び執行することとされた都道府県にあっては、当該都道府県の知事。次項において同じ。）が前項において準用する文化財保護法第百八十六条第一項の規定による委託に基づいて第四項の措置を講ずる場合について準用する。	6　文化財保護法第三十九条第一項及び第二項の規定は、都道府県の教育委員会が前項において準用する同法第百八十六条第一項の規定による委託に基づいて第四項の措置を講ずる場合について準用する。
7　国宝又は特別史跡名勝天然記念物の所有者等は、正当な理由がなくて、第四項の規定に基づいて文化庁長官が講ずる措置又は第五項において準用する文化財保護法第百八十六条第一項の規定による委託に基づいて都道府県の教育委員会が講ずる措置を拒み、妨げ、又は忌避してはならない。	7　国宝又は特別史跡名勝天然記念物の所有者等は、正当な理由がなくて、第四項の規定に基づいて文化庁長官が講ずる措置又は第五項において準用する文化財保護法第百八十六条第一項の規定による委託に基づいて都道府県の教育委員会が講ずる措置を拒み、妨げ、又は忌避してはならない。

○地域における歴史的風致の維持及び向上に関する法律（平成二十年法律第四十号）（附則第七条関係）

（傍線部分は改正部分）

改正後	現　行
（歴史的風致維持向上計画の認定）	（歴史的風致維持向上計画の認定）
第五条　（略）	第五条　（略）
2〜5　（略）	2〜5　（略）
6　市町村は、歴史的風致維持向上計画を作成しようとするときは、あらかじめ、公聴会の開催その他の住民の意見を反映させるために必要な措置を講ずるよう努めるとともに、第十一条第一項の規定により協議会が組織され、又は文化財保護法第百九十条第一項若しくは第二項の規定により当該市町村の教育委員会若しくは当該市町村に地方文化財保護審議会が置かれている場合にあっては、当該協議会又は地方文化財保護審議会の意見を聴かなければならない。	6　市町村は、歴史的風致維持向上計画を作成しようとするときは、あらかじめ、公聴会の開催その他の住民の意見を反映させるために必要な措置を講ずるよう努めるとともに、第十一条第一項の規定により協議会が組織され、又は文化財保護法第百九十条第一項の規定により当該市町村の教育委員会に地方文化財保護審議会が置かれている場合にあっては、当該協議会又は地方文化財保護審議会の意見を聴かなければならない。
7〜11　（略）	7〜11　（略）
（認定市町村への助言、援助等）	（認定市町村への助言、援助等）
第十条　（略）	第十条　（略）
2・3　（略）	2・3　（略）
4　認定市町村の長及び教育委員会は、認定歴史的風致維持向上計画の円滑かつ確実な実施が促進されるよう、相互に緊密な連携を図りながら協力しなければならない。	4　認定市町村の長及び教育委員会は、認定歴史的風致維持向上計画の円滑かつ確実な実施が促進されるよう、相互に緊密な連携を図りながら協力しなければならない。
（歴史的風致形成建造物の指定）	（歴史的風致形成建造物の指定）
第十二条　（略）	第十二条　（略）
2　市町村長は、前項の規定による指定をしようとするときは、あらかじめ、当該建造物の所有者（所有者が二人以上いる場合にあっては、その全員）及び当該市町村の教育委員会の意見を聴くとともに、当該建造物が公共施設である場合にあっては、当該公共施設の管理者（当該市町村を除く。）に協議し、その同意を得なければならない。ただし、当該市町村が文化財保護法第五十三条の八第一項に規定する特定地方公共団体（以下単に「特定地方公共団体」という。）であるときは、当該市町村の教育委員会の意見を聴くことを要しない。	2　市町村長は、前項の規定による指定をしようとするときは、あらかじめ、当該建造物の所有者（所有者が二人以上いる場合にあっては、その全員）及び当該市町村の教育委員会の意見を聴くとともに、当該建造物が公共施設である場合にあっては、当該公共施設の管理者（当該市町村を除く。）に協議し、その同意を得なければならない。
3　市町村の教育委員会は、前項の規定により意見を聴かれた場合において、当該建造物が文化財保護法第二条第一項第一号に規定する有形文化財、同項第三号に規定する民俗文化財又は同項第四号に規定する記念物（以下「有形文化財等」という。）に該当すると認めるときは、その旨を市町村長に通知しなければ	3　市町村の教育委員会は、前項の規定により意見を聴かれた場合において、当該建造物が文化財保護法第二条第一項第一号に規定する有形文化財、同項第三号に規定する民俗文化財又は同項第四号に規

改正後	現　行
ならない。	定する記念物（以下「有形文化財等」という。）に該当すると認めるときは、その旨を市町村長に通知しなければならない。
（歴史的風致形成建造物の指定の提案）	（歴史的風致形成建造物の指定の提案）
第十三条　（略）	第十三条　（略）
2・3　（略）	2・3　（略）
4　市町村長は、前項の規定による通知をしようとするときは、あらかじめ、当該市町村の教育委員会の意見を聴かなければならない。ただし、当該市町村が特定地方公共団体であるときは、この限りでない。	4　市町村長は、前項の規定による通知をしようとするときは、あらかじめ、当該市町村の教育委員会の意見を聴かなければならない。
（増築等の届出及び勧告等）	（増築等の届出及び勧告等）
第十五条　（略）	第十五条　（略）
2・3　（略）	2・3　（略）
4　市町村長は、前項の規定による勧告をしようとする場合において、当該歴史的風致形成建造物が第十二条第三項の規定による通知がなされた建造物であるときは、あらかじめ、当該市町村の教育委員会の意見を聴かなければならない。ただし、当該市町村が特定地方公共団体であるときは、この限りでない。	4　市町村長は、前項の規定による勧告をしようとする場合において、当該歴史的風致形成建造物が第十二条第三項の規定による通知がなされた建造物であるときは、あらかじめ、当該市町村の教育委員会の意見を聴かなければならない。
5～7　（略）	5～7　（略）
（指定の解除）	（指定の解除）
第十七条　（略）	第十七条　（略）
2　市町村長は、歴史的風致形成建造物について、公益上の理由その他特別な理由があるときは、その指定を解除することができる。この場合において、当該歴史的風致形成建造物が第十二条第三項の規定による通知がなされた建造物であるときは、あらかじめ、当該市町村の教育委員会の意見を聴かなければならない。ただし、当該市町村が特定地方公共団体であるときは、当該市町村の教育委員会の意見を聴くことを要しない。	2　市町村長は、歴史的風致形成建造物について、公益上の理由その他特別な理由があるときは、その指定を解除することができる。この場合において、当該歴史的風致形成建造物が第十二条第三項の規定による通知がなされた建造物であるときは、あらかじめ、当該市町村の教育委員会の意見を聴かなければならない。
3　（略）	3　（略）
（文化財保護法の規定による事務の認定市町村の教育委員会による実施）	（文化財保護法の規定による事務の認定市町村の教育委員会による実施）
第二十四条　文化庁長官は、次に掲げるその権限に属する事務であって、第五条第八項の認定を受けた町村（以下この条及び第二十九条において「認定町村」という。）の区域内の重要文化財建造物等に係るものの全部又は一部については、認定計画期間内に限り、政令で定めるところにより、当該認定町村の教育委員会（当該認定町村が特定地方公共団体である場合にあって	第二十四条　文化庁長官は、次に掲げるその権限に属する事務であって、第五条第八項の認定を受けた町村（以下この条及び第二十九条において「認定町村」という。）の区域内の重要文化財建造物等に係るものの全部又は一部については、認

改正後	現 行
は、当該認定町村の長。次項から第四項までにおいて同じ。）が行うこととすることができる。	定計画期間内に限り、政令で定めるところにより、当該認定町村の教育委員会が行うこととすることができる。
一・二　（略）	一・二　（略）
2　前項の規定により認定町村の教育委員会が文化財保護法第四十三条第四項（同法第百二十五条第三項において準用する場合を含む。）の規定による現状変更又は保存に影響を及ぼす行為の許可の取消しをする場合において、聴聞をしようとするときは、当該聴聞の期日の十日前までに、行政手続法（平成五年法律第八十八号）第十五条第一項の規定による通知をし、かつ、当該処分の内容並びに当該聴聞の期日及び場所を公示しなければならない。この場合においては、文化財保護法第百五十四条第三項の規定を準用する。	2　前項の規定により認定町村の教育委員会が文化財保護法第四十三条第四項（同法第百二十五条第三項において準用する場合を含む。）の規定による現状変更又は保存に影響を及ぼす行為の許可の取消しをする場合において、聴聞をしようとするときは、当該聴聞の期日の十日前までに、行政手続法（平成五年法律第八十八号）第十五条第一項の規定による通知をし、かつ、当該処分の内容並びに当該聴聞の期日及び場所を公示しなければならない。この場合においては、文化財保護法第百五十四条第三項の規定を準用する。
3　第一項の規定により認定町村の教育委員会が文化財保護法第五十五条第一項又は第百三十一条第一項の規定による立入調査又は調査のため必要な措置をさせようとするときは、関係者又はその代理人の出頭を求めて、公開による意見の聴取を行わなければならない。この場合においては、同法第百五十五条第二項から第四項までの規定を準用する。	3　第一項の規定により認定町村の教育委員会が文化財保護法第五十五条第一項又は第百三十一条第一項の規定による立入調査又は調査のため必要な措置をさせようとするときは、関係者又はその代理人の出頭を求めて、公開による意見の聴取を行わなければならない。この場合においては、同法第百五十五条第二項から第四項までの規定を準用する。
4　文化財保護法第百八十四条第二項、第四項（第三号に係る部分を除く。）及び第五項から第八項までの規定は、認定町村の教育委員会について準用する。	4　文化財保護法第百八十四条第二項、第四項（第三号に係る部分を除く。）及び第五項から第八項までの規定は、認定町村の教育委員会について準用する。
5　認定市町村の長は、認定歴史的風致維持向上計画を実施する上で特に必要があると認めるときは、その議会の議決を経て、文部科学大臣に対し、第一項に規定する事務の全部又は一部を、文化財保護法第百八十四条第一項又は第一項の規定により当該認定市町村の教育委員会（当該認定市町村が特定地方公共団体である場合にあっては、当該認定市町村の長）が処理することとするよう要請することができる。	5　認定市町村の長は、認定歴史的風致維持向上計画を実施する上で特に必要があると認めるときは、その議会の議決を経て、文部科学大臣に対し、第一項に規定する事務の全部又は一部を、文化財保護法第百八十四条第一項又は第一項の規定により当該認定市町村の教育委員会が処理することとするよう要請することができる。
6　認定市町村の議会は、前項の議決をしようとするときは、あらかじめ、当該認定市町村の教育委員会の意見を聴かなければならない。ただし、当該認定市町村が特定地方公共団体であるときは、この限りでない。	6　認定市町村の議会は、前項の議決をしようとするときは、あらかじめ、当該認定市町村の教育委員会の意見を聴かなければならない。

労働安全衛生法 (抜粋)

昭和 47 年 6 月 8 日法律第 57 号
最終改正：令和 4 年 6 月 17 日法律第 68 号

（目的）
第 1 条　この法律は、労働基準法（昭和 22 年法律第 49 号）と相まつて、労働災害の防止のための危害防止基準の確立、責任体制の明確化及び自主的活動の促進の措置を講ずる等その防止に関する総合的計画的な対策を推進することにより職場における労働者の安全と健康を確保するとともに、快適な職場環境の形成を促進することを目的とする。

労働安全衛生法施行令 (抜粋)

昭和 47 年 8 月 19 日政令第 318 号
最終改正：令和 4 年 2 月 24 日政令第 51 号

　内閣は、労働安全衛生法（昭和 47 年法律第 57 号）の規定に基づき、この政令を制定する。

（作業主任者を選任すべき作業）
第 6 条　法第 14 条の政令で定める作業は、次のとおりとする。
　　九　　掘削面の高さが 2 メートル以上となる地山の掘削（ずい道及びたて坑以外の坑の掘削を除く。）の作業（第 11 号に掲げる作業を除く。）
　　十　　土止め支保工の切りばり又は腹起こしの取付け又は取り外しの作業
　　十二　高さが 2 メートル以上のはい（倉庫、上屋又は土場に積み重ねられた荷（小麦、大豆、鉱石等のばら物の荷を除く。）の集団をいう。）のはい付け又ははい崩しの作業（荷役機械の運転者のみによつて行われるものを除く。）
　　十五　つり足場（ゴンドラのつり足場を除く。以下同じ。）、張出し足場又は高さが 5 メートル以上の構造の足場の組立て、解体又は変更の作業

労働安全衛生規則 (抜粋)

昭和 47 年 9 月 30 日労働省令第 32 号
最終改正：令和 5 年 3 月 14 日厚生労働省令第 22 号

　労働安全衛生法（昭和 47 年法律第 57 号）及び労働安全衛生法施行令（昭和 47 年政令第 318 号）の規定に基づき、並びに同法を実施するため、労働安全衛生規則を次のように定める。

（立入禁止）
第 151 条の 9　事業者は、車両系荷役運搬機械等（構造上、フオーク、シヨベル、アーム等が不意に降下することを防止する装置が組み込まれているものを除く。）については、そのフオーク、シヨベル、アーム等又はこれらにより支持されている荷の下に労働者を立ち入らせてはならない。ただし、修理、点検等の作業を行う場合において、フオーク、シヨベル、アーム等が不意に降下することによる労働者の危険を防止するため、当該作業に従事する労働者に安全支柱、安全ブロック等を使用させるときは、この限りでない。
2　前項ただし書の作業を行う労働者は、同項ただし書の安全支柱、安全ブロック等を使用しなければならない。

（接触の防止）
第 158 条　事業者は、車両系建設機械を用いて作業を行なうときは、運転中の車両系建設機械に接触することにより労働者に危険が生ずるおそれのある箇所に、労働者を立ち入らせてはならない。ただし、誘導者を配置し、その者に当該車両系建設機械を誘導させるときは、この限りでない。
2　前項の車両系建設機械の運転者は、同項ただし書の誘導者が行なう誘導に従わなければならない。

（合図）
第 159 条　事業者は、車両系建設機械の運転について誘導者を置くときは、一定の合図を定め、誘導者に当該合図を行なわせなければならない。
2　前項の車両系建設機械の運転者は、同項の合図に従わなければならない。

（作業箇所等の調査）
第 355 条　事業者は、地山の掘削の作業を行う場合において、地山の崩壊、埋設物等の損壊等により労働者に危険を及ぼすおそれのあるときは、あらかじめ、作業箇所及びその周辺の地山について次の事項をボーリングその他適当な方法により調

査し、これらの事項について知り得たところに適応する掘削の時期及び順序を定めて、当該定めにより作業を行わなければならない。

一　形状、地質及び地層の状態
二　き裂、含水、湧水及び凍結の有無及び状態
三　埋設物等の有無及び状態
四　高温のガス及び蒸気の有無及び状態

（掘削面のこう配の基準）

第356条　事業者は、手掘り（パワー・ショベル、トラクター・ショベル等の掘削機械を用いないで行なう掘削の方法をいう。以下次条において同じ。）により地山（崩壊又は岩石の落下の原因となるき裂がない岩盤からなる地山、砂からなる地山及び発破等により崩壊しやすい状態になつている地山を除く。以下この条において同じ。）の掘削の作業を行なうときは、掘削面（掘削面に奥行きが2メートル以上の水平な段があるときは、当該段により区切られるそれぞれの掘削面をいう。以下同じ。）のこう配を、次の表の上欄に掲げる地山の種類及び同表の中欄に掲げる掘削面の高さに応じ、それぞれ同表の下欄に掲げる値以下としなければならない。

地山の種類	掘削面の高さ（単位　メートル）	掘削面のこう配（単位　度）
岩盤又は堅い粘土からなる地山	5未満	90
	5以上	75
その他の地山	2未満	90
	2以上5未満	75
	5以上	60

2　前項の場合において、掘削面に傾斜の異なる部分があるため、そのこう配が算定できないときは、当該掘削面について、同項の基準に従い、それよりも崩壊の危険が大きくないように当該各部分の傾斜を保持しなければならない。

第357条　事業者は、手掘りにより砂からなる地山又は発破等により崩壊しやすい状態になつている地山の掘削の作業を行なうときは、次に定めるところによらなければならない。

一　砂からなる地山にあつては、掘削面のこう配を35度以下とし、又は掘削面の高さを5メートル未満とすること。
二　発破等により崩壊しやすい状態になつている地山にあつては、掘削面のこう配を45度以下とし、又は掘削面の高さを2メートル未満とすること。

2　前条第2項の規定は、前項の地山の掘削面に傾斜の異なる部分があるため、そのこう配が算定できない場合について、準用する。

（地山の崩壊等による危険の防止）

第361条　事業者は、明り掘削の作業を行なう場合において、地山の崩壊又は土石の落下により労働者に危険を及ぼすおそれのあるときは、あらかじめ、土止め支保工を設け、防護網を張り、労働者の立入りを禁止する等当該危険を防止するための措置を講じなければならない。

（はい作業主任者の職務）

第429条　事業者は、はい作業主任者に、次の事項を行なわせなければならない。

一　作業の方法及び順序を決定し、作業を直接指揮すること。
二　器具及び工具を点検し、不良品を取り除くこと。
三　当該作業を行なう箇所を通行する労働者を安全に通行させるため、その者に必要な事項を指示すること。
四　はいくずしの作業を行なうときは、はいの崩壊の危険がないことを確認した後に当該作業の着手を指示すること。
五　第427条第1項の昇降するための設備及び保護帽の使用状況を監視すること。

（足場の組立て等作業主任者の職務）

第566条　事業者は、足場の組立て等作業主任者に、次の事項を行わせなければならない。ただし、解体の作業のときは、第1号の規定は、適用しない。

一　材料の欠点の有無を点検し、不良品を取り除くこと。
二　器具、工具、要求性能墜落制止用器具及び保護帽の機能を点検し、不良品を取り除くこと。
三　作業の方法及び労働者の配置を決定し、作業の進行状況を監視すること。
四　要求性能墜落制止用器具及び保護帽の使用状況を監視すること。

公共工事の品質確保の促進に関する法律の一部を改正する法律（改正品確法）

公共工事の品質確保の促進に関する法律の一部を改正する法律

<背景> ○ダンピング受注、行き過ぎた価格競争　○現場の担い手不足、若年入職者減少
○発注者のマンパワー不足　○地域の維持管理体制への懸念　○受発注者の負担増大

- H26.4.4 参議院本会議可決（全会一致）
- H26.5.29 衆議院本会議可決（全会一致）
- H26.6.4 公布・施行

<目的>インフラの品質確保とその担い手の中長期的な育成・確保

☆ 改正のポイントⅠ：目的と基本理念の追加

○目的に、以下を追加
- ・現在及び将来の公共工事の品質確保　・公共工事の品質確保の担い手の中長期的な育成・確保の促進

○基本理念として、以下を追加
- ・施工技術の維持向上とそれを有する者の中長期的な育成・確保　・適切な点検・診断・維持・修繕等の維持管理の実施
- ・災害対応を含む地域維持の担い手確保へ配慮　・ダンピング受注の防止
- ・下請契約を含む請負契約の適正化と公共工事に従事する者の賃金、安全衛生等の労働環境改善
- ・技術者能力の資格による評価等による調査設計(点検・診断を含む)の品質確保　等

☆ 改正のポイントⅡ：発注者責務の明確化

各発注者が基本理念にのっとり発注を実施

○担い手の中長期的な育成・確保のための適正な利潤が確保できるよう、市場における労務、資材等の取引価格、施工の実態等を的確に反映した予定価格の適正な設定

効果 →
- ・最新単価や実態を反映した予定価格
- ・歩切りの根絶
- ・ダンピング受注の防止　等

○不調、不落の場合等における見積り徴収
○低入札価格調査基準や最低制限価格の設定
○計画的な発注、適切な工期設定、適切な設計変更　○発注者間の連携の推進　等

☆ 改正のポイントⅢ：多様な入札契約制度の導入・活用

○技術提案交渉方式　→民間のノウハウを活用、実際に必要とされる価格での契約
○段階的選抜方式（新規参加が不当に阻害されないように配慮しつつ行う）→受発注者の事務負担軽減
○地域社会資本の維持管理に資する方式（複数年契約、一括発注、共同受注）→地元に明るい中小業者等による安定受注
○若手技術者・技能者の育成・確保や機械保有、災害時の体制等を審査・評価

法改正の理念を現場で実現するために、　○国と地方公共団体が相互に緊密な連携を図りながら協力
○国が地方公共団体、事業者等の意見を聴いて発注者共通の運用指針を策定

公共工事の品質確保の促進に関する施策を総合的に推進するための基本的な方針
改正の概要（平成２６年９月３０日閣議決定）　【詳細版①－全体像】

「品確法基本方針」の全体像　下線部：今回の主な改正箇所

第1　公共工事の品質確保の促進の意義に関する事項
○将来にわたる公共工事の品質確保とその担い手の中長期的な育成・確保　○適切な点検・診断・維持・修繕等の維持管理
○地域における担い手の育成・確保への十分な配慮　○賃金、安全衛生等の労働環境の改善への配慮　等

第2　公共工事の品質確保の促進のための施策に関する基本的な方針

1．発注関係事務の適切な実施
- 担い手育成・確保のための適正な利潤が確保できるような予定価格の適正な設定（歩切りの禁止、見積り活用等）
- ダンピング受注の防止（低入札価格調査基準等の適切な設定等）
- 計画的な発注、適切な工期設定及び設計変更

2．受注者の責務に関する事項
受注者において、適正な下請契約の締結、技術者、技能労働者等の育成・確保、賃金、安全衛生等の労働環境の改善の取組が行われるよう、国として必要な施策を実施

3．技術的能力の審査に関する事項
- 有資格業者名簿の作成の際の資格審査（工事成績評定等）
- 個別工事に際しての技術審査（配置予定技術者の経験）
- 中長期的な技術的能力の確保に関する審査等（若年技術者、技能労働者の育成・確保状況、建設機械の保有状況等）

4．多様な入札及び契約の方法
- 競争参加者の技術提案を求める方式
- 段階的選抜方式
- 技術提案・交渉方式
- 地域における社会資本の維持管理に資する方式　等

5．中立かつ公正な審査・評価の確保
- 総合評価落札方式や技術提案・交渉方式における学識経験者からの意見聴取、結果の公表　等

6．工事の監督・検査及び施工状況の確認・評価
- 工事成績評定項目の標準化
- 完成後一定期間後の施工状況の確認・評価　等

7．発注関係事務の環境整備
- 発注者によるデータベースの整備・更新　等

8．調査及び設計の品質確保
- 業務の性格等に応じた適切な入札契約方式の採用
- 配置予定技術者の経験・資格の審査・評価　等

9．発注関係事務を適切に実施できる者の活用
- 国・都道府県による発注者への支援
- 国・都道府県以外の者の活用

10．施策の進め方
- 国及び地方公共団体が相互に緊密な連携・協力
- 発注者共通の運用指針を策定・フォローアップ

公共工事の品質確保の促進に関する施策を総合的に推進するための基本的な方針
改正の概要（平成26年9月30日閣議決定） 【詳細版②－改正のポイント】

「品確法基本方針」の改正のポイント

1．発注者責務の明確化

（※全てが今回改正で追加された部分）

①予定価格の適正な設定

➤ 公共工事の品質確保の担い手となる人材を育成し、確保するための適正な利潤の確保を可能とするためには、予定価格が適正に定められることが不可欠。
➤ 発注者が予定価格を定めるに当たっては、市場における労務、資材、機材等の取引価格の変動に対応し、市場における最新の取引価格や施工の実態等を的確に反映した積算を行う。
➤ この適正な積算に基づく設計書金額の一部を控除するいわゆる歩切りについては、厳にこれを行わないものとする。
➤ 入札不調・不落により再入札に付する場合や入札に付そうとする工事と同種、類似の工事で入札不調・不落が生じている場合には、入札参加者から工事の全部又は一部について見積りを徴収し、当該見積りを活用した積算を行うなどにより適正な予定価格の設定を図るよう努める。

②ダンピング受注の防止

➤ いわゆる歩切りを行うこと、ダンピング受注を防止するための適切な措置を講じていないこと等により、公共工事の品質確保が困難となるおそれがある低価格での契約の締結を許容している発注者の存在も指摘。
➤ ダンピング受注は、工事の手抜き、下請へのしわ寄せ、労働条件の悪化、安全対策の不徹底等につながりやすく、公共工事の品質確保に支障を来すおそれがあるとともに、公共工事を施工する者が担い手を育成・確保するために必要となる適正な利潤を確保できないおそれがある等の問題がある。
➤ 発注者は、ダンピング受注を防止するため、適切に低入札価格調査基準又は最低制限価格を設定するなど必要な措置を講ずる。

③計画的な発注、適切な工期設定及び設計変更

➤ 発注者は、債務負担行為の積極的活用等により発注・施工時期の平準化を図るよう努める。
➤ 受注者側が計画的に施工体制を確保することができるよう、地域の実情等に応じて、各発注者が連携して発注見通しを統合して公表する等必要な措置を講ずるよう努める。
➤ 発注者は、当該工事の規模、難易度や地域の実情等を踏まえた適切な工期を設定するよう努める。
➤ 工事内容の変更等が必要となる場合には、適切に設計図書の変更を行い、それに伴い請負代金の額及び工期に変動が生じる場合には、適切にこれらの変更を行う。

公共工事の品質確保の促進に関する施策を総合的に推進するための基本的な方針
改正の概要（平成26年9月30日閣議決定） 【詳細版③－改正のポイント】

2．多様な入札契約制度の導入・活用

（※全てが今回改正で追加された部分）

①段階的選抜方式

➤ 競争参加者が多数と見込まれる場合においてその全ての者に詳細な技術提案を求めることは発注者、競争参加者双方の事務負担が大きい。
➤ 発注者は、競争参加者が多数と見込まれるときその他必要と認めるときは、当該公共工事に係る技術的能力に関する事項を評価すること等により一定の技術水準に達した者を選抜した上で、これらの者の中から落札者を決定することができる。

②技術提案の審査及び価格等の交渉による方式（技術提案・交渉方式）

➤ 技術的難易度が高い工事等仕様の確定が困難である場合において、自らの発注の実績等を踏まえて必要があると認めるときは、技術提案を広く公募の上、その審査の結果を踏まえて選定した者と工法、価格等の交渉を行うことにより仕様を確定した上で契約することができる。
➤ この場合において、発注者は、技術提案の審査及び交渉の結果を踏まえて予定価格を定める。

③地域における社会資本の維持管理に資する方式

➤ 災害時における対応を含む社会資本の維持管理が適切に、かつ効率的・持続的に行われるために、発注者は、必要があると認めるときは、地域の実情に応じて、
　・工期が複数年度にわたる公共工事を一の契約により発注する方式、
　・複数の工事を一の契約により発注する方式、
　・災害応急対策、除雪、修繕、パトロールなどの地域維持事業の実施を目的として地域精通度の高い建設業者で構成される事業協同組合や地域維持型建設共同企業体が競争に参加することができることとする方式
　などを活用する。

公共工事の品質確保の促進に関する施策を総合的に推進するための基本的な方針
改正の概要（平成２６年９月３０日閣議決定）　【詳細版④―改正のポイント】

３．受注者の責務に関する事項
（※全てが今回改正で追加された部分）

➢ 国は、受注者における技術者、技能労働者等の育成及び確保とこれらの者に係る賃金その他の労働条件、安全衛生その他の労働環境の改善等の取組が適切に行われるよう、元請負人と下請負人の契約適正化のための指導、技能労働者の適切な賃金水準の確保や社会保険等への加入の徹底等の要請等必要な措置を講ずる。
➢ 国は、法令に違反して社会保険等に加入せず、法定福利費を負担していない建設業者が競争上有利となるような事態を避けるため、発注者と連携して、このような建設業者の公共工事からの排除及び当該建設業者への指導を徹底する。
➢ 国は、関係省庁が連携して、教育訓練機能を充実強化すること、子供たちが土木・建築を含め正しい知識等を得られるよう学校におけるキャリア教育・職業教育への建設業者の協力を促進すること、女性も働きやすい現場環境を整備すること等必要な措置を講ずるものとする。

４．その他国として講ずべき施策
①予定価格の適正な設定のための施策
➢ 国は、発注者が、最新の取引価格等を的確に反映した積算を行うことができるよう、公共工事に従事する労働者の賃金に関する調査を適切に行い、その結果に基づいて実勢を反映した公共工事設計労務単価を適切に設定する。
➢ 国は、中長期的な担い手の育成及び確保や市場の実態の適切な反映の観点から、予定価格を適正に定めるため、積算基準に関する検討及び必要に応じた見直しを適切に行う。
②調査及び設計の品質確保のための施策
➢ 国は、配置が予定される者の能力が、その者の有する資格等により適切に評価され、十分活用されるよう、これらに係る資格等の評価について検討を進め、必要な措置を講ずる。
③発注者の支援のための施策
➢ 国は、基本理念にのっとり、地方公共団体、学識経験者、民間事業者その他の関係者から現場の課題や制度の運用等に関する意見を聴取し、発注関係事務に関する国、地方公共団体等に共通の運用の指針（運用指針）を策定。
➢ 当該指針に基づき発注関係事務が適切に実施されているかについて定期的に調査を行い、その結果をとりまとめ公表。
➢ 国は、地方公共団体が講ずる公共工事の品質確保の促進に関する施策に関し、必要な助言、情報提供その他の援助を行うよう努める。

公共工事の入札及び契約の適正化を図るための措置に関する指針（適正化指針）
改正の概要（平成２６年９月３０日閣議決定）　【詳細版①】

「適正化指針」の全体像
下線部：今回の主な改正箇所

１．透明性の確保
➢ 情報の公表（入札契約に係る情報は基本的に公表）
➢ 第三者の意見を適切に反映する方策（学識経験者等からなる入札監視委員会等の第三者機関の設置　等）

２．公正な競争の促進
➢ 一般競争入札の適切な活用（メリットとデメリットを踏まえ対象工事の見直し等により適切に活用　等）
➢ 総合評価落札方式の適切な活用（工事の性格等に応じ適切に活用、事務量の軽減　等）
➢ 地域維持型契約方式（一括発注、複数年度契約、共同企業体等への発注　等）
➢ 適切な競争参加資格の設定（暴力団関係業者や社会保険等未加入業者の排除、地域要件の設定　等）　等

３．談合その他の不正行為の排除
➢ 談合情報や一括下請負等建設業法違反への適切な対応
➢ 不正行為が起きた場合の厳正な対応
➢ 談合に対する発注者の関与の防止（職員への不当な働きかけ等が発生しにくい入札契約手続の導入　等）
等

４．ダンピング受注の防止
➢ 予定価格の適正な設定（歩切りの禁止　等）
➢ 入札金額の内訳書の提出
➢ 低入札価格調査制度及び最低制限価格制度の活用
➢ 不採算受注の受注強制の禁止
➢ 低入札価格調査の基準価格等の公表時期

５．適正な施工の確保
➢ 施工状況の評価
➢ 受発注者間の対等性の確保（適切な契約変更等）
➢ 施工体制の把握の徹底（工事施工段階における監督・検査の確実な実施、施工体制台帳の活用等）

６．その他
➢ 不良・不適格業者の排除（暴力団関係業者や社会保険等未加入業者の排除　等）
➢ ＩＴ化の推進
➢ 発注者間の連携強化　　等

公共工事の入札及び契約の適正化を図るための措置に関する指針（適正化指針）
改正の概要（平成２６年９月３０日閣議決定）　【詳細版②─改正のポイント】

「適正化指針」の改正のポイント

１．ダンピング対策の強化
（下線部：今回改正により追加される部分）

- 低入札価格調査制度又は最低制限価格制度の適切な活用を徹底することにより、ダンピング受注の排除を図るものとする。

→本規定を根拠として、低入札価格調査制度等を未導入の地方公共団体に対し、その導入等を要請

２．歩切りの根絶

- ダンピング受注は、工事の手抜き、下請業者へのしわ寄せ、公共工事に従事する者の賃金その他の労働条件の悪化、安全対策の不徹底等につながりやすく、ひいては建設業の若年入職者の減少の原因となるなど建設工事の担い手の育成及び確保を困難とし、建設業の健全な発達を阻害するものであることから、これを防止するとともに、適正な金額で契約を締結することが必要。
- そのためには、まず、予定価格が適正に設定されることが必要。
- このため、予定価格の設定に当たっては、適切に作成された仕様書及び設計書に基づき、経済社会情勢の変化を勘案し、市場における労務及び資材等の最新の実勢価格を適切に反映させつつ、実際の施工に要する通常妥当な経費について適正な積算を行う。
- この適正な積算に基づく設計書金額の一部を控除するいわゆる歩切りについては、公共工事品質確保法第７条第１項第１号の規定に違反することから、これを行わないものとする。

→歩切りについては調査を実施し、疑わしい地方公共団体等に個別に説明聴取。必要に応じ個別発注者名を公表すること等により、改善を促進

公共工事の入札及び契約の適正化を図るための措置に関する指針（適正化指針）
改正の概要（平成２６年９月３０日閣議決定）　【詳細版③─改正のポイント】

３．適切な契約変更の実施
（下線部：今回改正により追加される部分）

- 設計図書に示された施工条件と実際の工事現場の状態が一致しない場合、設計図書に示されていない施工条件について予期することができない特別な状態が生じた場合その他の場合において必要があると認められるときは、適切に設計図書の変更を行う。
- 工事内容の変更等が必要となり、工事費用や工期に変動が生じた場合には、施工に必要な費用や工期が適切に確保されるよう、必要な変更契約を適切に締結する。
- 追加工事又は変更工事が発生したにもかかわらず書面による変更契約を行わないことや、受注者に帰責事由がないにもかかわらず追加工事等に要する費用を受注者に一方的に負担させることは、建設業法第１９条第２項又は第１９条の３に違反するおそれがあるため、これを行わないものとする。

４．社会保険等未加入業者の排除

①元請業者からの社会保険等未加入業者の排除

- 公平で健全な競争環境を構築する観点からは、社会保険等に加入し、法定福利費を適切に負担する建設業者を確実に契約の相手方とすることが重要。
- 法令に違反して社会保険等に加入していない建設業者（社会保険等未加入業者）について、公共工事の元請業者から排除するため、定期の競争参加資格審査や個別工事の競争参加資格の設定等で、必要な措置を講ずる。

②下請業者からの社会保険等未加入業者の排除

- 元請業者に対し社会保険等未加入業者との契約締結を禁止することや、社会保険等未加入業者を確認した際に建設業許可行政庁又は社会保険等担当部局へ通報すること等の措置を講ずることにより、下請業者も含めてその排除を図る。

５．談合防止策の強化

- 各省各庁の長等は、予定価格の作成時期を入札書の提出後とするなど外部から入札関係職員に対する不当な働きかけ又は口利き行為が発生しにくい入札契約手続を導入すること等により不正行為の発生しにくい環境の整備を進める。

●公共工事の品質確保の促進に関する法律の一部を改正する法律　概要

<審議の経緯>
R1.5.28 衆議院本会議可決（全会一致）
R1.6.7　参議院本会議可決（全会一致）
R1.6.14 公布・施行

背景・必要性

1．災害への対応

○全国的に災害が頻発する中、災害からの迅速かつ円滑な復旧・復興のため、災害時の緊急対応の充実強化が急務

2．働き方改革関連法の成立

○「働き方改革関連法」の成立により、公共工事においても長時間労働の是正や処遇改善といった働き方改革の促進が急務

3．生産性向上の必要性

○建設業・公共工事の持続可能性を確保するため、働き方改革の促進と併せ、生産性の向上が急務

4．調査・設計の重要性

○公共工事に関する調査等の品質が公共工事の品質確保を図る上で重要な役割

法案の概要

1．災害時の緊急対応の充実強化

【基本理念】災害対応の担い手の育成・確保、災害復旧工事等の迅速かつ円滑な実施のための体制整備
【発注者の責務】
　　①緊急性に応じて随意契約・指名競争入札等適切な入札・契約方法を選択
　　②建設業者団体等との災害協定の締結、災害時における発注者の連携
　　③労災補償に必要な保険契約の保険料等の予定価格への反映、災害時の見積り徴収の活用

2．働き方改革への対応

【基本理念】適正な請負代金・工期による請負契約の締結、公共工事に従事する者の賃金、労働時間その他の労働条件、安全衛生その他の労働環境の適正な整備への配慮
【発注者の責務】
　　①休日、準備期間、天候等を考慮した適正な工期の設定
　　②公共工事の施工時期の平準化に向けた、
　　　債務負担行為・繰越明許費の活用による翌年度にわたる工期設定、中長期的な発注見通しの作成・公表等
　　③設計図書の変更に伴い工期が翌年度にわたる場合の繰越明許費の活用等
【公共工事等を実施する者の責務】適正な額の請負代金・工期での下請契約の締結

3．生産性向上への取組

【基本理念、発注者・受注者の責務】情報通信技術の活用等を通じた生産性の向上

4．調査・設計の品質確保

　公共工事に関する調査等（測量、地質調査その他の調査（点検及び診断を含む。）及び設計）について広く本法律の対象として位置付け

5．その他

(1)発注者の体制整備
　①　発注関係事務を行う職員の育成・確保等の体制整備【発注者の責務】
　②　国・都道府県による、発注関係事務に関し助言等を適切に行う能力を有する者の活用促進等
(2)工事に必要な情報（地盤状況）等の適切な把握・活用【基本理念】
(3)公共工事の目的物の適切な維持管理【国・特殊法人等・地方公共団体の責務】

法改正の理念を現場で実現するために、地方公共団体、業界団体等の意見を聴き、基本方針や発注者共通の運用指針を改正

行政目的で行う埋蔵文化財の調査についての標準（報告）

平成 16 年 10 月 29 日
埋蔵文化財発掘調査体制等の整備充実に関する調査研究委員会

【目 次】

凡例 (1) この別紙は本文の内容を補足するものであり、両方合わせて標準を構成するものである。
　　(2)「4．遺構調査」の工程は竪穴住居を例として記述し、掘立柱の遺構と土坑・溝・井戸に特有で、特に注意を要する項目については「5．遺構調査（竪穴住居以外の場合）」に記載した。
　　(3) 成果品には、記録保存上必須であるもの、発掘作業の進行上必要なものと、報告書作成段階で使用するものとがあるが、ここでは前二者を中心に記した。「5．遺構調査（竪穴住居以外の場合）」については、成果品を省略した。
　　(4) 労務管理や器材類の点検等、複数の工程に関係する留意事項は省略した。

凡例 (1) この別紙は本文の内容を補足するものであり、両方合わせて標準を構成するものである。
　　(2) この標準は、作業工程の順に記述しているが、遺物の状況等によっては作業工程が逆になる場合や省略できる場合、複数の工程を並行して進める場合もある。
　　(3) 整理等作業は一般に発掘作業の後に行われるが、作業工程によっては発掘作業と並行して行うと効果的なものがある。
　　(4) 各作業工程における成果品については省略した。

2．記載に当たっての留意事項
　　(1) 全体に関する留意事項
　　(2) 個別の留意事項
凡例　(1) この別紙は本文の内容を補足するものであり、両方合わ

せて標準を構成するものである。
　(2) 報告書第3章の記載内容では、文章・図・写真・拓本・表の順に説明しているが、実際の報告書における体裁・割付は、文章と図や写真等が近接した位置に配置されない場合もある。

はじめに

　埋蔵文化財は我が国あるいは全国各地域の歴史や文化の成り立ちを理解する上で欠くことのできない国民共有の貴重な歴史的財産であり、将来の文化の向上・発展の基礎をなすものである。そして埋蔵文化財は、先人たちが営んできた生活の直接的な証であり、文字による記録だけでは知ることのできない、各地域の長期にわたる豊かな歴史と文化を生き生きと物語る。そのため、地域にとっての誇りと愛着をもたらす精神的拠り所となるとともに、個性豊かな地域の歴史・文化環境を形作る重要な資産でもある。

　したがって、埋蔵文化財を、開発事業との円滑な調整を図りつつ、また、国民の理解と協力を得ながら、適切に保護し、活用することは文化財行政上重要な課題である。

　「埋蔵文化財発掘調査体制等の整備充実に関する調査研究委員会」（以下「委員会」という。）は、埋蔵文化財の適切な保護と開発事業との円滑な調整の推進を図る上で行政上必要とされる事項について、基本的な方向を検討することを目的として、平成6年10月に設置された。検討に当たって、各地方公共団体等における実態を踏まえ、より審議を深めるために、都道府県・市町村の教育委員会又はその関係機関の実務担当者からなる協力者会議があわせて設置されている。

　委員会でこれまで検討してきた事項については、『埋蔵文化財保護体制の整備充実について』（平成7年12月）、『出土品の取扱いについて』（平成9年2月）、『埋蔵文化財の把握から開発事前の発掘調査に至るまでの取扱いについて』（平成10年6月）、『埋蔵文化財の本発掘調査に関する積算標準について』（平成12年9月）、『都道府県における地方分権への対応及び埋蔵文化財保護体制等についての調査結果について』（平成13年9月）及び『出土品の保管について』（平成15年10月）として報告されており、これらの報告を踏まえた文化庁の通知等により、各地方公共団体において所要の施策が実施されてきているところである。

　このたびの検討課題は、「行政目的で行う埋蔵文化財の調査についての標準」である。

　行政目的で行う調査には、現状のまま保存を図ることができない埋蔵文化財について、その記録を作成するために行う発掘調査のほか、遺跡の現状保存を前提とし、保護・活用の施策に必要な情報を得るため、あるいは遺跡の整備・活用を進めるために行う発掘調査等がある。発掘調査は遺跡の内容を解明する上で不可欠なものであるが、それはどのような目的であれ調査対象の遺跡の解体・破壊を伴うという側面をもつものである。遺跡から我が国あるいは地域の正しい歴史や文化を復元し、貴重な遺跡を将来にわたって保存していくためには、必要な発掘調査が適切に行われる必要がある。全国において年間数千件行われる、このような、行政目的による発掘調査の適切な遂行を確保するためには、発掘調査の内容や方法に関する標準が必要である。

　検討は、平成13年11月から、委員会を3回、協力者会議を11回開催して行われた。

　本委員会としては、この検討結果をこの報告書にまとめ、提言するものであるが、本標準は、現実に行われている調査をそのまま是認しようとするものではなく、求められる埋蔵文化財の調査のあり方を示したものである。今後、文化庁及び各地方公共団体において、この報告を踏まえた施策を進め、埋蔵文化財の保護の推進が図られることを期待するものである。

　最後にご協力いただいた委員・協力者、関係機関に感謝申し上げる。

第1章　調査標準に関する現状と課題

　埋蔵文化財の保護を進める上において、遺跡の発掘調査は必要不可欠な措置であり、かつ、きわめて重大な意味をもっている。遺跡の多くは地下に埋蔵されており、発掘調査を行うことなしにはその内容を解明することができない反面、発掘調査自体が必然的にその解体・破壊を伴うという側面がある。そのため、国民共有の貴重な財産である埋蔵文化財について適切な保護措置を講じるためには、発掘調査を適切に行うことが必要である。

　埋蔵文化財行政上の目的で行われる発掘調査は、①記録保存のための発掘調査、②保存・活用のための発掘調査、③試掘・確認調査に分けられる。

① 記録保存のための発掘調査

　　開発事業との調整の結果、現状で保存を図ることができない埋蔵文化財について、その内容を記録にとどめるために行われる発掘調査であり、文化財保護法第57条の2［第93条。平成16年の法改正後の条名である。以下同じ。］第2項でいう「埋蔵文化財の記録の作成のための発掘調査」と同義である。現在行われている発掘調査の大半を占めており、多くは当該開発事業の事業者の経費負担により行われている。

② 保存・活用のための発掘調査

　　重要な遺跡について史跡指定その他の保護の措置を執るため、あるいは史跡指定されている遺跡の整備・活用を図るために行われる発掘調査である。

③ 試掘・確認調査

　　埋蔵文化財包蔵地の所在や範囲の把握、開発事業と埋蔵文化財の取扱いの調整、あるいはその調整の結果必要となった記録保存のための発掘調査の範囲及び調査に関する期間・経費等の算定等のための知見・資料を得ることを目的として行われる発掘調査である（平成10年9月29日付け文化庁次長通知「埋蔵文化財の保護と発掘調査の円滑化等について」（以下「平成10年通知」という。）参照）。

これらの発掘調査の内容や方法は、当然、その目的と対象とする遺跡に応じたものでなければならない。また、これらはいずれも行政上の措置として行われるものであることから、それを実施する地方公共団体等の間で大きな差異がないようにするため、それぞれについての標準的な考え方と方法がなければならない。

なお、③の試掘・確認調査については、平成10年通知においてその目的・意義等について示されており、この報告では検討対象としては取り上げていない。

ここで示す標準は、基本的には、行政上行われる発掘調査等を対象とするものであるが、埋蔵文化財が国民共有の財産として将来にわたり保存していく必要のあるものであり、学術研究を目的にした発掘調査であっても、埋蔵文化財の解体・破壊を伴うという側面があることから、この標準に示されている事項に配慮することが適当である。

まず、以下にそれぞれの発掘調査について、その標準に関する現状と課題を整理しておく。

1. 記録保存のための発掘調査

(1) 調査標準に関するこれまでの経緯と現状

昭和30年代までは発掘調査が少なく、これを行う組織、調査員も限られていたため、発掘調査の内容や方法に関する標準については大きな問題にならなかった。大規模な開発事業の全国的な展開を迎えて、昭和41年、文化庁（当時は、文化財保護委員会）は、地方における調査員の養成と資質の向上を目的として、『埋蔵文化財発掘調査の手びき』を編集・刊行し、専門的な知識と技術の普及を図った。これは発掘調査の準備と実施、出土品の整理、調査結果の整理・公開等についてはじめて総括的にまとめられた手引書であり、以来、発掘調査の実施に当たって活用されてきた。しかし、本書は記録保存のための発掘調査について求められる事柄、範囲を直接念頭に置いたものではなく、また現状では、近年の発掘調査の規模拡大や調査技術、関連機器の進歩等に対応していないところも生じてきている。

その後、全国的な発掘調査の増加とともに、それに対応するために地方公共団体では、専門職員の増員や埋蔵文化財調査センター等の調査組織の増加といった、発掘調査体制の整備が行われた。それに伴って発掘調査の内容もしだいに多様化が進み、地方公共団体の埋蔵文化財調査センター等では、作業内容を標準化するために独自の手引き（マニュアル）を作成するところもでてきた。しかし、その内容は地域で伝統的に行われてきた方法を基礎としており、地域ごとで差異がみられる。また、都道府県において、管内の市町村（特別区を含む。）まで含めて統一的に適用する調査標準を策定した事例はほとんどなく、市町村ごとで調査内容に差異がみられる場合もある。

本委員会が平成12年に行った「埋蔵文化財の本発掘調査に関する積算標準について」の報告においては、発掘調査の作業内容が経費・期間に直接に関係する要素であることから、事例として集落遺跡を対象とした発掘調査の作業工程及び記録類等の成果品についての標準を示した。しかし、この標準は、あくまでも経費等の一般的積算方法を求めるために全国で行われている発掘調査についての平均的な方法・内容を示したものであり、発掘調査の目的や意義を踏まえて調査や記録の作成等の方法・内容を正面から検討したものではないため、ここでいう発掘調査の標準としては十分なものではなかった。

現状では、全国各地で行われている記録保存のための発掘調査の方法・内容は、同種・同規模の遺跡を対象とする場合であっても、各地域における伝統、調査員の資質、確保できた調査の期間・経費等の要因により、必ずしも同じではない。そのため、中には発掘調査を行ったにもかかわらず調査対象の埋蔵文化財に関する必要な情報が把握されておらず、適切な記録保存措置が執られたとはいえないものや、必ずしも必要でない作業が行われて、結果として経費や期間の増大につながっている事例もある。

また、発掘調査の件数・規模が著しく増大した現在では、膨大で多様な遺跡の情報について的確な整理・分析・集約や調査成果に基づいた遺跡の内容・歴史的意義等の総括が行われていない場合、調査成果の活用が困難なことにもなるので、これらについての適切な対応が求められている。

(2) 調査標準についての行政的位置付け

文化財保護法第57条の2［第93条］及び第57条の3［第94条］の規定により、周知の埋蔵文化財包蔵地において工事を行う場合、事業者は、都道府県又は指定都市の教育委員会（平成11年のいわゆる「地方分権一括法」による文化財保護法改正以前は文化庁長官）に届出又は通知を行い、それに対し都道府県又は指定都市の教育委員会（以下「都道府県教育委員会等」という。）は、工事前に「埋蔵文化財の記録の作成のための発掘調査の実施その他の必要な事項」（法第57条の2［第93条］第2項）を指示又は勧告することができることとされている。記録保存のための発掘調査は、埋蔵文化財の現状保存を図ることができない場合に、多くの場合、この指示・勧告を受けた事業者が地方公共団体やその設置する埋蔵文化財センター等の発掘調査機関等（以下「地方公共団体等」という。）に委託して行われている。

地方公共団体等によって行われる記録保存のための発掘調査の具体的な方法・内容は、従来、それを行う地方公共団体等の判断に任せてきたが、発掘調査事業の拡大に伴って、全国的には地方公共団体等の間で量的・質的な差異が生じてきた。現状保存できない埋蔵文化財についての記録は、その遺跡に代わって国民の文化的資産として後世に残されなければならないものであるから、常に一定の質が確保されている必要がある。

また、記録保存のための発掘調査の方法・内容は、事業者の負担する経費の額や調査に要する期間の長さに直結するものである。それに要する経費は原則として事業者の負担となることから、地方公共団体等によって方法と内容に大きな差異が生ずることは避けねばならない。

これらのことから、記録保存のための発掘調査について地方公共団体等が準拠すべき一定の標準が必要であると考えられるに至った。

（3）発掘調査の方法・内容に関する標準についての基本的な考え方

　上記（2）のことから、埋蔵文化財がもっている歴史的な情報を的確に把握し記録するという記録保存のための発掘調査の目的を、地域や調査主体間において大きな差異を生ずることなく達成するためには、発掘調査の方法・内容に関する標準を定め、それに準拠することとする必要がある。

　発掘調査の方法・内容を示す標準は、記録保存のための発掘調査が法令に基づいて全国共通に執られている措置であることや、調査対象である埋蔵文化財の内容に大きな差異がないにもかかわらず発掘調査の方法・内容が地域ごとに異なることにより、特に事業者の負担に多寡が生ずるのは適切ではないこと等から、国において、全国に共通のものとして定める必要がある。

　また、この標準は、単に調査や記録・資料作成作業の手引きではなく、記録保存のための発掘調査の基本理念や調査方法の原則を示し、それに基づいた作業工程とその目的・意義等の基本的事項を明らかにしたものでなければならない。

　標準作成に当たっては、これまで全国各地で行われてきた多数の発掘調査によって蓄積されてきた手法・知見を踏まえ、広く活用できるものとなるよう留意する必要がある。

　各都道府県においては法第57条の2［第93条］第2項に定められている記録保存のための発掘調査の指示等の事務執行における基本的な指針として、この標準に準拠して、「基準」を定める必要がある。この場合、各地域における遺跡のあり方等の特性上、この標準以上の内容が必要と判断される場合があれば、都道府県や地域ブロック単位で、その内容を一部修正し、あるいはより具体化したものとすることが適当である。

　なお、本委員会が平成12年の報告で発掘調査等の経費の積算に関して示した作業工程等の標準は、結果としてここで検討された内容と大きく異なるものではないが、従前の各都道府県の基準と本標準との間で積算の結果が異なる場合には、都道府県において従前の基準を改訂する必要がある。

　実際の発掘調査において各現場担当者が標準に従って適切な作業を行うためには、具体的な作業の手順や内容を示した手引きによることが有効と考えられるので、標準に即した全国に汎用できる手引書を作成することが今後の課題である。

　また、発掘調査の方法・内容は、遺跡の種類によって異なることから、標準は遺跡の種類ごとに定めるのが望ましいが、当面、最も一般的に存在する集落遺跡に関するものを作成することとし、今後、必要に応じて官衙・寺院跡、古墳、貝塚、窯跡等の生産遺跡、低湿地の遺跡等についても標準及び作業の手引きを作成することが望ましい。

2．保存・活用のための発掘調査

　行政上必要な発掘調査としては、上記1の現状保存を図ることができない埋蔵文化財について記録保存措置を執るための発掘調査のほかに、重要な遺跡についてその保護を目指して遺跡の内容や範囲を把握するため、あるいは史跡として保護されている遺跡の整備・活用や保存・管理上の必要に伴い遺跡の内容を把握するため等の目的により行われるものがある。このような趣旨・目的による発掘調査は、遺跡の保護や史跡整備事業の進展に伴って各地方公共団体において活発に行われるようになってきている。

　保存・活用のための発掘調査は、当然、記録保存のための発掘調査とは方法・内容が異なる。また、保存・活用の措置には、多様な目的と内容があり、さまざまな段階や局面がある。たとえば遺跡の保存を目指して範囲・内容を確認する段階と、保存が決定しさらに整備活用の具体的方法を検討する段階とでは、目的はもとより、それぞれ行うべき方法や作業内容も異なる。

　現状では、保存すべき遺跡の範囲を決定しなければならない段階での調査であるのに中核部分のみを発掘したり、あるいは遺跡の内容や価値付けを明確にしなければならないのに内容の確認が不十分で保存の措置を決定できない等、それぞれの段階や局面に応じて明確な目的をもった適切な調査が行われていないものがある。また、遺跡の保存に配慮せず、遺構の埋土まで完掘してしまう等、記録保存のための発掘調査とほとんど同じ方法で行い、その遺跡に関する重要な情報が失われてしまっている場合も見受けられる。あるいは、重要な遺跡を対象とする調査であるにもかかわらず、体制が不十分であったり、整理作業や報告書作成が行われていない事例等もみられる。

　これは、調査員が記録保存のための発掘調査しか経験していないことが原因の一つであると考えられることから、まず保存・活用を目的とする発掘調査についての理念や方法等についての標準を定め、それを徹底することによって適切な調査が行われるようにするとともに調査目的に即した調査体制の構築・整備を行うことが必要である。なお、史跡整備に伴う発掘調査については、文化庁が委員会を設けて検討し近く刊行する予定の「史跡等整備のてびき」においても言及されているが、本報告書では史跡等整備に伴うものを含めて広く埋蔵文化財の保存・活用のために行われる発掘調査全般に係る標準を検討対象とすることとした。

3．試掘・確認調査

　試掘・確認調査は、主に開発事業と埋蔵文化財の取扱いを調整する場合に、遺跡等の内容・価値等を事前に把握して協議し、その結果必要となった記録保存のための発掘調査の範囲の決定や期間・経費等の算定を行うために必要な資料を得るため実施されるものである。

　この調査に関する現状と課題及び改善方策については、平成10年6月の本委員会報告『埋蔵文化財の把握から開発事前の発掘調査に至るまでの取扱いについて』において示されており、この報告を受けた平成10年通知においては、その重要性とそれに関する留意点が以下のように述べられている。

　　① 記録保存のための発掘調査に関して必要な事項を決定、算定するためには、あらかじめ当該埋蔵文化財の範囲・性格・内容、遺構・遺物の密度、遺構面の数と深さ等の状況を的確に把握しておくことが求められる。また、開発事業に対応

して埋蔵文化財の所在地において盛土等を行うに際しても、一定の記録を残しておくことが求められる。

② このため、それぞれの目的に応じて必要な知見や情報を得るために、十分な分布調査や試掘調査（地表面の観察等からは判断できない場合に行う埋蔵文化財の有無を確認するための部分的な発掘調査）、確認調査（埋蔵文化財包蔵地の範囲・性格・内容等の概要までを把握するための部分的な発掘調査）を行うことが必要である。

③ 各地方公共団体においては、試掘・確認調査の重要性及び有効性を十分認識し、これを埋蔵文化財の保護や開発事業との調整等の仕事の中に的確に位置付け、その十分な実施を確保できる職員の配置等の体制整備を図るとともに、より効率的な試掘・確認調査のための方法の改良等に努める必要がある。

なお、開発事業が計画されている区域においてあらためて分布調査や試掘・確認調査を行う場合は、事業者その他の関係者の十分な理解を得ておくことが必要である。

各地方公共団体においては、この通知の趣旨に従って試掘・確認調査を的確に行い、開発事業と埋蔵文化財保護との円滑な調整に成果をあげている。今後とも平成10年通知の趣旨の徹底と試掘・確認調査の適切な実施が期待される。

第2章　記録保存のための発掘調査に関する標準

1．記録保存のための発掘調査に関する基本的事項

（1）発掘調査の性格と内容

行政上の措置として記録保存のための発掘調査を行うものであり、地方公共団体は、発掘調査の実施を適切に管理し、それに伴う記録類及び出土遺物について適切に保管・活用を図らなければならない。

発掘調査は、①現地における発掘調査作業（以下「発掘作業」という。）、②調査記録と出土品の整理作業から報告書作成までの作業（以下「整理等作業」という。）を経て、③発掘調査報告書（以下「報告書」という。）の刊行に至る一連の作業によって完了する。

① 発掘作業

現状保存を図ることができない埋蔵文化財について、土壌の特徴を見極めながら掘削し、そこに埋蔵された遺構と遺物の存在及びその相互関係を明らかにするとともに、それらの記録を作成する作業である。遺跡を解体・破壊しつつ行われる作業であり、後にやり直すことや再検証することは不可能な性質のものである。

② 整理等作業

発掘作業でとられた記録と出土した遺物について、考古学の手法を中心に既往の学術的な成果に基づいて整理、分析し、最終的には遺跡の内容をまとめた報告書の作成を目的として行うものである。さらに、遺跡に関する基本的な資料である記録類と出土遺物を将来にわたって保管し、公開と活用を図ることに備えるための作業でもある。

③ 報告書

現状保存を図ることができなかった埋蔵文化財に代わって後世に残す記録のうち最も中心的なもので、発掘調査の成果を周知し活用できるようにするものである。内容は行政的に講じた措置の記録と学術的な成果の記録からなる。

標準は、この発掘作業、整理等作業、報告書それぞれの作業あるいは内容について定める必要がある。

（2）発掘調査に関する基本的事項

発掘調査は、今日の考古学等の水準を踏まえた上で、必要な作業を、問題意識をもって、調査目的に対して必要な範囲で実施しなければならない。調査に当たっては、発掘作業から整理等作業に至るまで、必要性に疑問がある作業は避け、遺跡に関する有用な情報の記録を可能な限り客観的で正確かつ必要十分な形で後世に残すことができるようにしなければならない。

（3）発掘調査の工程と調査体制

発掘調査は、発掘作業から報告書刊行に至る合理的な進行体系と個々の仕事の作業量等を見極めて策定した計画のもとで、適切な順序により進めなければならない。特に記録保存のための発掘調査においては、遺跡の内容や規模に応じた適正な経費と期間を踏まえて、遺構調査やその記録作成、あるいは遺物の実測等の時間や手間を要する工程に比重を置く等、全工程を見通してバランスのとれた作業配分で進めなければならない。そのために、各工程の目的・意義や作業内容とそれに要する作業の質及び量の程度等は、各調査員が十分に理解してこれに当たる必要がある。

また、調査の各工程と作業は、内容的に一定の水準を保ったものでなくてはならない。そのため、発掘調査を担当する調査員は「専門的知識・技術の面で、調査の対象となる遺跡について発掘調査を実施するのに十分な能力と経験を有し、発掘調査の現場の作業を掌握して発掘調査の全行程を適切に進行させることができるとともに、発掘調査報告書を適切に作成できる者」（平成12年11月17日付け文化庁長官通知）でなければならないものとされている。本標準に基づいた作業を行う上でもこの要件は不可欠であり、調査員についての資質の向上に努める必要がある。

さらに、発掘調査を円滑に進めるためには、調査全体の進行及び安全管理、経費・施設・人員等の確保のための組織的対応が不可欠であるから、適切な体制作りも必要である。

（4）調査手法の開発・改良

発掘調査の手法は、効率性・経済性、考古学や関連分野の研究進展等の観点から、これに関連する機器や用具の技術開発にあわせて、あらたな開発や改良を進めることも必要である。とりわけ進展が著しいデジタル技術に関しては、測量や記録、報告書の作成、報告の媒体、公開・活用等において、すでに適宜取入れられているところであり、今後、さらにそれらを導入し

た調査やその成果の公開・活用に関する手法の開発・改良を行うことも必要である。なお、デジタルデータについては保存方法等の課題も指摘されており、それに留意した対応をとることが求められる。

２．発掘作業

（1）発掘作業の基本方針

（ア）遺跡の種類・立地に対応した発掘作業

発掘作業は、遺跡を構成する主要な要素である遺構と遺物の関係を解体することになるものであるから、後の分析、検討にとって有用な情報を細心の注意をはらって確認・把握し、記録しなければならない。

通常、遺跡はその種類や立地環境によって一様ではなく、それぞれに応じた発掘作業方法がある。集落遺跡と古墳や窯跡では作業方法が異なるし、台地上に立地する遺跡は遺構検出面が比較的浅く、遺構面も単一であることが多いのに対し、低湿地に立地する遺跡は遺構面が複数であることが多く、有機質遺物の出土にも注意をはらわねばならない等々の差異がある。このような遺跡の種類・立地の差異に対応できるような、発掘作業が必要である。

（イ）発掘作業方法の適切な選択

発掘作業における各工程の作業は、同じ比重をもっているわけではない。遺跡の本質的な構成要素である遺構と遺物の所在とそれらの有機的な関連を明らかにすることが重要であり、それに関連した工程に重点を置く必要がある。

その上で、各工程内の作業については、期待される成果と作業に要する労力を勘案して、最も有効かつ効率的な方法を選択し適用しなければならない。たとえば、遺物包含層の掘削においては、遺構との関係の強弱に応じた方法を選択し、包含される遺物の取扱い方に差をもたせる等の工夫が必要である。全工程の中でも遺構を掘削する「遺構調査」の工程は最も重要であるから、十分な時間を充て慎重に作業する必要がある。遺物は埋土内における状況等によってその資料的価値を的確に判断し、それに応じた取上げ方法を採る必要がある。

（ウ）目的に即した作業の実施

発掘作業における各工程の作業は、作業自体が目的化している傾向もみられるので、本来はどのような趣旨や目的で行うものであるかを正しく認識した上で行わなければならない。選択した作業方法によって得られる結果が、発掘調査全体の中で後の作業や最終の成果にどのように生かせるかを考え、必要十分な作業の実施に努めなければならない。

（エ）客観性と正確さの確保

学術的な活用にも供しうる成果をあげる発掘作業とするためには、その水準を一定の高さに保ち、後の検証に耐えうるように正確で客観的に実施する必要がある。そのため、層位の把握や遺構の重複関係の確認等の重要な工程にとどまらず、発掘作業計画の立案の段階から日々の進行、発掘成果の検討に至るまで、複数の調査員で検証する等、正確さと客観性を保つことが必要である。

やむをえず1人の調査員で発掘作業を行う場合においては、過程の要所において第三者の検証を受ける等の配慮が必要である。

（オ）的確な記録・資料の作成

発掘作業の各工程においては、確認した事実や得られた成果の適切な記録を残すことが必要である。単に記録が詳細であればいいというものではなく、後の整理や分析及び報告書作成に有効で無駄のない記録とするために、最善の方法を採らなければならない。

遺物の出土位置の記録は、出土状況によって資料的価値を正しく判断し、その価値に応じた記録方法を選択する必要がある。遺構完掘段階の記録は基礎的な資料であるため、必要な情報を的確に、可能な限り漏れなく捉えた実測図、写真等を作成する必要がある。

（2）発掘作業の工程とその内容

発掘作業の基本的な工程・内容を大別すると、（ア）発掘の前段階の作業、（イ）表土等及び遺物包含層の掘削、（ウ）遺構調査、（エ）理化学的分析・日常管理等となる。このうち（エ）の作業は（ア）から（ウ）の作業と並行して行われるものである。

以下、各作業工程についての要点を述べ、具体的な内容については「別紙1」に記すこととする。

（ア）発掘前段階の作業（別紙1「発掘作業の標準」1 参照）

まず、試掘・確認調査等の知見と周辺地域におけるこれまでの調査成果に基づき、発掘調査の範囲・工程等の計画を決定するとともに、具体的な発掘の方法について検討する。

次に、調査対象地の正確な位置を記録するため、標準の座標に基づいた基準点を確保する。

また、調査地周辺の微地形や遺物の散布状況等は、古墳等地上に顕在している遺構だけでなく、地下遺構についても有用な情報を示していることが多いため、十分な現地踏査を行った上で、特に旧地形が残っている場合は、掘削前に地形測量・写真撮影を実施することが望ましい。

それらの作業の後、遺構や遺物の出土位置等を表す基準枠となるグリッドを基本とする発掘区の設定を行う。

（イ）表土等及び遺物包含層の掘削（別紙1「発掘作業の標準」2・3参照）

調査の主目的である遺構を検出するために、表土及び遺物包含層（以下「包含層」という。）上面までの土（「表土等」という。）、さらに包含層について土壌とその内容や性格を遺物の出土状況等から的確に見極めながら効率的に掘削する。遺跡における掘削の具体的な方法は、そこに包含された遺物の取上げとその出土状況の記録に関する取扱い方法とに密接に関連するものであり、包含される遺物の性格・意味に応じた適切な方法を選択する必要がある。

① 表土等の掘削

　　表土等は、通常は遺物をほとんど含まないが、含んでいる場合もそれは二次的な堆積や攪乱によるものであり遺構との関連は薄いため、重機等を用いた効率的な掘削を原則とする。

② 包含層の掘削と遺物の記録

　　包含層とは、遺構面上に堆積した遺物を含む層である。包含層には、遺物が遺構面の上におおむね原位置に近い状態で所在して遺構との関連が特に強いものと、二次堆積によるものや後世の形成に関わるものとがあり、ここではそれぞれ「一次的包含層」と「二次的包含層」と呼ぶ。包含層出土の遺物は遺構内出土遺物に次いで意味のある資料であり、特に一次的包含層の出土遺物はより重要である。

　　包含層の厚さ、遺構面の深さ、遺構の分布状況及び遺物の包含状況等については、試掘・確認調査によりある程度の見通しは得られているとしても、確実な予測をもって適切な方法を選択して掘削を行うためには、あらかじめ正確に把握しておくことが重要である。そのためには、必要な箇所に適宜トレンチを設定して、包含層の性格や遺構の分布の概略等の知見を得た上で全体の掘削を行うことが有効である。

　　二次的包含層の掘削は大型の用具（スコップ・じょれん・唐グワ等）により行うが、遺物が少ない場合等は調査員立会下で重機によって薄く剥取ることとし、遺物は主としてグリッドごとに層位単位でまとめて取り上げることを基本とする。一次的包含層は大型の用具又は小型の用具（移植ごて・草削り・手グワ等）により掘削し、遺物については、下層に予想される遺構との関連が特に強いと判断される場合等に限って、必要に応じて三次元的な位置を記録し（以下「ドットマップの作成」という。）又は出土状況を実測する（以下「出土状況の実測」という。）。

（ウ）遺構調査（別紙1「発掘作業の標準」4・5参照）

　遺構調査は発掘作業の中核をなす工程であり、十分な時間を充てて慎重に作業する必要がある。遺構に関しては、調査によってその機能や性格、構築法や時期、補修・改変を含む使用状況、廃棄の時期や状況・過程等を解明することが求められる。そのためには、形状・規模や構造等及び遺構内の埋土（覆土）の基本層位と各土層のあり方及び遺物の包含状況を正しく把握することが重要である。たとえば、形状や規模等から竪穴住居と判断される場合、埋土のうち上層の自然堆積層部分は、住居の廃絶後に形成されたもので、そこに含まれる遺物により廃絶時の時期や状況が示唆され、また、住居の床面に据えられた土器により住居の構築・使用の時期や住居と土器の使用状況が推測される。発掘作業時において、これらのすべてを必ずしも解明できるわけではないが、それを念頭において掘削し記録の作成等を行い、のちの整理等作業に備える必要がある。

　以下、作業ごとの要点を記すが、別紙1においては普遍的な遺構である竪穴住居の場合（標準4）とそれ以外の遺構の場合（標準5）に分けて示すこととする。

① 遺構検出

　　土壌の色調・質・硬さ・混入物等を慎重に見極めながら、遺構の所在を把握し、その規模・平面形態等を明らかにする。さらに、埋土の状況や遺構の配置状況、伴う遺物等にも注意をはらい、遺構の性格や時期を推定する。重複する遺構がある場合は、相互の新旧関係を確認して時期的変遷を把握する。遺構を検出した段階で、遺構番号を付したり遺構配置を検討するために、簡略な配置図を作成することが有効である。

② 遺構掘削

　　遺構の掘削は、漫然と上層から遺物を検出しながら掘り下げるのではなく、解明すべき点を意識しながら、一定の見通しをもって適切な方法により行わなければならない。掘削は遺物の記録及び取上げと並行して行うものであり、それと密接に関連する埋土の基本層位と遺物の包含状況等について、あらかじめある程度把握しておく必要がある。遺構上面の平面的な観察を入念に行うほか適宜トレンチを設定する等して断面からそのあり方を把握することも有効である。基本層位は、各土層が自然堆積か人為的埋め土をそのあり方から見極め、竪穴住居では床面直上層と上層の自然堆積層等を識別することが重要である。それにより、具体的な掘削方法と遺物の取扱い方法、さらにその手順についての見通しが得られる。

　　掘削は、把握された埋土の基本層位ごとに、遺物の出土状況に留意しつつ、小型用具により慎重に行わなければならない。遺物は、出土状況に特別な意味が認められない限り、基本層位と遺構内の小地区ごとの一括で取り上げることを基本とする。廃棄された遺物についても、個別の遺物の出土位置は偶然の結果であることが多いため、層位ごとに取り上げることを基本とする。一方、たとえば住居床面に据えられたことが確認できる土器やカマドに使用された土器等、意識的に置かれた遺物や遺構を構成する遺物については遺構との関連が分かるように出土状況の実測を行って取上げ、住居との関連が強いと考えられる床面直上のもの等は出土状況の実測又はドットマップの作成を行うこととする。ドットマップの作成を行う場合においても遺物が属する層位は重要であり、基本層位の記録は必須である。

　　なお、玉類・種子類等の微細な遺物の出土が予想される場合においては、遺構内の埋土ごと取り上げて、その洗浄を行って遺物を採取することもある。

　　竪穴住居における柱穴、貼床、周溝等、遺構に伴う付属施設の確認も怠ってはならない。

③ 遺構の記録

　　遺構調査の過程及びその完掘後に実測と写真撮影を行って、客観的かつ正確な記録として図面（実測図）と写真を残す。図面は寸法を正確に示すことができ、対象を選択して必要なものだけを表現することができるのに対し、写真は寸法を正確に表現できないが、画面内のものはすべて記録され、記録者の主観が入り込むことが少ないという特徴がある。

　　実測には各種の方式があるが、それぞれの特性や利点、欠点を十分認識し、遺構の特徴を的確に表現できる方法を採

　用する必要がある。写真は遺跡の状況、性格や遺構の特徴を十分表現し、精緻な情報を記録した、後世の使用と保存に耐えうるものを撮影する必要がある。

　　記録保存のための発掘調査において、遺構完掘時の記録は重要な成果品であり、かつ基本資料であるため、図面と写真それぞれの特質を理解し、必要な情報を十分記録できる方法を採らなければならない。

（エ）理化学約分析・日常管理等（別紙１「発掘作業の標準」６ 参照）

　遺跡の性格を総合的に明らかにするため、必要で有効な場合は、土壌や遺物について適切なサンプリングを実施し、理化学的分析を行う。

　発掘作業においては、日誌や写真により作業進行の記録を残す。日々の成果と課題を整理することにより、以後の調査を円滑に進めることができ、後の検討及び追跡のための資料ともなる。

　安全対策は発掘作業の全工程にわたって必須である。発掘作業はその性格上、常に土砂崩壊、感電、高所からの転落等の危険を伴うため、労働安全衛生法等に基づいた安全基準を遵守して事故のないように配慮しなければならない。なお、適当な時期に現地説明会等を行って発掘調査成果の公開・普及に努めることも重要である。

３．整理等作業

（1）整理等作業の基本方針

（ア）作業対象の選択と作業の実施

　整理等作業は、発掘作業で明らかにされた遺跡と遺物の内容を踏まえて、適切な方法を検討して実施計画を立案する必要がある。

　発掘作業は、遺構・遺物のすべてが作業対象となるものであるのに対し、整理等作業は、遺物については、報告書に掲載されるものを対象として行う作業が多く、遺構についても報告書における取扱いによって必要な作業内容が異なるものである。そのため、整理等作業は、報告書に掲載する資料をどれだけ選択するか等によって作業量が大きく変動することとなる。したがって、その選択は、作業の各工程において、目的に応じ、考古学的な知見・手法に基づき適切に行う必要がある。

　とりわけ、遺物は遺跡を理解する上で重要な資料であり、遺物に関係する整理等の作業は多大な作業量を要する上に、接合・実測・復元等中核をなす作業は専門的な知識と熟練した技術が不可欠である。そのため、考古学的な観察、分類を適切に行った上で、資料的価値に応じて報告書に掲載するものを正しく選択する必要がある。

　従来、発掘調査の規模拡大による整理等作業の大規模化に伴い、各作業工程の目的や意義が十分理解されないまま機械的に進められる傾向もみられるが、作業対象の遺物等の選択が適切に行われなかったり、不必要あるいは不適切な作業方法が採られることがないよう、あらためて目的と意義を正しく認識して作業を進める必要がある。

（イ）作業の担当者

　整理等作業は、発掘作業についての情報・成果を正確に把握した上で行わなければならないことから、発掘作業を担当した調査員が行うことが望ましい。特に図面や写真の確認・点検等を行う「調査記録の基礎整理」の工程は原則として発掘作業を担当した調査員が行う必要がある。

　ただし、一定の水準を確保し、内容に応じて効率よく作業を進める上では、必要に応じて発掘担当者以外の者の協力を得ることが効果的である。

　作業対象についての分類・選択に際しては複数の調査員が関わる等、客観性を確保するための体制が必要である。

（ウ）作業の実施時期

　発掘調査の結果を正確に報告書に反映させるためには、発掘作業についての認識・記憶が確実で鮮明なうちに整理等作業に着手し、報告書を可能な限り早く作成することが必要である。また、調査成果を迅速に公開することも必要である。

　これらのことから、後述４で示すとおり、報告書は発掘作業終了後おおむね３年以内に刊行することを原則とすることとしているので、それにあわせて整理等作業を行う必要がある。

　なお、「調査記録の基礎整理」は発掘作業中の遺構等との照合等が必要であり、出土遺物の種類や時期等の情報は発掘作業を進める上でも大いに参考になるものであることから、「調査記録の基礎整理」や遺物の洗浄等は発掘作業と並行して行い、すみやかに観察を行うことが原則である。

（2）整理等作業の工程とその内容

　整理等作業の基本的な工程・内容を大別すると、（ア）記録類と遺構の整理、（イ）遺物の整理、（ウ）調査成果の検討、（エ）報告書作成作業、（オ）保管・活用に備えた作業となる。基本的には（ア）による遺構と（イ）による遺物の整理検討を受けて、（ウ）で両者をあわせた総合的な検討を行い、（エ）の報告書の作成に至る。ただし、これらの各工程の作業は必ずしもすべてが明瞭に区別されて、順番に行われるものではなく、内容によっては複数の工程を並行して行ったり、順序を逆にして行う方が適切な場合がある。以下、各作業工程についての要点を述べ、具体的な内容については別紙２に記すこととする。

（ア）記録類と遺構の整理（別紙２「整理等作業の標準」１ 参照）

　記録類の整理の工程は、主として遺構に関する調査記録の整理、検討等を行うものであり、①調査記録の基礎整理、②遺構データの整理・集約、③遺構の検討の工程がある。

　「①調査記録の基礎整理」では、発掘作業で作成された図面・写真・日誌等の記録類について、整理等作業に確実かつ効率的に活用できるよう内容を十分確認・点検して台帳等を作成する。

　「②遺構の整理・集約」では、前段階の工程で整理された各種の記録類をもとにして、遺構単位ごとに、その種類、規模や形状、新旧関係等のデータを整理し、集約する。

　「③遺構の検討」では、整理、集約された結果をもとに遺構の種類・性格・時期、遺構群全体における位置付け等をおおよそ検討し、報告書における各遺構や遺構出土遺物の取扱い等の概略を決める。

（イ）遺物の整理（別紙２「整理等作業の標準」２ 参照）

　遺物の整理の基本的な作業工程としては、①洗浄・乾燥・注記、②接合、③実測、④遺物全体の検討、⑤復元、⑥写真撮影、⑦理化学的分析、⑧保存処理等がある。これらは、遺跡の特徴や遺物の状態により必要のない場合や、いくつかの工程を並行して進めたり、あるいは順序を逆にして行うのが適当な場合もある。

　遺物は、遺跡や遺構の時期や性格等を示す重要な資料であり、その出土状況によっては、遺構の埋没過程、一括遺物の器種構成等のほか、共伴遺物の時期や性格等を示すこともある。また、単独でも編年や地域性等を示す資料としての価値を有している。したがって、遺物の整理とその分析は、発掘調査の成果を示す上できわめて重要な作業である。遺物を客観的に示す方法としては、実測図・写真・拓本等の二次元的な表現に、文章や属性表等を加えて説明するのが原則である。実測図は、最も多くの情報を表現することのできる基本となる手法である。写真は実測図では表現できない遺物の質感や量感、製作技法、遺存状況等を示すためには有効であり、拓本は凹凸のある文様や製作技法を墨の濃淡によって簡便に表すのに適している。それぞれの特性に応じたものを選択し、これらを組み合わせて総合的に遺物の全容を正しく示す必要がある。したがって、遺物の出土量や種類ごとの比率等全体の傾向について正確に把握した上で、それぞれの工程において作業の対象とすべきものを適切に選択して作業を進めることが基本である。各作業を作業員が行ったり業者に委託して行う場合、特に実測については、調査員が、成果品が適切に完成しているかどうかを確認する必要がある。

　以下、各作業についての要点を示す。

① 洗浄・乾燥・注記

　遺物を正確に観察できるように、付着している土壌等を洗浄して乾燥させたのち、遺物の出土地点等の必要な情報を直接書き込む作業である。注記は乾燥後に遺物全体を観察し、後の作業上及び保管・管理上必要なものについて行う。

② 接合

　遺物の破片を接合して本来の器形に近づける作業である。これにより遺物の器種・器形・時期等をより正確に判断することが可能となり、関連する各遺構の同時性等を知る上で有効なこともある。この後に実測や写真撮影等の作業が続くことになるので、破損しやすいものについては石膏等で補強を行うこともある。

　また、この作業工程は遺物の全般的な観察を行う機会でもある。作業は、遺構から出土した遺物等資料的価値が高く、報告書に掲載すべきものを優先して効果的に進める必要がある。

③ 実測

　遺物を観察しながら計測し図化（実測図を作成）する作業である。個別の遺物を最も詳細に観察する機会でもあり、重要な意義をもつ工程である。実測図は、資料の中では遺物の細部にわたる特徴等を含めて最も豊富な情報量を表現することが可能なものであり、その有効性が一般に広く定着しているものであることから、報告書には不可欠のものである。

　実測は、単純に実測が可能なものすべてについて行うのではなく、その遺跡や遺構を理解する上で有用な情報を有する遺物を選択して行う。遺物はすべて何らかの資料的価値を有しているが、出土した遺構や層位、その状況及び遺物そのものの内容によってその資料的価値は異なる。また、遺物全体について種類・器形、文様、製作技法等を十分観察して考古学的な分類を行った上で、同種・同類のものについては典型的、代表的なものを選択する等の観点も必要である。これらのことから、実測する遺物の選択は、たとえば遺構に伴って出土し一括資料としての価値を有するものは器種構成を可能な限り正確に示すように留意して行い、住居床面直上や溝最下層から出土したもの等、遺構の時期を示す資料を重視する。

　なお、報告書においては出土遺物全体の概要と実測図を掲載した遺物の位置付け、選択の考え方もあわせて説明する必要がある。

④ 遺物全体の検討

　ここまでの各工程において遺物の観察と検討が行われてきているが、これらの成果を受けてあらためて遺物全体について、考古学的な知見に基づきながら、器種・製作技法・胎土等の分類、遺物の編年等を検討する。それを踏まえて報告書に記載する必要がある遺物をあらためて検討する。

⑤ 復元

　接合した遺物の欠落部分を石膏等の補填材で復元する作業で、遺物本来の姿を理解しやすくするものである。原則として、写真を報告書に掲載するものを対象として行う。土器等の場合、復元後はその断面や内面が観察できなくなるため、実測後に行うことが原則である。

⑥ 写真撮影

　実測図では表現できない遺物の質感や量感、製作技法、遺存状況等を示すために、報告書に写真を掲載する遺物を撮影する作業である。すべての遺物を撮影する必要はなく、前記③同様の観点で撮影対象を選択する必要がある。撮影はしかるべき性能を備えた機材と適切な方法により行う必要がある。

⑦ 理化学的分析

　　考古学的な手法や分析では明らかにしにくい年代測定や環境復元、材質・原産地の鑑定・同定等の分析を行うものである。これにより発掘調査の成果が豊かになり、遺跡の総合的理解に役立つ。ただし、分析は必要不可欠な範囲について、有効性が確認されている方法で行うことが必要である。

⑧ 保存処理

　　出土したままの状態では整理等作業や保管に支障をきたすような脆弱な遺物について、保存のための科学的な処理を施す作業である。遺物の材質や状況に応じて、形状や質感が大きく損なわれないような方法により行う必要がある。

（ウ）調査成果の総合的検討（別紙2「整理等作業の標準」3 参照）

　発掘調査の成果を報告書にまとめるために、「（ア）記録類と遺構の整理」の工程における「③遺構の検討」と「（イ）遺物の整理」の工程における「④遺物全体の検討」の検討成果をあわせて、あらためて総合的に検討する工程である。これにより、報告書の「調査の方法と成果」に記述する個別の遺構・遺物についての基本的内容がまとめられる。その上で考古学上の研究成果を踏まえつつ、必要に応じて周辺の遺跡の情報も収集する等して、遺跡全体の構造や性格、時期的な変遷や展開過程、さらには地域における歴史的位置付け等、報告書の「総括」につながるような総合的検討を行う必要がある。

（エ）報告書作成作業（別紙2「整理等作業の標準」4 参照）

　印刷物としての報告書の形にまとめるための作業である。報告書作成の基本的な作業は、①文章作成、②トレース・版下作成、③割付・編集、④印刷等である。「①文章作成」では後述4の発掘調査報告書の記載内容を参照して文章を作成する。「②トレース・版下作成」では報告書に掲載するために遺構や遺物の実測図をトレースし、さらに他の図面、写真も含めて印刷用の版下を作成する。「③割付・編集」では印刷物とするために文章及び図面や写真の配置を割付し、全体を編集する。「④印刷」は仕様を決め発注して印刷物にする工程である。

　記録保存のための発掘調査にあっては、報告書の内容の如何によって調査事業そのものの成否が左右されることをしっかり認識して各作業を進める必要がある。

（オ）保管・活用に備えた作業（別紙2「整理等作業の標準」5 参照）

　発掘調査で作成された記録類及び整理等作業で作成された資料類や出土遺物は、調査に関する資料として、また、成果の活用のために重要かつ不可欠のものであり、将来にわたって保存・活用していく必要のあるものであることから、後世に残す必要のあるものについて、遺跡が所在する地方公共団体で確実に保管し、必要に応じて希望者が利用できる状態にしておく必要がある。そのため、地方公共団体以外の調査主体が行った調査の場合にあっては、調査完了後、資料類・出土遺物を遺跡所在地の地方公共団体へ移管することとする等により上記の措置が可能なようにする必要がある。

　公開すべき記録・資料や遺物は、文化財の普及・活用活動等を通じて積極的に公開し、国民が埋蔵文化財に親しみ、国や地域の歴史についての理解を深めるために活用する必要がある。

４．発掘調査報告書

（1）報告書の意義

　記録保存のための発掘調査における報告書は、埋蔵文化財のうち、現状で保存できなかったものに代わって後世に残る記録の中で最も中心となるものであり、埋蔵文化財に代わる公的性格をもった重要な存在である。

　したがって、報告書は、発掘作業から整理等作業によって得られた情報を的確に収録したものでなければならないのは当然であるが、それとともに、将来にわたってこれを活用する場合のために理解しやすいものでなければならない。

　その作成に際しては、事実及び所見の記述と図面・写真等の資料を体系的・合理的に構成し、利用しやすいものとなるよう細心の注意をもって当たる必要がある。

（2）記載事項とその内容（別紙3「発掘調査報告書の標準」1 参照）

　報告書は、記録保存に関して行政的に講じた措置の記録と、発掘作業及び整理等作業を経て得られた学術的な成果の記録からなる。

　報告書に掲載する基本的な項目は、①経過、②遺跡の位置と環境、③調査の方法と成果、④理化学的分析、⑤総括、⑥報告書抄録等がある。④の理化学的分析は必要な場合に加わるものである。

　以下、各項目の記載事項についての要点を述べ、具体的な内容については「別紙3」に記すこととする。

① 経過

　　その発掘調査を必要とするに至った開発事業等と埋蔵文化財保護との調整、調査体制、調査活動、調査後の保護措置等、開発事業との調整から調査完了に至る一連の事実を記述する。（地方公共団体以外の者による調査の報告書にあっては、行政的に講じた措置の記録は、関係した地方公共団体から提供する等の対応が必要である。）

② 遺跡の位置と環境

　　その遺跡の歴史的な意味を把握する上で不可欠の要素であり、調査対象遺跡を含む一定地域の基本的な地形と自然環境、他の遺跡のあり方等について把握できるよう記述する。

③ 調査の方法と成果

　　報告書の中核をなす部分であり、通常、最も多くの分量を占める。発掘作業と整理等作業の方法について記述した上で、検出・把握できた遺構の状況、遺構と遺物の関係、遺物全体の出土量・内訳、個々の遺物の要点等の事実を、遺構・

遺物の図面や写真を示しながら記述する。調査員が作業途上に思考したことを含め、発掘作業から整理等作業を通して得られたことを的確に記述する。

④ 理化学的分析

　発掘調査の成果をより総合的に理解するために行った年代測定、自然環境、産地同定等に関する分析結果がある場合に記載する。ただ単に分析データを掲載するだけではなく、分析を行った目的や意図を記述し、その成果を「総括」に生かすことが必要である。

⑤ 総括

　「調査の方法と成果」の事実記載だけでは発掘調査の成果全体を的確に理解することができないため、その発掘調査によって把握された遺構・遺物から、遺跡全体の構造や性格、時期的変遷等の客観的事実の整理及びその遺跡が地域の歴史の中でもっている意味、位置付け等を記述する。従来、この項目は「考察」と称されることが多く、その意義付けが明確ではなかったが、その目的・意義を明確に示すために「総括」と呼称するものである。

⑥ 報告書抄録

　発掘調査の基本的情報である調査組織及び調査員、遺跡で得られた成果等を所定の様式の一覧にして巻末等に付するものである。報告書データベースの作成等の利用にも供される。

（3）記載に当たっての留意事項（別紙３「発掘調査報告書の標準」２ 参照）

　報告書に必要な事項が記載されていないものや過剰な情報が未整理のまま掲載されているものがあることから、その作成に当たっては、遺跡を理解する上で必要な遺構や遺物の実測図のうち掲載するものを選択しなければならない。すべての遺構について個々の規模や土層等を表示することや、遺物実測図で示されている製作技法等を再度重複して表にも記載する等のことのないように、報告すべき事項、表現する文章、掲載する資料等について、全般にわたって調査組織全体で綿密な検討を行い、当該遺跡に関する情報を的確かつ簡潔に表すよう努めなければならない。

　また、個々の遺構、遺構相互の関係、層位関係、遺構と遺物の関係等について、総体に矛盾のないように整合した説明を行い、その説明と図や写真等の資料との関係が検索しやすく、使いやすいものとなるように、利用する側の立場に立って理解しやすい構成・表現を工夫しなければならない。特に調査面積が大規模で遺構・遺物が膨大に検出されたため報告書に記載すべき事項が多い場合等にあっても、必要な情報を簡潔にまとめるよう努めなければならない。

　なお、報告書においては文章による記述が主要な部分を占めるのであるから、客観的事実と調査員の所見を体系的・論理的に表現し、理解しやすい明解な文章表現を心がけなければならない。

（4）体裁

　報告書は、現状保存できなかった遺跡の内容を示す唯一の記録刊行物であることから、長期間にわたって保存が可能な印刷方法、製本方法、紙質等を適切に選択する必要がある。ただし、過剰に華美な体裁のものとすることは避けなければならない。

　現在の報告書は印刷物が一般的であるが、デジタル技術は急速に進歩し普及しつつあり、それを導入した報告書のあり方についても、今後、検討する必要がある。

（5）刊行

　現状保存できなかった遺跡の記録を広く活用できるようにするためには、報告書は印刷物として複数作成され広く配布されて、所要の場所において保管・公開される必要がある。そのことは、行政における情報公開にも資するものである。以上のことから、現在、発掘調査成果の公表は報告書の刊行と配布によって行うのが一般的である。

　報告書の刊行は、発掘調査単位で行うのが通常であるが、刊行の形は個々の独立の印刷物で行う必要はない。同じ遺跡で発掘調査が数次にわたる場合にはそれらの報告書を同一の印刷物にまとめて掲載したり、対象面積が狭小で得られた情報が少ない場合には年報等に掲載する等、調査の進行や規模等に応じて適切な方法を選択することも考えられる。報告書の刊行部数は、後述する報告書の活用の観点から必要と判断される数とする必要がある。

　報告書の刊行は、報告書の完成が発掘調査の完了であること、調査成果は可能な限りすみやかに公表する必要があることから、発掘作業終了後おおむね３年以内に行う必要がある。発掘作業が長期にわたる場合、あるいは整理等作業が長期に及ぶ場合等、やむをえない事情により３年以内に刊行できない場合は、概報（報告書の刊行に先立ち、主に遺構に関する事項を中心に調査成果の概要を記した刊行物。後に報告書が刊行されることを前提に刊行するもの。）を刊行したり、調査の概要を調査機関の年報に掲載する等の措置を執ることが必要である。

　現状では、すべての発掘調査について報告書が刊行されているわけではなく、概報を刊行しただけで報告書刊行が行われていなかったり、成果の公表がまったく行われていない場合もある。その原因としては、整理等作業や報告書の作成・刊行に要する経費や時間が確保できない等の予算や体制の問題と、概報の刊行で調査成果の公表責任を果たしたとする等調査主体側の意識に起因するものがある。それらについては、埋蔵文化財行政全体の課題として改善を図る必要がある。

（6）保管・活用

　報告書は、調査対象遺跡の所在する都道府県及び市町村において保管し活用に供する必要がある。したがって、地方公共団体は、自ら刊行した報告書のほかに管内で行われた発掘調査に係る報告書を将来にわたって確実に保管するとともに、自らの刊行した報告書については、関係の地方公共団体・文化財関係調査機関・図書館・博物館・大学等へ配布し、発掘調査の成果を国民が広く共有し、活用できるような措置を講ずる必要がある。当該報告書に係る遺跡の所在地においては、地域の図書館、

博物館、公民館等に重点的に配布し、地域住民が利用しやすいよう配慮することが望ましい。このことは地方公共団体以外の調査組織が行った発掘調査の報告書についても同様であるから、関係地方公共団体は、報告書の入手・保管・配布等の指導その他の措置を執る必要がある。

また、報告書の配布を受けた機関においては、確実に保管し、かつ、利用希望者に公開できるように管理する必要がある。

なお、全国にわたって発掘調査成果の概要や報告書の刊行状況等を把握する手段として、報告書データベースの整備と公開が必要であり、このために、独立行政法人文化財研究所奈良文化財研究所が公開しているデータベースの充実を図る必要がある。

報告書は、発掘調査の結果を客観的に記録したものではあるが、内容は専門的であり、それによって必ずしもすべての国民が調査成果を地域の歴史に結びつけて理解できるものではない。したがって、地方公共団体においては、住民向けのわかりやすいパンフレットや概説書等の普及資料の作成、遺物・関係資料の展示、講演会等を積極的に実施し、埋蔵文化財の価値、発掘調査の意義等に関する理解の向上に努めなければならない。

第3章　保存・活用のための発掘調査に関する標準

1．保存・活用のための発掘調査に関する基本的事項

学術上の価値が高く、また地域の歴史にとって重要な遺跡について、その保存を図るために、あるいは史跡指定されている遺跡について、その保存・活用のために遺構の復元・整備等の措置を講ずる上で必要な発掘調査（以下「保存・活用のための発掘調査」という。）の意味については、第1章2において述べたとおりである。

保存・活用のための発掘調査は、当然、第2章で述べた記録保存のための発掘調査とはその理念をまったく異にするため、調査内容、方法等も異なるところがある。

保存・活用のための発掘調査は、歴史的な位置付けと価値を明確にして遺跡を保存・活用していく上での基礎資料を得ることを目的として実施される。この発掘調査の対象となる遺跡は、通常、国や地方公共団体あるいは地域にとって歴史上、学術上の価値が非常に高く、将来の人々にとっても貴重な財産であり、将来に向かって保護していく必要のあるものである。

一方、発掘調査は遺跡の理解のために必要なものとはいえ、それによって結果的に遺跡自体の解体・破壊をもたらすという一面がある。将来、調査地周辺の調査研究の進展等により、遺構の規模や重複関係、性格等の既往の成果について再検討を行う必要が生じたり、調査技術の進歩により現在では明らかにできないことが確認できる可能性もある。そのため、将来の調査・研究に支障とならないように、また文化財を保護するという観点からも、遺跡を遺構と遺物や土壌相互の関連からなる環境を含めた総体的なものとして、可能な限り現状のままで残しておくことが求められる。そのような点から調査範囲は、調査目的を達成できる範囲で、発掘により失われてしまう遺跡の主要な要素を最小限とするという観点で限定し、遺跡の全面を悉皆的に発掘することを避け、遺跡の重要な情報を含んでいる遺構埋土の保存にも配慮することを心がける必要がある。

保存・活用のための発掘調査に求められる最も重要な基本原則は、遺跡を可能な限り将来に残して保存することを前提にした上で、発掘調査する必要性に関して明確な目的意識をもって臨み、その時点でとりうる最上の体制と手法によって、十分な計画と準備を整えて行うことである。現代人の興味、関心のみで安易に発掘を進めることは慎まなければならない。

そのような観点から、調査計画の策定、調査の実施、調査結果の評価等を適切に行うために、専門家・学識経験者を構成員とする指導委員会を設け、その意見を聴くことが必要である。また、学術的、行政的に指導・支援する都道府県や国との連携も不可欠である。

保存・活用のための発掘調査にあっても、調査の結果得られた成果の記録と報告書の刊行が必要であることはいうまでもなく、整理等作業、発掘調査報告書の刊行までの手順を確実に実施しなければならない。

2．発掘作業

（1）発掘作業の基本方針

調査で確認すべき事項は、その調査の目的によって異なるが、通常、①遺跡の所在、②遺跡の範囲、③遺跡の内容である。

①の遺跡の所在確認は、遺構を反映した起伏や遺物の散布等によって地表面の観察により把握できる場合と、地表面からは把握できない場合がある。発掘によらないで所在確認が可能な場合は、できる限りそれによるべきである。所在だけではなく範囲・内容の確認においても、地表面に現れている情報はきわめて重要であり、その詳細な観察は基礎的な作業であることを認識する必要がある。

②の遺跡の範囲確認は、試掘溝等による調査を要する場合が多い。試掘溝の位置等については、現地形の把握や遺物の散布状況、周辺地域におけるこれまでの調査成果を参考にし、目的達成のために必要で最も効果的なものとなるよう周到に検討する必要がある。

③の遺跡の内容把握は、遺構を確認し、遺物の出土状況、時期・内容等をあわせ見極めながら解釈・判断することになるが、調査の目的や遺跡の種類等に応じて調査の範囲や方法は多様である。綿密な計画と調査作業の的確な進行管理が必要である。

いずれの場合においても、上記1の基本原則に則して行わなければならないのはいうまでもない。

（ア）遺跡の状況に応じた調査方法

調査対象となる遺跡には、①すでに史跡に指定されて法的な保護を受けている遺跡、②史跡指定を目指し、重要遺跡として確認調査を要する遺跡、③重要な遺構等を一部発見したものの遺跡の内容や価値付けが不明で、将来的な保護のために内容確認を要する遺跡、④記録保存のための発掘調査を始めたものの、重要性が判明して保存・活用調査に転換した遺跡等多

様な種類と置かれている段階があるとともに、調査進行上の段階もさまざまである。

調査は、このような遺跡の種類、状況とその時点で把握しなければならない情報を総合的に勘案し、最適の範囲と内容で行わなければならない。したがって、調査は、遺跡の種類・性格や状況、調査の進行段階等に応じた適切な目的と必要な成果を設定し、上記①から④の場合についておおむね以下のような点に留意して進めることが必要である。

①の場合

すでに史跡に指定されている遺跡は法的な保護下にあり、発掘調査自体が重大な現状変更に当たる。遺跡の内容や性格と中核をなす主要な遺構がすでに明らかになっており、重要性が定まっているものが多い。整備によって保存と活用を図るためや管理上の施策の決定や見直し等のため、さらなる内容確認のために調査を要する場合には、遺跡の保存に十分に留意して、既往の調査成果とこれから把握しなければならない知見を整理し、明確な目的を設定した上で所要の範囲について調査を行う必要がある。

②の場合

史跡指定を目的とする等、重要な遺跡として確認調査を要する遺跡は、遺跡の内容等がある程度明らかになっているもので、重要性は史跡に準ずる。

保護すべき範囲の決定、価値の確認等は必須であるが、調査に関する留意事項は上記①と同様であり、遺跡の保存に十分に配慮しながら調査を行う必要がある。

③の場合

遺跡の内容や価値付けがまだ不明で確認調査を要する遺跡は、必要に応じて上記①、②に比べてある程度広範囲を対象とした調査を実施して、遺跡の範囲と内容、主要な遺構の配置、年代等を把握しなければならないので、それらの要請に応じた計画のもとに合理的な調査を行わなければならない。

④の場合

記録保存のために調査を開始した遺跡においても、遺跡の重要性と価値が明確になり現状保存へと遺跡の取扱い方針を変更する場合には、その後の調査は保存・活用のための発掘調査に切り換え、上記②に従った調査を行わなければならない。

（イ）遺跡と遺構の内容に対応した調査方法

検出される遺構にはさまざまなものが想定されるが、その内容に応じて最も適切な調査方法を選択することが必要である。

古墳の埋葬施設等、その遺跡の中核となる重要な遺構あるいは類例が少なく今後の発見もあまり期待できない重要な遺構については、発掘調査そのものがその遺跡の最も重要な核心部分を解体することとなるので、豪華な副葬品の出土や顕著な発見を期待して安易に発掘を行うことは慎まなければならない。

集落遺跡における竪穴住居等のように普遍的な遺構については、調査目的を考慮した上で発掘の対象を限定し、古代の官衙や寺院等、遺構の配置や構造について一定の規則性が知られている遺跡については、全面的ではなく所要の箇所のみを発掘することによって目的を達成できることが多いので、過剰な調査にならないようにする等の配慮が必要である。また、旧石器時代遺跡、貝塚、捨て場、窯跡の灰原等、明確な掘り込みをもたず、完掘すると失われてしまう遺跡や遺構は、発掘区を慎重に定め、調査によって必要以上の範囲を破壊しないように留意する必要がある。

なお、発掘調査が多年度にわたり継続的に行われる遺跡にあっては、具体的な発掘の方法、遺構の取扱い等に関する指針を定めておくことが望ましい。

（ウ）整備に伴う調査

保存・活用のための発掘調査にあっては、予定している保存・活用の内容によって調査の範囲や方法が異なるものであることは前述のとおりである。中でも遺跡を整備し保存と活用を図るための資料と知見を得る目的で行う調査の場合は、遺構を立体復元するか、あるいは平面表示にとどめるかといった整備の内容と手法によって必要とする情報が異なるため、あらかじめ目指している整備の目的に即した調査の範囲や内容等を選択する必要がある。なお、整備事業の中には、城郭の石垣等の修理のように、遺跡の本質的価値の保存上、遺構そのものの全面的な解体と徹底した調査が必要になるものもある。

（エ）遺跡の保存

いずれの調査の場合においても、検出した遺構の掘削は最小限にとどめ、後に再検証が可能な状態を保持しておく必要がある。また、遺構面が複数ある場合にどの面が遺跡の本質的な価値をもち保護を要するものであるかを正しく判断する必要がある。上層が主要な遺構面である場合は、上層の遺構の保存を図るため、下層への掘り下げは行わないことが原則である。主要な遺構面の上層の遺構についてもその内容に応じて保存に配慮しなければならない。

また、調査中は遺構が損傷しないようにシートで覆う等の保護措置を施すことが必要であり、当然、遺構の保護に悪影響を与える気象条件の時期は調査を避けなければならない。また、調査後の埋め戻しはすみやかに行う必要がある。遺構を構成する遺物は可能な限り取り上げないで現状で保存するが、脆弱で保存処理が必要な遺物や重要な遺物については、取り上げるかどうか、取り上げる場合はその方法や保存措置について、遺跡と遺物の状況を判断した上で慎重に決定する必要がある。

（オ）調査の公開と普及

この種の発掘調査の対象となる遺跡の性格上、発掘調査の成果の公開・普及は重要であり、報告書の刊行だけでなく、現地説明会や調査成果の報告会等の開催、成果をわかりやすくまとめたパンフレットや概説書の作成等を行うことが必要である。

（2）調査の方法等

保存・活用のための発掘調査においては、上記2（1）（ア）で述べたように、記録保存のための発掘調査の場合と異なり、

対象となる遺跡の状況や調査の目的は多様であり、求められる方法もそれに従って変わることになる。したがって、詳細な作業標準を示すことは困難なため、この報告では基本的な方針を示すにとどめたが、実際の調査に当たっては遺跡の状況を正しく判断し、適切な方法を選択する必要がある。

　（ア）事前調査、計画、発掘区の設定

　　保存・活用のための発掘調査は、調査組織が主体性をもって一連の作業を進めなければならない。そのためには、事前の準備と調査計画の策定が重要である。

　　発掘調査に着手する前に、まず、対象となる遺跡に関するこれまでのあらゆる情報を十分に把握・整理し、その時点で欠けているものが何であり、それをどこまで解明するかという明確な目的を定めなければならない。

　　遺跡の範囲や遺構のある程度の分布等を把握するためには、現地踏査が有効である。古墳や城館等は地表面の観察で遺構の把握が可能であり、遺物の散布状況から遺跡の存在や範囲、時期等をある程度把握できる場合が多い。このほかボーリング棒による探索や物理探査が有効な場合があり、状況に応じてこれらの手法を選択することも考えられる。

　　その上で、目的を達成するために必要な調査の範囲・内容・方法等を盛り込んだ計画を策定する。その場合、発掘調査が遺跡に与える影響と予想される成果とを勘案して最も適切な範囲と方法を選択し、整理等作業や報告書刊行、遺跡の整備と活用までを視野に入れた全体計画や年次計画等を策定する必要がある。

　　発掘区は事前に策定した調査計画と調査目的に応じて適切な範囲で設定しなければならない。調査範囲が広いほど、あるいは遺跡の中核部を調査するほど得られる成果も相対的に大きくなるのは当然であるが、保存・活用のための発掘調査は、あくまでも目的とする課題を解明するために必要な限度での調査であることを忘れてはならない。必要とされる最小限の調査をもとに、その成果と従前の調査成果、他の類例、それらを総合した広い視点での分析研究等によって遺跡の全体像を的確に判断し、目的とする成果を得るように努めなければならない。

　（イ）表土等及び包含層の掘削

　　発掘区の基本的な土層を把握した後に、それに基づいて表土等と包含層をそれぞれ順次掘削する。遺構検出の工程に至るまでの包含層掘削と遺物の取上げについても、記録保存のための発掘調査において求められる効率性の観点だけではなく、一定の慎重さも必要である。遺構面まで掘削した後、土層観察用ベルトも必要に応じ掘削するが、基本的なものについては原則として保存する。

　（ウ）遺構調査

　　保存・活用のための発掘調査においても、遺構の調査は最も重要な工程である。遺構の状況や配置、あるいは年代等が遺跡の重要性と価値付けを左右する場合が多いため、特に入念に行わなければならない。

　　① 遺構検出

　　　遺構の検出に当たっては、その結果が遺跡の価値付け等を大きく左右するため、特に入念に行わなければならない。

　　② 遺構掘削

　　　記録保存のための発掘調査の場合とは基本的に目的と手法が異なることを十分認識して当たらなければならない。

　　　遺構の埋土は重複関係や堆積状況あるいは遺構の性格等を示すものであり、これを完掘してしまえば再検証することが不可能となることから、埋土を残すことがきわめて重要である。検出した遺構については、調査の目的や掘削の進行段階及び遺構の種別に応じ、遺構面の平面検出のみで止めるかさらに掘り下げるかを慎重に判断しなければならない。掘り下げる場合も、遺構内の埋土をできる限り保存することに留意する必要がある。たとえば掘立柱建物の柱穴は、柱痕跡や柱抜取穴及び深さ、あるいは重複関係の確認等の目的で必要な場合についてのみ断割りを行うこととし、その場合も、完掘はせず埋土の保存に留意しなければならない。

　　　なお、計画段階での予想を越える重要な、あるいは多量の遺構や遺物が出土した場合等、事前に想定した状況と大きく異なる事態が現出した場合には、調査を中断して計画を検討しなおす等の対応をとることも重要である。

　　③ 遺構の保護措置

　　　遺構を保護するため、調査後はすみやかに埋め戻す必要がある。埋め戻しは検出した遺構面の上を一定の厚さの砂等で覆い、不透水層を作らないようにして、遺構を保護するとともに将来の再発掘に備えて掘削が及んだ面を明確に識別できるようにする。

３．整理等作業

（1）整理等作業の基本方針

　保存・活用のための発掘調査にあっても、必要な期間と経費を確保した上で迅速かつ確実な整理等作業と報告書刊行が必要である。基本方針は記録保存のための発掘調査に準ずるが、重要な遺跡を対象とすることから、入念に作業を行う必要がある。また、記録類と遺物は確実に保管し、積極的に活用を図らなければならない。

（2）整理等作業の工程とその内容

　（ア）遺物の整理

　　遺物の整理に当たっては、遺跡や遺構の埋土を完掘していない場合があるため、出土した遺物が本来埋蔵されている遺物のすべてではないということを認識した上で、より少ない情報から全体を判断し、復元していく必要がある。

　　遺物の復元は、重要な遺跡の基礎資料として展示・公開する機会も多いため、適切な対象を選んで実施する。

（イ）調査成果の総合的な検討

　調査の目的に即して、当該年度の調査成果が遺跡全体の中でどのように位置付けられるか等や、それまでの成果のまとめと今後の課題を整理する。特に遺跡の性格や価値付けに関わる点に関し、重点的に検討を行うことが必要である。また、同一の遺跡を継続して調査する場合も多いことから、単年度の調査のまとめに止まらず、成果の総合的な検討を行い、成果と今後の課題を整理した上で以後の調査計画をあらためて策定する必要がある。

４．発掘調査報告者

（1）基本方針

　保存・活用のための発掘調査においても、報告書の刊行までを視野に入れた事前の計画の策定が重要である。刊行の時期は、記録保存目的の発掘調査に準ずる。

　特に遺跡の整備に伴う調査は、通常、整備内容を計画するための資料を得る目的で行われるものであるが、復元を含めた整備の根拠となる発掘調査の情報を十分に分析・検討した上でその成果をまとめ、公開しなければならないことから、整備事業は、報告書を刊行した後に実施することが原則である。ただし、やむをえず発掘と整備事業を並行して実施しなければならない場合は、報告書刊行前であることを十分認識し、事業対象の一定区画ごとの調査成果をまとめて、それに基づいて整備計画を立案するという基本的な進め方は、確保する必要がある。

（2）報告書の内容

　その遺跡を調査することになった経緯と当該調査の行政上、学術上の具体的な目的と意義、それに応じた調査方法、そしてその結果得られた調査成果、そこから導かれる遺跡の評価、重要性まで含めて記載する。また、遺構をどの程度まで掘削したかの記載も必要である。

　「総括」では、過去の調査成果と当該調査により得られた成果による遺跡の総合的な評価を中心に記述する。その際、過去の発掘区の位置や規模及びそこで検出された主な遺構をあわせ表示する等して、常に遺跡全体を俯瞰して成果をまとめることが重要である。

　また、同一の遺跡を継続して調査する場合は、必要に応じて過去の調査で出土した遺物を掲載したり、成果の再検討を行うことも必要である。継続的な調査の場合、各年次ごとの概報は必須のものであり、報告書は一定期間内のうちで調査成果がある程度まとまった段階で刊行する必要がある。

別紙1　発掘作業の標準

1．発掘前段階の作業

（1）測量基準点の設置

目的と意義

　本発掘調査の対象地を正確かつ客観的に表示し、記録することは不可欠であるため、基準となる座標系に基づいた「点」を確保する作業である。この点は、以後の作業においても、グリッド設定等の基準となる。基準となる点には、三角点等の恒常的に設置されている点（以下「測量原点」という。）と、調査区内に設置する標準の座標と標高を備えた仮設的性格の強い点（以下「実測基準点」という。）とがある。

作業方針と留意事項

○周辺の構造物や土地区画等を実測基準点に代用すると、発掘区の正確な位置を記録することができないことから、基準となる座標系に基づいた実測図を作成する。そのため、実測基準点を設置するための測量原点を確保する。

○測量原点は3～4級程度の精度のものとし、発掘区付近にない場合はあらたに打設する。測量業者や事業者に依頼して打設する場合もあるが、行政機関が設置している各種の基準点で要件を備えたものを測量原点として活用することもできる。

○実測基準点は発掘作業の全期間を通じて設置し、グリッドの設定や遺構の実測等に使用するもので、正確なものを発掘区近辺に設置する。大規模な調査等の場合には、10～50m間隔のグリッド杭を実測基準点として利用することもある。

○基準となる座標系は、平成15年4月から従前の国土座標に替わって世界測地系座標を使用することとされたことから、測量原点は世界測地系座標で表示する。（従来の国土座標による測量成果については、国土地理院が公開している変換ソフトTKY2JGD等を利用し、世界測地系座標に変換することができる。）

成果品

・測量データ
・実測基準点及びその成果表

（2）現地踏査・掘削前地形測量

目的と意義

　調査対象地の状況は、土地の起伏が遺構を反映していることや、地割が遺跡のあり方を示していること、あるいは遺物が遺構の存否や時期、内容を示すことがある等、遺跡に関して有用情報を示していることが多い。そのため、現地踏査を実施することと、地形や地割等を記録した地形図が必要である。それによって遺物の散布状況と微地形を把握することができ、地下

遺構の位置や広がりについてもおよその目安がつき、発掘作業を的確かつ円滑に進めることができる。

作業方針と留意事項

○試掘・確認調査の際等に現地踏査を行い、遺構の概略、残存状況やおよその年代を把握する。

○周辺の地形を示す地形図として、都市計画図（1／2,500）や、事業者が作成したもの（1／500～1／10,000）等、活用できるものもある。その場合は、地下遺構を反映した地形の微妙な起伏や、土地の区画等の必要な情報が入っていないことがあり、必要に応じて適宜補足測量する。

○古墳の墳丘や城館跡の土塁や堀等、地表面が遺構の形状を反映していると考えられる場合は、地形図の作成が必須である。場合によっては、調査地を含めた周辺の地形の状況がわかる範囲について作成する。等高線は、遺跡の地形の特徴を客観的に示すことができる程度の精度で記録する。

成果品

・発掘区の位置、立地、周辺環境を示す地形図（1／100～1／10,000程度）
・掘削前地形図（1／100～1／1,000程度）
・掘削前全景写真

（3）発掘区・グリッドの設定

目的と意義

試掘・確認調査等の成果に基づき決定した本発掘調査が必要な範囲について、遺構や遺物の出土位置等を表す基準枠となるグリッドを基本とする発掘区の設定を行う。グリッドの設定には、大きさや方向等にある程度の統一した基準を設ける方が以後の作業進行において効率的である。

作業方針と留意事項

○グリッドは基準となる座標系に沿って設定することを基本とする。ただし、地形や発掘範囲の形状等の条件により、それらに適応したグリッドの設定が適している場合は、グリッド設定の基準を座標で示すことができるようにしておく。

○グリッドの大きさは2m・4m・5m・10mが一般的な単位であるが、古代の遺跡を中心に3m単位も用いられている。遺跡の状況にもよるが、同一地域では同じ基準に基づくのが望ましい。発掘区内には、グリッド杭を打設する。

成果品

・地区割図
・地区の入った発掘区配置図

2．表土等の掘削

目的と意義

調査対象地の表土等（表土及び遺物包含層上面までの層）を除去する。この層は発掘作業の主な対象となる遺構面とそれに伴う包含層の上面に堆積したものであり、調査の直接的な対象ではないことから、効率的に行う。

作業方針と留意事項

○包含層を誤って重機で掘削してしまったり、重機掘削すべき表土等を厚く残して後の作業効率が落ちたりしないよう、包含層の高さや範囲等の所在状況を正しく把握してから作業にかかる必要がある。そのため、試掘・確認調査等の成果も参考にして、適宜サブトレンチを設定する等して遺跡の基本層序を確認し、包含層上面を面的に的確に捉える。

○原則として、調査対象時期の包含層上面近くまでは重機による掘削とし、その後で、人力による掘削、清掃を行って、包含層上面を検出する。窯跡や貝塚等、表土層に大量の遺物を含む場合には、それが遺構を強く反映するものであるため、人力による掘削を行って遺物を取り上げる。

○出土遺物は遺構との関係は不明確であり、詳細な出土位置の記録等は必要でない。

○遺構面が重複しその間に無遺物層をはさむ場合、無遺物層は表土等と同じ取扱いをする。

成果品

・写真

3．遺物包含層の掘削

目的と意義

遺構を検出するため、その上に堆積している包含層を掘削する。包含層を正確に掘削するためには、試掘、確認調査での所見等を参考にして、遺構面までの層序を確認する必要がある。そして、その層位に従って掘削し、遺物を取り上げる。包含層出土の遺物は遺構内出土遺物に次いで意味のある資料で、層位や遺物の出土位置等は、遺構との関係に応じて的確に記録する必要がある。

作業方針と留意事項

○発掘区の基本層序を認識するため、発掘区内に適宜土層観察用ベルトを設定する。その後、発掘区壁面や土層観察用ベルト沿いにサブトレンチを掘削し、層序の確認を行う。一次的包含層か二次的包含層かを、遺物の時期、形状や土質等に注

　意して見極める。
○遺物の取上げ方法と出土位置の記録方法は掘削方法の選択と密接に関連しており、グリッドごとの層位単位で取り上げる
　場合、ドットマップの作成を行う場合、出土状況の実測を行う場合がある。
○二次的包含層の掘削は、遺物を取り上げながら、大型の用具等による掘削とし、遺物の取上げはグリッドごとの層位単位とする。
○一次的包含層の掘削は、大型又は小型の用具による掘削とする。遺物の取上げは、2〜5m単位のグリッド、層位単位を
　基本とする。本来の位置に近いと考えられ、出土状況に重要な情報が認められる場合は、さらに小単位のグリッドによる
　取上げや、ドットマップの作成、あるいは出土状況の実測を行うこともある。出土地点の位置と標高を層位図にそのまま
　投影しても、層位は必ずしもそのまま対応するものではないため、位置を記録する場合でもあわせて層位を記録すること
　が必要である。写真は、重要度に応じた記録方法を採る。
○一次的包含層と認識しているものの中に、掘り込まれた遺構の最上部や当時の生活面である旧地表面が含まれていること
　もある。下層の遺構と関連があると想定される遺物集中区は遺構に準じて取り扱う等、状況に応じた対応を行う。
○ドットマップ作成に関しては、遺物の出土状況を分析した上での歴史的意義の解明等の成果が必ずしもあげられていない
　という現状がある。単なる位置記録のみではなく、遺跡を理解するためにそのデータをどのように利用できるかの意義付
　けを認識しながら取上げ方法を選択し、後の整理等作業と報告書作成に生かしていく必要がある。（なお、本委員会協力者
　を対象とした実態調査によれば、ドットマップ作成は市町村よりは都道府県、西日本よりは東日本で実施することが多い。）

成果品
・出土状況図・ドットマップ（1／10〜1／20）
・写真

4．遺構調査（竪穴住居の場合）

（1）遺構検出

目的と意義

　遺跡を構成する主たる要素である遺構の所在を明らかにするために行う、基礎的かつ重要な工程である。この工程の成否が、
発掘調査の成果に密接に関わるもので、技術と経験が求められる。遺構の存在そのものを見落とさないようにしながら、慎重
に実施することが肝要である。

作業方針と留意事項
○遺構面を的確に把握した後、じょれん・移植ごて・草削り等の用具で遺構面を削る等して精査し、土の質や色調のわずか
　な差異に注意しながら、遺構の平面形を確認する。
○重複関係が認められる場合、土の性質の差により可能な限り平面で新旧関係を確認する。竪穴住居では改築を行っている
　ことがあるのでその痕跡を見落とさないよう注意を要する。
○遺構を検出した後は、遺構配置略図を作成した上で、遺構の規模や発掘区内での配置あるいは相互の関係等を明確にし
　て作業を進める。検出した遺構には適宜遺構番号を付け、遺構配置略図にも番号を記入する。

成果品
・遺構配置略図（1／50〜1／200）
・写真

（2）遺構埋土掘削

目的と意義

　発掘作業において、遺構の詳細な状況や年代等を明らかにするための最も重要な工程である。遺構内の遺物は最も有意な情
報をもつため、遺物の出土とその状況に留意しつつ慎重に掘り下げる。

作業方針と留意事項
○土層観察用ベルトで原則4分割し、サブトレンチを設定する等して、埋土の堆積状況や遺物の包含状況から貼床や埋立て
　等の人為的な埋め土か、自然堆積かを的確に見極めながら、基本層位を確認する。重複関係がある場合は相互の関係がわか
　る形で土層観察用ベルトを設定し、新しい方の遺構から掘削して遺物を分別する。
○小型の用具を用い、遺物の出土状況と層位の関係に注意しながら、慎重に掘削する。遺物はすぐに取り上げず、出土状況
　を確認してから、遺構の構築から廃絶までのどの段階のものかを的確に判断し、それに応じた適切な記録を作成した上で
　取り上げる。記録と取上げの方法には、遺構内の小地区ごとに層位単位の一括、遺物を埋土とともに柱状に残す等しての
　ドットマップの作成、出土状況の実測等の方法がある。原則として、出土状況に特別な意味が認められない限り、土層観
　察用ベルトで区分した地区ごとに基本層位単位の一括で取り上げる。位置の記録は、写真で代用する場合もある。
○柱穴・カマド・炉・貯蔵穴・貼床・周溝等の付属施設を精査、検出し、住居の構造を明らかにする。貼床をもつ場合は床
　面下の調査まで行う。住居の形態、構造には時代差・地方差・個体差があるので、適切な調査方法を採ることが必要である。
○住居の埋没過程が復元できるように留意しつつ、土層観察用ベルトの壁面を観察、分層し、サブトレンチで確認した基本
　層位について、埋土の掘り下げにより得られた情報を含めてあらためて詳細に観察し、検討する。その後、土層観察用ベ

ルトの実測、写真撮影を行う。土層断面図には堆積状況の所見も記入し、土層断面図の層位と遺物を取り上げた層位の対応関係の記録も必要である。

成果品
・出土状況図・ドットマップ（1／10〜1／20）
・土層断面図（1／10〜1／20）
・写真

（3）遺構の記録

目的と意義

遺構の記録は発掘調査においては基本資料であり、とりわけ完掘時のものは重要である。そのため、図面と写真の表現方法の特性を生かした上で、必要な情報が十分表現された正確な記録を作成する。

作業方針と留意事項

○実測は必要な情報を取捨選択して図面に的確に表現するという技術が必要なため、十分な訓練を受けた者が行わなければならない。そして最終的には遺構の状況を熟知した調査員が点検を行う必要がある。実測の方法には遣り方を組んでの人手による測量、平板測量、トータルステーション等を用いたデジタルデータ化、空撮図化等の方法があり正確さを保証できる適切な方法を採用する。平板測量は小範囲の実測には有効で、状況に応じて活用する。空撮図化は校正を調査員が確実に行う必要があり、図化に十分反映しきれない遺構の細部は人手による測量をする。（なお、本委員会協力者を対象にした実態調査によれば、東日本と西日本とでは実測に対する考え方に差がみられる。人手による測量の比率は東日本4割に対し西日本8割であり、調査員が実測に関わる比率は東日本5割に対し西日本10割である。）

○写真は遺跡や遺物の最も克明な記録を保存する手段の一つである。多量の情報を正確、簡便に記録できるという利点があるが、使用する器材、フィルムの差により、成果品の品質に著しい差が生じる。そのため重要なものについては、文化財についての精緻な情報を記録し保存できるよう、その時点で採用しうる最善の方法で優れた記録を残すことが肝要である。大型のカメラを使用し、記録できる情報量はカラー写真が優れているが、保存性を考慮して銀塩の白黒写真を撮影することが望ましい。なお、現像に当たっては不適切な処理を行うと保存性が低下するため、適正な処理を行う。また、写真に関するデジタル技術は急速に進歩しており、用途によっては効果的に使用することも考えられる。

成果品
・実測図（1／10〜1／20）、空撮図化図面（1／20−1／100；1／50程度）
・写真

5．遺構調査（竪穴住居以外の場合）

（1）掘立柱の遺構

目的と意義

柱穴の集合として検出される掘立柱の遺構について、どの柱穴同士が組み合うのかを判断し、重複関係がある場合は、新旧関係を検討、確認する。また、柱穴の掘形だけではなく、柱痕跡や柱抜取穴も把握するように努める。

作業方針と留意事項

○巻尺や間ざお（板等に目盛りを刻んだ簡易な計測用の道具）等を用いて柱間を計測し、規模や配置、埋土の質の差等に留意しつつ柱穴の組合せを検討する。掘立柱の遺構としては建物や塀等があり、建物の場合は廂や床束の確認までが必要である。一定の正確さを保った遺構配置略図を参考にしながら、現場で確認する作業は必須である。検出に当たっては、遺構配置略図をもとに遺構想定案を検討し、それに基づいて柱穴が未検出である部分を集中して探索すると効果的である。

○検出した建物や塀同士で、複数箇所で重複関係がある場合は、いずれの箇所においても矛盾がないかを確認する。重複関係は平面での確認を基本とするが、断割りを併用する場合もある。遺構検出時にすぐに掘削してしまうと再検討が困難となるため、注意が必要である。

○柱痕跡や柱抜取穴を確認し、それらは柱掘形と峻別して掘削する。掘立柱の遺構は近世までみられるが、柱穴の規模や柱間寸法等は時代・時期によって多様であり、小型の柱穴においてはすべてにわたって土層断面図や個別実測図等の詳細な記録をとる必要はない。

○遺物は柱掘形と柱痕跡、柱抜取穴ごとに分けて、それぞれの一括で取り上げることを原則とする。柱掘形は建設時、柱抜取穴は解体時に掘った穴で、埋土内の遺物はそれぞれ建設時期と廃絶時期を示すことが多い。意図的に埋納した地鎮に関わる遺物、礎盤に使用したもの等、重要な意味があるものは遺構との関係がわかるように出土状況の実測を行う。

○柱穴の断割りで確認すべき項目は、平面で柱痕跡や柱抜取穴が不明確であった場合における断面観察による確定、重複関係の再確認及び柱穴の埋土や深さ、底の状況の確認である。必要なデータをとった後には柱穴を完掘し、遺物を採取することが原則である。

（2）土坑

目的と意義

　土坑には、墓坑・埋納土坑・廃棄土坑・貯蔵穴・落とし穴、特殊なものには便所遺構・土器焼成坑等の種類があるが、性格が不明なものも多い。そのため、形態や埋土の特徴等から性格を正しく判断し、それに応じた調査方法を採らなければならない。土坑内の遺物は一括性が高い場合が多く、有意な情報をもつが、その性格によってもつ意味が異なる。作業方針と留意事項

　○適宜土層観察用ベルトを残し、埋土の各層位が人為的に埋めたものか自然堆積かを見極めた上で、主に小型の用具で層位に注意しながら掘り下げる。人為的に埋めた土坑の場合は、細心の注意をはらって遺物の出土状況を確認する。墓坑・埋納土坑・便所遺構・土器焼成坑等は特に注意して調査を行い、必要な場合は分析用のサンプリングを実施する。

　○遺物は、土坑内の小地区ごとに層位単位の一括で取り上げることを原則とする。墓坑や埋納土坑等、意図的に置いたものは出土状況の実測まで行う。

（3）溝

目的と意義

　一般に溝と呼んでいる遺構には、人工的に開削したものと自然流路がある。前者は敷地の区画や地割溝、排水路等の性格をもち、関連する遺構の存続期間を示す場合も多い。有機質遺物を含む多量の遺物が期待される点でも重要である。

　溝の存続期間は、規模にもよるが比較的長いものが多く、段階的に埋没していくため、遺物の一括性は比較的乏しい。また、改修及び溝さらえを行っていることも多いので、地点ごとに層位を正確に認識し、溝の変遷を表す層位の単位の把握が重要である。

作業方針と留意事項

　○適当な間隔でサブトレンチを設定し、基本層位を確認する。遺物の出土量や溝の規模に応じて、大型、小型の用具を選択して層位単位で慎重に掘り下げる。

　○溝の全長は比較的長いため、地点によって堆積状況に差があることも多く、注意が必要である。溝出土遺物は基本的に廃棄されたものであることと、出土位置は水流の作用に左右され、出土状況は有意な情報をもたないことが多いことから、地区、層位単位に一括で取り上げることを原則とする。特に重要な意味があるものについては、位置を記録することもある。

　○自然流路の場合は、サブトレンチを設定して層位や遺物の包含状況を確認し、どの範囲まで調査対象とするかを決定する。

　○有機質遺物は脆弱なものが多く、取上げには慎重を要する。また、有効な場合適宜土壌サンプルを採取して必要な理化学的分析を行う。

　○実測図作成に際しては、溝の改修、岸の崩壊等、溝の変遷が表現できるように留意する。

（4）井戸

目的と意義

　井戸は水を得るための施設であり、遺跡を残した集団の生活に関わる重要な遺構である。有機質遺物を含む多量の遺物が出土することが多い。井戸には、素掘りのもの、井戸枠を残すもの、井戸枠が抜き取られているものがある。掘形、井戸枠内及び井戸枠抜取穴を、埋土の状況から平面・断面で峻別することが重要である。

作業方針と留意事項

　○平面で精査して規模や形状から井戸かどうかを判断し、掘形、井戸枠内埋土、井戸枠抜取穴を確認する。

　○平面で確認した輪郭に基づき、土層観察用ベルトで層位を確認しながら、大型、小型の用具を選択して、掘形・井戸枠内・井戸枠抜取穴の層位ごとに慎重に掘り下げる。井戸さらえを行っていることも多いので、層位の判定時にはそのことを十分認識する必要がある。また、掘削時や廃棄時に祭祀を行っている例もあり、出土遺物や堆積状況から慎重に見極める。遺物は、掘形・井戸枠内・井戸枠抜取穴ごとで、それぞれの層位単位に一括で取り上げることを基本とするが、状況に応じて位置を記録したり、出土状況の実測を行う。

　○井戸枠内のみならず、掘形の平面、断面の精査まで確実に行って井戸の構築法を明らかにし、全体状況の入った断面図を作成する。

　○井戸は深いものが多く、湧水もあるため、壁が崩壊する危険性が非常に高い。また、酸素欠乏の危険もあるため、作業の安全管理には十分に注意する。

６．理化学的分析・日常管理等

（1）理化学的分析

目的と意義

　理化学的な分析では、考古学的手法とは異なるさまざまな結果が得られ、大きな成果も期待できる。主なものとして、①放射性炭素（14C）、火山灰、考古地磁気等による年代測定、②花粉、樹種、珪藻、プラントオパール等による古環境の復元、③その他の土壌分析（植物遺体の検出、寄生虫卵による便所遺構の確認等）がある。

作業方針と留意事項

　○遺跡の内容やあり方からみて、有効な分析対象を適切に選択する必要がある。サンプリングは、分析担当者とよく問題点を整理し、包含層や遺構埋土等、発掘作業の全期間にわたり適切な対象について行う。将来の分析資料とする意味で、多

　　数のサンプルを採取することもある。

　○分析の実施に当たっては、遺跡の理解に必要で、有効性が確認されている方法による分析を、採取したサンプルの中から選択して行う。

　○プラントオパールや火山灰等の分析の場合は、分析結果を発掘作業に生かすことを心がける。

成果品

　・サンプル採取位置図、写真

　・分析成果品

（2）日常管理

目的と意義

　発掘調査全般を安全かつ確実に実施するためには、調査活動全体の日常的な管理が重要である。進行状況を客観的な形で残すためには、日誌類の作成を行う。調査に伴って発生するさまざまな成果や課題を日々検証し、記録することによって、以後の調査を円滑に進めることができ、後の整理等作業の際にも参考となる。

作業方針と留意事項

　○日誌類は調査全般を通した唯一の記録であり、行政的な記録を兼ねるものであるため、後に作業の経過がたどれるように留意する。調査日誌には、作業経過、成果、課題、特記すべき遺構、遺物等の項目を記入する。文章のみでなく、略図や写真も併用すると効果的である。

　○発掘作業を中心になって担当する調査員は、常に全体の調査を統括し、遺跡全体の状況を把握して日誌を作成する。細部については、各発掘区を担当する調査員と討議をして作成する。

　○作業全般にわたり、安全管理を十分に行う。

成果品

　・調査日誌

　・写真

別紙2　整理等作業の標準

1．記録類と遺構の整理

（1）調査記録の基礎整理

目的と意義

　発掘作業によって作成された図面類・写真・日誌類等の記録類は基礎的な資料としてきわめて重要である。必要なデータが整っていないと資料としての価値が著しく失われることから調査記録を整理し、内容の確認を十分に行い、整理等作業に活用できるように適切に保管、管理する。

作業方針と留意事項

　○作業は、発掘作業についての情報・成果を正確に把握した上で行わなければならないことから、発掘作業を担当した調査員が行うことが望ましい。

　○現場での所見を明確に記憶しているうちに、図面類・写真・日誌類・その他メモ類等調査成果を直接示す資料について、必要な注記や所見、枚数や内容等を正確に確認する。

　○図面番号等を付加した上で、整理等作業に確実に活用できるようにするとともに、分類して図面台帳を作成する等して保管する。

（2）遺構の整理・集約

目的と意義

　遺構のおおまかな年代や分布の変遷等を明らかにするために、遺構ごとに各種の記録や情報の整理と集約を行う。

作業方針と留意事項

　○発掘作業で作成した平面図・土層断面図・遺物出土状況図・遺構部分図、基本層序等の記録に発掘作業時の所見等から検討を加え、遺構の種類、規模や形状、数量、新旧関係等を確認し、遺構ごとに整理する。

　○遺構一覧表・台帳等を作成し、情報を管理する。

（3）遺構の検討

目的と意義

　個別の遺構のおおまかな年代・種別・遺構群全体における位置付け等を検討し、報告書の中での取扱いや記載内容等の詳細、調査成果を示すために必要な図面・写真等を決定する。

作業方針と留意事項

　○遺構や遺構と遺物の関連について、遺跡の年代、遺構の種別や遺構群全体の中での位置付け等を検討する。

　○個別の遺構そのものの検討と遺構から出土した遺物についての取扱い方針を決める。

２．遺物の整理

（1）洗浄・乾燥・注記

目的と意義

　遺物に付着している土壌等を洗浄して乾燥させたのち、遺物全体を観察し、後の作業と保管のために必要なものについて注記を行う。

作業方針と留意事項

　○出土品の全量をすみやかに洗浄することを原則とする。出土遺物の情報を発掘作業や整理等作業に活かすために、遺構出土のもの等遺跡を理解する上で重要な遺物を優先し、遺物の状況に応じて適切な器具を選択しながらできる限り汚れを落とす。

　○遺物の劣化やカビの発生を防ぎ、接合作業等を確実に行うために十分に乾燥させる。

　○接合や実測の作業を的確に効率よく進めるために、全体の概要を観察し遺物の資料的価値を見極めた上で、報告書に掲載すべき遺物を念頭に置きながら、以後の作業方針を決定し、それに基づき適切に選別する。

　○洗浄、乾燥が終わった遺物について、全体の状況を把握した後、以後の作業に供する遺物と、注記の必要がない遺物とを選り分けて、遺跡名・遺構名・層位・取上げ番号等の必要な情報を注記する。場合によっては関係するものを一括してまとめる等、合理的に行う。

　○注記は小さく、目立たないところに記入するとともに、長期間経過しても消えないような処置を行う。

　○小型品・木製品・金属製品等、遺物によっては直接注記することが適当でないものがあり、その場合には別の表示方法をとる。

（2）接合

目的と意義

　遺物の器種・器形・時期等をより正確に判断するために、遺物の破片を接合して本来の姿に近づける作業であり、個々の遺物の観察を詳しく行う機会でもある。また、各遺構の同時性などを知る上で、異なる遺構の出土遺物同士の接合関係の把握が有効なこともある。石器等の接合により製作技法等が復元でき、それに伴う人間活動を知ることができる機会でもある。

作業方針と留意事項

　○遺物の資料的価値により報告書に掲載すべき遺物を判断し、それらを優先して接合する。

　○遺構出土の一括遺物の場合には、個体数や器種構成を知るために有効であり、可能な限り接合する必要がある。

　○軟質で脆弱な土器や瓦等は樹脂等で強化してから接合する必要がある。

　○適切な作業スペースを確保し、正確かつ効率的に作業を行う。

（3）実測

目的と意義

　実測は、立体である遺物を観察しながら計測し、図化（実測図を作成）する作業である。実測を行う資料は単純に実測が可能なものすべてではなく、報告書に掲載するために必要なものを中心とする。個別の遺物を最も詳細に観察する機会でもあり、重要な意義をもつ工程である。

作業方針と留意事項

　○遺物の資料的価値を的確に判断し、それに応じて実測する遺物を選択する。実測対象とする資料は、遺物全体について種別、器種、器形、文様、製作技法等を十分観察して、考古学的な成果を踏まえて正しく分類を行った上で、同種、同類のものの中から典型的、代表的なもの等を適切に選択する。選択の基本的な考え方は以下のとおりである。

　　①遺構出土で、かつ、一括資料として高い価値を有する資料

　　　必ずしもすべての個体を実測図で表現する必要はないが、すべての器種は基本的に実測図により器種構成を可能な限り正確に示す。なお、正確な器種構成比・出土個体数は別途図表、文章により説明を加えることとする。

　　②炉・カマドに据えられた土器、埋甕や木棺等、遺構と一体あるいはその一部を構成する資料

　　　すべての資料を示すことを原則とする。

　　③遺構の時期を示す資料

　　　住居の床面直上、溝跡の最下層等からの遺物の実測は特に重要で不可欠である。埋土中から出土した土器等は適宜選択する。

　　④その他の遺構及び包含層出土の資料

　　　他地域で生産されたもの、出土例が少ないもの、残存度が高いもの等単独でも意味のあるものを選択する。

　○実測図は、観察を十分行った上で、考古学的な基本を踏まえた表現方法で以下のような考え方で表示する。

　　①製作時の状況を念頭におき、器形・製作技法・時期等の遺物の特徴を適切に表現する。

　　②製作技法等を表す場合は必ずしもすべて実測をする必要はなく、実測する範囲や表現方法等を工夫する。

　　③土器や瓦の文様、土器・陶器・瓦のタタキ目、あて具痕等表面に凹凸がある文様や調整痕跡等については拓本により墨の濃淡で簡便に表すことができ、陶磁器の文様等は写真を使用する等効果的に実測図と併用する必要がある。

　　④表現方法等は、具体的な意味が正確に理解できるようにするために、各地域の中で共通のものとするように努め、全国に流通する遺物等については広く普及している方法をとる。

　　⑤使用痕等も必要に応じて図示するとともに、図示できないことについては注記することも必要である。

○作業員等が実測したものについては、正しく計測され必要な情報が的確に表現されているかどうかを調査員が必ず点検、確認する。これは、実測を外部委託した場合も同様である。

○作業の効率化を図るために、複雑な形や文様をもつ遺物についてはコンピュータや写真を利用した実測の方法を導入することも有効であるが、実測の本来の目的と意義を正しく認識した作業を行う必要がある。

○実測図は詳細な遺物観察の結果であり、保管・管理の際の資料となることから記録保存の成果として保存する。

（4）遺物全体の検討

目的と意義

接合や実測等の成果をもとに、個々の遺物を報告書の中でどのように扱うのかの概略を決めるために、遺物の年代・種別、遺物全体の中での位置付け等を検討する。

作業方針と留意事項

○考古学的な知見を十分に踏まえて、出土遺物全体の器種構成や分類、編年を適切に行う必要がある。

○遺物の資料的価値を、記録類の整理の工程で得られた成果を参考にしながら再確認する。

（5）復元

目的と意義

写真撮影のために欠落部分を石膏等の補填材で復元する作業である。原則として、写真を報告書に掲載するものを対象として行う。

作業方針と留意事項

○主に報告書に写真を掲載する必要のあるもので、器形を復元して表現することが必要なものに限って行うこととし、遺物を汚して資料的価値を損なわないようにする。

○土器等の場合は、復元後はその断面や内面が観察できなくなるため、実測後に行うことが必要である。

○意味のある欠損部分は接合までにとどめ、補填しない。

○写真撮影の際のハレーションを防止するため、適度な着色を施す。

（6）写真撮影

目的と意義

実測図では表現できない遺物の質感や量感、製作・調整技法、遺存状況等を示すために、報告書に掲載する遺物の写真撮影を行う。

作業方針と留意事項

○報告書に掲載すべき遺物で実測できないものは写真で表現する。

○遺物の形状や特徴、質感や量感、製作・調整技法が鮮明に表現されるような性能を備えた適切な器材と撮影方法を用いる。

○撮影後のネガやスライド等は必要なものについて適切に保存する。

（7）理化学的分析

目的と意義

発掘調査の成果を豊かにし、遺跡を総合的に理解するために、考古学的な手法や分析では明らかにしにくい年代測定や環境復元、材質・原産地の鑑定・同定等の分析を行う。

作業方針と留意事項

○発掘調査で得られた遺物についての理化学的分析は、すべての遺跡において必要なものではなく、遺跡を総合的に理解する上で必要な場合のみ、明確な目的をもって行うことが必要である。

○理化学的分析は、対象とする資料の考古学的な分析を十分行った上で、分析方法の有効性が確認されている方法で行うことが必要である。

（8）保存処理

目的と意義

出土したままの状態では整理等作業や保管に支障をきたすような脆弱な遺物について、保存のために科学的な処理を施す作業である。

作業方針と留意事項

○脆弱な遺物、形状が不安定な遺物、錆化が著しく本来の形状等が不明なもの等について、遺物の材質や状況に応じて、形状や質感が大きく損なわれないような適切な方法で行う。

3. 調査成果の総合的検討

目的と意義

発掘調査の成果を記録としてまとめるために、記録類と遺構の整理の工程における検討結果と遺物の整理における遺物全体

の検討結果をあわせて整理した上で、個別及び全体の遺構の時期や性格を明らかにし、報告書における事実記載の検討を行う。
作業方針と留意事項
　　〇調査員が複数の場合には、事前に記載内容について共通理解を得るために十分な意見調整を行い、客観性を保ち齟齬のないようにする。

4．報告書作成作業

（1）文章作成

目的と意義

　記録類の整理や出土遺物の整理の各工程で得られた成果と、それらを踏まえた総合的な調査成果を明快に伝えることができるよう、平易で理解しやすいものとする。

作業方針と留意事項

　　〇文章は報告書の根幹となる重要な表現方法であることを十分認識し、基本的なことや、図や写真では表現できないものについて正確にわかりやすく簡潔に記述し、必要に応じて箇条書きや一覧表の形式を採用する。用語や表現についても平易なものとするよう心がける。
　　〇図や写真は本文との関連付けによって適切に選択し、使うように配慮する。
　　〇記載内容については組織内で十分な検討を行い、客観性を確保する。

（2）トレース・版下作成

目的と意義

　報告書に掲載するために遺構や遺物の実測図をトレースし、印刷用の版下を作成する。

作業方針と留意事項

　　〇トレースの対象とする資料は、あらかじめ版下のレイアウトを行う等して、必要なものを選択する。
　　〇トレースは、報告書に掲載する必要のある遺構、遺物の実測図について、正確で理解しやすく、鮮明な出来上がりになるように適切な線号を選択して行う。
　　〇実測図に描かれているすべての情報をトレースする必要はなく、遺構や遺物の特徴を示す情報を適切に選択して表現する。
　　〇版下作成は、遺構や遺物の特徴が一目でわかるように十分配慮して、適切な位置に図を配置する。

（3）割付・編集

目的と意義

　文章と図の対照、図の配列、全体を通しての見やすさに十分に配慮して割付を行い、利用しやすいように編集を行う。
作業方針と留意事項
　　〇最終的な報告書の構成や体裁を決定する。
　　〇関係する調査員や組織内での意見調整や検討を十分に行うため、必要に応じて編集委員会等を設置し、客観性を保つ必要がある。

（4）印刷

目的と意義

　長期間の保存と資料としての活用に耐えられるよう、適切な印刷と体裁で作成する。

作業方針と留意事項

　　〇印刷方法や長期間の保存・活用に耐えられる紙質、装丁等は華美なものにならないよう適切な仕様を決め、発注する。
　　〇誤りのない正確な内容とするために十分な校正を行う。

5．保管・活用に備えた作業

目的と意義

　記録類や遺物は、確実に保管し文化財の普及・活用等の一環として積極的に公開することが必要であり、そのために必要な作業を行う。

作業方針と留意事項

　　〇記録類、整理等作業で作成した資料類や出土遺物は遺跡が所在する地方公共団体で確実に保管する。また、それらを利活用できるように適切な保管、管理のための台帳等を作成し、管理する。
　　〇収蔵した記録類、出土遺物を積極的に利活用するために、それらの効率的・効果的な取扱い方法を検討、策定して、必要な体制の整備を図る。
　　〇出土遺物は、各地方公共団体の取扱い基準に従って保管・管理する。
　　〇火災や災害等に備え、記録類や出土遺物の種類や内容によって保管・管理方法を工夫する。具体的には、『出土品の保管について』（平成15年10月、発掘調査体制等の整備充実に関する調査研究委員会）を参照する。

別紙3　発掘調査報告書の標準

1．報告書の構成と記載事項

（1）報告書の構成

○報告書は、前文・本文からなり、主に以下のような章・節で構成される。

　　前文

　　　表題、序文、例言・凡例、目次

　　本文

　　　第1章　経過

　　　　第1節　調査の経過

　　　　第2節　発掘作業の経過

　　　　第3節　整理等作業の経過

　　　第2章　遺跡の位置と環境

　　　　第1節　地理的環境

　　　　第2節　歴史的環境

　　　第3章　調査の方法と成果

　　　　第1節　調査の方法

　　　　第2節　層序

　　　　第3節　遺構

　　　　第4節　遺物

　　　第4章　理化学的分析

　　　第5章　総括

　　　報告書抄録

○上記の構成は標準的なものであり、個別の発掘調査の内容によっては、章・節の省略や統合、あるいは追加が生じることが考えられる。

○本文第3章では、遺構と遺物を別の節に分けたが、遺構とその出土遺物をまとめて一つの節とする場合も少なくない。遺跡の内容等によって適切な方法を選択することが考えられる。

（2）報告書の記載事項とその内容

（ア）前文

① 表題

○検索のための利便性を考慮し、原則として主題か副題のいずれかに遺跡名を入れる。

② 例言・凡例

○当該発掘調査についての、調査原因となった事業名、調査地住所（都道府県名を必ず記載する）、調査主体、調査期間（発掘作業及び整理等作業の期間）、報告書の執筆者及び編集者名、経費負担のあり方、記録類や出土品の保管場所等を記述する。なお、発掘・整理等作業の体制をここで記述する場合もある。

○報告書で示されている、方位や標高の表示方法、遺構・遺物実測図の縮尺等、報告書を利用する上で必要な事項を記述する。

（イ）本文

① 経過（第1章）

a）調査の経過（第1節）

○調査の原因、取扱い協議、法的手続き、試掘・確認調査の結果に基づく取扱い協議、遺構の保存協議（その経過や設計変更及び保存の内容）等の経過と内容について記述する。

・図面：開発計画図、遺構の保存措置を執った場合はその内容がわかる図等がある。

・写真：調査者手前写真等がある。また、調査地の特定ができるよう、必要であれば開発終了後の調査地風景写真も掲載する。

b）発掘作業の経過（第2節）

○全体計画、体制（主体者、担当者、作業委託の状況等）、作業の経過、現地説明会の実施状況等を記述する。

c）整理等作業の経過（第3節）

○全体計画、体制（主体者、担当者、作業委託の状況等）、作業の経過等を記述する。

○遺物の保存処理を実施した場合、その概要を記す。

② 遺跡の位置と環境（第2章）

a）地理的環境（第1節）

○調査対象遺跡を含む一定範囲について行政区分や位置、地形や自然環境等を記述する。地形に関しては、調査終了後に大

きく改変される場合があるので、特に詳細に記す。
・図面：遺跡位置図、遺跡周辺地形図等がある。
・遺跡位置図：遺跡の位置を都道府県単位の図等に示したもの。
・遺跡周辺地形図：遺跡の立地環境がわかる図で、地形図に調査対象地を示したもの。地形分類図を併用することもある。
・写真：遺跡周辺の環境がわかる遺跡遠景写真、旧地形のわかる航空写真等がある。

b）歴史的環境（第2節）
○調査対象遺跡を含む一定地域についての歴史的変遷を記述する。発掘調査の成果を理解する上で必要な時代については重点的に説明する。
・図面：地形図等に調査地周辺の遺跡の分布状況を示した遺跡分布図等がある。
・写真：歴史的環境のわかる写真等がある。

③ 調査の方法と成果（第3章）

a）調査の方法（第1節）
○試掘・確認調査の成果や既往の調査成果を示し、当該調査の実施に当たって設定された目的や課題等を記述する。
○目的や課題、問題意識に基づいた発掘作業、整理等作業の方針、実際に行った具体的な調査方法等を記述する。あわせて、発掘作業や整理等作業において特に留意した事項についても記述する。
・図面：試掘・確認調査区位置図、既往の調査区位置図、試掘・確認調査及び既往の調査成果に関する遺構・遺物実測図、発掘調査地区割図等がある。既往の調査区位置図と発掘調査地区割図は同一の図面で示してもよい。

b）層序（第2節）
○各層位については、土層名・土色・土質、遺物包含状況、さらにはその層の成因や時期、性格等について記述する。また、発掘作業において遺物を取り上げた層位と土層断面図の関係についても説明する。
○遺構面と包含層の関係や、火山灰のように広範囲にわたって確認され遺跡を理解する上で重要な鍵となる層については重点的に記述する。
・図面：土層断面実測図あるいは土層断面模式図等がある。その際、遺構面を強調したり、鍵となる重要な層については網掛けで図示する等、層序の特徴がよくわかるよう工夫する。
・写真：層序の特徴を最もよく表した断面写真等がある。

c）遺構（第3節）
○遺構の時期や検出面の数をはじめとする全体の概要、遺構種別ごとの概要を示した後、個別の遺構内容を記述する。その際、遺構の規模や形状といった客観的な成果だけでなく、遺構の検出過程や調査中に試行錯誤したこと等についても言及するよう努める。遺構名称は、遺構種別と番号で示す。
・図面：遺構全体図・遺構配置図・遺構個別図・遺物出土状況図・ドットマップ等がある。
・遺構全体図：検出した遺構のすべてを掲載した図。おおむね1／200〜1／500程度の縮尺とし、調査面積が広大な場合は1葉の図面に収まらないこともある。遺構個別図を作成しない遺構については、この図によって遺構が特定できるようにする。付図は紛失しやすく利用しにくい場合が多いので、できる限り避けることが望ましい。やむをえない場合は、図面ごとに必ず遺跡名を付ける等配慮が必要である。
・遺構配置図：主要な遺構について、検出された遺構の構成と配置を一目でわかるように模式的に示した図。
・遺構個別図：遺構の平面実測図と断面実測図で構成された図。
・遺物出土状況図：遺構から出土した遺物の状況を示した図であり、平面実測図とその断面実測図からなる。
・ドットマップ：遺物が出土した平面的位置、垂直的位置をドットによって示した図発掘作業で作成した図をすべて機械的に掲載するのではなく、遺物の分布や接合関係に意味があり、遺跡や遺構を理解する上で必要と判断されたものについて掲載する。
・写真：全体写真・遺構個別写真・遺物出土状況写真等がある。
・全体写真：調査区全体の状況を撮影した写真。斜め上方から撮影した写真と垂直写真がある。前者は遺構の配置状況だけでなく土地の起伏や遺構の深さ等遺跡の立体感を表すことができ、写真の特性が生きる場合が多い。
・個別写真：完掘した遺構の全景写真を原則とするが、必要に応じてその過程やその遺構に付属する施設の詳細を示す写真を掲載する。
・遺物出土状況写真：遺構の時期や性格等を最もよく表した写真を掲載する。遺構と遺物の関係がよくわかるものを掲載する。図はなくても写真だけで足りる場合もある。
・表：遺構の規模や形状等を掲載した一覧表。必要な遺構と項目を選択し掲載する。

d）遺物（第4節）
○遺物全体の種類や時期、おおよその出土量（コンテナ数等で示す。）等の概要を記述したのち、個別説明を行う。個別説明では分類基準を示し、全体の傾向や特徴等について言及する。実測図を掲載したものについての、選択基準を示す。
・図面：形式分類図・遺物実測図等がある。
・形式分類図：土器、石器等の形態に基づいた分類図。多量に遺物が出土し、遺物の特徴を説明する際に有効な場合に掲載する。

・遺物実測図：遺構の時期を決める遺物や遺構から出土した一括遺物等、遺構や遺物のあり方を考える上で必要と判断されたものを掲載する。その際、遺構の時期を決定する遺物、遺構出土一括遺物は器種構成やその比率等を考慮し、それぞれ必要な量を掲載する。各遺物の縮尺率はその種類ごとに統一することが望ましいが、特殊なものは大きさや特徴に即して決める。
・写真：個別写真、集合写真等がある。個別写真は遺物の質感、胎土、色調、遺存状況等の特徴を表現できる大きさにする。実測図を掲載したものすべてに個別写真を掲載する必要はなく、たとえば同種同形のものが多数出土した場合は代表的なものを選択する。
・拓本：有効性が認められるものについて掲載する。
・表：遺物観察表。遺物の種類によって掲載する必要があるものに用いる。実測図に表現された調整技法の記載は原則として不要であり、特記事項や実測図で表現できないことを中心に記載する。土器の胎土、石器の石材、木器の樹種も記載する。

④ 理化学的分析（第4章）
○分析の種類には、年代測定、自然環境の復元、土器・石器・金属器等の産地同定、石器・木器等の材質鑑定等があり、遺跡の内容に応じて実施した分析結果を掲載する。

⑤ 総括（第5章）
○発掘作業から整理等作業の過程で明らかになった遺構や遺物とそれら相互の関係を総合的に検討した上で、遺跡の構造、変遷といった発掘調査成果の基礎的な整理を行い、歴史的位置付けについても言及する。

⑥ 報告書抄録
○現在普及している様式に、発掘調査成果の要約（約500字）の項目を加えるものとする（88頁様式参照）。
○可能な限り、巻末に掲載することが望ましい。

2．記載に当たっての留意事項
（1）全体に関する留意事項
○遺構出土遺物については、遺構と別々に記述する方法と遺構ごとに出土した遺物をあわせて記述する方法がある。本標準では前者を示したが、それぞれの方法の特性や遺跡の内容により適切な方法を選択する。
○図面や写真について、既製の地形図や航空写真等を使用する場合は、原図作成（撮影）の主体者・時期・縮尺・図幅名等を明示する。
○遺構実測図には方位、標高及び縮尺を表した物差し（スケールバー）、土層断面図には標高及び縮尺を表した物差し、遺物実測図には縮尺を表した物差しを必ず表示する。
○写真は、カラーと白黒各々の特性を理解した上で使い分けて掲載する。

（2）個別の留意事項
（ア）目次
○報告書全体の構成が把握しやすいように、本文では章と節の構成を、図や写真では個別遺構名と遺構の内容を示す。
○本文と図、写真、表等の検索が容易に行えるように工夫する。

（イ）遺跡の位置と環境
○同じ遺跡ですでに報告書が刊行され、これについて詳細な記述がある場合、その報告書名を示した上で、簡潔に記述することができる。

（ウ）調査の方法と成果
① 遺構
○遺構の性格や内容に応じて記述の方法を工夫する。たとえば、竪穴住居や掘立柱建物、井戸等は遺跡を構成する主要な遺構であり、個々の内容について詳細に記述する必要がある。一方、小規模な溝や性格不明の土坑・小穴等については、必ずしも個々の内容を述べる必要はなく、全体の傾向等を記述することで足りる場合がある。
○遺物の出土状況は、遺構の年代や性格を決める重要な情報である。遺跡を理解する上で必要と判断されたものについては、遺物の出土層位とその特徴を記述し、それを踏まえて遺構の性格や年代についても言及する。

② 遺物
○遺物の個別説明をする際、図や写真をみればわかるような事項については、逐一記述して全体が冗長にならないよう、記述内容を工夫する。

（エ）理化学的分析
○報告書全体の量を考慮して、掲載する分析結果の占める割合が過度に多くならないよう、分析者とあらかじめ調整をする。

（オ）総括
○発掘作業や整理等作業を担当した調査員あるいは調査機関が、学術的な成果に基づき、考古学的手法を用いて記述する。
○遺跡を理解することに直接関わらない独立した内容の論文は掲載しない。
○総括に要する分量は写真を除いた本文（図面を含む。）のおおむね数％から10％程度とする。なお、総括を行うために出

　土資料の編年や類例の検討等の考古学的分析が必要な場合は、これに要する分量が増加することもある。

報告書抄録《記載要領》

1-1	ふりがな	書名にふりがなを付す。読みはひらがなを原則とするが、かたかなでも可。ローマ数字、括弧付き数字、丸付数字などは全て算用数字に替えて記入する。
1-2	書　名	主たる書名を記入する。できるだけ遺跡名が入った部分を書名として拾うこと。特に書名がなくシリーズ名のみの場合は、本欄にもシリーズ名を記入すること。
1-3	副書名	主たる書名以外に副題がある場合は、その副題を記入する。
1-4	巻　次	書名がシリーズ名の場合、その巻次を記入する。
1-5	シリーズ名	書名とともにシリーズ名がある場合、そのシリーズ名を記入する。
1-6	シリーズ番号	そのシリーズの巻次を記入する。
1-7	編著者名	主たる執筆者から順次記入する。
1-8	編集機関	編集機関を記入する。
1-9	所在地	編集機関の所在地と電話番号を記入する。郵便番号も記入のこと。
1-10	発行年月日	発行日を西暦で記入する。編集機関と発行機関が異なる場合には、発行年月日の前に発行機関の項目を設ける。
2-1	所収遺跡名	掲載遺跡名を記入する。必ずふりがなを付けること。
2-2	所　在　地	遺跡所在地を都道府県以下、大字程度まで記入する。ふりがなを付し、「町」や「村」もそれが「ちょう」「そん」と読むのか「まち」「むら」なのか、分かるようにふりがなを付ける。広範囲にわたる遺跡の場合、掲載調査区が属する主たる所在地名を記入する。
2-3	市町村コード	遺跡の所在する市町村を、総務省が定めた「全国地方公共団体コード」により都道府県コード＋市区町村コードの5桁で記入する。JISコードと同じ。
2-4	遺跡番号コード	市区町村別の遺跡コードを記入する。未決定の場合は、空欄とする。各市区町村内で同一コードが複数の遺跡に重複せぬよう留意すること。
2-5・6	北緯・東経	遺跡のほぼ中心と思われる位置を度分秒の単位で記入する。国土地理院2万5千分の1地形図等を利用して算出する。
2-7	調査期間	西暦を使用し全部で8桁で記入する。調査期間は実際の発掘作業期間とし、整理等作業の期間は含めない。調査が数次にわたる場合、分けて記入する。
2-8	調査面積	調査対象面積ではなく実際の発掘面積を平方メートル単位で記入する。
2-9	調査原因	発掘調査の原因を記入する。（発掘届の原因を参考）
3-2	種　別	掲載遺跡についてその種別を以下を参考にして記入する「集落・洞穴・貝塚・宮都・官衙・城館・交通・窯・田畑・製塩・製鉄・その他の生産遺跡・墓・古墳・横穴・祭祀・経塚・社寺・散布地・その他」
3-3	主な時代	各遺跡の主たる時代を記入する。細別時期・世紀が判明する場合、併記も可。
3-4	主な遺構	各遺跡で検出された主な遺構と遺構数を記入する。
3-5	主な遺物	各遺跡で検出された主な遺物について記入する。可能ならその数量も記入。
3-6	特記事項	調査成果、遺跡の性格など、特記すべき項目を記入する。
3-7	要　約	発掘調査の成果、遺跡の意義等を500字程度に要約する。

全般的注意事項

・報告書抄録は、原則として発掘調査報告書作成者が、報告書に記された遺跡・調査・内容に関する情報と書誌情報を、本様式、書式に従って抄録し、報告書中に掲載するものとする。

・抄録は報告書巻末への掲載を原則とするが、例言や凡例の後、奥付、裏表紙などの余白利用でも可とする。本文目次に抄録の掲載頁や位置を明記することが望ましい。

・所収遺跡数が多い場合は複数頁を使用する。その場合、適宜書式を変更するなど極力使用頁数の節約を図る工夫をすること。

・追加項目として「調査主体、資料の保管場所、書誌的情報（報告書頁数・版）」など独自に必要項目を加えたり、副書名やシリーズ名がない場合は不要項目を削除してもよい。ただし報告書の版サイズにかかわらず、できるだけ記載様式の統一性を維持するよう努めること。

報 告 書 抄 録 様 式

ふ り が な	
書　　　名	
副　書　名	
巻　　　次	
シ リ ー ズ 名	
シリーズ番号	
編 著 者 名	
編 集 機 関	
所　在　地	〒　　　　　　　　　　　　　　　　　　　　　　　TEL
発 行 年 月 日	西暦　　　　年　　　月　　　日

ふりがな 所収遺跡名	ふりがな 所在地	コード		北 緯 ° ′ ″	東 経 ° ′ ″	調査期間	調査面積 m²	調査原因
		市町村	遺跡番号					

所収遺跡名	種 別	主な時代	主 な 遺 構	主 な 遺 物	特 記 事 項

要　　約	

埋蔵文化財の本発掘調査に関する積算標準について（報告）

平成 12 年 9 月 28 日
埋蔵文化財発掘調査体制等の整備充実に関する調査研究委員会

はじめに

　埋蔵文化財は我が国あるいは全国各地域の歴史や文化の成り立ちを理解する上で欠くことのできない国民共有の貴重な歴史的財産であり、将来の文化の向上・発展の基礎をなすものである。したがって、開発事業との円滑な調整を図りつつ埋蔵文化財を適切に保護することは重要な行政的課題であり、これに対し適切に対応する必要がある。

　埋蔵文化財発掘調査体制等の整備充実に関する調査研究委員会（以下「委員会」という。）は、埋蔵文化財の適切な保護と開発事業との円滑な調整の推進を図る上で行政上必要とされる基本的な方向を検討することを目的として、平成6年10月に設置された。検討に当たって、各地方公共団体等における実態を踏まえ、より審議を深めるために、都道府県・市町村の教育委員会及びその関係機関の実務担当者からなる協力者会議が併せて設置されている。

　委員会でこれまで検討してきた事項については、『埋蔵文化財保護体制の整備充実について』（平成7年12月）、『出土品の取扱いについて』（平成9年2月）及び『埋蔵文化財の把握から開発事前の発掘調査に至るまでの取扱いについて』（平成10年6月）として報告したところであり、これらの報告を踏まえた文化庁の通知等により、各地方公共団体において所要の施策の実施が図られてきているところである。

　このたびの検討課題は埋蔵文化財の本発掘調査にかかる経費と期間の積算についてである。

　埋蔵文化財保護行政の推進については開発事業者をはじめとする国民の理解と協力を得ることが不可欠であり、そのためには行政の各段階における判断や措置は、客観的・合理的な標準に基づいて行われる必要がある。このことは、発掘調査に関し

て特に大きな問題となる発掘調査に要する経費と期間の積算についても同じであることから、委員会では、本発掘調査の経費と期間の積算標準の策定を中心とした課題について検討することとし、委員会を5回、協力者会議を9回開催して検討を重ねてきた。検討に当たっては、協力者会議による実務的な検討を踏まえることはもとより、各地方公共団体における実態を把握し、その分析結果をもとに適正な方法を導き出すようこころがけた。

　本委員会としては、この調査研究結果を発掘調査経費の積算標準のあり方として提言するものであり、今後、文化庁及び各地方公共団体において、これを踏まえ施策を進め、埋蔵文化財保護の推進を図るよう期待するものである。最後に、発掘調査の歩掛等の実態調査において多大な御協力をいただいた協力者及び関係地方公共団体等に感謝申し上げる。

第1章　発掘調査に関する積算標準についての現状と課題

　埋蔵文化財のうち開発事業との調整の結果、現状で保存を図ることができないものについては、発掘調査を行ってその内容を記録にとどめるものとされている。この記録保存のための発掘調査（以下「本発掘調査」という。）は、埋蔵文化財の保護上必要な行政上の措置であるとともに、通常、当該調査の原因となった開発事業者に負担を求めて行われるものであり、そのために必要な経費及び期間は、文化財行政として適切な範囲のものでなければならない。そして、本発掘調査の経費と期間を適切に算定するためには、まず、その算定に関する客観的・合理的な標準がなければならない。

　現在、本発掘調査の経費積算の標準は、全同共通のものはないが、すでに全国7地方ブロックすべてでそれぞれのブロック内に共通の内容のものが策定されている。しかし、各地方ブロックで策定された標準は、必ずしも十分に活用されていない実状も指摘されている（平成7年11月総務庁行政監察局の「芸術文化の振興に関する行政監察」）ため、その現状を把握・分析し、全国的に広く適用できる実用的で合理的な標準を策定する必要がある。

　本発掘調査は、現地の発掘作業だけではなく、出土品や記録類の整理作業とこれらの成果をまとめた報告書の作成・公刊をもって完了するものであることから、経費及び期間積算の標準はそれら一連の作業について必要であり、かつ、その検討に際しては、それらの各作業ごとに、各地方における実態を踏まえ、実用的で合理的なものとするよう努めなければならない。

1.　積算標準の現状と課題

（1）　これまでの経緯

　昭和40年、日本住宅公団と文化財保護委員会（現文化庁）との間で覚書が交わされ、公団による住宅開発に伴って必要となった発掘調査の経費の公団負担（いわゆる「原因者負担」）と負担する経費の範囲等の原則が示された。以後、この内容を基本として、日本鉄道建設公団（昭和41年）、日本国有鉄道（昭和42年）、日本道路公団（昭和42年）、建設省（昭和46年）等との間でも同様の内容が覚書等として確認され、この原則が民間事業を含めて全国的に定着していった。

　この原則に従った具体的な発掘調査経費の算出については、各地域や各地方公共団体ごとに独自の積算方法がとられていたが、大型の開発事業の展開により発掘調査が各地で急速に増加していた昭和57年に、関東甲信越静ブロック内で、事業者から、同じ内容の発掘調査であるのに都県間で発掘調査費の額に差異があるのではないかとの指摘がなされ、ブロック共通の積算標準の検討が開始された。

　文化庁では、こうした動向を背景に発掘調査経費の積算標準の必要性を認識し、開発事業に伴う発掘調査の実施等の指示を実質上都道府県が行っていること、遺跡のあり方には地域性があること等から、この標準は地方単位で共通の内容をもったものとして策定するのが適切であるとし、昭和60年12月の文化庁次長通知「埋蔵文化財の保護と発掘調査の円滑化」において、各地方ブロックごとに標準的な積算基礎を定めて算出するよう通知した。昭和61年10月には、関東甲信越静ブロックにおいて、発掘作業と整理作業の内容に応じた作業歩掛等を示した標準が策定された。これは、発掘調査の本格的な積算標準としては全国で初めてのものである。この後現在までに全国7地方ブロック（東北・北海道、関東甲信越静、東海、北陸、近畿、中・四国、九州）すべてにおいてそれぞれの区域内に共通の積算標準が策定され、一部ではこれらを基礎にした都道府県の基準も策定されて、地域や担当者間に生じがちな積算の方法とその結果の差異が解消される等の一定の成果が得られている。

　以下にこの積算標準の具体的内容とその問題点を検討する。

（2）　発掘作業についての積算標準の現状と課題

　本発掘調査における現場の発掘調査作業（以下「発掘作業」という。）に必要となる経費と期間の積算においては、個別の遺跡の内容を事前に把握することが前提となる。調査歴のない遺跡については、あらかじめ詳細な内容について把握することは困難であるが、本発掘調査の前に的確な確認調査を行うことにより、積算の前提となる遺跡の内容の概要を把握することは可能である（平成10年6月本委員会報告『埋蔵文化財の把握から開発事前の発掘調査に至るまでの取扱いについて」参照）。

　これまでの積算標準は、各地方ブロックごとに細部は異なるが、発掘作業は土を掘り上げる作業で、その中心は人力による掘削であることから、それに要する作業員の数を発掘作業量の基礎とするという基本的な考え方は共通している。この考え方に基づく積算標準の原則は、表土・包含層・遺構埋土（覆土）ごとに発掘対象の土量を算出し、それぞれに設定された作業員の歩掛（作業員1人が1日で掘ることのできる標準の土量）で除して、発掘に要する延べ作業員数を算出するというものである。発掘作業期間は、総作業量に対して1日に投入される調査員・作業員の人員編成に基づいて算出する。各工程の歩掛は各地域の実績をもとに算定されており、多様な遺跡での実例を踏まえ幅のある数値が設定されている。

　この方式は、個別の遺跡の内容や発掘作業の人員編成に応じて適用できるものであるが、次のような問題点も指摘されている。

　まず、設定されている歩掛の幅が大きい点である。歩掛の幅のうちのどの数値を選択するかによって積算の結果に大きな差

が生じることとなるが、その数値を選択した理由が明確でなければ積算が恣意的に行われているという印象を与えることになる。歩掛に幅を設けているのは、多様な遺跡の内容や調査の条件に応じて歩掛の数値が異なるからであるが、遺跡の立地、土質、時代・時期、遺構面までの深度、遺構・遺物の数量等に対応する発掘調査の作業量との具体的な相関関係については、これまでの各地域における発掘調査の実績を分析することにより整理することが可能な段階にきていると考えられる。したがって、遺跡の内容に応じて適切な歩掛の数値を選択できるよう歩掛の数値及びその条件を、実績を踏まえて定めることが適当である。

　次に、積算標準の適用対象をどのような種類の開発事業を原因とする調査としているかという点である。地方ブロックの標準は、都道府県が実施する本発掘調査で、建設省や道路公団等の公共事業を原因とするものに限定して適用することとしているものが一般的であり、市町村が実施することの多い民間の事業を原因とする本発掘調査については適用していないところが多い。積算の標準は、どのような開発事業を原因とする本発掘調査であるかを問わず広く適用できるものでなければならない。

　また、地方公共団体によっては、過去の実績をもとにした独自の基準があり、地方ブロックが策定した基準を用いていないところがある。このような独自の基準は、全国的な視野の中で客観的に位置付けられているものではなく、他の地方公共団体との対比において合理性のあるものとして理解を得ることが難しい。

　以上の点から、積算標準は、一定の内容、条件下の遺跡の調査であれば調査機関や原因者がいずれであるかを問わず一定の期間と経費が算出されるものであることが必要である。また、全国に共通して汎用できるもので、現実の多様な遺跡の内容や調査体制に対応できるものでなければならないと考えられる。

（3）整理作業等についての積算標準の現状と課題

　現在、出土品等の整理作業から報告書作成まで（以下「整理作業等」という。）に関する積算の標準を定めているところは少なく、地域や地方公共団体ごとに個別に対応している場合が多い。地方ブロックの標準においても整理作業等についての積算標準を定めている例は少ない。

　地方ブロックの積算標準における整理作業等の標準には、現状では２つの方式がある。１つの方式は、発掘調査の場合と同様、水洗・注記・実測等の各工程ごとに作業歩掛を設けて、それに要する調査員・作業員数等を算出し、それらを積み上げていく方式である。この方式の問題点は、遺物の出土量が把握できない発掘作業前や、整理の各作業ごと等の対象となる遺物を選択する基準がない場合においては積算が困難なことである。

　もう１つの方式は、整理作業等に要する期間を発掘作業に要した期間と同期間とし、遺物・遺構等の出土量や内容に応じて整理作業等に要する作業員の想定数を増減させるというものである。この方式は、整理作業等の作業量（以下「整理等作業量」という。）は発掘作業量にある程度応じて決まるものであるという考え方によるもので、整理作業等の期間は必然的に定まるが、発掘作業時の体制や必要な整理作業等の総作業量にかかわらず発掘作業の期間がそのまま整理作業等の期間とされている点で合理的ではないという問題がある。また、遺物・遺構等の内容に応じた作業員数の標準の幅がかなり大きく、その中の数値の選択が恣意的になりがちだという問題もある。

　整理作業等についての積算標準例が少ない理由としては、整理作業等について積算標準は発掘作業の積算標準と比べて難しい要素があることが考えられる。

　発掘作業の場合に比べて整理作業等についての積算標準の策定を難しくしている第１の要素は、出土遺物の種別や時代によって作業量が複雑に変動することである。発掘作業は時代や遺跡の種別が異なっても遺物を取り上げながら土を掘るという作業においては同じであり、それによって作業量は大きく変動しない。これに対して、整理作業等の対象である出土遺物は、例えば、石器と土器の違いや複雑な文様をもつ縄文土器と須恵器のように、種別や時代、種類、器種等によって実測等の作業量が変動するのが一般的である。第２の要素としては、作業の対象が一定しないことが挙げられる。発掘作業は、基本的に遺物包含層や遺構のすべてを掘るものであるのに対し、整理作業等は洗浄・注記等の作業工程を除くと、すべての遺物を対象とするのではなく報告書に掲載するものを中心に選択して作業を行うものである。そのため出土遺物全体の中から選択されるものの割合に応じて作業量が変動することになる。

　以上のことから、整理作業等の積算標準を策定するためには、前提として多種多様な作業歩掛の設定と整理対象とするものの選択基準を含むきめ細かい作業標準を定めなければならないことになる。

　報告書については、記載する必要のある事項とその量は、発掘された遺跡の内容に応じて適切なものであることが求められ、かつ印刷製本費の算出の必要性からも報告書の内容と分量についての標準が必要であるが、これらについての標準は、従来策定されている積算標準の中にも含まれている例がない。

2. 標準策定のための検討方針と改善方策

　本発掘調査の経費と期間を算定するための積算標準は、埋蔵文化財保護行政において不可欠のものである。一定の性格・立地・内容等の遺跡で一定の条件下での本発掘調査であれば、調査機関や調査の原因となった事業の種別を問わず一定の経費と期間が算定されるように、全国共通の積算標準を策定する必要がある。このような標準の策定に際しては、これまでに策定されている地方ブロックの標準を参考にすることが有効である。積算標準を策定するに当たっては、その前提として発掘作業及び整理作業等の内容に関する標準を定めておくことが必要である（第２章関係）。

　発掘作業については、発掘作業量が遺跡の立地、土質、遺物・遺構の内容等により変化するものであり、こうした多様な遺跡の内容に応じて適切な作業量を積算することができるような方法の検討が必要である。また、歩掛の数値は、現在全国で行われている実態を踏まえて適切に定めることが適当であり、実態調査を行いその結果を分析する必要がある（第３章１関係）。

　整理作業等については、現状では積算標準の事例が少なく、積算の実践の積み重ねが不足しており、発掘作業と同じ精度の標準を策定することは容易ではない。しかしながら、実際に整理作業等に関する経費の積算は必要であり、地域の実績に基づいた積み上げ方式等による積算標準がない場合において参考となる一定の目安が求められていることから、現時点における基本的な考え方を整理し、実態調査に基づいた歩掛を目安として示す必要がある（第3章2関係）。

　以上のことから、この調査研究委員会では、現在の地方ブロックの積算標準に関して指摘されている課題に対応するため、第2章以下に全国共通の積算標準を示すこととした。一方、遺跡のあり方には地域性があり、各地域の実態に即していて適用しやすい基準をつくることがより有効で合理的であることから、ここで示す積算標準を参考にして、各都道府県ごとに地域の実績を踏まえて積算基準を策定し、個別の事業に対応して活用することとすることが適当である。

第2章　本発掘調査の作業内容の標準

　埋蔵文化財包蔵地において開発事業が行われる場合の当該埋蔵文化財の保護と開発事業の調整及び埋蔵文化財の取扱いに関する総体的な仕事の流れは、事前協議、本発掘調査、記録類・出土品の収納保管となっており、その工程の概要は、別紙1に示すとおりである。この工程において開発事業者に負担を求める経費の積算が関係するのは、「本発掘調査」の部分である。

　本発掘調査は、埋蔵文化財保護の行政的手法の1つであるいわゆる記録保存の措置として、開発事業により失われる遺跡の範囲について、遺構・遺物の内容及び所在状況の記録を作成するものであるから、そのための発掘作業や整理作業等は一定の水準を保って行われ、記録には必要な事項が的確に記載されていなければならない。

　このことから、本発掘調査に要する費用について標準を策定する場合には、まず、本発掘調査を構成する各作業の内容・精度について保たれなければならない一定の水準を明らかにし、その上で、その各々の作業に要する経費の計算の方法に関する通則的な考え方あるいは一定の数値基準を定めていく必要がある。

　埋蔵文化財の本発掘調査は、現地での発掘作業と、室内における出土品や記録類の整理作業及び報告書作成からなり、それらはさらに細分化された一連の作業で構成されているので、以下、これらについての内容及び精度の標準とそれに要する経費を積算する場合の標準となる考え方や数値の標準を示すものとする。

1．発掘作業及び整理作業等の内容に関する標準

（1）発掘作業

　本発掘調査として行われる一連の作業は、調査の対象となる遺跡の種類ごとに異なるものであるから、本発掘調査として保つ必要のある一定の水準を想定し、標準を定める際にも、本来は、各種類の遺跡ごとにその検討を行う必要がある。ここでは、遺跡の種類のうち最も普遍的に存在し、そのため発掘調査の対象となる機会が最も多い集落遺跡を対象とし、これを記録保存の目的で発掘調査する場合に必要となる各段階ごとの作業を想定して、それぞれの内容と精度の標準を示すこととする。もとより、各種の遺跡のなかには、調査の内容や重点とすべき調査事項において集落遺跡を想定した標準を適用することが適切でない種類のものもある。したがって、適切な積算のためには、集落遺跡以外のいくつかの典型的な種類の遺跡の調査を想定した同様の標準を各地域において実績を踏まえて作成しておくことが望ましい。また、調査の内容や各作業の具体的な仕様については、調査や記録作成の技術等の進歩・改善に対応するよう適宜見直しを行う必要がある。

　ある程度の規模を有する集落遺跡の本発掘調査を前提として、その全工程を各作業段階ごとに示すと次のとおりである。各作業のさらに詳細な内容及び留意事項は、別紙2−1に示すとおりである。

1）事前準備

（ア）事務所設置・器材搬入等

　発掘調査を安全かつ円滑に実施するために必要な作業拠点の設置、進入路の設置、矢板工事の実施等である。

（イ）発掘前段階作業（対象地の伐採・測量基準点等設置・地形測量）

　実際に掘削作業に入る直前に行う作業である。本発掘調査を行う範囲における準備（伐採・本発掘調査前の現況の記録・調査範囲の縄張り・柵囲い等）、基準点・水準点の設営等である。利用できる既存の地形図がないときは、新たに地形測量を必要とする場合もある。

2）発掘・掘削作業

（ア）表土等掘削作業

　表土層や遺物包含層までの無遺物層を掘削する作業である。土木機械を使えない場合に人力によることもあるが、今日では、バックホー等の機械による掘削作業が一般化している。なお、進入路の確保等調査対象地の条件によっては、機械力を導入できない場合もあることから、機械力を導入するか否かは、それぞれの条件に従ってより効率的、経済的な方を選択することになる。

（イ）遺物包含層の掘削作業

　遺構の上層に形成されている遺物包含層を掘削する作業である。遺物包含層には、人為的に残された遺物が、その後の土壌作用によりおおむね原位置に近い範囲に広がって所在しているものであり、これらの遺物は、遺構内の出土遺物とともに重要な資料である。したがって、遺構面までの層序を確認しながら上層から層位ごとに掘り進め、出土遺物については、遺跡の内容や遺物の出土状況に応じて適切な地区割りを行い、その単位ごとに取り上げることを基本とし、必要な場合には厳密な出土位置を記録する。

（ウ）遺構検出作業

　遺構面に達し、竪穴住居跡や土坑等土地に掘り込まれた遺構の輪郭を確かめる作業である。これらの遺構は、遺物のように誰にでも存在がわかるというものと異なるので、この段階で調査員の目によって識別されなければ、存在が認識されないまま掘削されてしまい、後から再確認することもできなくなってしまうから、注意を要する重要な段階である。

　遺構面の精査による遺構検出作業によって、遺構の分布状況を把握するとともに、その平面形態・配置・重複関係・埋土（覆土）の状況から、柱穴や土坑等個々の遺構の性格、形成順序や帰属時期を推定し、次の段階で各遺構を発掘していく方法や順序の計画を立てる必要がある。この段階で簡略な遺構配置図を作成しておくことが望ましい。

（エ）遺構掘削作業

　平面として所在を確認した各遺構内部の土を掘り下げていく作業である。遺物の出土状況を含めて遺構内の埋土中に、その遺構の性格や形成時期、使用期間あるいは廃棄されて埋没する過程までの様々な情報が含まれており、そこから情報を引き出すこの作業は本発掘作業のなかで根幹となるものである。遺構掘削作業の具体的な方法については、普遍的な遺構として竪穴住居跡を例に示した（別紙2-2(1)）。

　通常の発掘のほか、整地層等や石敷面等何らかの人為的な面の下層の掘り下げや、断ち割りによる現在の掘り下げ面の妥当性の確認、葺石や石組み溝等の遺構についての構造や構築順序等の確認、盛土遺構の掘り下げ等、必要な補足調査を行う。

　遺構中に含まれる遺物については、性格を判断しながら、それに応じた記録を採って取り上げ、必要に応じて花粉分析等のための土壌サンプルの採取等も行う。

（オ）図面作成・写真撮影作業

　各遺構の掘り下げにより同じ遺構面にある一定単位の遺構群が検出された段階で行われる図面と写真撮影による記録作業であり、記録保存措置として重要な工程である。図面は、統一した縮尺による遺構群全体の平面図とともに、人為的に置かれた遺物等の出土状況を示す詳細図、構造物の立面図等、遺構の特質に応じて記録として必要なものを作成する。写真も遺跡及び調査区に応じた撮影計画をたて、主要な個々の遺構、遺物の出土状況とともに、一定単位の区画ごとの、あるいは全景の写真撮影等が必要である。具体的な記録すべき内容とその成果品については、別紙2-2(2)に竪穴住居跡を例に示した。

（カ）埋め戻し・現地撤収

　図面作成・写真撮影が終了した段階で、必要な場合は埋め戻しを行い、現地での一連の作業が完了すると、発掘器材の搬出や設営した設備の撤去、出土遺物や記録類等の搬出を行い、事業者側に現場の引き渡しを行う。

（2）整理作業等

1）記録類と出土品の整理作業（別紙3（1）、（2））

（ア）記録類の整理

　発掘調査後すみやかに図面・写真・調査日誌その他メモ類等の記録類の整理を行う必要がある。これらは現地作業中に点検し必要な注記や所見を整理しておく必要があることは言うまでもないが、調査終了後、まだ調査所見が明確に記憶されている段階で、これら一次資料についての総括的な点検を行い記録として整理、完成させておく。

　以上の作業を行った上で遺構の図面や写真をもとに、各遺構ごとの基礎データを整理しておく。必要に応じて遺構の台帳を作成するとともに、集合図の作成あるいは各図面相互の整合性の確認等を行う。

（イ）出土品の整理（洗浄・注記・接合）

　出土品は、出土位置・層位・遺構番号・出土年月日等を記入したラベルが付され、取り上げた単位ごとに袋詰めされている。こうした出土位置等の情報は出土品を評価する上で欠くことのできないものであり、水洗等を行った上で、出土品に直接必要事項を記入する。この段階で出土品の全体に目を通し、その概要を把握しておき、遺物の種類や出土地点等による分別等を行い、本格的な出土品整理を実施しやすいように工夫しておくことが望ましい。

　以下、①出土品の接合・復元、②必要なものの保存処理等、③土器の胎土分析や年代測定等各種の分析・鑑定のための試料採取及び分析等の作業が必要となる。

　以上の作業を行った上で、上記（ア）で整理された記録類とともに、遺構・遺物の写真・図面の体系的な整理を行い、発掘調査した遺跡の記録を将来にわたり保存し、活用できるように収納し、保管する。

2）報告書作成作業（別紙3（3））

（ア）調査結果の評価・対象遺跡の意味づけの検討

　ここまでの段階で資料化され検討を加えられた遺構と出土品のデータ、理化学的分析の結果等を総合的に検討し、発掘調査報告書に掲載するか否か、掲載する場合の程度等を検討する。そして遺構の時期判断、同一時期の遺構の抽出、当該の遺跡がたどった歴史的変遷を明らかにし調査における成果をまとめる。

（イ）出土品の図化・写真撮影

　接合作業等が終わった出土品の分類を行うとともに、個々の資料に応じた図面や写真等の必要性を判断した上で、実測による図化・製図（トレース）や写真撮影を行う。さらに、整理された遺構等の記録類をもとに、出土した遺物の分析・検討を行う。

（ウ）報告書作成（原稿執筆・遺構・遺物の写真・図面の版下作成．報告書の体裁の調整）

　発掘成果を報告書にとりまとめる作業である。文章の執筆、挿図・図版等の製図、版組みを行う。報告書の割付を行い、最終的に文字原稿・図原稿を整えて印刷に入る。全体としては簡潔に記述し、特筆できる成果のあったものは詳述する等の

工夫をして、発掘調査で明らかになった事柄の要点を整理しまとめる。

2. 経費積算の標準と積算の実施

　以上が、集落遺跡を想定した場合の本発掘調査として行うべき典型的な作業工程である。各作業工程において必要となる人員、施設、器材等については、別紙4に示すとおり多様なものがある。具体的な本発掘調査に関して積算する際には、上記のうちから当該の本発掘調査に必要となる作業項目や施設、器材等を抽出し、それぞれに適した費目（別紙5参照）を選択することとなる。このうち積算の基礎であり経費としても主要な部分となるのは作業員に係る経費であり、その積算標準は第3章において示すこととする。

　本発掘調査費の内容は、調査に要する直接的な費用である調査費が最も基本となるものである。この他に発掘調査を指揮監督する調査員の人件費が必要となる。また、発掘調査を実施する調査組織の運営・管理等を行うための事務的経費も必要となる。したがって、調査経費の組立は、別紙5に示すように調査経費と事務的経費とに分け、調査経費については調査費と調査員人件費とに分けるのが適当である。

　調査経費の積算に用いられる各種の単価においては、地方公共団体や建設省等で定めている各種の基準や地域の実績を踏まえて基準を定めることとし、現場事務所の設置仕様等については、発掘現場の環境・期間や地域の実績に応じた基準を定めることが望ましい。

　なお、埋蔵文化財の活用のための展示等に関する費用や研究紀要、広報冊子等の刊行などは、原則として別途措置すべきものである。

第3章　本発掘調査費の積算標準

　本発掘調査に要する経費は、本発掘調査に要する作業量の多寡によるが、これは発掘対象となる土の量のほかに、その遺跡の遺構面の数や遺構・遺物の量や内容等によって変動する。したがって経費の積算上もっとも大きな課題は、発掘作業から整理作業及び報告書作成までの作業量をいかに遺跡のもつ内容に即して適正に見積もることができるかという点にある。

　この作業は発掘作業・整理作業等とともに機械化が可能な分野もあるが基本的には人手によるものであるので、その作業量は延べ調査員数と延べ作業員数と言い換えることができる。これが本発掘調査経費を積算する際の基本となる。

　本章では、発掘作業と整理作業等に分けて、作業員が行う作業量を客観的に算出するための基本的な考え方と方法を示す。

1. 発掘作業の積算標準

(1) 作業量算出方法の基本的な考え方

　発掘作業において作業員が行う作業には、①発掘、②記録（測量、写真撮影）、③その他（諸作業）がある。これらのうち作業量の基礎になるのが①である。

　①の発掘作業員による人力発掘作業に係る作業量については、土を掘削するという性格から、発掘対象となる土量を、作業員の「歩掛」の数値で除すことにより算出する方法が合理的である。これは、建設省作成の「土木工事標準歩掛」における「人力土工」の場合の積算方法と同じであり、全国7地方ブロックで作成されている積算基準も基本的にはこの方式によっている。

　しかし、遺跡の人力発掘作業は遺構や遺物に注意しながら掘り進める必要があるので、単調な掘削作業である土木工事における「人力土工」の作業とは異なり、遺跡の内容によって作業能率は変動する。したがって、歩掛の数値を単純な定数とすることは不適当であり、遺跡の内容に応じた適切な数値を設定する必要がある。

　そのためには、標準となる歩掛（標準歩掛）を定めるとともに、歩掛に影響を及ぼす要素を補正項目として設定し、その補正項目の内容、程度に応じた補正係数を定めることが必要である。その上で各遺跡の内容に応じて各項目ごとに補正を行い、当該遺跡での歩掛を決定する方式とすることが合理的である。計算式を示すと次のとおりである。

　　延べ人力発掘作業員数［人・日］＝発掘対象土量［立方メートル］÷（標準歩掛×補正係数）［立方メートル／人・日］

(2) 標準歩掛設定の区分

　人力発掘作業においては、①表土等の掘削（以下「表土掘削」という。）、②遺物包含層の掘削（以下「包含層掘削」という。）、③遺構検出、④遺構埋土の掘削（以下「遺構掘削」という。）の4工程がある。それぞれ、①基本的に遺物に注意する必要のない表土及び無遺物層の掘削、②遺物を取り上げながら、かつ、土層の変化に注意しながら進める遺物包含層の掘削、③遺構面を精査し掘り込まれた遺構等を探す遺構検出、④検出した遺構内部を土層や遺物に留意しながら慎重に掘り進める遺構埋土（覆土）の掘削というように、内容の異なる作業であることから、各工程ごとに標準歩掛を設定する必要がある。

　標準歩掛の設定に当たっては、遺跡の立地ごとに数値を定める必要がある。例えば、平坦な地形であっても、低湿地においては、堆積作用が大きく遺構面が深い上に地下水位が高くて常時排水を必要とする場合が多く、そうではない平地に比べて発掘作業の能率がかなり下がる。一方、台地上の場合は湧水のない平坦な地形であり調査を遂行する上での制約は少なく、また遺構面が浅ければ作業の能率は一層高くなる。このように、遺跡の立地は作業の能率すなわち歩掛に大きな影響を与えるものであり、また、その差は徐々に変化する性質のものではないため、係数により補正を加える要素として扱うことは適当ではない。そこで、遺跡の立地を台地・平地・低湿地・丘陵等と区分し、それぞれに標準歩掛を設定する必要がある。

(3) 補正項目とすべき要素

　人力発掘作業の歩掛に影響を及ぼすと考えられる要素には次のようなものがある。

《全体に関係する要素》
　（ア）調査条件　調査面積が小さい場合や調査区の形状が狭長である等の場合、市街地内である等周辺の環境による制約がある場合、排土条件が悪い場合、真夏の猛暑時期や梅雨期等季節・気候の条件が悪い場合は、歩掛が下がると考えられる。

《各作業工程ごとに関係する要素》
　（イ）土質　砂質土や粘質土等の土の性質、礫等の混入や含水の程度や硬さ等の、掘削対象の土質は、包含層掘削や遺構掘削の工程の歩掛に影響を及ぼすと考えられる。
　（ウ）遺物の内容（質・量）　遺物の種類や多寡あるいは保存状態等は、包含層掘削や遺構掘削の工程において歩掛に影響を及ぼすと考えられる。
　（エ）遺構密度　遺構検出に当たっては、遺構密度の程度が、直接的に歩掛に影響を及ぼすと考えられる。
　（オ）遺構識別難易度　遺構検出に当たっては、遺構の密度とは別に、遺構検出面が自然面か人為的な面であるか等の遺構埋土と遺構周囲の土壌との識別の難易度が歩掛に影響を及ぼすと考えられる。また、遺構が重複している場合についても、切り合い関係の判断が必要となるため、遺構検出の工程の歩掛に影響を及ぼすと考えられる。
　（カ）遺構の内容（質・量）　遺構埋土の掘削に当たっては、遺構の種類や数、重複の程度、石敷その他の構造物の有無等、遺構の内容が歩掛に影響を及ぼすと考えられる。

（4）標準歩掛と補正係数の実態調査とその設定数値

　標準歩掛と補正係数を設定する場合、その数値は実際に行われている本発掘調査の実績を踏まえて定めるのが最も適切であると考えられるので、全国の地方公共団体等が行う本発掘調査を対象として実態調査を行った。実態調査は、まず平成10年度に全国の地方公共団体等がおおむね過去5年間に実施した調査事例を対象にして行い、立地や土質・遺物・遺構等の遺跡の条件等についての全体の傾向を把握した。その上で、個別の遺跡の内容に応じた歩掛の実態を詳細に把握することを目的として、標準歩掛と補正項目と係数を適切に設定できるように、あらかじめ調査条件を設定して、平成11年度上半期に全国の地方公共団体等が行った発掘調査について実態調査を行い、193件の事例を集成した。これらのデータをもとにして標準歩掛の数値と補正項目及びその係数について分析を行った（参考資料Ⅲ－1）。

　ここで示す標準歩掛は、遺物の取上げや排土作業及び朝夕のシート掛けや準備・片づけ等、通常の発掘作業に付帯するものを含めた作業量としての数値であり、歩掛算定の単位となる発掘作業員は、土木建設作業における普通作業員ではなく、通常発掘作業に従事している臨時雇用等の作業員である。また、1日の実働作業時間を昼休みの時間を除いた6.5時間としている。

　以上のことを前提に、実態調査結果の検討により、各作業工程ごとの標準歩掛（単位:立方メートル／人・日、以下「立方メートル」とする。）と補正係数の数値を以下のように定めることができる。なお、表土掘削の工程及び丘陵・低湿地の立地条件における場合については、十分なデータが得られなかったので、ここでは標準歩掛と補正係数は設定できなかった。

　なお、実態調査の対象としたのは所在数が最も多い集落遺跡である。平成10年度に実施された全国の発掘調査の届出等により調査対象となった遺跡の種別をみると、集落遺跡とその可能性が高い遺物散布地を合わせると全体の約7割に及ぶ。また、集落遺跡と同じく土坑等の掘り込まれた遺構を主体とする城館跡や官衙跡等遺構の内容が集落遺跡と類似している遺跡を加えると、ここで示す集落遺跡の調査実績に基づいた標準は全国の8割程度の調査に適用できると考えられる。

標準歩掛と補正係数
　（ア）包含層掘削
　　遺物包含層は遺構面上に形成された土層であり、そのあり方には、遺物の出土量が比較的希薄で大型の用具（スコップやクワ等）で掘削できる場合と多数の遺物が包含されており小型の用具（移植ゴテや小型グワ等）で丁寧に掘削しなければならない場合とに分けられる（前者を「包含層掘削Ⅰ」、後者を「包含層掘削Ⅱ」と区別することとする。）。包含層掘削Ⅰの標準歩掛は、台地の場合は0.9立方メートル、平地の場合は0.8立方メートル、包含層掘削Ⅱの標準歩掛は、台地の場合は0.7立方メートル、平地の場合は0.5立方メートルとするのが適当である。

　　補正項目としては土質と遺物の内容の2つの要素が関係する。包含層掘削Ⅰの補正係数は、土質が通常のものに比べて堅い等で作業が進めにくい場合のみ0.8から0.9、遺物の内容が多量・複雑等で作業が進めにくい場合は0.9、少量・単純等で作業が進めやすい場合は1.1とするのが適当である。包含層掘削Ⅱの補正係数は、土質により作業が進めにくい場合は0.9、土質により作業が進めやすい場合は1.1、遺物の内容が多量.複雑等で作業が進めにくい場合のみ0.7から0.9の範囲とするのが適当である。

　（イ）遺構検出
　　遺構検出は遺構面において数センチメートル程度の厚さを削る作業である。その対象となる土量は少なく、作業員による掘削作業そのものよりも、調査員が遺構を注意深く識別する作業に多くの労力を費やすものであり、土壌条件による遺構の識別の難易度が大きく影響する。

　　標準歩掛は台地の場合は0.7立方メートル、平地の場合は0.5立方メートルとするのが適当である。

　　補正項目としては、遺構密度と遺構識別難易度の2つの要素が関係する。補正係数は、遺構密度が濃密の場合のみその程度により0.7から0.9の範囲とし、遺構識別難易度において、難しい場合はその程度により0.6から0.9の範囲、容易な場合はその程度により1.1から1.4の範囲とするのが適当である。

（ウ）遺構掘削

　標準歩掛は台地、平地いずれの場合とも 0.4 立方メートルとするのが適当である。この数値は、竪穴住居跡や掘立柱建物跡あるいは土坑等の一般的な遺構を想定したものであり、大溝等の体積が大きな遺構で遺物が少ない場合については、その内容に応じて包含層掘削 1 の歩掛を当てる等の対応も考えられる。逆に小規模な土坑が主体の場合は土量に比べて手間がかかることを考慮する必要がある。

　補正項目としては、土質、遺構の内容、遺物の内容の 3 つの要素が関係する。補正係数は、土質により作業が進めにくい場合は 0.9、土質により作業が進めやすい場合は 1.1、遺構の内容が多量・複雑等で作業が進めにくい場合はその程度により 0.8 から 0.9、少量・単純等で作業が進めやすい場合はその程度により 1.1 から 1.2、遺物の内容が多量・複雑等で作業が進めにくい場合は 0.9、少量・単純等で作業が進めやすい場合は 1.1 とするのが適当である。

（エ）全工程に関係する補正項目

　全工程に関係する補正項目として、調査条件がある。これについては不良の場合のみ影響がみられ、補正係数は 0.9 とするのが適当である。

（5）記録作成作業と諸作業の作業量算出

　記録作成作業には、測量（遺構実測）と写真撮影作業がある。

　測量は、写真測量もかなり普及しているが、ここでは人手による測量を行う場合とする。また、主に調査員及び調査補助員が行う場合と主に発掘作業員が行う場合とがあるが、ここでは主に発掘作業員が行う場合とする。写真撮影作業は、写真撮影に伴う遺構や調査区内の清掃作業や足場設営等、作業員が行う作業である。

　これら記録作成の作業量は、検出し掘り上げた遺構の数量等に即して積み上げて算出することも考えられるが、遺構の内容やあり方はきわめて多様であり、算出方式を単純化して合理的に定めることはかなり困難である。実際には、検出される遺構の内容に応じて、遺構掘削に要する作業量が増減し、これに応じて記録作成の作業量も変動することから、両者の作業量は相関すると考えられる。したがって、記録作成の作業量は、遺構検出及び遺構掘削の作業量に一定の比率を乗じて算出するのが適当である。

　実態調査によれば、測量に要する作業員数は発掘に要する作業員数の 40％までの事例が多く、平均値は 17％となっている。一般的な場合は発掘作業員数の 10 〜 15％程度が適当であり、遺構の内容によっては発掘作業員数の 20 〜 40％となる場合を考慮しておくことが必要である。写真撮影に要する作業員数は、発掘に要する作業員数のほぼ 5 〜 25％であり、平均は 21％となっている。一般的な場合は 10 〜 15％程度が適当である。なお、包含層掘削のうち包含層掘削 II を適用する作業においては遺物の出土状況等の記録作成が必要となる場合があり、これについても記録作業の対象とする必要がある。

　諸作業は、人力掘削作業と記録作成作業のほかに、発掘の準備作業や撤収作業、雨後の排水作業、現場管理に関わる足場や囲柵の設置等の労務作業等、発掘調査において必要となる様々な作業すべてを含むものである。このような作業は、発掘作業を遂行する上で生じる付帯的な作業という性格をもつので、想定される作業を積み上げる方法よりも、作業員による人力発掘作業と記録作成作業を合わせた作業量（作業員数）に、一定の比率を掛けて作業量を算出する方法が適当である。

　実態調査によれば、諸作業の作業員数は人力発掘作業と記録作成作業の作業員数のほぼ 30％以内であり、そのうちの大半は 10％までで、平均は 17％となっている。したがって、一般的な場合は人力発掘作業と記録作業に要した作業員数の合計の 5 〜 10％程度とすることが適当である。

（6）延べ調査員数と発掘作業期間の算出

　延べ調査員数と発掘作業期間は、本発掘調査の規模や諸条件に応じて必要とされる作業量から調査員と作業員の人員編成を想定し、それを基礎として算出される。

　本発掘調査を適切に実施するためには、大量の作業員を投入すればよいというものではなく、適切な数の作業員が調査員の指揮監督のもとに誤りなく掘り進めることが必要である。また、調査員は発掘現場の安全管理にも注意を払う必要があることから、1 人の調査員が指揮監督できる作業員数には自ずから限界がある。実態調査によれば、この作業員数は 10 人程度の場合がもっとも多いが、6 人から 20 人の場合もあり、平均は 12.5 人となっている。したがって、一般的には 10 人から 15 人程度を標準とすることが適当である。実際には、発掘面積が小さく、少ない作業員しか投入できない場合があり、逆に調査補助員が雇用できる場合や作業員の熟練度が高い場合は、より多くの作業員を指揮監督することが可能となる。ただしその場合においても、多くても 20 人程度と考えられる。

（7）都道府県における積算基準の設定と留意事項

　各都道府県においては、以上に示したような積算標準の基本的な考え方、集落遺跡の場合として示した標準歩掛と補正項目及びその係数をもとに、必要な事項を定め、具体的な積算基準を作成する必要がある。その場合、市町村を含めた地域の実績を踏まえた上で、次のような点について留意する必要がある。

（ア）台地、平地以外の遺跡の標準歩掛等の設定

　実態調査では、丘陵・低湿地の場合の標準歩掛を定めるのに十分なデータが得られなかったため、これらについては具体的な数値を示すことができなかった。したがって、これについては各地域の実態や経験によって具体的な数値を設定するとともに、その他の立地の遺跡についても、地域における実績を踏まえて定めることが必要である。

（イ）表土掘削

　表土・無遺物層等の掘削は機械によることあるいは人力と機械を併用することが一般化しているため、実態調査によって人力のみによる場合の標準歩掛を定めることができなかった。これについては、各都道府県で地域の実績を踏まえるか、あるいは建設省作成の「土木工事標準歩掛」の「人力土工」の数値を参考にして、遺跡の発掘調査における条件、例えば一般の発掘作業員が行うこと、樹木の根等の障害があること、調査区の壁削りその他の作業を伴うこと等を考慮して定めることが適当である。

　また、機械を使用する掘削作業については、「土木工事標準歩掛」の「床掘」の数値を参考にして、調査員の立会のもとでの掘削を行う必要のある土層の下部においては特に注意を払いながら作業を行わなければならないことを考慮する必要がある。

（ウ）補正の項目と係数

　補正項目となる各要素については、前記（4）において示した係数の幅の範囲内において、適切な段階を設定しそれぞれの段階の係数を定める必要がある。段階の設定においては定量的な指標、一定の考え方や目安を明確にし、可能な限り客観性のあるものとしておくことが適当である。その際、地域の特質に応じて、不要な項目を除外したり、複数の項目をまとめる等、補正項目の取捨選択を行うことも考えられる。

（エ）記録作成作業と諸作業の歩掛

　記録作成作業と諸作業について、ここで示した数値を参考に、それぞれの地域における実態を踏まえて定める必要がある。その際、遺構の種類ごとの歩掛を設定し、それぞれを積み上げる方式をとることも考えられる。また、諸作業についても作業量が特定できる作業については、積み上げ方式とすることも考えられる。

（オ）特殊な遺跡の歩掛設定

　前記（4）において示した標準歩掛は集落遺跡を対象としたが、その他の遺跡でも掘り込まれた遺構を主体とする遺跡についてはこの標準を適用できると考えられる。集落遺跡以外の、旧石器時代の遺跡、貝塚、古墳、窯跡や製鉄遺跡等については、当面、各地域における実績に応じて標準歩掛等を定める必要がある。これらの遺跡も特殊な要素はあるものの調査工程は基本的に同じであるから、実績を踏まえた補正係数を設定する等の工夫により、この標準を活用することは可能と考えられる。

（カ）遺構検出の作業工程の取扱い

　遺構検出については、包含層掘削によってほぼ遺構が判別できる場合や、遺構検出と遺構掘削を一体として実施する場合もある。したがって、この工程を独立させるか包含層掘削あるいは遺構掘削に含めるかは、各地域の実態に応じて定めることが適当である。

（キ）面積を単位とする歩掛

　既存の地方ブロックの標準のなかには、遺構検出と遺構掘削については面積を単位とする歩掛を設定しているものもある。しかし、遺構の種別や深さ等の多様なあり方を考慮せずに、遺構面積から単純に作業量を求めることは適切ではなく、原則は土量によるべきである。掘り上げる必要のある土量はあらかじめ算定することが困難な点もあるが、遺構の種類をおおまかに分類し、それぞれの平均的な深さから土量を算出し、合算して総土量を見積もることができると考えられる。

　ただし、遺構のあり方が比較的均質で平均的な深さが設定できる場合は、遺構検出と遺構掘削について土量から換算した上で面積を単位とする歩掛とすることも考えられる。

（ク）遺構掘削の積み上げ方式

　遺構掘削について、遺構の種類ごとの歩掛を設定し、それぞれ作業員数を積み上げる方式も考えられる。ただし、遺構の分類や設定された歩掛を客観性のあるものにしておく必要がある。

（ケ）記録作成作業における作業量の調整

　写真測量を実施する場合は、それについて人力作業量から除く必要があり、断面図等人手の測量によらざるをえない作業の量を定める必要がある。また、測量を調査員や調査補助員によって実施する場合は、それに応じた算定を行う必要がある。

2．整理作業等の積算標準

　報告書作成を含む整理作業等の積算方法としては、主として各作業工程ごとに作業量を積み上げる方式と、発掘作業の期間又は作業員数を基礎として整理作業等の期間・作業員数を算出する方法がある。前者の方式については、第1章で述べたように幾つかの問題点があって、この方式による積算標準を策定することは容易ではないことから、ここでは後者の方式に即し、その標準を示すこととする。

　ただ、従来この方式で整理作業等の積算を実際に行っている地域が少ないこと、また整理作業等に関する積算標準自体が、発掘作業の積算標準に比べて実績の積み重ねが不足していることから、今回示す数値は整理作業等に要する総作業量の、当面の目安として適用するのが適当である。

（1）作業量算出方法の基本的な考え方

　整理作業等の大部分は調査員・作業員が直接行う作業であり、その作業量は整理作業等に従事する調査員・作業員の延べ人数によって示すことができる。したがって整理作業等の積算を行うためには、遺跡の内容に応じた適切な調査員・作業員の延べ人数を算出することが必要となる。

　整理等作業量は、その作業内容からみて一般的に出土した遺構・遺物の数量や内容によって大きく変動するものであり、遺

構・遺物の数量が増加すれば整理等作業量はそれに応じて増加する傾向がある。遺構・遺物の数量や内容は、発掘作業における作業員等の延べ人数に反映されることから、発掘作業量と整理等作業量は一定の相関関係にあると考えられる。したがって、整理作業等に要する作業員・調査員数を算出する方法としては、発掘作業に要する作業員数・調査員数を基礎として一定の比率を乗ずる方法が適当と考えられる。

　発掘作業の場合、作業のほとんどは作業員が実施し、調査員は作業員の指揮監督が主たる業務となる。これに対し、整理作業等では、作業員が行う作業も多いが、報告すべき遺物を選択すること、出土遺物や遺構の検討を行うこと、発掘調査の成果について記述すること等、作業員に委ねることのできない作業がある。また出土遺物の実測については、一定の専門的な知識・技術が必要であることから、他の作業工程にも増して調査員の頻繁な指示とともに入念な成果品の点検を行う必要がある。このように、整理作業等においては、調査員は作業員の指揮監督だけではなく自ら行う作業が一定量を占めていることから、発掘作業の場合のように作業員の延べ人数だけを算出するだけではなく、調査員についても必要な延べ人数を算出することが必要である。

　また、室内で行う整理作業等は現地での発掘作業とは作業の内容が異なり、別の観点から補正が必要となる場合があることから、平均的な場合の歩掛（標準歩掛）を設定するとともに、整理作業等の段階で生じる特有の要素を補正項目とし、それぞれに適正な補正係数を定め、個別の遺跡の整理作業等に関する調査員と作業員の歩掛を算出することが適当である。計算式を示すと次のとおりである。

　　　延べ整理作業員数［人・日］＝延べ発掘作業員数［人・日］×（標準歩掛×補正係数）
　　　延べ整理調査員数［人・日］＝延べ発掘調査員数［人・日］×（標準歩掛×補正係数）

（2）標準歩掛と補正係数の実態調査とその設定数値

　標準歩掛と補正係数は、整理作業等の実態を踏まえたものであることが適当であることから、地方公共団体等が主体となり平成5年度以降に報告書が公刊された発掘調査事例103件を対象にして、発掘作業及び整理作業等に要した調査員・作業員の延べ人数、遺跡の内容や発掘作業の条件等について、実態調査を実施した。

　実態調査により発掘作業と整理作業等に要した延べ調査員数と延べ作業員数についてそれぞれ検討した結果（参考資料Ⅲ－2）、整理作業等に要する延べ人数の標準歩掛は、発掘作業に対して、作業員は0.4、調査員は0.7とするのが適当と考えられる。

　整理作業等において考慮すべき補正項目とその係数は、以下のものが考えられる。

（ア）発掘作業期間

　実態調査によると、発掘作業の期間（実働日数）が60日以下の短い事例においては整理作業等に要する調査員数の比率が高くなる傾向がある。小規模な調査であっても報告書作成のためには一連の作業工程に沿って調査員が行うべき一定の作業量があり、その部分は発掘調査の規模に応じて減らないことによると考えられる。

　発掘作業期間についての調査員の補正係数は、60日以下31日以上の場合は最大1.5までの範囲、30日以下の場合は最大2.5までの範囲とするのが適当である。

（イ）遺物の出土密度

　実態調査によると、遺物の密度が標準的と考えられる事例（1000立方メートル当たりの出土量が5～30箱）に対して遺物密度の低い事例においては、整理作業等に要する作業員数の比率が低くなり、遺物密度の高い事例はその比率が高くなる傾向が認められた。出土遺物に関する実測・トレース等は整理作業等の中でも最も時間がかかる作業であるため、遺物の出土量が発掘作業に影響する以上に整理作業等を行う作業員数に影響を与えていることによると考えられる。

　出土遺物の密度についての作業員の補正係数は、遺物密度の低い場合（1000立方メートル当たり5箱以下）は最小0.5までの範囲、遺物密度の高い場合（1000立方メートル当たり30箱以上）は最大2.0までの範囲とするのが適当である。

（ウ）出土遺物の内容

　一般的に、遺物量が増加すればそれに応じて整理等作業量は増加する。しかし遺物の種別・内容によっては、実測等に要する時間等が変わりその作業量が変動する場合がある。また、遺物量全体の中で図化し記録に残すものをどれだけ抽出するかは、出土量や遺物のもつ様々な質的な要素により、各地域において差が生じるものと考えられる。例えば、少量でも歴史的意義が高いものは小破片であっても図化する場合があり、逆に同型・同質の遺物が多量に出土する場合においてはその一部分のみを図化をすることもある。こうした点から出土遺物に関しては、その量だけではなく、それぞれの地域における出土遺物の特性を考慮した補正を行う必要がある。

（エ）発掘作業との人員編成比

　ここに示す整理作業等の標準歩掛は、発掘作業における調査員1名が指揮監督する作業員数が10人前後で実施した場合のデータから導いたものである。しかし大規模な調査や調査補助員が投入される場合等においては、これより多くの作業員を監督することがあり、発掘作業量に対する調査員数の割合が相対的に少なくなる。延べ調査員数を算出する標準歩掛は発掘作業の延べ調査員数を基礎にしているため、このような場合には必要な整理等作業量に応じた適切な調査員数が算出されない場合があることから、発掘作業における調査員と作業員の人員編成に応じた整理作業調査員数の適切な補正を行う必要がある。

（オ）整理作業等の作業分担

　整理作業等の標準歩掛は、実測・トレースの作業を基本的に作業員が行う場合を前提として算出していることから、これらの作業を調査員が行う場合においては、それに応じた一定の補正が必要となる。

（3）整理作業等期間の算出

　整理作業等に要する期間は、上記の方法により求めた調査員及び作業員の延べ人数に対して、調査員と作業員の1日当たりの人員編成により、所用日数はそれぞれ別に算出されることになる。しかし整理作業等における1日当たりの人員編成は、洗浄や注記あるいは接合等の作業のように、ほとんどが作業員が直接行う工程や、これとは逆に報告書の執筆のように調査員のみが行う工程があることから、全期間を通じて同じ人員編成をとることは適当ではない。この点は発掘作業のような1日当たりの人員編成が決まれば自ずと期間が算出されるのとは異なっている。

　したがって、整理作業等の期間は、算出された整理作業等の全体の作業量に対して、各工程において作業が効率よく進行するような調査員と作業員の人員編成に基づいて、整理作業等の期間が決定されることとなる。なお、調査員が整理作業等に専従できない場合や、実測等の作業を行うことができる一定の技能をもった作業員が確保できない場合には、さらに整理作業等の期間が延びることが考えられるので、期間の算出に当たってはこれらの条件を考慮する必要がある。

（4）報告書分量の目安

　発掘調査報告書は、発掘調査によって検出された遺構や遺物の内容に応じて必要な情報が過不足なく記載されていなければならないことから、その分量は各遺跡の規模・内容に応じて定まるものと考えられる。報告書の分量を左右するのは掲載される実測図・写真等の量とそれに伴う記載事項の分量であり、それは整理作業等の作業量とおおむね相関関係にあると考えられる。整理作業等のうち報告書作成の作業については特に調査員が関与する部分が多いことから、報告書の分量は調査員の作業量を表す延べ調査員数とある程度相関するものと考えられる。

　実態調査によれば、整理作業等に従事した調査員の延べ人数と報告書の分量を比較すると、調査員1名が1日当たりの報告書作成の分量は1.0頁を中心に0.6〜1.4頁（A4判）の事例が多い。個別の遺跡の分量の算定に当たってはこの数値を参考にして、その内容に応じた過不足ない分量とするのが適当である。

（5）都道府県における積算基準の設定と留意事項

　各都道府県においては、以上に示した標準をもとにして、それぞれの地域における実績を踏まえて具体的な積算基準を作成することが望ましい。

　補正係数のうちの発掘作業期間と出土遺物の密度の要素は、前記（2）に示した標準歩掛と補正係数を参考にして、各地域で適切な補正係数を定めることが適当である。また、出土遺物の内容、発掘作業との人員構成比、整理作業等の作業分担等の要素については、各地域の実績を踏まえて補正係数とその具体的な条件を定めることが適当である。報告書の分量の目安についても、ここで示した数値を参考として、各地域の実績を踏まえて具体的なものを定めておくことが望ましい。

3．経費積算上の留意点

　本発掘調査に要する経費の積算標準に関する基本的な考え方については第2章の2で示したところであり、経費積算の具体的な方法に関する標準及びこれをもとに各都道府県で定めるべき基準については、本章の1及び2において示したとおりであるが、実際に具体的事業に対応して経費を積算するに当たっての留意点を示すと次のとおりである。

（1）発掘作業経費の積算

　（ア）発掘作業に要する経費の積算を適切に行うためには、試掘・確認調査を的確に実施し、基本的な層序や遺構面数、遺構の内容や密度、遺物の内容や量等の遺跡の内容を正確に把握することが前提である。これらの事項について把握されたデータや知見が掘削対象となる土量、土質・遺構・遺物等の補正項目に関する判断材料となる。

　　これらの事項を的確に把握するためには、通常、調査対象面積の10％程度について確認調査を行うことが必要であるとされているが、確認調査の精度を高めるためには、各遺跡ごとに確認調査の範囲・方法を工夫した上で、専門的知識と経験を備えた者が各事項に係る判断を行う必要がある。

　（イ）本発掘調査の作業のうち測量、作業員の雇用等の業務を調査主体以外の業者へ委託するかどうかや工事請負により発掘作業を行うかどうかについては、本発掘調査の事業規模、遺跡の内容等、発掘調査の効率、それに伴う経費の観点を踏まえ、採否を判断する必要がある。なお、外部に委託する業務についてはそれぞれの業務に即した適正な基準に基づく設計によることとし、施工を適正に監理する必要がある。

　　また、調査の進行にともなって、遺構・遺物の内容が明らかになり、それによって当初の積算が実態と異なることが明らかになった場合は、事業者と協議を行い、調査経費の変更等の措置を執る必要がある。その場合には、事業者に対して積算標準及びこれをもとに定められる都道府県の積算基準に即して変更内容を説明することが必要であり、積算の修正に際しては、その後さらに変更が生じないよう作業量を正確に見積もることが不可欠である。

（2）整理作業等経費の積算

　報告書作成までを含めた整理作業等の費用は、基本的には、発掘作業経費をもとにして積算することが可能であり、遺跡の内容が十分に把握されていれば、本発掘調査に着手する前に、発掘作業経費だけではなく整理作業等までの概算を見積もることができないこともない。

　しかし、発掘作業量は発掘調査の進行にともない修正を要する場合もあり、その場合は、発掘作業量をもとに積算された整理等作業量についても変更する必要があり、また、出土遺物の内容等に応じて補正が必要となることもある。このことから、整理作業等の積算は発掘作業が完了した段階で別途に行う方がより正確なものとなる。したがって、原則として発掘作業完了

後にすみやかに整理作業等についての積算を行うことが適当である。ただし、事業の期間や性質等によっては、本発掘調査に着手する前に、本発掘調査に要する経費全体を積算しなければならない場合もあるので、その場合には、上記のように変動が生じる可能性を説明した上で積算を行い、必要があれば発掘作業の過程から完了までの間の適切な時期に見直しを行い、その変更を行うのが適当である。

4. 標準の見直し

　今回示した発掘作業の積算の方法や基本的な考え方は、既存の各地方ブロックの積算標準にほぼ一致するもので、作業内容に即した作業量を積み上げていくという算出方法を採った。今後この方法による積算の実績を積み重ねることにより、ここで定めた標準歩掛や補正項目が適当であるかどうかについて、発掘技術の向上や「土木工事標準歩掛」の作業歩掛の動向等も考慮して見直しを行う必要がある。また、そのなかでこの方法の簡便化等の可能性についてもあらためて検討する必要がある。

　整理作業等の積算標準については、現在、具体的に整理作業等の総作業量を算定する基準が策定されている例が少ないため、その場合における算定方法の標準歩掛と補正係数は、目安として示すにとどめた。したがって、整理作業等について示した標準は発掘作業について示した標準とは精度の点で異なることから、特に今後の実績を積み重ねることにより、その基本的考え方と標準歩掛と補正項目及びその係数、報告書分量の目安等が適当であるかどうかについて十分検討し、必要な見直しを行う必要がある。また、整理作業等に係る技術の向上や電子媒体による記録類及び報告書のあり方等の検討を行い、その検討に伴う見直しを図ることも必要である。

　積算標準の総体的な見直しについては、今後の実績の蓄積を考えると、5年程度の期間をおいて行うことが適当である。

開発事業に伴う埋蔵文化財の取扱い工程

　埋蔵文化財包蔵地において開発事業等が計画された場合の調整とその結果当該埋蔵文化財が現状で保存できない場合の、埋蔵文化財の取扱いの工程は以下の通りである。記録保存の措置としての埋蔵文化財の発掘調査は、現地における発掘作業、屋内における調査記録・出土品の整理、そして当該発掘調査によって得られた成果をとりまとめた発掘調査報告書の公刊することをもって完了する。

事前協議

・開発事業の計画と協議開始
・予備調査（文献調査／現地踏査／試掘調査／確認調査）
・埋蔵文化財の取扱い協議
・発掘調査の計画立案（調査範囲／調査費用・期間）
・発掘調査の委託契約

┄┄┄┄┄┄┄┄┄┄┄┄┄┄┄┄
・事業者から土木工事の届出等
　（法第57条の2及び第5条の3※¹）
　発掘調査の指示・勧告
・調査主体からの発掘調査の届出
　等（法第57条及び第58条の2※²）
┄┄┄┄┄┄┄┄┄┄┄┄┄┄┄┄

本発掘調査

発掘作業（別紙2-1、2-2参照）
　事前準備
　発掘・掘削作業
　　表土等掘削作業
　　遺物包含層の掘削作業
　　遺構検出作業
　　遺構掘削作業
　　図面作成・写真撮影作業
　※下位に別の遺構面がある場合は、上記の作業を繰り返す
　現地撤収
　※この間、現地説明会等による一般への公開

┄┄┄┄┄┄┄┄┄┄┄┄┄┄┄┄
・警察署に「発見届」提出
・警察署長から都道府県等教育委員会（指定都市・中核市を含む）に「埋蔵文化財提出書」
・都道府県等教育委員会による鑑査及び警察署長へ「認定通知書」
・警察署は発見届を受けると、遺失物法により公告
・6ヶ月経過後、所有者不明の場合は都道府県帰属となる
┄┄┄┄┄┄┄┄┄┄┄┄┄┄┄┄

整理・報告書作成（別紙3参照）
　記録類と出土品の整理作業
　報告書作成作業
　　調査成果の検討
　　出土品の図化・写真撮影
　　報告書作成

記録類・出土品の収納保管

図面・写真等の登録収納
出土品の収納保管

※1　現在は法第93条第1項
※2　現在は法第92条第1項

別紙 2-1①

集落遺跡における発掘作業工程及び成果品の標準

発 掘 作 業 工 程	必要となる成果品 （太字は必須のもの）
事前準備 　事前準備としては、作業実施計画に関する現地での打ち合わせ、安全対策に関する協議や準備、現場事務所や機材庫等の設営、土地の借り上げ、調査を円滑に進めるための各種工事（進入路工事・伐採・低湿地調査の際の矢板工事等）、調補助員・作業員等の雇用等の業務がある。これらの事前準備は、開発事業や遺跡の内容に関する諸条件を考慮した上で必要な措置をとる。	<u>**遺跡位置図**</u> <u>物理探査成果等</u>
表土等掘削前の現況の記録作成 　本発掘調査によってその土地に改変が加えられる前に、遺跡の立地及び地形の状況を正確に記録しておく必要がある。地形測量範囲については、遺跡の立地状況の特徴を表現するため、調査対象区域だけでなく、周辺地域を含めた範囲を行う場合もある。 　地形測量については通常の集落遺跡等の場合は業者委託も考えられるが、古墳など専門的知識が必要なものは、調査員が直接行うか、あるいはその指揮のもとに行う必要がある。また遺跡の正確な位置を記録するために、国土座標系に基づいた測量図を作成する。写真については遺跡の立地、現況が十分理解できるものを撮影する必要がある。	<u>基準点・水準点測量成果</u> - - - - - - - - - - - - <u>表土等掘削前測量図</u> <u>**表土等掘削前遺跡全景写真・映像記録**</u> <u>表土掘削前空中写真</u>
表土等の掘削 　表土と遺物包含層上面までの土を除去する。試掘・確認調査によって遺構深度が明らかな場合は通常重機を使用するが、立地条件等により重機の使用が困難な場合や古墳等地下の遺構に影響を与えるおそれのある場合は人力により表土掘削を行う。また重機による表土掘削後には、人力によって遺物包含層上面まで掘削・清掃を行う。	
調査区・土層観察用ベルトの設定 　試掘・確認調査等の結果をもとに決定された本発掘調査範囲に調査区の設定を行う。この際、実測・遺物取り上げ用のグリッド杭を国土座標に基づいて設置することが望ましい。グリッドの間隔や設置の時期は各々の遺跡の状況を考慮するが、表土掘削後が一般的である。 　調査区の堆積土層の記録は、遺跡の変遷・埋没過程を知るためや、複数の遺構面が存在する場合の、それぞれの新旧関係を把握するために不可欠のものである土層の記録は通常の調査区の場合、直交する2つの壁面で行うのが一般的であるが、遺跡の規模や性格、立地により適宜変える。 　なお、堆積土層の記録は遺跡のおおよその様相が判明した段階で行うこともある。	<u>**調査区配置図**</u> <u>地区割り図</u> - - - - - - - - - - - - <u>**調査区基本土層図**</u> <u>写真・映像記録</u>

成 果 品 の 仕 様 及 び 内 容	成 果 品 の 説 明
・国土地理院発行の1/25,000の地形図に位置を表示する。 ・委託調査等に関する成果簿、図面類	報告書作成時に、遺跡の正確な位置が一目でわかるものが必要である。
・3～4級程度	調査箇所の正確な位置を把握することは、その後の開発計画との調整等のため、必要不可欠である。そのためには国土座標系による正確な位置の記録が必要である。 　遺跡の近辺に公共基準点等が設置されている場合にはそれを利用することができるが、付近に無い場合には測量士等の資格を有するものによる調査用の基準点等の設置が必要である。
表土掘削前測量図 ・通常の集落遺跡等 　→縮尺1/200～1/500、等高線0.5～1m程度（業者委託可） ・古墳・墳丘墓等、地表面に明確な人為的痕跡を残す場合 　→有意な情報が十分に表現可能な程度の仕様のもの（業者委託の場合は調査員の指揮が必要） 表土掘削前全景写真・映像記録 ・使用フィルムは現段階ではカラー（ネガ・ポジ）・モノクロの3種類を標準とする。（以下写真については同じ） ・立地状況がよくわかる複数方向から撮影 ・報告書に大型版で掲載する場合が多いことから、それに耐え得る仕様のもの 表土掘削前空中写真 （場合による）	遺跡の立地はその遺跡の性格を考える上で重要な要素であり、調査によって改変が加えられる前に、遺跡の立地する地形の諸属性を正確に把握しておく必要がある。また地形測量による微地形の把握により、地下遺構の位置や広がりについておおよその目安がつき、円滑に作業を進めていくことが可能となる。 　ただし、遺構の存在を反映する微妙な起伏が認められない通常の集落遺跡等で、既に比較的詳細な地形測量図がある場合や、市街地等で地形に大幅な改変が加えられ、旧地形を留めていない場合には、改めて地形測量を行う必要はなく、工事計画図面、都市計画地図等の既存図面で代用することができる。
調査区配置図 ・遺跡の規模により変動するが、通常縮尺1/200～1/500程度 地区割り図（遺構平面割付図） ・通常縮尺1/200～1/500程度	調査区配置図とは、調査区の配置状況が正確に表示された図面であり、遺構配置図作成の基礎となるものである。通常基準点杭の位置やグリッド杭の位置も記載する。調査区が小面積の場合は下記の地区割り図と兼ねる場合もある。 　また調査区が広い場合や数ヶ所に分かれる場合は、各調査区ごとに各遺構平面図が調査区のどこに対応するのかを表示する図面（地区割り図・遺構平面割付図）が必要となる場合がある。
調査区基本土層図 ・縮尺1/20程度 ・色調、土質等の土層の注記は土色帳等客観的な基準に基づいて行う。 ・堆積状況に関する調査所見を記入する。 調査区基本土層写真・映像記録 ・土層全体より堆積状況がより明確にわかる部分を撮影する。	遺構面が複数存在する場合や、遺物包含層が複数堆積している場合には、これらの形成状況・上下関係を正確に記録しておく必要がある。 　なお、丘陵に立地する遺跡で、遺構面を覆う層が表土のみである場合等、極めて単純な堆積状況を示す遺跡の場合は省略することもある。

別紙 2-1 ③

発 掘 作 業 工 程	必要となる成果品 （太字は必須のもの）
遺物包含層の掘削 　遺物包含層は表土と異なり、何らかの考古学的情報が含まれていることから、やみくもに掘削することは適当でない。遺物の出土状況が示す考古学的情報を正確に把握できるような方法で掘削する必要がある。通常の集落遺跡においては、試掘確認調査のデータをもとに層位ごとに遺物包含層の掘削を行う。掘削方法は通常人力によって行い、遺物密度に応じて掘削する道具（スコップ、クワ、移植ゴテ等）を選択する。また遺物密度が極めて薄い場合には部分的に重機を使用することもある。排土処理は調査効率が上がるよう、ベルトコンベアやキャリーダンプ等の機械力を使用することが多いが、調査環境によっては一輪車等人力によって行う場合もある。（遺構検出、遺構掘削の工程も同じ） 　遺物の取り上げは、通常の堆積による遺物包含層の場合、グリッド単位で層位ごとに取り上げることを基本とするが、原位置を保ち出土位置に意味がある場合、または堆積状況に何らかの重要な情報が認められると判断される場合は、必要に応じて精査し出土状況を記録した上で、慎重に取り上げる。	**遺物出土位置記録** （遺物台帳、フロッピーディスク等） 遺物出土状況写真・映像記録 遺物出土状況図 （廃棄単位のわかる土器溜まり等）
遺構検出 　遺物包含層の掘削後、遺構確認面の精査を行う。通常この段階で遺構の状況がおおむね把握され、大まかな遺跡の内容が把握される。 　遺構確認面の精査はジョレン・草削り・移植ゴテ等を用いて人力で行う。遺構の平面形や遺構間の重複関係等が確認できる場合は、写真等の必要な記録をとる。またこの段階で、遺構の性格判定やその掘削方法を検討・記録するために、おおよその遺構配置状況を記した遺構配置略図を作成する場合が多い。	**遺構検出状況平面図** 遺構検出状況写真 遺構検出状況空中写真 **遺構配置略図**
遺構埋土（覆土）の掘削 （別紙2-2(1)参照） 　遺構検出で確認した遺構の切り合い関係をもとに、新しいものから順に遺構の掘り下げを行う。遺構の規模や性格、残存度によって調査方法は様々だが、具体的な遺構の調査工程の内容について、竪穴住居を例に示すと、別紙2-2(1)のとおりである。 **検出遺構の記録作業** （別紙2-2(2)参照） 　それぞれの遺構が掘り上がった後、図面や写真による記録作業を行う。遺構の規模や性格、残存度によって記録方法は様々であるが、具体的な記録作業について竪穴住居跡を例に示すと、別紙2-2(2)のとおりである。	各種遺構掘削に伴う成果品 ・**各種平・断面図** ・**各種平・断面写真** ・遺物出土位置の記録 ・遺物出土状況図・写真 ・映像記録 竪穴住居跡については別紙2-2のとおり

成 果 品 の 仕 様 及 び 内 容	成 果 品 の 説 明
遺物出土位置記録（遺物台帳等） ・平面位置、標高、出土層位、調査区等必要な情報を記録したもの。電子媒体に記録したものでもよい。 遺物出土状況写真・映像記録 ・重要度に応じた記録方法をとる。 遺物出土状況図 ・通常縮尺1/5〜1/20程度 ・平面図及び立面・断面図又は、平面図にレベルの記入されたもの	遺物は、出土した遺構や層位等との関連性が明らかになって初めて資料的価値を有する。したがって、遺物の出土位置が有意と認められる場合には、その記録をとる必要がある。ただし、通常の堆積状況を示す遺物包含層の場合はグリッド・層位ごとの記録とする。 　なお、包含層中であっても、遺構との密接な関係が想定される場合や何らかの重要な情報が認められると判断される場合にはそれぞれの出土位置情報を記録することもある。 　また、遺物の出土状況において、重要な情報を有しかつ写真のみでは十分にその情報が記録できない時には、遺物の出土状況図を作成する場合がある。
遺構検出状況平面図 ・遺構の切り合い関係を示す図面 ・縮尺は状況に応じて選択 遺構検出状況写真 ・考古学的重要度に応じた記録方法をとる。 遺構検出状況空中写真 遺構配置略図 ・遺構の番号、位置や切り合い関係、覆土等の情報を整理した図面。精度は高くなくともよい。	遺構はその性質上、掘り上げてしまえばその内容について再検証することは極めて困難である。したがって遺構の重複関係が平面的に確認できる場合等には、より客観的な記録保存を行うために検出時の記録をとる必要がある。 　ただし、遺構検出状況は写真で十分表現できないことも多く、遺構平面の検出状況やその考古学的重要度を考慮した上で、写真撮影の必要性を個別に判断する。 　また、遺構配置略図は、遺構相互の関連・重複関係の矛盾等を検討し、全体の遺構変遷を整理・検証しつつ掘削を進める上で有効であるので、この段階で作成する。
各種平・断面図 ・縮尺1/10〜1/20程度 各種平・断面写真 ・カラー（ネガ・ポジ）・モノクロのを標準とする 遺物出土位置の記録 ・遺物台帳等。電子媒体に記録したものでもよい。 遺物出土状況図・写真 ・図面は縮尺1/10〜1/20程度 ・写真はカラー（ネガ・ポジ）・モノクロを標準とする。 映像記録 竪穴住居跡については別紙2-2(2)のとおり	

別紙 2-1 ⑤

発 掘 作 業 工 程	必要となる成果品 （太字は必須のもの）
調査区全体図作成・全体写真撮影 　全体の遺構掘削終了時に行われる遺跡（調査区）全体や遺構のまとまりごとの図作成及び写真撮影。遺跡全体の状況が一目で把握できる総括的な記録であり、利用される頻度も高い。 　また、遺跡の全容がほぼ明らかになるこの段階の前後において、一般向けの現地説明会を開催することが多い。	**調査区全体図・地形測量図** **調査区全体写真**（空中写真） 映像記録
補足調査 　遺構掘削・全体の記録終了後、遺構内部の断割り調査や遺構面の下に遺構・遺物がないか等必要に応じて部分的にトレンチを入れて確認する。下層に調査が必要となる遺構や遺物包含層が確認された場合には、表土等の掘削から補足調査までの作業を繰り返し行う。 　なお、遺構面下が明確な無遺物層である場合は断ち割り調査を行う必要はない。	**トレンチ位置図** **断面土層図・写真等** - - - - - - - - - - - - - - 土層剥ぎ取り・遺構切取り等 成果品
遺跡によっては、その性格や年代を把握する上で自然科学的分析を行う場合がある。この場合、必要なサンプルの採取・分析を行うが、専門家による採取が必要な場合もある。	分析委託成果品
埋め戻し 　調査現場の安全管理上、または遺跡・遺構の保存等の理由により、土嚢や真砂土等により調査区の埋め戻しを行う場合がある。なお、遺跡・遺構の保存等の理由により埋め戻しを行う際には、埋め戻しの手法や保存した遺構の位置等について具体的な記録を残しておく必要がある。	
撤収 　現地調査が完全に終了する前に、調査漏れの事項がないか再度確認を行う。確認終了後、発掘機材の撤収や現場事務所等調査に関連する設備等の撤去作業を行う。撤去後の現場は安全管理等に関する必要な措置をとり、速やかに関係者に報告し、現場の引き渡しを行う。	

成 果 品 の 仕 様 及 び 内 容	成 果 品 の 説 明
調査区全体図・地形測量図 ・通常縮尺1/100〜1/200、等高線25cm程度だが、遺跡の規模・性格によって適宜選択する。 ・完掘時の遺構配置及び地形が表現されているもの 調査区全体（空中）写真・映像記録 ・通常報告書に大型版で掲載される写真であり、それに耐えうる仕様のもの	遺跡完掘時の記録は、その遺跡の全体像を把握する上で最も有効なものである。この時点における記録作成は不可欠であり、かつ十分な精度をもって行う必要がある。 　調査区全体図は、大規模な調査の場合は空中写真撮影・測量によることも多いが、調査面積等の条件によっては部分ごとの遺構平面図（縮尺1/10〜1/20程度）を合成して作成することも多い。完掘写真についてはその遺跡の特徴が最大限に表現できるよう、十分配慮する必要がある。特に大規模遺跡の場合は、遺跡全体が俯瞰できる写真による記録化が望ましいが、小規模な遺跡の全体写真は写真用櫓または高所作業車等を用いることが多い。
トレンチ位置図 ・既作成の平面図を利用してもよい。 断面土層図・写真等 →他の断面土層図の仕様に準ずる。	
土層剥ぎ取り・遺構切り取り等成果品 ・遺構・土層の種類に応じた仕様とする。標準的な手法によるものとし、試験研究途上の手法は避ける。	現状保存が困難であるが、その地域における歴史資料として極めて重要な意義を持ち、記録として最低限必要な場合には、遺構の切り取り・土層の剥ぎ取り・型取り等を行う場合がある。その場合、活用計画も十分考慮する。
分析委託成果品 ・業者等に委託する場合が大半 ・各種の分析データ、それに基づく分析結果 ・標準的な手法による分析とし、試験研究的な手法による分析は避ける。	水田遺構におけるプラントオパール分析を行う場合のように、その遺構の性格を理解する上で必要な場合や、製鉄遺跡のように年代決定資料に乏しく、^{14}C年代測定を行う場合等、その遺跡・遺構を理解する上で必要不可欠の場合には、必要に応じ理化学的分析を行うことがある。

別紙 2‐2①

竪穴住居跡の発掘作業・検出遺構の記録作業の標準

（1）竪穴住居跡の発掘作業工程及び成果品の標準

発　掘　作　業　工　程	必要となる成果品 （太字は必須のもの）
遺構面精査・遺構検出 　遺構の平面形を人力により検出する。遺構の重複関係等重要な意味が認められる場合には、必要に応じて写真等の記録をとる。検出時の写真は、遺構の残存状況や性格によっては省略する場合もある。	<u>遺構検出状況平面図</u> ・状況に応じて縮尺を選択 <u>遺構検出状況写真・映像記録</u> ・重要度によって記録方法を選択
竪穴住居跡の埋土掘削 　竪穴住居跡の埋土の掘削は移植コテ、草削り、手バチ等を用い、遺物の出土状況と層位との関係に注意しながら慎重に掘り進める必要があるが、埋土中の遺物が希薄な場合は部分的にクワ・スコップを用いる場合もある。 　埋土中の遺物の取り上げ方法については、その出土状況に特別な考古学的情報が認められない限り、竪穴住居跡内の区画単位で層位ごとに一括して取り上げることを標準とする。 　また、鍛冶工房等、微細な遺物の存在及び出土地点に重要な考古学的意味がある場合等には、遺物出土位置の記録、ウォーターフローテーション等必要な措置をとる。	**遺物出土位置記録**（遺物台帳等） ・平面位置、水平高、出土層位調査区等必要な情報を記録したもの ・電子媒体に記録したものでもよい <u>遺物出土状況写真・映像記録</u> ・考古学的な重要度によって記録方法を選択
埋土断面の記録・土層観察用ベルトの除去 　竪穴住居跡内に設定したベルトの土層観察、実測、写真撮影を行う。通常は二本のベルトを十字形に設定するのが原則であるが、竪穴住居跡の規模や遺存状況により適宜変える。	**土層断面図** ・縮尺1/20程度 ・色調等土層の注記は客観的な基準に基づいて行う ・堆積状況に関する調査所見を記入 **土層断面写真**・映像記録 ・考古学的重要度により記録方法を選択
床面遺物の記録 　竪穴住居跡の床面遺物であっても一律に扱うことはできないが、焼失住居など廃絶時の原位置を保っていると考えられる床面遺物の場合は、遺物出土状況図等の必要な記録をとる。また床面遺物ではなくても、その竪穴住居跡の年代や性格を考慮する上で重要な遺物の場合は、必要に応じて出土位置を記録する場合もある。	<u>遺物出土状況写真・映像記録</u> ・重要度によって記録方法を選択 <u>遺物出土状況図</u> ・縮尺1/5～1/20程度 ・平面・断面図、必要に応じて立面図を作成 **遺物出土位置記録**（遺物台帳等） ・出土位置及び層位等必要な情報を記録 ・電子　媒体に記録したものでもよい
柱穴、付属施設のプラン確認 　竪穴住居跡の床面を精査し、柱穴や炉、カマドなど付属施設の検出を行う。柱穴の場合、検出面や、掘り下げた時点で柱痕跡が確認できる場合があるため、必要に応じて柱穴掘り形と柱痕跡の平面実測を行う。	<u>床面検出状況写真・映像記録</u> ・重要度によって記録方法を選択 <u>柱穴掘り形、柱痕跡平面図</u> ・縮尺1/20程度

発 掘 作 業 工 程	必要となる成果品 （太字は必須のもの）
柱穴、付属施設の掘削、断面図の記録、柱穴等の完掘 　柱穴は柱痕等の検出に努め、大型のものを除き半截して掘り下げるが、炉等のやや大型の遺構の場合は四分法によって掘削する場合もある。柱穴、炉内出土の遺物は竪穴住居跡の年代決定や性格を考える上で重要であることから、その属する層位に留意し、出土位置を記録する必要がある。 　柱穴の土層は、通常実測図・写真によって記録するが、単一層の場合は土層注記のみを行い、土層断面図を省略する場合もある。	<u>柱穴土層断面図</u> ・縮尺1/20、1/10程度 <u>柱穴土層断面写真・映像記録</u> ・重要度に応じて記録方法を選択 **<u>炉・カマド平面図・土層断面図</u>** ・縮尺1/20、1/10程度 ・構造や使用状況等が十分に表現可能な記録方法をとる
遺構全体の実測・写真撮影 　竪穴住居跡完掘時の記録は、その全体状況に関する総括的なものであり、必要な情報が十分表現できる方法によって記録を作成する必要がある。 　完掘写真は通常報告書で大型版で掲載するものが多いため、それに適した仕様で撮影する必要がある。遺構の実測は、縮尺1/20程度で精度が十分に確保できる方法による。また、トータルステーション等を用いた実測や写真測量の場合は、現地等で調査員が原図の補正を行い、必要なデータが十分網羅された図面を作成することが望ましい。	**<u>住居跡平面図</u>** ・縮尺1/20程度 **<u>住居跡断面図</u>** ・縮尺1/20程度 ・土層断面図で記録化できない重要部分を補足 **<u>住居跡完掘写真・映像記録</u>** ・遺構の性格・特徴が十分に表現可能な方法によって行う
断ち割り調査 　貼床のある住居跡の場合は、必要な記録をとった後、断ち割り調査を行い、必要な記録の補足を行う。	<u>断ち割り部分の土層断面図等</u> ・縮尺1/20程度 ・断ち割り位置図は竪穴住居跡平面図等を利用 <u>断ち割り部分の写真・映像記録</u>

別紙2-2③

（2）竪穴住居跡における記録すべき内容の標準

　竪穴住居跡の調査において、記録すべき内容としては以下のものが考えられる。これらの内容を十分に表現し、かつ後日内容の十分な確認が行える方法（図面・写真・調査日誌等）によって記録作業を行う必要がある。

項　　目	記録すべき内容	記録内容が表現される成果品
住居の位置	調査区内での位置、隣接する遺構との関係等	調査区全体図、遺構配置図、調査区全体写真等
重複関係	重複遺構との新旧関係、建て替えの把握	住居跡平面図、切り合い関係を表現する断面土層図・写真等、遺構検出状況平面図・写真等
規模・平面形態・方位		住居跡平面図、住居跡完掘写真等
住居の掘込面及び検出面	当時の生活面及び調査時点での検出面の把握	調査区基本土層図・写真等、遺構検出状況写真等
埋土（覆土）	層位の区分、客観的な土色・土質、遺物・炭等の包含状況、自然・人為堆積の判別とその根拠等	住居跡断面土層図・写真等
床・壁の状態	壁の傾斜、床面の形状や硬さ、貼床の有無等、壁体溝・仕切溝の形状等	住居跡平面図・断面図、断面土層図及び必要な情報が表現された写真等
柱穴	数と配置、形状・規模、柱痕跡・柱穴の有無等、主柱穴の配置とその判断根拠	住居跡平面図、柱穴断面土層図、柱穴掘り形・柱痕跡・柱穴平面図及び必要な情報が表現された写真等
炉	位置、形状・規模・構造、使用痕跡等の特記事項（被熱・灰層の有無等）	住居跡平面図、炉平面図・断面土層図及び必要な情報が表現された写真等
カマド・貯蔵穴	位置、形状・規模、煙道等の構造、使用痕跡等の特記事項	住居跡平面図、カマド・貯蔵穴平面図、断面土層図、立面図および必要な情報が表現された写真等
その他の施設	上に同じ	上に同じ
遺物出土状況	覆土中の遺物については出土層位に留意し、原位置を保つ床面遺物の場合は、出土位置の記録及び炉等の付属施設との関係が表現された記録	遺物出土位置記録（遺物台帳等）、遺物出土状況平面図・立面図等、遺物出土状況写真等
その他特記事項	掘り過ぎや検出困難等の理由で不明瞭な部分等に関する事項、調査時点での遺構に関する解釈等	調査日誌、野帳、個々の図面に記載した注記等

別紙3①

整理作業及び報告書作成における作業工程の標準

（1）記録類の整理

作　業　工　程
調査記録の整理 　本発掘調査によって作成された①図面類、②写真、③日誌類とも、保管・利用のために分類し、枚数を確認して、図面番号など必要なデータを付加した上で、収納する。また、図面では遺構名、縮尺、基準点、基準高等、写真では撮影方向や被写体名等の基本情報の記録に不備がみられることが多いので、整理過程では記録類の不備を点検し、不備があった場合、図面の取り直しなどを行ってその是正に努めることも重要である。
遺構基礎データの整理 　本発掘調査で作成された遺構の図面類などの記録に発掘時の所見などから検討を加え、遺構の種類、規模や形状、数量、切り合い関係などを明らかにし、そのデータを整理する。各遺構を識別する番号・名称もつけられる。また、複数の柱穴を掘立柱建物や掘立柱塀のものとしてまとめる作業も行われる。
遺構の資料化 　遺構基礎データの整理の結果と各遺構にともなう遺物とをあわせて検討し、遺構の時期・性格、遺構群全体の中での位置づけなどを評価する。これらを総合して遺跡の遺構変遷を明らかにする。さらに、個別の遺構を報告書の中でどのように扱うかの詳細を決める。

（2）出土品の整理

作　業　工　程
洗浄・乾燥 　出土品を水洗などし、付着した土等を洗い落とした後、乾燥させる作業である。接合や実測など、その後の作業に直接影響を与えるため、できる限り汚れを落とす必要があるが、出土品のもろさや付着物の有無などにあわせて、洗浄に用いる器具を選択し、その摩滅や破損を避けなければならない。また、金属製品などは水洗できないものがあったり、木製品は乾燥させてはいけないなど、素材などによっても取扱い方が異なることに注意する必要がある。
選別 　洗浄・乾燥が終わった出土品から、以後の作業に供する遺物と、注記の必要もない、自然物や出土品の極小片などを選り分ける。
注記 　以後の作業や保管に便利なように、遺跡名、調査区名、層位名、出土日付など必要な情報を出土品に書き込んだり、情報を書き込んだ小札をつける。文字の判読のしやすさと写真撮影、接合など以後の作業を考慮し、文字の大きさや注記位置を決める。略号等を用いる場合は、後に識別できるようにしておく。手書きで行うのが一般的であるが、現在では遺物注記システム等の機器によることもある。また、書き込んだ文字が消えるおそれがある場合は、ニス等で被覆する。
接合 　バラバラに壊れて出土した土器や石器の破片から同一個体のものを選び出し、つなぎあわせる作業である。大きな破片やまとまって出土した破片群を目安に、その周囲から出土した同一個体の破片も可能な限り集めて接合する。この際、接合した破片の出土地点、出土層位は遺構の検討に重要な情報となるため、記録する必要がある。石器についても、石質や色などの詳細な観察を行って同一個体の破片を集め、接合する。

別紙3②

作　業　工　程
復元 　接合した破片からなる土器等の欠落部分や隙間を補填材で埋めて補強し、一個体に作り上げる作業である。補填材を埋めた後は、土器等の断面や内面の観察ができなくなるため、それらの観察は補填前に十分に行っておく必要がある。また、図化を行うまでは部分的な補強にとどめ、図化が終わった後に完全な復元を行うというように二段階の作業工程に分ける場合もある。また、写真撮影のためには補填材の着色も必要となる。
理化学的分析 　出土品の材質及び原産地同定、年代測定等の分析のため、試料を分別する。試料を土器、石器、金属器及び木製品等の出土品から適量採取する。分析用の試料については遺跡名や採取地点、採取層位、採取日など必要な情報を記録する。
資料化（分類・検討） 　出土品の分類・検討を行う。遺構内の出土品については個別の遺構ごとに分類し、発掘現場で記録されたデータとあわせて評価する。包含層出土の出土品については層位・地点ごとに分類し、その帰属時期等について評価する。また、報告書へ掲載する出土品を決定する。

（3）報告書作成

作　業　工　程
調査成果検討（分析・考察） 　遺構の記録や出土品に関するデータを総合し、発掘調査でわかった事実を簡略にまとめる。また、同一の遺跡あるいは近隣における同種の遺構についての既往の調査についても参照し、遺跡についての総合的な評価を行う。
文章作成 　発掘調査全体の記録や遺構記録、出土品の整理結果に基づいて、報告書原稿となる文章を執筆する。文章は簡潔に書き、場合に応じて箇条書きや一覧表の形式を採用する。
実測・製図 　出土品については実測や採拓によって図化を行い、その後に製図（トレース）する。また、遺構図等についても発掘現場で記録された図面の製図を行う。製図に際しては製版時の縮尺を考慮し、適切な線号を選んで行う。
写真撮影 　出土品の写真撮影を行う。図では表現しきれない出土品の量感・質感が表現されるよう光源やフィルム選択を工夫する。
版下作成 　作成した出土品及び遺構等のトレース図、写真類を挿図・図版用の版に組む。文章と挿図の対照、挿図内での図の配列等、見やすさに考慮する。
割付 　文章と挿図、図版を報告書全体でどのような並びにするか、割付用紙にその配列を書き込む。
報告書公刊 　文章原稿、挿図・図版の版下を印刷所に入稿する。数回の校正後、公刊される。

本発掘調査の工程と必要経費

発掘作業

基本経費

準備作業	事前準備	伐採等	
		機材搬入	トラック等
		人力発掘作業	作業員賃金
	測量	基準点測量	測量委託
		地形測量	測量委託
		調査区設定	測量委託
発掘作業	機械掘削	機械掘削	バックホー等
		排土搬出	ダンプ等
			土砂処分
	人力発掘	人力発掘作業	作業員賃金
		発掘機器類	車両・ベルコン・発電器・配電盤・排水ポンプ等
		燃料	軽油・ガソリン等
		発掘用具	スコップ・クワ等
		発掘用品	コンテナ・ビニール袋・ラベル・油性ペン等
		排土運搬	敷鉄板・不整地走行車等
	実測	実測作業	作業員賃金
		写真測量	測量委託
		測量機材	トランシット・レベル等
		その他道具	エスロンテープ・釘・水糸・文房具
	写真撮影	清掃作業	作業員賃金
		撮影機材	高所作業車・ローリングタワー等
		写真器材	カメラ・三脚・露出計等
		写真用品	フィルム・現像焼き付け
		空中写真	撮影委託
	その他	現地指導	学識経験者謝金・旅費
		専門的業務	自然科学的分析
			遺構切り取り
			応急的保存処理
	諸作業	諸作業	作業員賃金
			原材料費
現場運営	事務所運営	施設	プレハブ・トイレ・機材庫・遺物庫等
			囲柵
			借地料
		設備	事務机・流し台・ガス台等
			電気・ガス・水道・電話工事
			電気代・水道代・ガス代・電話代・燃料費・屎尿処理
	その他	現場管理	安全管理
			警備費
撤収作業	埋め戻し	人力作業	作業員賃金
		機器類	車両・ベルコン・発電器・配電盤・排水ポンプ等
		燃料	軽油・ガソリン等
	撤収	機材・遺物搬出	トラック等
		人工作業	作業員賃金
		その他	
事務費	事務費	事務作業	事務作業員賃金
		事務用品	
		その他	

別紙4 ②

整理作業等経費

基本経費	基本作業		作業員賃金
		整理作業用機器	洗浄・注記・実測用機器類
		その他事務機器	その他事務機器類
		図面整理	図面ケース・アルバム等
		洗浄	洗いカゴ・ブラシ・水道料等
		注記	面相筆・墨汁・ポスターカラー・ラッカー等
		接合・復元	接着剤・洗濯バサミ・砂・粘土・石膏・ナイフ等
		実測	文房具一式・型取り器・キャリパー・拓墨・画仙紙等
		製図	トレース紙・ペン・インク等
		写真撮影	フィルム・現像焼き付け代・アルバム等
		原稿執筆	
		レイアウト	
		校正	
		印刷正本	
	その他	現地指導	学識経験者謝金・旅費
		専門的業務	自然科学的分析 保存処理
	事務所運営	施設	プレハブ・トイレ・機材庫・遺物庫等 借地料
		設備	事務机・流し台・ガス台等 電気・ガス・水道・電話工事 電気代・水道代・ガス代・電話代・燃料費・屎尿処理
事務的経費	事務費	事務作業	事務作業員賃金
		事務用品	
		その他	

別紙 5

本発掘調査経費の構成と費目

【調査経費】

　調査費

　　○　共済費　　　　　作業員、調査補助員等の労災・雇用・社会保険等
　　○　賃金　　　　　　作業員、調査補助員等
　　○　報償費　　　　　調査指導員等の謝金等
　　○　旅費　　　　　　調査員、調査指導員、資料調査、事務連絡等
　　○　需用費
　　　・消耗品費　　　　発掘用具、文具、フィルム等
　　　・印刷製本費　　　写真現像・焼き付け、コピー、報告書印刷費（報告書部数は各地域ブロック標準では500部）等
　　　・光熱費　　　　　水道・電気・ガス等
　　　・燃料費　　　　　発電機等の燃料（ガソリン・プロパンガス）等
　　　・修繕費　　　　　発掘器材等の修理等
　　○　役務費
　　　・通信運搬費　　　通信費・輸送料等
　　　・手数料　　　　　屎尿汲み取り等
　　○　委託料　　　　　測量、写真撮影、科学分析・掘削・保存処理等
　　○　使用料及び賃借料　重機・ベルコン・現場事務所プレハブ等
　　○　工事請負費　　　矢板打設、プレハブ設置等
　　○　原材料費　　　　木材及び骨材等
　　○　補償費　　　　　農作物・立木補償等

　調査員人件費

　　発掘調査にあたる調査員の給与及び共済費等

【事務的経費】

　　○　事務職員、管理職等の人件費
　　○　その他の経費

＊各種の単価は、地方公共団体、建設省等の基準や地域の実情に応じたものとする。
＊現場事務所の仕様・設備は、現場の環境・期間などを考慮し、地域の実情に応じたものとする。

公益社団法人 日本文化財保護協会

埋蔵文化財調査技術者の倫理

1．宣　　言

　公益社団法人日本文化財保護協会は埋蔵文化財の発掘調査を行う法人からなるわが国民間調査組織を代表する団体である。

　埋蔵文化財はかけがえのない国民共有の財産であることから、その調査にあたっては考古学を基礎とした確かな技術力や高度な専門性とともに、調査の公正性、中立性といった高い倫理性が求められている。

　このため、民間調査組織が埋蔵文化財調査を主体的に、責任を持って行うためにはより高い職業倫理が必要であり、協会は自らの努力によりこれを確立して民間調査組織の社会的信用を確保し、埋蔵文化財調査業の健全な発展をはかることによりわが国の埋蔵文化財保護に寄与することを決意し、ここに倫理綱領を制定することとした。

2．倫理綱領

　公益社団法人日本文化財保護協会の会員は国民共有の財産である埋蔵文化財の調査がきわめて公益性の高い職務であることを自覚するとともに、自らの努力で高度な専門性と技術力を育成し、発掘調査を通じてわが国の埋蔵文化財保護に寄与することが会員の社会的使命であることを認識しなければならない。
また、会員は埋蔵文化財の調査を社会から信頼される事業として確立するため、公益性の高い職務にふさわしい職業倫理をもって調査にあたり、埋蔵文化財の調査が誇りある職務として会員及び調査に携わる技術者の社会的地位確立と、埋蔵文化財発掘調査業の発展をはからなければならない。

　このため次の事項を遵守するものとする。

（1）品位の保持
　会員は、常に埋蔵文化財調査事業者としての品位の保持に努めるとともに、会員相互の名誉を重んじ民間調査事業の健全な発展をはからなければならない。

（2）専門技術の確立
　会員は常に知識の吸収と技術の向上につとめ、考古学を基礎に人文・社会科学から自然科学までを包括する発掘調査技術を確立しなければならない。

（3）中立性、独立性の保持
　会員は埋蔵文化財保護を使命とする職業倫理と専門的知識に基づく考古技術者の良心に従って調査を行うものとし、これを侵すいかなる依頼にも応じてはならない。

（4）秘密の保持
　会員は依頼者の利益を擁護するため、業務上知り得た秘密を他に漏らしてはならない。

（5）公正で自由な競争
　会員は公正で自由な競争を行い、広く社会から信頼される埋蔵文化財調査業を確立する。

３．行動規範

　倫理綱領を実践するため、公益社団法人日本文化財保護協会及び会員とその役職員、協会が認定した埋蔵文化財調査士等の資格保有者は、以下の規範に基づいて行動する。

（１）公正で自由な競争
　私的独占、不当な取引制限および不公正な取引方法に関する法令および規則を遵守し、これらの基本ルールの逸脱行為は行わない。

（２）関連業法の遵守
　業務を遂行するにあたっては、文化財保護法をはじめ各種業法を遵守する。

（３）贈賄の禁止及び接待、贈答などの制限
　贈賄行為や公務員等に対する不正な利益供与、申し出、約束は行わない。また、接待、贈答の授受に関しては社会通念上妥当な範囲を超えてはならない。

（４）利害相反行為等の禁止
　専門家としての職務を果たせなくなる事態に対しては、国民共有の財産を保護するという信念と勇気をもって対処する。

（５）反社会的勢力との関係の遮断
　反社会的な活動や勢力に対しては毅然とした態度で臨み、一切の関わりを遮断する。

（６）情報の適切な管理
　依頼者や会員、埋蔵文化財調査士等の資格保有者、資格試験受験者等の情報の不適切な開示、漏洩、不当利用を防止し、適切な管理を行う。

（７）知的財産権の保護
　業務を遂行する上で知的財産権を尊重し第三者の権利を侵害しない。また、会員とその役職員の知的財産権の保護に努める。

（８）適正な経営情報の開示
　協会および会員は経営情報を関係法令に基づき適正に整備し、適宜開示を行う。

（９）人権の尊重
　基本的人権を尊重し、人種、信条、性別、社会的身分、国籍、疾病、障害等による差別を行わない。
　会員とその役職員、埋蔵文化財調査士等の資格保有者および資格試験受験者の個人情報は適切な保護を行う。

４．倫理委員会

　公益社団法人日本文化財保護協会はこの倫理綱領および行動規範の普及、啓発、推進、維持のため倫理委員会を設ける。

株式会社 アルカ

本　　社　　〒384-0801　長野県小諸市甲 49-15　　　　　　　　　TEL 0267-25-0299

　■ ホームページ：http://www.aruka.co.jp
　■ メールアドレス：aruka@aruka.co.jp

【設立】平成 5 年 4 月 2 日

【資本金】10,000 千円

【役員】代表取締役　角張憲子

【役職員数】総人員　11 名　　うち文化財部門　11 名

【文化財統括責任者】近藤孝光

【埋蔵文化財調査士】該当者なし

【埋蔵文化財調査士補】宇賀神　恵

【日本考古学協会会員】宇賀神　恵　（顧問）宮崎朝雄　（顧問）菅谷通保　（顧問）須藤　隆　（顧問）堤　隆

【日本文化財科学会会員】該当者なし

【日本旧石器学会会員】宇賀神　恵　（顧問）須藤　隆　（顧問）堤　隆

【学芸員】宇賀神　恵

【一級土木施工管理技士】0 名

【二級土木施工管理技士】0 名

【測量士】0 名

【測量士補】0 名

【直前一年間の会社の総売上高】
会社の総売上高　49,290 千円　　このうち文化財部門の売上高　49,185 千円
（令和 4 年 10 月 1 日～令和 5 年 9 月 30 日）

【業務内容】

(1) 文化財部門の業務

　主力業務：出土遺物分類・選出、出土遺物属性表作成、土器の復元及び拓本＋断面実測、出土遺物（石器全般・土器全般・陶磁器・土製品）図面作成（デジタル図面：プリント及びデータ納品）、3Dレーザースキャン展開図・下図（Peakit図）作成・写真展開下図（エッジレイアウト図）作成、土器展開図（写真及び図面）、出土遺物所見作成、報告書掲載用写真撮影、報告書用遺物図版作成（必要に応じて専門研究者による助言を受けます）

(2) 文化財部門以外の業務

　なし

【遺物整理スペース】長野県小諸市 200 ㎡

【遺物保管スペース】長野県小諸市 190 ㎡

【直前3年間（令和3年、令和4年、令和5年）の主な調査実績】

令和3年

・八日市地方遺跡（その10）遺物整理外業務委託（石器・石製品　799点）　石川県　図化・注記作業
・石原遺跡出土石器実測・デジタルトレース（106点）　愛知県　石器図化
・加曾利貝塚出土石器実測（84点）　千葉県　石器・石製品図化
・野口貝塚土器実測図等作成（260点）　青森県　縄文土器図化・拓本・報告書用写真
・道正遺跡、岡崎遺跡　出土石器、出土土器　図化及び報告書用写真撮影（石器100点・土器46点）　新潟県
・三内丸山遺跡出土石器実測図等作成（73点）　青森県　石器図化

令和4年

・八日市地方遺跡（その14）遺物整理外業務委託（石器・石製品　650点）　石川県　図化・注記作業
・一針C遺跡（その1）遺物整理外業務委託（石器・石製品　605点）　石川県　図化・注記作業
・小諸城・平原城　整理業務（出土遺物図化・報告書用写真・遺構図）　長野県小諸市教育委員会
・酪農（3）遺跡　縄文土器実測図等作成（120点）　青森県
・酪農（3）遺跡　縄文土器実測図等作成（追加116点）　青森県
・三内丸山遺跡出土石器実測図等作成（75点）　青森県　石器図化

令和5年

・下河原崎谷中台遺跡出土旧石器（旧石器接合資料及び単体資料図化　297点）　茨城県
・塩崎遺跡群（一般国道18号坂城更埴バイパス）（玉製作工程品図化　20点）　長野県
・鉢森平（7）遺跡　縄文土器・土製品・土偶図化　拓本　等（513点）　青森県
・鉢森平（7）遺跡　石器実測図等作成（132点）　青森県
・大畑遺跡　土器・石器　図化・拓本等（273点）　愛知県
・個人研究者実測図化用　剝片石器Peakit展開下図作成（37点）

株式会社 一測設計

本　　社	〒 021-0902	岩手県一関市萩荘字竹際 33 番地 5	TEL 0191-24-2222
盛岡支店	〒 020-0816	岩手県盛岡市中野一丁目 3 - 5 アイプラス一測設計ビル 3 階	TEL 019-601-5363
仙台支店	〒 982-0014	宮城県仙台市太白区大野田 4 - 9 - 3	TEL 022-308-9125
郡山支店	〒 963-0551	福島県郡山市喜久田町松ヶ作 16 - 175	TEL 024-926-0081
東京支店	〒 141-0022	東京都品川区東五反田 3 丁目 17 - 16 ネオハイツヴェルビュ島津山	
			TEL 03-3441-8791
松島支店	〒 981-0213	宮城県宮城郡松島町松島字小梨屋 2 - 14	TEL 022-355-1381
花巻営業所	〒 028-3101	岩手県花巻市石鳥谷町好地 16 - 131 - 1	TEL 0198-46-2277
北上営業所	〒 024-0072	岩手県北上市北鬼柳 3 地割 2 - 6　A - 101	TEL 0197-71-5567
奥州営業所	〒 023-1111	岩手県奥州市江刺区大通り 1 - 27	TEL 0197-31-0133
宮古営業所	〒 027-0022	岩手県宮古市磯鶏石崎 7 - 17 - 105	TEL 0193-64-2266
大船渡営業所	〒 022-0003	岩手県大船渡市盛町舘下 4 - 1	TEL 0192-21-4860
二戸営業所	〒 028-6105	岩手県二戸市堀野字長地 72 - 4 渡邊ビル 2F 南号	TEL 0195-22-4122
宮城県北営業所	〒 987-2215	宮城県栗原市築館高田二丁目 1 - 25	TEL 0228-21-0460

■ ホームページ：https://www.issoku.co.jp/
■ メールアドレス：bunkazai@issoku.co.jp

【設立】昭和 52 年 4 月 1 日

【資本金】30,000 千円

【役員】代表取締役　八木秀一　　代表取締役社長　藤原勝広　　専務取締役　佐藤克宏
　　　　取締役　　　星野裕昭　　監査役　　　　　小野寺郁夫

【役職員数】総人員　82 名　　うち文化財部門　8 名

【文化財統括責任者】熊谷賢一

【埋蔵文化財調査士】安達尊伸

【埋蔵文化財調査士補】高橋広太　　櫛引理沙

【日本考古学協会会員】該当者なし

【日本文化財科学会会員】該当者なし

【日本旧石器学会会員】該当者なし

【学芸員】6 名

【一級土木施工管理技士】8 名

【二級土木施工管理技士】2 名

【測量士】24 名

【測量士補】26 名

【直前一年間の会社の総売上高】
会社の総売上高　842,720 千円　　このうち文化財部門の売上高　73,333 千円
（令和 5 年 2 月 1 日〜令和 6 年 1 月 31 日）

【業務内容】
(1) 文化財部門の業務
　　主力業務：遺跡関係測量一般・本格調査・遺物整理・文化財三次元データ作成・遺跡情報システム構築
　　その他：試掘調査・報告書作成・文化財レプリカ作成
(2) 文化財部門以外の業務
　　建設コンサルタント業全般、補償コンサルタント業、その他

【遺物整理スペース】岩手県一関市 66㎡　　　　岩手県盛岡市 22㎡　　　　福島県郡山市 51㎡

【遺物保管スペース】岩手県一関市 66㎡　　　　岩手県盛岡市 22㎡　　　　福島県郡山市 51㎡

【直前3年間（令和3年、令和4年、令和5年）の主な調査実績】
令和3年
・鏡石町指定文化財板碑レーザー測量業務委託　福島県　三次元レーザー測量　三次元データ作成
・新地町土面3Dデータ計測レプリカ作成業務委託　福島県　三次元データ作成　レプリカ作成
・第32号　鳥海柵跡発掘調査報告書作成支援業務委託　岩手県　発掘調査報告書図面作成支援
・座散乱木遺跡遺物実測図作成業務　宮城県
・大熊町西平窯跡本発掘調査業務委託　福島県　600㎡　発掘調査　報告書作成
・和野Ⅰ遺跡出土遺物整理・報告書作成支援業務委託　岩手県　報告書作成業務
・令和3年度史跡九戸城跡石沢館三次元測量図化業務委託　岩手県　基準点測量、空中写真測量
・あきた芸術劇場整備事業に係る久保田城跡整理作業に伴う土器実測図・トレース図作成業務委託　秋田県
・いわて遺跡地図WEBサイト構築業務　岩手県

令和4年
・一関東第二工業団地拡張整備事業に伴う遺跡発掘調査業務委託　岩手県　発掘調査　報告書作成
・大熊町埋蔵文化財試掘調査業務委託　福島県　試掘調査支援
・赤塚遺跡整理作業に伴う土器実測図及びトレース図作成業務委託　秋田県
・中西部遺跡遺物実測支援業務委託　福島県
・茱萸ノ木遺跡整理作業に伴う土器・土製品実測図及びトレース図作成業務委託　秋田県
・赤塚遺跡整理作業に伴う土器実測図及びトレース図作成業務委託　秋田県
・人骨レプリカ修復業務　福島県　人骨レプリカ修復
・令和4年度史跡九戸城跡石沢館三次元測量図化業務　岩手県　基準点測量、空中写真測量
・亘理町文化財公開活用型システム構築業務委託　宮城県　遺跡地図WEBサイト　GISシステム構築

令和5年
・小松館跡・後原遺跡他トレンチ掘削・遺構検出等業務委託　福島県　試掘確認調査支援
・竹田リハビリテーション病院敷地内発掘調査業務委託　福島県　発掘調査
・沖田遺跡トレンチ掘削・遺構検出等業務委託　福島県　試掘確認調査支援
・塚ノ草遺跡本発掘調査業務　福島県　発掘調査
・YB-YSB1・2トレンチ掘削・遺構検出等業務委託　福島県　試掘確認調査支援
・谷地遺跡遺構検出・掘削等業務委託　福島県　発掘調査支援
・大熊町内遺跡復興関連試掘確認調査業務　福島県　試掘確認調査支援
・国道4号泉崎地区トレンチ掘削・確認調査支援業務委託　福島県　試掘確認調査支援
・大熊町内遺跡試掘確認調査業務　福島県　試掘確認調査支援
・令和5年度屋形遺跡範囲内容確認調査出土遺物整理業務委託　岩手県
・能代市檜山城跡出土遺物実測図・トレース図作成業務委託　秋田県
・天神谷地遺跡遺物実測等業務委託　福島県
・令和4年度大熊町内遺跡発掘調査報告書作成業務　福島県　報告書作成支援業務
・中西部遺跡遺物実測図トレース業務委託　福島県
・赤塚遺跡整理作業に伴う土器実測図及びトレース図作成業務委託　秋田県
・岩泉町遮光器土偶外レプリカ作成業務委託　岩手県　レプリカ作成
・壺棺並びに古墳周溝3D計測業務　福島県　GCP測量　3D計測
・令和5年度九戸城跡三次元測量図化業務　岩手県　基準点測量　空中写真測量
・亘理町文化財公開活用型システム構築業務委託　宮城県　遺跡地図WEBサイト　GISシステム構築
・三内丸山遺跡デジタル化資料登録等業務　青森県　画像・台帳データ作成　管理システム登録　公開設定作業

株式会社 大石組

本　　　社	〒940-8521	新潟県長岡市南町 2 - 4 - 4	TEL 0258-35-5511
新潟営業所	〒950-0962	新潟県中央区出来島 1 丁目 5 番 1 号　ウエダビル 2F　A号室	TEL 025-384-8626
魚沼営業所	〒946-0216	新潟県魚沼市須原 1000 - 1	TEL 025-797-2275
南魚沼営業所	〒949-6363	新潟県南魚沼市下一日市 694 番地	TEL 025-775-7703
越路出張所	〒949-5409	新潟県長岡市西野 1866 - 1	TEL 0258-92-5211
山古志出張所	〒947-0204	新潟県長岡市山古志竹沢乙 - 596	TEL 0258-59-2714
南町別館	〒940-0081	新潟県長岡市南町 2 - 4 - 6	TEL 0258-86-8451

■ ホームページ：http://www.ohishigumi.co.jp/
■ メールアドレス：bunkazai@ohishigumi.co.jp

【設立年月日】昭和 29 年 3 月 23 日

【資本金】100,000 千円

【役員】取締役社長　　　大石保男　　専務取締役　　　　大石慶太郎　　取締役建築部長　大阪信次
　　　　取締役管理部長　米持昭良　　取締役土木部長　　関　雅哉

【役職員数】総人員　86 名　　うち文化財部門　13 名

【文化財統括責任者】関　雅哉

【埋蔵文化財調査士】竹部佑介　　南波　守

【埋蔵文化財調査士補】松井奈緒子　　桑原　健

【日本考古学協会会員】竹部佑介

【日本文化財科学会会員】該当者なし

【日本旧石器学会会員】該当者なし

【学芸員】南波　守　　松井奈緒子　　神林康子

【一級土木施工管理技士】27 名

【二級土木施工管理技士】8 名

【測量士】5 名

【測量士補】0 名

【直前一年間の会社の総売上高】

会社の総売上高　4,736,161 千円　　このうち文化財部門の売上高　117,103 千円

（令和 5 年 1 月 1 日～令和 5 年 12 月 31 日）

【業務内容】

(1)　文化財部門の業務

　　①　試掘調査・本格調査

　　②　遺物整理・遺跡環境変遷解析・報告書作成

　　③　遺跡関係測量一般

　　④　土器復元・修復・保存修理等文化財保存修復

　　⑤　史跡整備設計・監理

(2)　文化財部門以外の業務

　　①　建設コンサルタント業

　　②　建設業

【遺物整理スペース】新潟県長岡市南町 2-4-6　100 ㎡

【遺物保管スペース】新潟県長岡市南町 2-4-6　40 ㎡

【直前 3 年間（令和 3 年、令和 4 年、令和 5 年）の主な調査実績】

令和 3 年

・丘江・ササラ西遺跡発掘調査業務　新潟県　3,759 ㎡　本調査、遺物整理

・八幡林官衙遺跡再整理業務　新潟県　遺物整理、実測・トレース

・上原遺跡報告書作成業務　新潟県　報告書作成・編集

・寺泊地区圃場整備事業試掘調査支援業務　新潟県　試掘確認調査

・馬高・三十稲葉遺跡出土品再整理業務　新潟県　実測・トレース

令和 4 年

・ササラ西遺跡発掘調査報告書作成業務　新潟県　遺物整理、報告書作成

・宮田遺跡発掘調査支援業務　新潟県　1,460 ㎡　本調査、遺物整理

・城地免西入遺跡発掘調査支援業務　新潟県　450 ㎡　本調査、遺物整理

・八幡林官衙遺跡再整理業務　新潟県　遺物整理、実測・トレース

・大和沢遺跡報告書作成業務　新潟県　報告書作成・編集

・馬高・三十稲葉遺跡出土品再整理業務　新潟県　実測・トレース

令和 5 年

・谷内遺跡第 3 次発掘調査支援業務　新潟県　423 ㎡　本調査、遺物整理

・前田大清水口遺跡発掘調査支援業務　新潟県　741 ㎡　本調査、遺物整理

・馬高・三十稲葉遺跡出土品再整理業務　新潟県　実測・トレース

・八幡林官衙遺跡再整理業務　新潟県　遺物整理、実測・トレース

・宮田遺跡報告書作成業務　新潟県　報告書作成・編集

株式会社 こうそく

本　社　　　〒 381-2205　長野県長野市青木島町大塚 1113 番地　　　　TEL 026-285-5221
東京支店　　〒 181-0013　東京都三鷹市下連雀三丁目 42 番 4 号　　　　TEL 0422-71-3211

　■ ホームページ：https://www.k-kousoku.jp/
　■ メールアドレス：info@k-kousoku.jp

【設立】昭和 45 年 3 月 20 日

【資本金】20,000 千円

【役員】代表取締役　塩見健太郎　　常務取締役　見野部智　　取締役　東　義徳

【役職員数】総人員　58 名　　うち文化財部門　5 名

【文化財統括責任者】該当者なし

【埋蔵文化財調査士】該当者なし

【埋蔵文化財調査士補】該当者なし

【日本考古学協会会員】該当者なし

【日本文化財科学会会員】該当者なし

【日本旧石器学会会員】該当者なし

【学芸員】該当者なし

【一級土木施工管理技士】2 名

【二級土木施工管理技士】0 名

【測量士】12 名

【測量士補】19 名

【直前一年間の会社の総売上高】
会社の総売上高　517,509 千円　　このうち文化財部門の売上商　9,250 千円
（令和 4 年 4 月 1 日〜令和 5 年 3 月 31 日）

【業務内容】
(1) 文化財部門の業務
　　主力業務：遺跡関係測量一般、3 次元計測
　　その他：過去成果デジタル化・データ化

(2) 文化財部門以外の業務
　　測量業、建設コンサルタント業、補償コンサルタント業、GIS 開発・構築

【遺物整理スペース】 なし

【遺物保管スペース】 なし

【直前 3 年間（令和 3 年、令和 4 年、令和 5 年）の主な調査実績
令和 3 年
・孫七坂遺跡測量業務　長野県　1,300 ㎡　本調査
・羽場遺跡礫群等断面固作成　長野県　14 断面　整理作業

令和 4 年
・長沼城跡測量業務（その 3）　長野県　4,000 ㎡　本調査
・長沼城跡測量業務（その 4）　長野県　94 ㎡　本調査
・長沼城跡測量業務（その 6）　長野県　4,200 ㎡　本調査

令和 5 年
・川田条里遺跡測量業務　長野県　760 ㎡　本調査
・川田条里遺跡測量業務（その 2）　長野県　2,000 ㎡　本調査
・南栗遺跡測量業務（その 2）　長野県　6,400 ㎡　本調査
・長沼城跡測量業務　長野県　11,000 ㎡　本調査
・真光寺遺跡測量業務　長野県　2,100 ㎡　本調査
・長沼城跡測量業務（その 2）　長野県　11,000 ㎡　本調査
・真光寺遺跡測量業務（その 3）　長野県　1,000 ㎡　本調査
・真光寺遺跡測量業務（その 4）　長野県　300 ㎡　本調査
・南大原遺跡測量業務　長野県　600 ㎡　本調査

小柳建設株式会社

本　　社	〒 955-0047	新潟県三条市東三条 1 - 21 - 5		TEL 0256-32-0006
加茂本店	〒 959-1326	新潟県加茂市青海町 1 - 5 - 7		TEL 0256-52-0008
新潟支店	〒 950-1344	新潟県新潟市西蒲区福島下新田 1261 - 1		TEL 025-375-1238
埋蔵文化財調査室事務所		〒 950-1343　新潟県新潟市西蒲区三ツ門 575 - 1		TEL 025-201-6092
長岡支店	〒 954-0124	新潟県長岡市中之島 4156 - 8		TEL 0258-66-0007
東京支店	〒 102-0072	東京都千代田区飯田橋 2 - 9 - 3		TEL 03-3230-8578
東蒲原営業所	〒 959-4636	新潟県東蒲原郡阿賀町石間字前通 3764 番 1		TEL 0254-99-1111
燕営業所	〒 959-1232	新潟県燕市南 5 丁目 10 - 8　カメリア 101 号室		TEL 0256-66-3288
柏崎営業所	〒 945-0033	新潟県柏崎市東長浜町 3 - 19　東ビル 302 号		TEL 0257-20-6830
田上営業所	〒 959-1513	新潟県南蒲原郡田上町大字川船河甲 1391 番地 2		TEL 0256-57-5171
新発田営業所	〒 957-0007	新潟県新発田市小舟町 3 丁目 1 番 22 号		TEL 0254-21-3360
魚沼営業所	〒 949-7251	新潟県南魚沼市大崎 3251		TEL 025-780-0701
上越営業所	〒 942-0052	新潟県上越市上源入 412 - 11		TEL 025-531-2188
見附営業所	〒 954-0051	新潟県見附市本所 1 - 3 - 3　ロイヤルハイツ 1 階 11 号		TEL 0258-86-8918
宮城営業所	〒 981-3213	宮城県仙台市泉区八乙女中央 5 丁目 9-2		TEL 022-341-1108
福島営業所	〒 963-0702	福島県郡山市緑ヶ丘東 4 丁目 2 番地の 1		TEL 024-941-2138
松本営業所	〒 390-0875	長野県松本市城西 1 丁目 1 番 38 - 2 号メゾン城西 305 号		TEL 0263-88-8103
千葉営業所	〒 299-1607	千葉県富津市湊 372 番地の 5		TEL 0439-29-5667
横浜営業所	〒 221-0014	神奈川県横浜市神奈川区入江 1 - 27 - 48		TEL 045-430-3285
群馬営業所	〒 370-0008	群馬県高崎市正観寺町 982 番地 1		TEL 027-386-4407
大阪営業所	〒 534-0024	大阪府大阪市都島区東野田町一丁目 21 番 9 号　アイズワンビル 4 階		
				TEL 06-6335-9560
名古屋営業所	〒 946-0058	愛知県名古屋市北区西志賀町 2 丁目 28 シャルム 28 101 号		
				TEL 052-908-5790
広島営業所	〒 731-0141	広島県広島市安佐南区相田三丁目 59 番 2 号		TEL 082-962-6323
福岡営業所	〒 816-0014	福岡県筑紫野市大字牛島 405 番地 13		TEL 082-962-6323

■ ホームページ：https://n-oyanagi.com/
■ メールアドレス：business@n-oyanagi.com

【設立】昭和 35 年 4 月 1 日

【資本金】100,000 千円

【役員】代表取締役社長　小柳卓蔵　　専務取締役　中静真吾　　常務取締役　澁谷高幸
　　　　会計参与　　　　武石聰之　　監査役　　　上村成生

【役職員数】総人員　234 名　　うち文化財部門　6 名

【文化財統括責任者】松本吉弘

【埋蔵文化財調査士】該当者なし

【埋蔵文化財調査士補】該当者なし

【日本考古学協会会員】該当者なし

【日本文化財科学会会員】該当者なし

【日本旧石器学会会員】該当者なし

【学芸員】松本吉弘

【一級土木施工管理技士】62 名

【二級土木施工管理技士】37 名

【測量士】10 名

【測量士補】13 名

【直前一年間の会社の総売上高】
会社の総売上高　6,555,758 千円　　このうち文化財部門の売上高　69,913 千円
（令和 4 年 6 月 1 日〜令和 5 年 5 月 31 日）

【業務内容】
(1)　文化財部門の業務
　　主力業務：試掘調査・本格調査
　　その他：遺物整理・遺跡環境変遷解析・報告書作成、遺跡関係測量一般、自然科学分析、土器復元・修復・
　　　保存修理等文化財保存修復、史跡整備設計・監理

(2)　文化財部門以外の業務
　　建設業、その他

【遺物整理スペース】新潟県新潟市西蒲区三ツ門 575 - 1　143 ㎡

【遺物保管スペース】新潟県新潟市西蒲区三ツ門 575 - 1　143 ㎡

【直前 3 年間（令和 3 年、令和 4 年、令和 5 年）の主な調査実績】
令和 3 年
・上野遺跡Ⅴ・山口遺跡Ⅳ・山口野中遺跡Ⅴ・新町遺跡Ⅱ・石船戸東遺跡Ⅲ発掘調査作業及び関連諸工事業務
　委託　新潟県　14,799 ㎡　本調査、測量及び空撮、支援業務
・花立遺跡発掘調査支援業務委託　新潟県　469 ㎡　本調査、測量及び空撮
・花立遺跡出土遺物整理作業支援業務委託　新潟県　整理業務

令和 4 年
・上野遺跡Ⅵ発掘調査作業及び関連諸工事業務委託　新潟県　7,582 ㎡　本調査、測量及び空撮、支援業務
・花立遺跡発掘調査支援業務委託　新潟県　1,125 ㎡　本調査、測量及び空撮

令和 5 年
・滑石遺跡遺構検出・掘削等業務委託　　福島県　7,000 ㎡　本調査、測量　支援業務
・令和 5 年度市内遺跡確認調査作業委託　新潟県　確認調査
・花立遺跡発掘調査支援業務委託　新潟県　250 ㎡　本調査、測量及び空撮

技研コンサル株式会社

本　　社	〒 371-0033	群馬県前橋市国領町二丁目 21 番 12 号	TEL 027-231-0111
吾妻営業所	〒 377-0804	群馬県吾妻郡東吾妻町岩井 1082 の 1	TEL 0279-68-5771
渋川営業所	〒 377-0203	群馬県渋川市吹屋 204 番地 4	TEL 0279-20-1131
太田営業所	〒 373-0847	群馬県太田市西新町 19 番地 2	TEL 0276-33-7621
高崎営業所	〒 370-0071	群馬県高崎市小八木町 312 番地 15	TEL 027-370-7181

■ ホームページ：http://www.giken-jp.com/
■ メールアドレス：giken@giken-jp.com

【設立】昭和 40 年 7 月 31 日

【資本金】20,000 千円

【役員】代表取締役社長　嶋田大和　　代表取締役会長　嶋田　仁　　専務取締役　嶋田いち子
　　　　取締役　　　　　嶋田真理　　取締役　　　　　島村　浩　　取締役　　　山本義久
　　　　取締役　　　　　角田健治　　取締役　　　　　嶋田琢磨

【役職員数】総人員　148 名　　うち文化財部門　16 名

【文化財統括責任者】澤井俊幸

【埋蔵文化財調査士】佐野良平　　岡野　茂　　茂木佑輔

【埋蔵文化財調査士補】佐野一未　　松村春樹　　丸山和浩

【日本考古学協会会員】佐野良平　　岡野　茂　　佐野一未　　松村春樹
　　　　　　　　　　　茂木佑輔　　曽根　裕

【日本文化財科学会会員】該当者なし

【日本旧石器学会会員】該当者なし

【学芸員】佐野良平　　佐野一未　　茂木佑輔　　大井健矢　　浅井あかり

【一級土木施工管理技士】22 名

【二級土木施工管理技士】10 名

【測量士】50 名

【測量士補】36 名

【直前一年間の会社の総売上高】
会社の総売上高　2,236,090 千円　　このうち文化財部門の売上高　343,778 千円
（令和 5 年 4 月 1 日～令和 6 年 3 月 31 日）

【業務内容】
(1) 文化財部門の業務
　主力業務：試掘調査・本格調査
　その他：遺物整理・遺跡環境変遷解析・報告書作成、遺跡関係測量一般、土器復元・修復・保存修理等文化
　　財保存修復
(2) 文化財部門以外の業務
　測量業、建設コンサルタント、補償コンサルタント、地質調査業、その他

【遺物整理スペース】群馬県前橋市 120 ㎡

【遺物保管スペース】群馬県前橋市 70 ㎡

【直前 3 年間（令和 3 年、令和 4 年、令和 5 年）の主な調査実績】
令和 3 年
・西善福録遺跡　群馬県　3,300 ㎡　本調査、遺物整理、報告書作成
・綿貫 41・岩鼻 47-3 遺跡　群馬県　1,224 ㎡　支援業務
・西部第一落合遺跡群（2）群馬県　115 ㎡　本調査、遺物整理、報告書作成
・貝野瀬堀ノ内遺跡　群馬県　787 ㎡　支援業務
・七日市東遺跡・七日市遺跡　群馬県　40,725 ㎡　本調査、遺物整理、報告書作成
・西部第一落合遺跡群（3）群馬県　1,544 ㎡　本調査、遺物整理、報告書作成
・西部第一落合遺跡群（4）群馬県　272 ㎡　本調査、遺物整理、報告書作成
・柳田遺跡　群馬県　7,079 ㎡　支援業務
・萩原・沖中遺跡（9）群馬県　1,600 ㎡　本調査、遺物整理、報告書作成
・中堀東遺跡　群馬県　8,280 ㎡　支援業務
・横沢柴崎遺跡　群馬県　152 ㎡　本調査、遺物整理、報告書作成

令和 4 年
・南部拠点地区遺跡群 No.12　群馬県　20,032 ㎡　本調査、遺物整理、報告書作成
・三ツ寺鍛冶街道遺跡ほか　群馬県　13,485 ㎡　支援業務
・保渡田阿弥陀遺跡ほか　群馬県　11,503 ㎡　支援業務
・萩原・沖中遺跡 10　群馬県　2,770 ㎡　本調査、遺物整理、報告書作成
・一ノ宮本宿・郷土遺跡Ⅳ　群馬県　1,600 ㎡　本調査、遺物整理、報告書作成
・西部第一落合遺跡群（5）群馬県　694 ㎡　本調査、遺物整理、報告書作成

令和 5 年
・三ツ寺鍛冶街道遺跡ほか　群馬県　5,944 ㎡　支援業務
・保渡田阿弥陀遺跡ほか　　群馬県　8,578 ㎡　支援業務
・中里見根岸遺跡 5　群馬県　715 ㎡　本調査、遺物整理、報告書作成
・萩原柳ノ内遺跡　群馬県　3,862 ㎡　本調査、遺物整理、報告書作成
・西部第一落合遺跡群（5）群馬県　694 ㎡　本調査、遺物整理、報告書作成
・南部拠点遺跡群 No.13　群馬県　1,240 ㎡　本調査、遺物整理、報告書作成
・上泉遺跡　群馬県　1,200 ㎡　本調査、遺物整理、報告書作成
・下滝遺跡　群馬県　遺物整理
・元総社屋敷遺跡 No.2　群馬県　遺物整理

有限会社 毛野考古学研究所

本　　社	〒379-2146	群馬県前橋市公田町 1002 番地 1	TEL 027-265-1804
茨城支所	〒309-1221	茨城県桜川市西飯岡 558 番地 1	TEL 0296-71-4555
埼玉支所	〒355-0155	埼玉県比企郡吉見町北吉見 1440 - 1	TEL 0493-81-7878
富山支所	〒939-0362	富山県射水市太閤山 1 - 133 - 1	TEL 0766-57-1618
栃木営業所	〒326-0067	栃木県足利市江川町 4 - 16 - 3	TEL 0284-44-0900
伊勢崎営業所	〒372-0053	群馬県伊勢崎市宗高町 126 - 2	TEL 0270-26-5748
岐阜営業所	〒509-4254	岐阜県飛騨市古川町上町 782 番地 2	TEL 0577-73-5312
長野営業所	〒382-0071	長野県須坂市小河原 376 - 5 - 205	TEL 026-248-6088

■ ホームページ：http://kenoken.o.oo7.jp
■ メールアドレス：keno_k@nifty.com

【設立】平成 14 年 4 月 19 日

【資本金】10,000 千円

【役員】代表取締役　日沖剛史　　取締役　常深　尚　　取締役　髙橋清文
　　　　取締役　　和久裕昭　　取締役　伊藤順一

【役職員数】総人員　63 名　　うち文化財部門　59 名

【文化財統括責任者】志村　哲

【埋蔵文化財調査士】淺間　陽　　有山径世　　伊藤順一　　亀田浩子　　河野一也　　恋河内昭彦
　　　　　　　　　　志村　哲　　髙橋清文　　常深　尚　　土井道昭　　日沖剛史　　南田法正
　　　　　　　　　　宮田忠洋　　宮本久子　　山本千春　　和久裕昭

【埋蔵文化財調査士補】該当者なし

【日本考古学協会会員】淺間　陽　　有山径世　　伊藤順一　　井上　太　　賀来孝代　　河野一也
　　　　　　　　　　　車崎正彦　　志村　哲　　髙橋清文　　常深　尚　　土井道昭　　日沖剛史
　　　　　　　　　　　宮田忠洋　　宮本久子　　山本千春　　和久裕昭

【日本文化財科学会会員】該当者なし

【日本旧石器学会会員】該当者なし

【学芸員】淺間　陽　　有山径世　　伊藤順一　　井上　太　　賀来孝代　　河野一也　　車崎正彦
　　　　　幸田みなみ　志村　哲　　髙橋清文　　日沖剛史　　宮田忠洋　　宮本久子　　南田法正
　　　　　山本千春　　和久裕昭

【一級土木施工管理技士】0 名

【二級土木施工管理技士】0 名

【測量士】2 名

【測量士補】3 名

【直前一年間の会社の総売上高】

会社の総売上高　425,253 千円　　このうち文化財部門の売上高　425,253 千円

（令和 4 年 10 月 1 日～令和 5 年 9 月 30 日）

【業務内容】

(1) 文化財部門の業務

　主力業務：試掘調査・本格調査

　その他：遺物整理・遺跡環境変遷解析・報告書作成、遺跡関係測量一般、土器復元・修復・保存修理等文化
　　財保存修復

(2) 文化財部門以外の業務

　なし

【遺物整理スペース】群馬県前橋市 730 ㎡　　　　茨城県桜川市 416 ㎡　　　　埼玉県比企郡吉見町 45 ㎡
　　　　　　　　　　富山県射水市 80 ㎡

【遺物保管スペース】群馬県前橋市 475 ㎡

【直前 3 年間（令和 3 年、令和 4 年、令和 5 年）の主な調査実績】

令和 3 年

・藤岡市東平井工業団地第 2 期整備事業に伴う埋蔵文化財調査業務委託　群馬県　45,348 ㎡　本調査

・県営畑地帯総合整備事業山田地区に伴う埋蔵文化財発掘調査（東の門西の門城跡　四次追加）発掘業務　茨
　城県　980 ㎡　本調査

・岩鼻遺跡第 9 次　埋蔵文化財発掘調査事業　埼玉県　339 ㎡　本調査

・呉羽丘陵フットパス連絡橋整備工事に伴う明神山遺跡埋蔵文化財発掘調査業務委託　富山県　149 ㎡　本調査

令和 4 年

・谷田部第六天下遺跡発掘調査業務　茨城県　1,924 ㎡　本調査

・鷺山南遺跡 B 地点　222 ㎡　本調査

・四方背戸割発掘調査業務　富山県　1,320 ㎡　本調査

・高林鶴巻古墳群発掘調査業務　群馬県　980 ㎡　本調査

・飛騨市詳細分布調査支援業務　岐阜県　－㎡　分布調査

・弓波遺跡（2～4 次その 1）遺物整理外業務　石川県　－㎡　遺物整理

令和 5 年

・横塚工場適地整備事業に係る埋蔵文化財発掘調査（C2 地区）業務　群馬県　4,500 ㎡　本調査

・令和 5 年度　国補防安交第 5 号辰海道遺跡発掘調査業務委託　茨城県　2,513.8 ㎡　本調査

・下郷遺跡第 34 次発掘調査にかかる支援業務委託　埼玉県　3,632 ㎡　本調査

・(仮称)ビジネスホテル富山総曲輪新築工事に伴う埋蔵文化財発掘調査業務委託　富山県　103.89 ㎡　本調査

・丹南藩五十部陣屋跡　発掘調査業務　栃木県　480 ㎡　本調査

・海神台西遺跡（24）埋蔵文化財調査発掘作業委託　千葉県　100 ㎡　本調査

・令和 6 年度　苅谷原遺跡出土土器棺修復業務　長野県　－㎡　土器復元

・市内遺跡試掘確認調査支援業務　岐阜県　20 ㎡　試掘調査

株式会社 三協技術

本　　社	〒 980-0803	宮城県仙台市青葉区国分町三丁目 8 番 14 号	TEL 022-224-5503
文化財調査室	〒 980-0811	宮城県仙台市青葉区一番町二丁目 2 番 3 号 8 階	TEL 022-281-9655
盛岡支店	〒 020-0024	岩手県盛岡市菜園一丁目 3 番 6 号	TEL 019-681-7483
大崎支店	〒 989-6157	宮城県大崎市古川栄町 15 番 30 号	TEL 0229-91-8465
山形支店	〒 990-0043	山形県山形市本町一丁目 4 番 27 号	TEL 023-665-5735
福島支店	〒 960-8164	福島県福島市八木田字中島 8 番地の 2	TEL 024-572-7281
東京支店	〒 151-0053	東京都千代田区神田平河町 1 番地 - 205 号	TEL 03-6276-1624
北関東支店	〒 320-0062	栃木県宇都宮市東宝木町 12 番 1 号 3 階	TEL 028-611-3432
秋田営業所	〒 010-0951	秋田県秋田市山王六丁目 8 番 24 号	TEL 018-883-3910
石巻営業所	〒 986-0862	宮城県石巻市あけぼの二丁目 17 番 8 号	TEL 0225-21-5563
気仙沼営業所	〒 988-0053	宮城県気仙沼市田中前二丁目 3 番 21 号	TEL 0226-25-9098
郡山営業所	〒 963-8017	福島県郡山市長者三丁目 4 番 1 号	TEL 024-973-8681
青森営業所	〒 038-0031	青森県青森市大字三内字沢部 241 番地 7	TEL 017-718-0911

■ ホームページ：http://www.sankyocc.jp
■ メールアドレス：sankyo@sankyocc.jp

【設立】昭和 62 年 2 月 17 日

【資本金】85,000 千円

【役員】代表取締役　高橋　郁　　取締役　佐々木裕子　　取締役　千田勝見　　取締役　白鳥昭浩

【役職員数】総人員　171 名　　うち文化財部門　15 名

【文化財統括責任者】結城愼一

【埋蔵文化財調査士】佐々木竜郎

【埋蔵文化財調査士補】小野寺純也　　佐々木華子　　田村優衣

【日本考古学協会会員】渡邊泰伸　　成田滋彦　　田中和之　　佐々木竜郎

【日本文化財科学会会員】該当者なし

【日本旧石器学会会員】該当者なし

【学芸員】渡邊泰伸　　田中和之　　佐々木竜郎　　高橋義行　　小野寺純也　　佐々木華子
　　　　　田村優衣　　島田　亘

【一級土木施工管理技士】39 名

【二級土木施工管理技士】7 名

【測量士】41 名

【測量士補】19 名

【直前一年間の会社の総売上高】

会社の総売上高　2,989,643 千円　　このうち文化財部門の売上高　274,161 千円

（令和 4 年 8 月 1 日～令和 5 年 7 月 31 日）

【業務内容】

(1)　文化財部門の業務

　　主力業務：試掘調査・本格調査

　　その他：遺物整理・遺跡環境変遷解析・報告書作成、遺跡関係測量一般、自然科学分析、土器復元・修復・
　　保存修理等文化財保存修復、史跡整備設計・監理

(2)　文化財部門以外の業務

　　建設コンサルタント業、建設業、測量業、地質調査業、補償コンサルタント業、その他

【遺物整理スペース】宮城県仙台市 70 ㎡

【遺物保管スペース】宮城県仙台市 90 ㎡
　　　　　　　　　　宮城県大崎市 100 ㎡

【直前 3 年間（令和 3 年、令和 4 年、令和 5 年）の主な調査実績】

令和 3 年

・令和 3 年度　羽黒前遺跡第 1 次発掘調査支援業務　宮城県　5,394 ㎡　支援業務
・多賀城地区ほ場整備事業に伴う埋蔵文化財発掘調査に係る出土資料実測図作成業務委託　宮城県　遺物整理
・日南郷遺跡、高津戸館跡発掘調査支援業務委託　福島県　2,100 ㎡　支援業務
・神宮寺跡発掘調査業務委託　福島県　787 ㎡　支援業務
・前田遺跡出土遺物注記業務委託　福島県　遺物整理
・丈六横穴墓群、丈六古墳群発掘調査支援業務委託　福島県　1,000 ㎡　支援業務
・前田遺跡出土遺物注記業務委託 2　福島県　遺物整理
・展示土器修復業務　福島県　遺物整理

令和 4 年

・令和 4 年度　羽黒前遺跡第 1 次発掘調査支援業務　宮城県　4,500 ㎡　支援業務
・令和 4 年度収蔵資料整理業務　宮城県　遺物整理
・中沢遺跡出土土器・土製品実測図等作成業務　宮城県　図面作成・トレース、写真撮影
・霞城公園二ノ丸遺物実測図作成業務委託　山形県　図面作成・トレース
・日向洞窟西地区発掘調査報告書作成支援業務　山形県　測量図面整理
・高瀬山分譲宅地造成工事に伴う埋蔵文化財発掘調査業務　山形県　922 ㎡　本調査、遺物整理、報告書作成
・中西部遺跡発掘調査支援業務委託　福島県　10,000 ㎡　支援業務
・塚田 B 遺跡遺物実測図トレース業務委託　福島県　トレース
・令和 4 年度大熊町文化財（考古資料）データベース化業務委託　福島県　収蔵資料整理

令和 5 年

・塚田 B 遺跡遺物実測図トレース業務委託　福島県　トレース
・令和 5 年度　羽黒前遺跡第 1 次発掘調査整理報告書作成支援業務　宮城県　9,894 ㎡　支援業務
・令和 5 年度　百目木地区団地造成に係る発掘調査業務　山形県　3,302 ㎡　本調査、遺物整理
・弥平畑遺跡第 3 次発掘調査業務委託　福島県　14,600 ㎡　本調査
・日向洞窟西地区発掘調査報告書作成支援業務　山形県　測量図面整理

三航光測

本　　社　　　〒019-1601　秋田県大仙市太田町横沢字堀の内 113 - 4　　　TEL 0187-88-2257

　メールアドレス：sankyu@skosok.com

【設立】昭和 58 年 4 月 1 日

【資本金】2,000 千円

【役員】代表　髙橋清一郎

【役職員数】総人員　15 名　　うち文化財部門　2 名

【文化財統括責任者】髙橋清一郎

【埋蔵文化財調査士】該当者なし

【埋蔵文化財調査士補】該当者なし

【日本考古学協会会員】該当者なし

【日本文化財科学会会員】該当者なし

【日本旧石器学会会員】該当者なし

【学芸員】該当者なし

【一級土木施工管理技士】4 名

【二級土木施工管理技士】0 名

【測量士】8 名

【測量士補】3 名

【直前一年間の会社の総売上高】
会社の総売上高　115,679 千円　　このうち文化財部門の売上高　0 千円
（令和5年1月1日〜令和5年12月31日）

【業務内容】
(1)　文化財部門の業務
　　主力業務：遺跡関係測量一般

(2)　文化財部門以外の業務
　　測量業、建設コンサルタント業、補償コンサルタント業

【遺物整理スペース】秋田県大仙市 100 ㎡

【遺物保管スペース】秋田県大仙市 200 ㎡

【直前3年間（令和3年、令和4年、令和5年）の主な調査実績】
令和3年
・なし

令和4年
・小平沢出口遺跡発掘調査に伴う水準測量及び方眼杭設置業務委託　秋田県　3級基準点測量

令和5年
・なし

株式会社 シン技術コンサル

本　　社	〒 003-0021	北海道札幌市白石区栄通二丁目 8 - 30	TEL 011-859-2600
帯広支店	〒 080-0801	北海道帯広市東 1 条南九丁目 12 - 2	TEL 0155-66-9919
東京支店	〒 192-0363	東京都八王子市別所一丁目 10 - 6	TEL 042-677-5480
東北支店	〒 981-1104	宮城県仙台市太白区中田五丁目 3 - 21	TEL 022-741-2850
北関東支店	〒 370-1135	群馬県佐波郡玉村町板井 311 - 1	TEL 0270-65-2777
北広島営業所	〒 061-1113	北海道北広島市共栄町一丁目 12 - 4	TEL 011-372-4401
函館営業所	〒 040-0073	北海道函館市宮前町 29 - 3	TEL 0138-45-5045
福島営業所	〒 963-0117	福島県郡山市安積荒井二丁目 96	TEL 024-983-3615
栃木営業所	〒 328-0123	栃木県栃木市川原田町 1556 - 2	TEL 0282-21-7902
前橋営業所	〒 371-0804	群馬県前橋市六供町一丁目 16 - 6	TEL 027-289-4627
高崎営業所	〒 370-0046	群馬県高崎市江木町 117 - 5	TEL 027-384-4301
伊勢崎営業所	〒 372-0001	群馬県伊勢崎市波志江町 1875 - 8	TEL 0270-27-4780
新潟営業所	〒 950-2004	新潟県新潟市西区平島一丁目 8 - 9	TEL 025-378-1858
長野営業所	〒 390-0876	長野県松本市開智二丁目 3 - 33	TEL 0263-87-3257
神奈川営業所	〒 252-0243	神奈川県相模原市中央区上溝 612 - 8	TEL 042-786-6338
山梨営業所	〒 400-0014	山梨県甲府市古府中町 1421 - 6	TEL 055-225-5199
静岡営業所	〒 410-0302	静岡県沼津市東椎路 1434 - 1	TEL 055-920-6016
鹿児島営業所	〒 890-0021	鹿児島県鹿児島市小野一丁目 19 - 2	TEL 099-218-3181

■ ホームページ：https://www.shin-eng.co.jp/
■ メールアドレス：tokyo@shin-eng.co.jp

【設立】昭和 33 年 4 月 24 日

【資本金】30,000 千円

【役員】
代表取締役社長	重清祐之	代表取締役副社長	宇佐美光宏	専務取締役	高田一徳
常務取締役	平井　貢	常務取締役	石川　勲	常務取締役	白石　敏
常務取締役	佐々木公明	取締役	神田正博	取締役	櫻井理道
常務執行役員	山廣孝之	執行役員	佐藤武彦	執行役員	片岡史郎

【役職員数】総人員　178 名　　うち文化財部門　62 名

【文化財統括責任者】佐藤武彦

【埋蔵文化財調査士】
巾　隆之	芹澤清八	細野高伯	福嶋正史	小川長導	相澤正信
吉澤　学	石川博行	小林朋恵	小林一弘	菊池康一郎	安生素明
重留康宏	北村和穂	倉石広太	伊比博和		

【埋蔵文化財調査士補】植竹竜也　渡邊瑛彦　横山志穂

【日本考古学協会会員】芹澤清八　細野高伯　福嶋正史　吉澤　学　小林朋恵　小林一弘　大島秀俊

【日本文化財科学会会員】該当者なし

【日本旧石器学会会員】芹澤清八

【学芸員】巾　隆之　　　芹澤清八　　　福嶋正史　　　小川長導　　　相澤正信　　　石川博行　　　小林朋恵
　　　　　　菊池康一郎　　安生素明　　　重留康宏　　　北村和穂　　　倉石広太　　　竹越亜希子　　植竹竜也
　　　　　　横山志穂　　　渡邊瑛彦　　　山田あゆみ　　大島秀俊

【一級土木施工管理技士】12 名

【二級土木施工管理技士】4 名

【測量士】50 名

【測量士補】29 名

【直前一年間の会社の総売上高】
会社の総売上高　3,630,644 千円　　このうち文化財部門の売上高　1,143,483 千円
（令和 4 年 7 月 1 日～令和 5 年 6 月 30 日）

【業務内容】
（1）文化財部門の業務
　主力業務：試掘調査・本格調査
　その他：遺物整理・遺跡環境変遷解析・報告書作成、遺跡関係測量一般、土器復元・修復・保存修理等文化
　　財保存修復、史跡整備設計・監理

（2）文化財部門以外の業務
　建設コンサルタント業、補償コンサルタント業、地質調査業、測量業、土壌汚染状況調査指定調査機関、
　　一級築士事務所、労働者派遣事業

【遺物整理スペース】東京都八王子市 70 ㎡　　　　群馬県佐波郡玉村町 300 ㎡　　　宮城県仙台市 190 ㎡

【遺物保管スペース】東京都八王子市 30 ㎡　　　　群馬県佐波郡玉村町 200 ㎡　　　宮城県仙台市 100 ㎡

【直前 3 年間（令和 3 年、令和 4 年、令和 5 年）の主な調査実績】
令和 3 年
・石ノ塔古墳発掘調査　静岡県　942 ㎡　整理・報告書作成
・大野田古墳群第 25 次発掘調査支援　宮城県　480 ㎡　本調査
・宝塚遺跡（1・2）埋蔵文化財発掘調査　千葉県　529.40 ㎡　本調査、支援業務
・高井遺跡報告書作成　群馬県　15,000 ㎡　整理・報告書作成

令和 4 年
・上原遺跡発掘調査報告書作成　福島県　371.5 ㎡　本調査・整理・報告書作成
・大野田古墳群第 25 次発掘調査支援　宮城県　1,010.2 ㎡　本調査・整理・報告書作成、支援業務
・上竹遺跡発掘調査及び報告書作成　福島県　181.6 ㎡　本調査・整理・報告書作成
・宝塚遺跡（1・2）埋蔵文化財調査整理作業　千葉県　529.40 ㎡　整理・報告書作成

令和 5 年
・西浦遺跡・五郎田遺跡発掘作業支援　長野県　4,930 ㎡　本調査、支援業務
・長町駅東遺跡第 14 次発掘調査整理報告書作成　宮城県　10,473.8 ㎡　整理・報告書作成
・神田茨山窯跡発掘調査　新潟県　2,900 ㎡　本調査・整理、支援業務
・川合遺跡発掘調査支援（掘削・遺跡測量等）　静岡県　1,181 ㎡　本調査、支援業務
・北作 B 遺跡発掘調査支援　福島県　1,736 ㎡　本調査、支援業務
・西上之宮遺跡ほか発掘調査支援　群馬県　31,593.90 ㎡　本調査、支援業務

株式会社 新和測量設計事務所

本　社	〒956-0802　新潟県新潟市秋葉区七日町820番地	TEL 0250-24-0312
県央支店	〒955-0094　新潟県三条市大島4863番地1	TEL 0256-32-6850

■ メールアドレス：shinwa20@seagreen.ocn.ne.jp

【設立】昭和48年6月29日

【資本金】10,000千円

【役員】代表取締役社長　杵鞭丈雄　　取締役　斉藤光一　　取締役　熊谷幸子
　　　　監査役　　　　　田中　廣

【役職員数】総人員　23名　　うち文化財部門　6名

【文化財統括責任者】小池健夫

【埋蔵文化財調査士】該当者なし

【埋蔵文化財調査士補】該当者なし

【日本考古学協会会員】該当者なし

【日本文化財科学会会員】該当者なし

【日本旧石器学会会員】該当者なし

【学芸員】該当者なし

【一級土木施工管理技士】1名

【二級土木施工管理技士】0名

【測量士】10名

【測量士補】8名

株式会社 新和測量設計事務所

【直前一年間の会社の総売上高】
会社の総売上高　232,937 千円　　このうち文化財部門の売上高　0 千円
（令和5年4月1日～令和6年3月31日）

【業務内容】
(1) 文化財部門の業務
　　主力業務：遺跡関係測量一般

(2) 文化財部門以外の業務
　　建設コンサルタント業、補償コンサルタント業、その他

【遺物整理スペース】新潟市秋葉区 500 ㎡

【遺物保管スペース】新潟市秋葉区 500 ㎡

【直前3年間（令和3年、令和4年、令和5年）の主な調査実績】
令和3年
・R3年度　上野遺跡測量業務　新潟県　測量
・阿賀野市新町遺跡（水原バイパス）測量業務　新潟県　測量
・新発田城遺跡測量業務　新潟県　測量
・花立遺跡測量業務　新潟県　測量

令和4年
・R4年度　上野遺跡遺構測量業務　新潟県　測量

令和5年
・なし

— 141 —

株式会社 測研

本　　社　　〒370-3517　群馬県高崎市引間町712番地2　　　　　　　TEL 027-372-6464
あがつま事業所　〒377-0425　群馬県吾妻郡中之条町大字西中之条126番地　TEL 0279-75-5454
しぶかわ営業所　〒377-0027　群馬県渋川市金井730番地1　　　　　　TEL 0279-25-7064
まえばし営業所　〒371-0104　群馬県前橋市富士見町時沢2466番地5　　　TEL 027-212-9117
埼玉支店ほんじょう事務所　〒367-0216　埼玉県本庄市児玉町金屋1163番地7　TEL 0495-72-8989

■ ホームページ：https://www.socken.jp/
■ メールアドレス：info@socken.jp

【設立年月日】昭和51年6月10日

【資本金】20,000千円

【役員】代表取締役　田村義一　　取締役　割田博之　　取締役　池田比呂樹　　取締役　横田譲
　　　　取締役　　　小板橋武

【役職員数】総人員　44名　　うち文化財部門　15名

【文化財統括責任者】小栗宗一

【埋蔵文化財調査士】矢島博文

【埋蔵文化財調査士補】該当者なし

【日本考古学協会会員】矢島博文

【日本文化財科学会会員】該当者なし

【日本旧石器学会会員】該当者なし

【学芸員】該当者なし

【一級土木施工管理技士】8名

【二級土木施工管理技士】7名

【測量士】20名

【測量士補】16名

【直前一年間の会社の総売上高】
会社の総売上高　743,175千円　　このうち文化財部門の売上高　221,160千円
（令和4年10月1日～令和5年9月30日）

【業務内容】
（1）文化財部門の業務
 ① 試掘調査・本格調査
 ② 遺跡関係測量一般、遺物整理
 ③ 遺跡環境変遷解析・報告書作成
 ④ 土器復元・修復・保存修理等文化財保存修復
 ⑤ 史跡整備設計・監理

（2）文化財部門以外の業務
 ① 測量業
 ② 建設コンサルタント業（道路部門、河川、砂防及び海岸・海洋部門）
 ③ 補償コンサルタント業（土地調査部門、物件部門）
 ④ 二級建築士事務所

【遺物整理スペース】群馬県高崎市 40 ㎡　　　群馬県渋川市 100 ㎡

【遺物保管スペース】群馬県高崎市 40 ㎡　　　群馬県渋川市 100 ㎡

【直前 3 年間（令和 3 年、令和 4 年、令和 5 年）の主な調査実績等】
令和 3 年
・西鹿田グリーンパーク埋蔵文化財発掘調査業務　群馬県　10,900 ㎡　本調査、整理、報告書作成支援
・上信自動車道事業関連　小田沢・下泉 A・下泉 B 遺跡　群馬県　7,690 ㎡　測量・調査、支援業務
・上信自動車道事業関連　箱島下寄居遺跡　群馬県　3,770 ㎡　測量・調査、支援業務
・卸売市場周辺遺跡（E・I・J 区）遺構測量業務　群馬県　10,050 ㎡　遺構測量
・高山社跡石垣修復工事完成 3D 測量業務　群馬県　デジタルカメラ実測、オルソ画像作成
・四戸 3 号墳測量委託　群馬県　現況平面図、デジタルカメラ実測、オルソ画像展開図作成
・東谷風穴出土建屋部材等実測業務　群馬県　建屋部材 38 点、容器他 18 点
・笹川沿岸地区遺跡群石製品整理業務　群馬県　石製品 195 点

令和 4 年
・有馬堂山古墳群 2 発掘調査業務　群馬県　240 ㎡　本調査
・有馬堂山古墳群 2 発掘調査　整理作業・報告書作成業務　調査報告書 300 部
・柴崎東原遺跡第 3 次発掘調査業務　群馬県　8,157 ㎡　本調査（R5 整理・報告書作成）
・上信自動車道事業関連　小田沢遺跡　群馬県　14,432 ㎡　遺構測量、調査・支援業務
・上信自動車道事業関連　天竜遺跡　群馬県　9,386 ㎡　遺構測量
・沼田城遺跡発掘調査に係る遺構測量業務　群馬県　2,869 ㎡　用地測量
・下滝遺跡群出土遺物デジタル記録作成業務　群馬県　遺物 712 点　実測・トレース・写真撮影
・史跡日高遺跡保存整備工事に伴う設計監理業務　群馬県

令和 5 年
・柴崎東原遺跡第 3 次発掘調査　群馬県　整理作業・報告書作成業務　調査報告書 300 部
・八幡原遺跡　群馬県　489 ㎡　本調査
・倉賀野薬師前遺跡　群馬県　385 ㎡　本調査
・森下宮原遺跡　群馬県　4,071 ㎡　遺構測量
・深沢遺跡　群馬県　4,429 ㎡　遺構測量
・東谷風穴石積み石材実測業務　群馬県　3D スキャナーデータ取得・築石陰影図各 190 点、築石 6 面展開図
・白石稲荷山古墳　群馬県　200 ㎡　遺構計測図化業務
・若田金堀塚遺跡 4E 区　群馬県　馬歯出土状況 3D デジタル編集業務
・令和 4 年度遺跡地図編集業務　群馬県

株式会社 トラスト技研

本　　社　　　〒062-0931　北海道札幌市豊平区平岸1条13丁目4番1号　　　TEL 011-812-2634
- ホームページ：https://www.trust-eng.jp/
- メールアドレス：daihyou@trust-eng.jp

【設立】平成5年4月1日

【資本金】10,000千円

【役員】代表取締役　小山内良一　　取締役　山﨑浩二

【役職員数】総人員　18名　　うち文化財部門　5名

【文化財統括責任者】中野　秋

【埋蔵文化財調査士】該当者なし

【埋蔵文化財調査士補】該当者なし

【日本考古学協会会員】該当者なし

【日本文化財科学会会員】該当者なし

【日本旧石器学会会員】該当者なし

【学芸員】該当者なし

【一級土木施工管理技士】1名

【二級土木施工管理技士】1名

【測量士】7名

【測量士補】5名

【直前一年間の会社の総売上高】
会社の総売上高　234,882千円　　このうち文化財部門の売上高　16,277千円
（令和4年10月1日～令和5年9月30日）

【業務内容】
（1）文化財部門の業務
　　主力業務：遺物実測・遺跡測量・試掘調査補助
　　その他：発掘調査補助、遺跡関係測量全般、遺物実測、3次元データ取得、レプリカ作成

（2）文化財部門以外の業務
　　測量業・その他

【遺物整理スペース】北海道札幌市 150 ㎡

【遺物保管スペース】北海道札幌市 150 ㎡

【直前3年間（令和3年、令和4年、令和5年）の主な業務実績】
令和3年
・埋蔵文化財試掘調査に伴う測量記録等業務　北海道　測量
・市内遺跡緊急試掘調査に伴う測量記録等業務（屯田地区）　北海道　測量
・市内遺跡緊急試掘調査に伴う測量記録等業務（北5西1地区）　北海道　測量
・遺物図面作成業務　北海道　図面作成・トレース
・高砂遺跡石器実測図等作成委託業務　北海道　図面作成・トレース
・幸連5遺跡出土土器実測図作成業務　北海道　図面作成・トレース
・複製品作成業務委託　北海道　その他

令和4年
・埋蔵文化財試掘調査に伴う測量記録等業務　北海道　測量
・市内遺跡緊急試掘調査に伴う測量記録等業務（屯田地区）　北海道　測量
・市内遺跡緊急試掘調査に伴う測量記録等業務（さとらんど地区）　北海道　測量
・市内遺跡緊急試掘調査に伴う測量記録等業務（もみじ台南中学校地区）
・市内遺跡緊急試掘調査に伴う測量記録等業務（北32条東5丁目地区）　北海道　測量
・石器図面作成業務　北海道　図面作成・トレース
・根室市歴史と自然の資料館所蔵アイヌ関係出土遺物図化業務委託　北海道　図面作成・トレース
・幸連5遺跡土器実測図作成業務　北海道　図面作成・トレース
・史跡上之国館跡地形測量図作成委託業務　北海道　図面作成・トレース

令和5年
・埋蔵文化財試掘調査に伴う測量記録等業務　北海道　測量
・遺物図面及び写真図版作成業務（屯田東地区）　北海道　図面作成・トレース
・遺物図面作成業務（八軒地区）　北海道　図面作成・トレース
・市内遺跡緊急試掘調査に伴う測量記録等業務　北海道　測量
・高砂遺跡ほか遺物実測図作成委託業務　北海道　図面作成・トレース
・見晴台地区詳細分布調査測量等業務　北海道　測量

株式会社 ホクミコンサル

本　　社　　　〒 062-0931　北海道札幌市豊平区平岸 1 条 13 丁目 4 番 1 号　　　TEL 011-822-0087

　　ホームページ：https://www.hokumi.jp
　　メールアドレス：hokumi@hokumi.jp

【設立】昭和 62 年 10 月 19 日

【資本金】20,000 千円

【役員】代表取締役　佐藤直俊　　取締役　太刀川宏　　取締役　南　一成

【役職員数】総人員　41 名　　うち文化財部門　2 名

【文化財統括責任者】山﨑英樹

【埋蔵文化財調査士】該当者なし

【埋蔵文化財調査士補】該当者なし

【日本考古学協会会員】該当者なし

【日本文化財科学会会員】該当者なし

【日本旧石器学会会員】該当者なし

【学芸員】該当者なし

【一級土木施工管理技士】0 名

【二級土木施工管理技士】0 名

【測量士】6 名

【測量士補】6 名

【直前一年間の会社の総売上高】
会社の総売上高　455,176 千円　　このうち文化財部門の売上高　0 千円
（令和 4 年 10 月 1 日～令和 5 年 9 月 30 日）

【業務内容】
（1）文化財部門の業務
　　主力業務：遺跡関係測量調査

（2）文化財部門以外の業務
　　土木構造物設計・測量業・空中写真撮影・情報処理サービスその他

【遺物整理スペース】北海道札幌市豊平区平岸 50 ㎡

【遺物保管スペース】北海道札幌市豊平区平岸 50 ㎡

【直前 3 年間（令和 3 年、令和 4 年、令和 5 年）の主な調査実績】
令和 3 年
・なし

令和 4 年
・なし

令和 5 年
・なし

【業務内容】

株式会社 ノガミ

本　　　社	〒 950-1136　新潟県新潟市江南区曽川甲 527 番地 3	TEL 025-280-6620
関東支店	〒 286-0045　千葉県成田市並木町 221 番地	TEL 0476-24-3218
沖縄支店	〒 901-2224　沖縄県宜野湾市真志喜 2 - 19 - 9	TEL 098-975-5680
亀田営業所	〒 950-0155　新潟県新潟市江南区泉町 1 - 3 - 26	TEL 025-382-9174
東北営業所	〒 970-8045　福島県いわき市郷ケ丘 2 - 5 - 3 - 302	TEL 0246-84-6637

■ ホームページ：https://www.niigata-nogami.jp
■ メールアドレス：honsha@nogami-co.jp

【設立】昭和 58 年 1 月 12 日

【資本金】50,000 千円

【役員】代表取締役　野上清隆

【役職員数】総人員　49 名　　うち文化財部門　16 名

【文化財統括責任者】早福要一

【埋蔵文化財調査士】湯原勝美　　金内　元　　藤本隆之

【埋蔵文化財調査士補】小熊晋介

【日本考古学協会会員】湯原勝美　　金内　元

【日本文化財科学会会員】該当者なし

【日本旧石器学会会員】該当者なし

【学芸員】金内　元

【一級土木施工管理技士】19 名

【二級土木施工管理技士】2 名

【測量士】4 名

【測量士補】3 名

【直前一年間の会社の総売上高】
会社の総売上高　2,015,463 千円　　このうち文化財部門の売上高　728,571 千円
（令和 4 年 6 月 1 日〜令和 5 年 5 月 31 日）

【業務内容】

(1) 文化財部門の業務

　　主力業務：試掘調査・本格調査

　　その他：遺物整理・遺跡環境変遷解析・報告書作成、遺跡関係測量一般、土器復元・修復・保存修理等文化
　　　財保存修復

(2) 文化財部門以外の業務

　　建設業、測量業、不動産業

【遺物整理スペース】　新潟県新潟市江南区泉町 1-3-26　230 ㎡
　　　　　　　　　　　千葉県成田市並木町 221　220 ㎡

【遺物保管スペース】　新潟県新潟市江南区泉町 1-3-26　170 ㎡
　　　　　　　　　　　千葉県成田市並木町 221　190 ㎡

【直前 3 年間（令和 3 年、令和 4 年、令和 5 年）の主な調査実績】

令和 3 年

・下割遺跡Ⅸ・弥五郎遺跡Ⅱ・館遺跡Ⅲ・堂古遺跡Ⅲ発掘調査支援業務　新潟県　6,128 ㎡　本調査

・道正遺跡・岡崎遺跡発掘調査支援業務　新潟県　4,203 ㎡　本調査

・築地貝塚遺跡発掘調査業務　千葉県　63 ㎡　本調査、整理・報告書作成

・東中山台遺跡群（44）整理作業業務　千葉県　1,507 ㎡　整理・報告書作成

・東中山台遺跡群（80）発掘調査業務　千葉県　1,418 ㎡　本調査

・東向島二丁目埋蔵文化財発掘調査業務委託　東京都　163.9 ㎡　本調査、整理・報告書作成

令和 4 年

・下割遺跡Ⅹ発掘調査作業及び関連諸工事　新潟県　4,900 ㎡　本調査

・寺裏遺跡発掘調査業務委託　新潟県　983.28 ㎡　本調査

・千歳一丁目埋蔵文化財発掘調査業務　東京都　14 ㎡　本調査、整理・報告書作成

・夏見台遺跡（第 11 次）埋蔵文化財整理作業業務委託　千葉県　395 ㎡　整理・報告書作成

・東中山台遺跡群（80-2）埋蔵文化財調査発掘作業委託　千葉県　441 ㎡　本調査

・人形町三丁目（第三次）遺跡埋蔵文化財発掘調査業務委託　東京都　200 ㎡　本調査、整理・報告書作成

・築地市場跡に係る埋蔵文化財試掘調査業務　東京都　600 ㎡　試掘調査

・和唐地遺跡埋蔵文化財発掘調査業務委託　千葉県　3,300 ㎡　本調査、整理・報告書作成

令和 5 年

・下割遺跡第 11 次発掘調査作業及び関連諸工事　新潟県　4,056 ㎡　本調査

・令和 5 年度　土居内遺跡発掘調査業務委託　新潟県　1,220 ㎡　本調査

・(仮)下福田地区物流基地建設に伴う埋蔵文化財発掘調査　千葉県　15,210 ㎡　本調査、整理・報告書作成

・本所一丁目埋蔵文化財発掘調査業務　東京都　253 ㎡　本調査、整理・報告書作成

・越之上遺跡（第 4 次）発掘調査業務委託　埼玉県　100 ㎡　本調査

・築地市場跡に係る埋蔵文化財試掘調査業務　東京都　800 ㎡　試掘調査

・小作遺跡（第 6 次）発掘調査支援業務　千葉県　162 ㎡　本調査

・野々下元木戸遺跡（8 次）・野々下野馬土手（2 次）発掘調査　千葉県　2,068 ㎡　本調査、整理・報告書作成

株式会社 古田組

本　　社　　　〒949-3241　新潟県上越市柿崎区百木 2327 番地 1　　　　　　TEL 025-536-2721

■ メールアドレス：furutagumi@furutagm.co.jp

【設立】昭和 27 年 6 月 26 日

【資本金】20,000 千円

【役員】代表取締役社長　古田孝一　　専務取締役　古田美作　　常務取締役　古田　岬

【役職員数】総人員　22 名　　うち文化財部門　0 名

【文化財統括責任者】古田美作

【埋蔵文化財調査士】該当者なし

【埋蔵文化財調査士補】該当者なし

【日本考古学協会会員】該当者なし

【日本文化財科学会会員】該当者なし

【日本旧石器学会会員】該当者なし

【学芸員】該当者なし

【一級土木施工管理技士】9 名

【二級土木施工管理技士】4 名

【測量士】0 名

【測量士補】0 名

【直前一年間の会社の総売上高】
会社の総売上高　591,793 千円　　このうち文化財部門の売上高　0 千円
（令和 4 年 5 月 1 日～令和 5 年 4 月 30 日）

【業務内容】
(1) 文化財部門の業務
　主力業務：試掘調査・本格調査・調査支援
　その他：遺物整理・遺跡環境変遷解析・報告書作成、遺跡関係測量一般、土器復元・修復・保存修理等文化
　　財保存修復

(2) 文化財部門以外の業務
　建設業、建設コンサルタント業（道路・構造物部門、農業土木部門）

【遺物整理スペース】新潟県上越市 210 ㎡

【遺物保管スペース】新潟県上越市 210 ㎡

【直前 3 年間（令和 3 年、令和 4 年、令和 5 年）の主な調査実績】
令和 3 年
・なし

令和 4 年
・なし

令和 5 年
・なし

株式会社 帆苅組

本　　社	〒959-2221	新潟県阿賀野市保田 1111 番地	TEL 0250-68-1166
新潟営業所	〒956-0813	新潟県新潟市秋葉区大安寺 317 番の 2 - 内	TEL 0250-24-7961
埋蔵文化財調査事務所	〒959-2221	新潟県阿賀野市保田 1517 - 1 番地	TEL 0250-47-4004

■ ホームページ：https://www.hokarigumi.co.jp/
■ メールアドレス：hokaril@ruby.ocn.ne.jp

【設立】昭和 20 年 10 月 1 日

【資本金】30,000 千円

【役員】代表取締役　　帆苅信佑　　専務取締役　　渡辺諭　　取締役営業部長　小林大士
　　取締役建設部長　武石和樹　　取締役管理部長　立川卓

【役職員数】総人員　88 名　　うち文化財部門　12 名

【文化財統括責任者】小林大士

【埋蔵文化財調査士】石橋夏樹

【埋蔵文化財調査士補】北野　薫　　佐藤直美

【日本考古学協会会員】石橋夏樹　　北野　薫

【日本文化財科学会会員】該当者なし

【日本旧石器学会会員】該当者なし

【学芸員】村上章久　　石橋夏樹　　北野　薫

【一級土木施工管理技士】25 名

【二級土木施工管理技士】17 名

【測量士】2 名

【測量士補】5 名

【直前一年間の会社の総売上高】
会社の総売上高　2,801,278 千円　　このうち文化財部門の売上高　225,192 千円
（令和 4 年 6 月 1 日～令和 5 年 5 月 31 日）

【業務内容】
（1）文化財部門の業務
　　主力業務：試掘調査・本格調査
　　その他：遺物整理・遺跡環境変遷解析・報告書作成、土器復元・修復・保存修理等文化財保存修復

（2）文化財部門以外の業務
　　建設業、その他

【遺物整理スペース】阿賀野市保田 1517-1 番地　230 ㎡

【遺物保管スペース】阿賀野市保田 1517-1 番地　70 ㎡

【直前 3 年間（令和 3 年、令和 4 年、令和 5 年）の主な調査実績】
令和 3 年
・土橋遺跡その 7　新潟県　479 ㎡　基礎整理
・上野遺跡Ⅴ　新潟県　3,500 ㎡　本調査、測量及び空撮
・山口遺跡Ⅳ　新潟県　3,350 ㎡　本調査、測量及び空撮
・山口野中遺跡Ⅴ　新潟県　300 ㎡　本調査、測量及び空撮
・新町遺跡Ⅱ　新潟県　255 ㎡　本調査、測量及び空撮
・石船戸東遺跡Ⅲ　新潟県　160 ㎡　本調査、測量及び空撮
・土橋遺跡　新潟県　3,900 ㎡　基礎整理

令和 4 年
・土橋北遺跡Ⅱ　新潟県　基礎整理
・上野遺跡Ⅵ　新潟県　7,582 ㎡　本調査
・土橋北遺跡Ⅱ　新潟県　本整理
・土橋遺跡　新潟県　本整理

令和 5 年
・上野遺跡Ⅶ　新潟県　7,151 ㎡　本調査
・外輪橋遺跡　新潟県　本整理

みちのく文化財株式会社

本　　社　　　〒020-0667　岩手県滝沢市鵜飼向新田 7 - 322　　　　　TEL 019-699-2553

　■ メールアドレス：info@bunkazaichousajigyou.com

【設立】平成 15 年 5 月 21 日

【資本金】10,000 千円

【役員】代表取締役　高橋與右衛門　　専務取締役　江藤　敦　　取締役　徳田澄夫
　　　　取締役　　　高橋君子

【役職員数】総人員　7 名　　うち文化財部門　5 名

【文化財統括責任者】高橋與右衛門

【埋蔵文化財調査士】該当者なし

【埋蔵文化財調査士補】該当者なし

【日本考古学協会会員】高橋與右衛門

【日本文化財科学会会員】該当者なし

【日本旧石器学会会員】該当者なし

【学芸員】江藤　敦

【一級土木施工管理技士】0 名

【二級土木施工管理技士】0 名

【測量士】0 名

【測量士補】0 名

【直前一年間の会社の総売上高】
会社の総売上高　21,478 千円　　このうち文化財部門の売上高　21,478 千円
（令和 5 年 4 月 1 日〜令和 6 年 3 月 31 日）

【業務内容】
(1) 文化財部門の業務
　　主力業務：試掘調査・本格調査

(2) 文化財部門以外の業務
　　なし

【遺物整理スペース】なし

【遺物保管スペース】なし

【直前3年間（令和3年、令和4年、令和5年）の主な調査実績】
令和3年
・埋蔵文化財発掘調査業務（芹川遺跡）　富山県　298㎡　本調査・報告書作成
・埋蔵文化財発掘調査支援業務（相木カミノオキョウ遺跡）　石川県　5,807㎡　本調査
・埋蔵文化財発掘調査支援業務（宝町遺跡）　石川県　100㎡　本調査

令和4年
・埋蔵文化財発掘調査支援業務（八日市地方遺跡）　石川県　2,200㎡　本調査
・埋蔵文化財発掘調査支援業務（御経塚オッソ遺跡）　石川県　1,763㎡　本調査
・埋蔵文化財発掘調査支援業務（三日市遺跡）　石川県　409㎡　本調査
・埋蔵文化財発掘調査支援業務（宮永遺跡）　石川県　716㎡　本調査
・埋蔵文化財発掘調査支援業務（南新保遺跡群）　石川県　4,200㎡　本調査

令和5年
・埋蔵文化財発掘調査支援業務（八田中遺跡）　石川県　6,500㎡　本調査
・埋蔵文化財発掘調査支援業務（上林遺跡）　石川県　800㎡　本調査
・埋蔵文化財発掘調査支援業務（御経塚オッソ遺跡）　石川県　1,955㎡　本調査
・埋蔵文化財試掘調査（塚ノ草遺跡）　福島県　327㎡　試掘調査

山下工業株式会社

本　　社	〒 371-0244	群馬県前橋市鼻毛石町 207 - 8	TEL 027-283-7111
事 業 所	〒 371-0221	群馬県前橋市樋越町 51 - 3	TEL 027-289-8833
伊勢崎支店	〒 379-2206	群馬県伊勢崎市香林町 2 - 911 - 3	TEL 0270-27-5666
高崎営業所	〒 370-0071	群馬県高崎市小八木町 312 - 15 - 203	TEL 027-338-1120
茨城営業所	〒 306-0031	茨城県古河市宮前町 5 - 16 - 203	TEL 0280-21-0021

▨ ホームページ：http://www.yamashita-industry.jp
▨ メールアドレス：yamasan7@agate.plala.or.jp

【設立】昭和 51 年 2 月 12 日

【資本金】15,000 千円

【役員】代表取締役社長　山下　尚　　専務取締役　山下さわ子　　取締役　井田　明　　監査役　山下洋子

【役職員数】総人員　40 名　　うち文化財部門　24 名

【文化財統括責任者】石塚久則

【埋蔵文化財調査士】青木利文

【埋蔵文化財調査士補】永井智教

【日本考古学協会会員】石塚久則　　青木利文　　永井智教　　その他 3 名

【日本文化財科学会会員】該当者なし

【日本旧石器学会会員】該当者なし

【学芸員】青木利文　　永井智教　　その他 7 名

【一級土木施工管理技士】4 名

【二級土木施工管理技士】3 名

【測量士】2 名

【測量士補】4 名

【直前一年間の会社の総売上高】
会社の総売上高　829,733 千円　　このうち文化財部門の売上高　282,018 千円
（令和 5 年 4 月 1 日〜令和 6 年 3 月 31 日）

【業務内容】
(1) 文化財部門の業務
　主力業務：試掘調査・本格調査
　その他：遺物整理・遺跡環境変遷解析・報告書作成、遺跡関係測量一般、史跡整備設計・監理

(2) 文化財部門以外の業務
　建設業、その他

【遺物整理スペース】群馬県前橋市 801 ㎡

【遺物保管スペース】群馬県前橋市 476 ㎡

【直前 3 年間（令和 3 年、令和 4 年、令和 5 年）の主な調査実績】
令和 3 年
・宅地造成工事関連　寺回遺跡　群馬県　遺物整理、報告書作成
・倉庫建設工事関連　下渕名遺跡　群馬県　遺物整理、報告書作成
・土地区画整理事業関連　元総社蒼海遺跡群（142）　群馬県　687 ㎡　本調査、遺物整理、報告書作成
・土地区画整理事業関連　伊勢崎城跡 3　群馬県　遺物整理、報告書作成
・土地区画整理事業関連　元総社蒼海遺跡群（143）　群馬県　1,293 ㎡　本調査
・太陽光発電所新設関連　上片田西原遺跡　茨城県　1,477 ㎡　本調査、遺物整理、報告書作成
・赤沢尻 C 遺跡　新潟県　遺物整理、報告書作成
・灰雨上ノ平遺跡　新潟県　遺物整理、遺物実測・トレース
・バイパス事業関連　森下宮原遺跡　群馬県　3,895 ㎡　支援業務

令和 4 年
・店舗建設関連　宮元町遺跡　群馬県　4,729 ㎡　本調査、整理、報告書作成
・土地区画整理事業関連　元総社蒼海遺跡群（143）　群馬県　整理、報告書作成
・土地区画整理事業関連　伊勢崎城跡 4　群馬県　500 ㎡×2 面　本調査
・ベントナイト採掘関連　T242 遺跡　群馬県　518 ㎡　本調査、整理、報告書作成
・土地区画整理事業関連　元総社蒼海遺跡群（148）　群馬県　1,000 ㎡　本調査

令和 5 年
・宅地造成工事関連　今泉本郷南遺跡　群馬県　159 ㎡　本調査、整理、報告書作成
・土地区画整理事業関連　元総社蒼海遺跡群（148）　群馬県　整理、報告書作成
・土地区画整理事業関連　元総社蒼海遺跡群（149）　群馬県　626 ㎡　本調査、整理、報告書作成
・土地区画整理事業関連　伊勢崎城跡 5　群馬県　380 ㎡（3 面調査）　本調査
・工場建設工事関連　八坂遺跡　群馬県　492 ㎡　本調査、整理、報告書作成
・土地区画整理事業関連　伊勢崎城跡 4・5　群馬県　整理、報告書作成
・工場建設工事関連　宿大類塚之越遺跡第 3 次　群馬県　26,517 ㎡　本調査

株式会社 吉田建設

本　　社	〒 953-0042	新潟県新潟市西蒲区赤鏥 1307 - 1	TEL 0256-72-2391
見附支店	〒 954-0082	新潟県見附市柳橋町 266 - 21	TEL 0258-66-3003
新潟営業所	〒 950-0965	新潟県新潟市中央区新光町 10 - 3　技術センタービルⅡ 4F	TEL 025-288-0005
三条営業所	〒 955-0083	新潟県三条市荒町 2 - 22 - 12	TEL 0256-33-1387
長岡営業所	〒 940-0012	新潟県長岡市下々条 4 - 1506 - 1	TEL 0258-22-6330
燕営業所	〒 959-0139	新潟県燕市長辰字長崎 6979 - 1	TEL 0256-97-1017
寺泊営業所	〒 940-2515	新潟県長岡市寺泊中曽根 388	TEL 0256-98-5142
宮城営業所	〒 982-0032	宮城県仙台市太白区富沢 2 - 20 - 28 - 202	TEL 022-748-4855
福井営業所	〒 910-0016	福井県福井市大宮 3 - 28 - 27 - 201	TEL 0776-97-8941
福島営業所	〒 971-8182	福島県いわき市泉町滝尻字中ノ坪 73 番地の 1	TEL 0246-88-9504

■ ホームページ：https://www.yoshidakensetsu.co.jp
■ メールアドレス：mitsuke@yoshidakensetsu.co.jp

【設立】昭和 32 年 9 月 10 日

【資本金】60,000 千円

【役員】代表取締役　吉田守利　　取締役　吉田恒常　　取締役　吉田淳志
　　　　取締役　　　本間　佐　　取締役　瀬戸一之　　取締役　吉田彬利

【役職員数】総人員　211 名　　うち文化財部門　29 名

【文化財統括責任者】吉田淳志

【埋蔵文化財調査士】笹澤正史　　中川晃子　　松井　智　　伊藤正志　　長沼吉嗣　　阿部　司
　　　　　　　　　　脇本博康　　中俣　茂　　今井昭俊　　田中万里子　　高柳俊輔　　森　由佳

【埋蔵文化財調査士補】該当者なし

【日本考古学協会会員】阿部　司　　脇本博康

【日本文化財科学会会員】該当者なし

【日本旧石器学会会員】該当者なし

【学芸員】笹澤正史　　中川晃子　　松井　智　　長沼吉嗣　　阿部　司　　中俣　茂　　今井昭俊
　　　　　田中万里子　　高柳俊輔　　森　由佳　　櫻井美由貴　　中山千尋　　瀬戸悠輔

【一級土木施工管理技士】50 名

【二級土木施工管理技士】23 名

【測量士】6 名

【測量士補】13 名

株式会社 吉田建設

【直前一年間の会社の総売上高】

会社の総売上高　4,866,500 千円　　このうち文化財部門の売上高　647,434 千円

（令和 4 年 6 月 1 日～令和 5 年 5 月 31 日）

【業務内容】

（1）文化財部門の業務

　主力業務：試掘調査・本格調査

　その他：遺物整理・遺跡環境変遷解析・報告書作成、遺跡関係測量一般

（2）文化財部門以外の業務

　建設業、その他

【遺物整理スペース】新潟県新潟市西蒲区赤鏥 250 ㎡　　　新潟県三条市荒町 100 ㎡

【遺物保管スペース】新潟県新潟市西蒲区赤鏥 204 ㎡

【直前 3 年間（令和 3 年、令和 4 年、令和 5 年）の主な調査実績】

令和 3 年

・上野遺跡Ⅴ・山口遺跡Ⅳ・山口野中遺跡Ⅴ・新町遺跡Ⅱ・石船戸東遺跡Ⅲ　発掘調査作業及び関連諸工事業務委託　新潟県　3,402 ㎡・3,591 ㎡・527 ㎡・670 ㎡・160 ㎡　本調査、測量及び空撮、支援業務

・高江遺跡第 1 次発掘調査支援業務　宮城県　6,214 ㎡　本調査、測量及び空撮、支援業務

・芝道遺跡　発掘調査及び整理作業支援業務委託　新潟県　50 ㎡　本調査、支援業務、報告書作成

・新発田城跡発掘調査支援業務委託　新潟県　684 ㎡　本調査、支援業務

・曽我墓所遺跡（令和元・2 年度調査分）発掘調査整理・報告書作成業務委託　新潟県　整理作業及び報告書作成

・中切上野遺跡整理等作業支援業務委託　岐阜県　接合・復元、実測・トレース、挿図・写真図版作成、観察表作成

・稲葉遺跡整理作業（報告書作成）支援業務委託　新潟県　整理作業及び報告書作成

令和 4 年

・上野遺跡Ⅵ発掘調査作業及び関連諸工事業務委託　新潟県　7,600 ㎡　本調査、測量及び空撮、支援業務

・高江遺跡第 1 次発掘調査整理報告書作成刊行支援業務　宮城県　整理作業及び報告書作成・刊行

・山口遺跡Ⅳ・山口野中遺跡Ⅳ・山口野中遺跡Ⅴ・境塚遺跡Ⅴ・新町遺跡Ⅱ・石船戸東遺跡Ⅲ発掘調査報告書作成業務委託　新潟県　整理作業及び報告書作成

・石港遺跡発掘調査支援業務委託　新潟県　5,000 ㎡　本調査、測量及び空撮、支援業務

・茶院 A 遺跡発掘調査支援業務委託　新潟県　2,530 ㎡　本調査、支援業務

・古津八幡山遺跡　新潟県　110 ㎡　本調査、支援業務

・前島遺跡発掘調査業務　新潟県　1,618 ㎡　本調査、測量及び空撮、支援業務　整理作業及び報告書作成・刊行

令和 5 年

・石港遺跡発掘調査第 2 次支援業務委託　新潟県　6,171 ㎡　本調査、測量及び空撮、支援業務

・上野遺跡第 7 次発掘調査作業及び関連諸工事業務委託　新潟県　7,151 ㎡　本調査、測量及び空撮、支援業務

・茶院 A 遺跡（令和 4 年度分）報告書作成業務　新潟県　2,530 ㎡　報告書作成、原稿執筆、編集・校正、支援業務

・三林遺跡本発掘調査業務委託　新潟県　800 ㎡　本調査、支援業務

・藤室鍛冶屋敷線発掘調査記録図化業務委託　福島県　526 ㎡　測量及び空撮、遺構図面作成、支援業務

・茶院A遺跡発掘調査支援業務委託　新潟県　2,086 ㎡　本調査、整理作業、支援業務

・新発田城跡出土木製品実測業務　新潟県　木製品実測・トレース・写真撮影、計測表作成、支援業務

・仲沖遺跡・松田遺跡発掘調査支援業務　新潟県　985 ㎡　本調査、遺物洗浄・注記、支援業務

株式会社 ラング

本　社　　〒020-0834　岩手県盛岡市永井 20 地割 61 番地 5　CA ビル 1F　　　TEL 019-613-2693

■ ホームページ：http://www.lang-co.jp/
■ メールアドレス：info@lang-co.jp

【設立】平成 15 年 4 月 1 日

【資本金】10,500 千円

【役員】代表取締役　横山　真　　常務取締役　千葉　史　　常務取締役　大橋里奈

【役職員数】総人員　6 名

【文化財統括責任者】横山　真　　うち文化財部門　6 名

【埋蔵文化財調査士】士－193　横山　真

【埋蔵文化財調査士補】該当者なし

【日本考古学協会会員】該当者なし

【日本文化財科学会会員】該当者なし

【日本旧石器学会会員】横山　真

【学芸員】横山　真　　大橋里奈　　中村綾子

【一級土木施工管理技士】該当者なし

【二級土木施工管理技士】該当者なし

【測量士】該当者なし

【測量士補】該当者なし

【直前一年間の会社の総売上高】
会社の総売上高　89,000 千円　　このうち文化財部門の売上高　89,000 千円
（令和 4 年 4 月 1 日〜令和 5 年 3 月 31 日）

【業務内容】

(1) 文化財部門の業務

主力業務：考古遺物用三次元レーザー計測機 SOMA 開発・販売、PEAKIT 画像作成

その他：考古資料用画像処理システム開発・販売

(2) 文化財部門以外の業務該当業務

なし

【遺物整理スペース】岩手県盛岡市永井 20 地割 61 番地 5　CA ビル 1F　100 ㎡

【遺物保管スペース】岩手県盛岡市永井 20 地割 61 番地 5　CA ビル 1F　20 ㎡

【直前 3 年間（令和 3 年、令和 4 年、令和 5 年）の主な調査実績】

令和 3 年

・早稲田大学會津八一記念博物館　博物館資料三次元レーザー計測及び PEAKIT 画像作成業務　16 点

・公益財団法人徳島県埋蔵文化財センター　三次元レーザー計測機 SOMA リース 60 カ月　1 台

・公益財団法人徳島県埋蔵文化財センター　PEAKIT 画像作成業務　500 点

・長野県埋蔵文化財センター　沢尻東原遺跡出土土器 PEAKIT 画像作成業務　100 点

・宮城県教育庁　大久保貝塚出土骨角器三次元レーザー計測及び PEAKIT 画像作成業務　330 点

・根室市教育委員会　千島アイヌ関係考古資料三次元レーザー計測及び PEAKIT 画像作成業務　190 点

令和 4 年

・早稲田大学會津八一記念博物館　博物館資料三次元レーザー計測及び PEAKIT 画像作成業務　21 点

・公益財団法人福島県文化振興財団遺跡調査部　三次元レーザー計測機 SOMA リース 36 カ月　1 台

・公益財団法人福島県文化振興財団遺跡調査部　PEAKIT 画像作成業務　3,196 点

・公益財団法人徳島県埋蔵文化財センター　PEAKIT 画像作成業務　700 点

・西東京市　下野谷遺跡出土土器三次元計測及び PEAKIT 画像作成業務　10 点

・宮内庁陵墓課　埴輪三次元レーザー計測及び PEAKIT 画像作成業務　620 点

令和 5 年

・早稲田大学會津八一記念博物館　博物館資料三次元レーザー計測及び PEAKIT 画像作成業務　20 点

・八郎潟町　館ノ下遺跡出土石器三次元レーザー計測及び PEAKIT 画像作成業務　434 点

・能代市　赤ハゲ I 遺跡出土石器三次元レーザー計測及び PEAKIT 画像作成業務　338 点

・公益財団法人福島県文化振興財団遺跡調査部　PEAKIT 画像作成業務　1.797 点

・公益財団法人徳島県埋蔵文化財センター　PEAKIT 画像作成業務　800 点

・東北大学総合学術博物館　中田横穴墓 PEAKIT 画像作成業務　1 基

株式会社 歴史の杜

本　　社　　　〒377-0425　群馬県吾妻郡中之条町西中之条 723 - 9　　　　　TEL 0279-76-3535

■ ホームページ：http://www.rekishi-mori.jp
■ メールアドレス：info@rekishi-mori.jp

【設立】平成 13 年 3 月 1 日

【資本金】10,000 千円

【役員】代表取締役　唐沢健二　　取締役　吉田有光　　取締役　狩野剛一

【役職員数】総人員　18 名　　うち文化財部門　14 名

【文化財統括責任者】狩野剛一

【埋蔵文化財調査士】村上章義　　小宮山達雄　　渡邊大士　　笹井　彩

【埋蔵文化財調査士補】該当者なし

【日本考古学協会会員】村上章義　　小宮山達雄　　渡邊大士　　笹井　彩

【日本文化財科学会会員】該当者なし

【日本旧石器学会会員】該当者なし

【学芸員】村上章義　　小宮山達雄　　渡邊大士

【一級土木施工管理技士】1 名

【二級土木施工管理技士】3 名

【測量士】2 名

【測量士補】3 名

【直前一年間の会社の総売上高】
会社の総売上高　354,578 千円　　このうち文化財部門の売上高　175,780 千円
（令和 5 年 3 月 1 日〜令和 6 年 2 月 29 日）

【業務内容】

(1) 文化財部門の業務

　主力業務：試掘調査・本格調査

　その他：遺物整理・遺跡環境変遷解析・報告書作成、遺跡関係測量一般、土器復元・修復・保存修理等文化
　　財保存修復

(2) 文化財部門以外の業務

　測量、その他

【遺物整理スペース】群馬県吾妻郡中之条町西中之条 200 ㎡

【遺物保管スペース】群馬県吾妻郡中之条町西中之条 150 ㎡

【直前 3 年間（令和 3 年、令和 4 年、令和 5 年）の主な調査実績】
令和 3 年
・旭・小島古墳群　元屋敷 4 号墳　埼玉県　194 ㎡　発掘調査支援、整理・報告書作成
・植栗山根 A 遺跡　群馬県　2,768 ㎡　発掘調査支援、遺物整理
・鎌原遺跡　群馬県　440 ㎡　発掘調査支援
・保渡田押出遺跡　群馬県　1,948 ㎡　本格調査
・小島本伝遺跡　埼玉県　449 ㎡　発掘調査支援

令和 4 年
・小島本伝遺跡　埼玉県　449 ㎡　整理・報告書作成
・保渡田押出遺跡　群馬県　1,948 ㎡　整理・報告書作成
・小田沢遺跡ほか　群馬県　21,608 ㎡　発掘調査支援、遺物整理
・塩崎遺跡群　長野県　遺物実測（トレース図作成）
・保渡田中里前遺跡　群馬県　2,511 ㎡　本格調査

令和 5 年
・深沢遺跡ほか　群馬県　25,882 ㎡　発掘調査支援
・保渡田中里前遺跡　群馬県　5,467 ㎡　本格調査、整理等作業
・林ノ上遺跡ほか（C1 地点）　群馬県　10,054 ㎡　発掘調査支援、整理・報告書作成
・林ノ上遺跡ほか（A2 地点）　群馬県　7,526 ㎡　発掘調査支援、整理等作業
・鎌原遺跡　群馬県　98 ㎡　発掘調査支援、報告書作成支援

有限会社 吾妻考古学研究所

本　　社　　　〒195-0064　東京都町田市小野路町 1750 番地 1　福正ビル 2F　　　　TEL 042-736-5850

横須賀調査室　　〒238-0014　神奈川県横須賀市三春町 3 - 10 - 8　パルテノンマンション 101

　　　　　　　　　　　　　　　　　　　　　　　　　　　　　　　　　　　TEL 046-827-2967

小野神社前整理室　　　　〒195-0064　　　東京都町田市小野路町 102 - 3　　　TEL 042-734-5920

　　■ メールアドレス：azuma-a@mrh.biglobe.ne.jp

【設立】平成 11 年 4 月 5 日

【資本金】3,000 千円

【役員】取締役　大坪宜雄

【役職員数】総人員　8 名　　うち文化財部門　8 名

【文化財統括責任者】大坪宜雄

【埋蔵文化財調査士】横山太郎

【埋蔵文化財調査士補】該当者なし

【日本考古学協会会員】大坪宜雄　　碓井三子　　横山太郎

【日本文化財科学会会員】該当者なし

【日本旧石器学会会員】該当者なし

【学芸員】大坪宜雄　　碓井三子　　有馬多恵子

【一級土木施工管理技士】0 名

【二級土木施工管理技士】0 名

【測量士】0 名

【測量士補】0 名

【直前一年間の会社の総売上高】
会社の総売上高　260,270 千円　　このうち文化財部門の売上高　260,270 千円
（令和 4 年 10 月 1 日～令和 5 年 9 月 30 日）

【業務内容】
（1）文化財部門の業務
　主力業務：試掘調査・本格調査
　その他：遺物整理・遺跡環境変遷解析・報告書作成、遺跡関係測量一般、土器復元・修復・保存修理等文化
　　財保存修復、発掘調査支援

（2）文化財部門以外の業務
　なし

【遺物整理スペース】東京都町田市 263 ㎡
　　　　　　　　　　神奈川県横須賀市 30 ㎡

【遺物保管スペース】東京都町田市 135 ㎡

【直前3年間（令和3年、令和4年、令和5年）の主な調査実績】
令和3年
・平塚市　道半地遺跡第9地点　神奈川県　973 ㎡　本格調査、整理・報告書作成
・川崎市　有馬東耕地遺跡第2地点　神奈川県　460 ㎡　本格調査、整理・報告書作成
・伊勢原市　東大竹上谷戸遺跡　神奈川県　291 ㎡　本格調査、整理・報告書作成

令和4年
・藤沢市　稲荷台地遺跡群第42次調査　神奈川県　1,560 ㎡　本格調査、整理・報告書作成
・川崎市　有馬東耕地遺跡第2地点　神奈川県　461 ㎡　本格調査、整理・報告書作成
・相模原市　上溝4丁目彼岸沢遺跡第8地点　神奈川県　217 ㎡　本格調査、整理・報告書作成

令和5年
・川崎市　井田なつみ台遺跡　神奈川県　1,570 ㎡　本格調査、整理・報告書作成
・平塚市　天神前遺跡第19地点　神奈川県　1,122 ㎡　本格調査、整理・報告書作成
・伊勢原市　石田・引地遺跡第4地点　神奈川県　532 ㎡　本格調査、整理・報告書作成

株式会社 安斉組

本　　社　　　〒243-0815　神奈川県厚木市妻田西 2 丁目 15 番 27 号　　　　　TEL 046-244-3933

　　　　■ ホームページ：http://www.anzaigumi.co.jp/

　　　　■ メールアドレス：info@anzaigumi.co.jp

【設立】平成 3 年 3 月 27 日

【資本金】10,000 千円

【役員】代表取締役　安齊宏明　　常務取締役　柏木豊史

【役職員数】総人員　10 名　　うち文化財部門　7 名

【文化財統括責任者】安齊宏明

【埋蔵文化財調査士】該当者なし

【埋蔵文化財調査士補】該当者なし

【日本考古学協会会員】該当者なし

【日本文化財科学会会員】該当者なし

【日本旧石器学会会員】該当者なし

【学芸員】該当者なし

【一級土木施工管理技士】2 名

【二級土木施工管理技士】4 名

【測量士】0 名

【測量士補】0 名

【直前一年間の会社の総売上高】
会社の総売上高　243,971 千円　　このうち文化財部門の売上高　70,211 千円
（令和 4 年 10 月 1 日～令和 5 年 9 月 30 日）

【業務内容】
(1) 文化財部門の業務
　　主力業務：試掘調査・本格調査

(2) 文化財部門以外の業務
　　一般土木建設業

【遺物整理スペース】神奈川県厚木市三田 37 ㎡

【遺物保管スペース】神奈川県厚木市三田 45 ㎡

【直前 3 年間（令和 3 年、令和 4 年、令和 5 年）の主な調査実績】
令和 3 年
・厚木秦野道路建設事業　埋蔵文化財発掘調査支援業務　神奈川県　1,925 ㎡　本調査、支援業務
・府中市宮西町発掘調査支援業務　東京都　843 ㎡　本調査、支援業務

令和 4 年
・厚木秦野道路建設事業　埋蔵文化財発掘調査支援業務　神奈川県　6,352 ㎡　本調査、支援業務
・平塚市諏訪前 A 遺跡、七ノ域遺跡発掘調査支援業務　神奈川県　本調査、支援業務

令和 5 年
・厚木秦野道路建設事業　埋蔵文化財発掘調査支援業務　神奈川県　6,846 ㎡　本調査、支援業務
・下古沢松ヶ枝遺跡第 2 地点埋蔵文化財発掘調査補助業務　神奈川県　1,100 ㎡　本格調査

株式会社 O.S.C サービス

本　　社　　　〒233-0012　神奈川県横浜市南区上永谷 2-11-1-113　　　　　TEL 045-846-2332

　　■ ホームページ：https://osc-s.co.jp/
　　■ メールアドレス：info@osc-s.co.jp

【設立年月日】平成 22 年 12 月 1 日

【資本金】3,000 千円

【役員】代表取締役　片岡正樹

【役職員数】総人員　13 名　　うち文化財部門　11 名

【文化財統括責任者】松岡輝茂

【埋蔵文化財調査士】該当者なし

【埋蔵文化財調査士補】該当者なし

【日本考古学協会会員】該当者なし

【日本文化財科学会会員】該当者なし

【日本旧石器学会会員】該当者なし

【学芸員】該当者なし

【一級土木施工管理技士】1 名

【二級土木施工管理技士】1 名

【測量士】0 名

【測量士補】0 名

【直前一年間の会社の総売上高】
会社の総売上高　384,941 千円　　このうち文化財部門の売上高　100,931 千円
（令和 4 年 5 月 1 日～令和 5 年 4 月 30 日）

【業務内容】
（1）文化財部門の業務
　　主力業務：試掘調査・本格調査

（2）文化財部門以外の業務
　　一般土木工事業、人材派遣事業、職業紹介事業

【遺物整理スペース】なし

【遺物保管スペース】なし

【直前3年間（令和3年、令和4年、令和5年）の主な調査実績】
令和3年
・発掘調査支援業務委託（池子米軍消防署新設事業）　神奈川県
・発掘調査支援業務委託（新東名高速道路建設事業：山北地区）　神奈川県
・発掘調査支援業務委託（厚木米軍排水施設新設事業）　神奈川県

令和4年
・発掘調査支援業務委託（池子米軍消防署新設事業）　神奈川県
・発掘調査支援業務委託（厚木米軍排水施設新設事業）　神奈川県
・旧上瀬谷通信施設地区埋蔵文化財試掘調査支援業務委託　神奈川県

令和5年
・発掘調査支援業務委託（池子米軍消防署新設事業）　神奈川県
・旧上瀬谷通信施設地区埋蔵文化財発掘調査支援業務委託　神奈川県
・伊勢原大山インター上地区埋蔵文化財発掘調査支援業務委託　神奈川県

加藤建設株式会社

本　　社	〒185-0021	東京都国分寺市南町三丁目4番5号	TEL 042-329-1361
八王子支店	〒192-0024	東京都八王子市宇津木町500-1	TEL 042-648-5002
九州営業所	〒813-0013	福岡県福岡市東区香椎駅前二丁目9番2号	TEL 092-692-8560

- ホームページ：http://www.katoh-k.co.jp
- メールアドレス：eigyo@katoh-k.co.jp

【設立】昭和45年2月10日

【資本金】99,100千円

【役員】代表取締役　加藤成樹

【役職員数】総人員　42名　　うち文化財部門　36名

【文化財統括責任者】早川雅史

【埋蔵文化財調査士】該当者なし

【埋蔵文化財調査士補】青木　学　　土田泰人

【日本考古学協会会員】青木　学　　内田　仁　　川西直樹　　鈴木康好　　土田泰人　　富田健司
　　　　　　　　　　　沼田智哉　　水澤丈志　　與儀裕美

【日本文化財科学会会員】該当者なし

【日本旧石器学会会員】該当者なし

【学芸員】青木　学　　内田　仁　　小野田恵　　川西直樹　　土田泰人　　富田健司　　與儀裕美
　　　　　菅原　倆　　冷野澤大地

【一級土木施工管理技士】5名

【二級土木施工管理技士】12名

【測量士】3名

【測量士補】5名

【直前一年間の会社の総売上高】
会社の総売上高　888,079千円　　このうち文化財部門の売上高　529,814千円
（令和5年2月1日～令和6年1月31日）

【業務内容】
(1) 文化財部門の業務
　主力業務：試掘調査・本格調査
　その他：遺物整理・遺跡環境変遷解析、報告書作成、遺跡関係測量一般、土器復元・修復・保存修理等文化
　　財保存修復、史跡整備設計・監理

(2) 文化財部門以外の業務
　建設業、測量業、その他

【遺物整理スペース】東京都国分寺市 1,000 ㎡
　　　　　　　　　東京都八王子市 200 ㎡

【遺物保管スペース】東京都国分寺市 200 ㎡
　　　　　　　　　東京都八王子市 500 ㎡

【直前 3 年間（令和 3 年、令和 4 年、令和 5 年）の主な調査実績】
令和 3 年
・日本橋一丁目遺跡発掘調査　東京都　5,360 ㎡　本格調査　整理・報告書作成
・茅町遺跡発掘調査　東京都　1,500 ㎡　本格調査　整理・報告書作成
・江戸城外堀跡試掘調査　東京都　160 ㎡　試掘調査　整理・報告書作成
・四谷一丁目遺跡発掘調査　東京都　250 ㎡　本格調査　整理・報告書作成
・武蔵国府関連遺跡発掘調査　東京都　300 ㎡　本格調査　整理・報告書作成
・阿佐谷本村遺跡　東京都　3,500 ㎡　本格調査　整理・報告書作成

令和 4 年
・長崎一丁目周辺遺跡発掘調査　東京都　200 ㎡　本格調査　整理・報告書作成
・上野忍岡遺跡群発掘調査　東京都　250 ㎡　本格調査　整理
・三番町遺跡発掘調査　東京都　500 ㎡　本格調査　整理・報告書作成
・赤浜天神沢遺跡、畠山天神沢遺跡　埼玉県　8,000 ㎡　本格調査　整理・報告書作成
・武蔵国府関連遺跡発掘調査　東京都　1,200 ㎡　本格調査　整理・報告書作成
・染井遺跡発掘調査　東京都　150 ㎡　本格調査　整理・報告書作成

令和 5 年
・目白台三丁目遺跡発掘調査　東京都　2,500 ㎡　本格調査　整理
・八重洲二丁目遺跡発掘調査　東京都　1,200 ㎡　本格調査　整理・報告書作成
・武蔵国府関連遺跡発掘調査　東京都　1,350 ㎡　本格調査　整理・報告書作成
・本郷台遺跡群発掘調査　東京都　1,200 ㎡　本格調査　整理
・小石川植物園発掘調査　東京都　2,000 ㎡　本格調査　整理・報告書作成
・千代田区一番町所在遺跡発掘調査　東京都　7,700 ㎡　本格調査　整理・報告書作成

株式会社 カナコー

本　社　　〒 252-0328　神奈川県相模原市南区麻溝台 8 - 12 - 5　　　　TEL 042-746-1221
県央支店　〒 259-1101　神奈川県伊勢原市日向 2063 - 1　　　　　　　TEL 0463-94-2921

■ ホームページ：http://www.kanako.co.jp
■ メールアドレス：Info@kanako.co.jp

【設立】昭和 35 年 10 月 24 日

【資本金】47,000 千円

【役員】代表取締役　大久保貴章　　取締役　大久保孝昭　　取締役　大迫裕敬
　　　　取締役　　　阿部真理子

【役職員数】総人員　32 名　　うち文化財部門　7 名

【文化財統括責任者】大久保孝昭

【埋蔵文化財調査士】該当者なし

【埋蔵文化財調査士補】該当者なし

【日本考古学協会会員】該当者なし

【日本文化財科学会会員】該当者なし

【日本旧石器学会会員】該当者なし

【学芸員】該当者なし

【一級土木施工管理技士】5 名

【二級土木施工管理技士】2 名

【測量士】0 名

【測量士補】1 名

【直前一年間の会社の総売上高】
会社の総売上高　2,162,858 千円　　このうち文化財部門の売上高　49,500 千円
（令和 4 年 10 月 1 日～令和 5 年 9 月 30 日）

【業務内容】
（1）文化財部門の業務
　主力業務：試掘調査・本格調査
　その他：遺物整理・遺跡環境変遷解析・報告書作成、遺跡関係測量一般、土器復元・修復・保存修理等文化
　財保存修復

（2）文化財部門以外の業務
　建設業

【遺物整理スペース】神奈川県伊勢原市 150 ㎡

【遺物保管スペース】神奈川県伊勢原市 100 ㎡

【直前 3 年間（令和 3 年、令和 4 年、令和 5 年）の主な調査実績】
令和 3 年
・新東名建設事業に伴う遺跡調査　神奈川県　2,281 ㎡　支援業務
・厚木秦野道路建設事業に伴う遺跡調査　神奈川県　16,331 ㎡　支援業務
・厚木秦野道路建設事業に伴う遺跡調査　神奈川県　14,487 ㎡　支援業務

令和 4 年
・新東名建設事業に伴う遺跡調査　神奈川県　247 ㎡　支援業務
・厚木秦野道路建設事業に伴う遺跡調査　神奈川県　12,694 ㎡　支援業務
・厚木秦野道路建設事業に伴う遺跡調査　神奈川県　16,131 ㎡　支援業務

令和 5 年
・厚木秦野道路建設事業に伴う遺跡調査　神奈川県　13,483 ㎡　支援業務
・厚木秦野道路建設事業に伴う遺跡調査　神奈川県　11,141 ㎡　支援業務
・新国道線街路事業に伴う遺跡調査　神奈川県　3,042 ㎡　支援業務

有限会社 カワヒロ産業

本　　社　　　〒266-0005　千葉県千葉市誉田町一丁目785-7　　　　　　TEL 043-291-7198

　　メールアドレス：s.ogawa@kawahirosangyo.com

【設立】昭和63年12月20日

【資本金】3,000千円

【役員】代表取締役社長　小川吉博　　取締役副社長　小川直幸　　専務取締役　小川正悟

【役職員数】総人員　12名　　うち文化財部門　12名

【文化財統括責任者】小川吉博

【埋蔵文化財調査士】該当者なし

【埋蔵文化財調査士補】該当者なし

【日本考古学協会会員】奥冨雅之

【日本文化財科学会会員】該当者なし

【日本旧石器学会会員】該当者なし

【学芸員】奥冨雅之

【一級土木施工管理技士】0名

【二級土木施工管理技士】0名

【測量士】0名

【測量士補】0名

【直前一年間の会社の総売上高】
会社の総売上高　187,977千円　　このうち文化財部門の売上高　158,000千円
（令和4年10月1日〜令和5年9月30日）

【業務内容】
（1） 文化財部門の業務
　　主力業務：試掘調査・本格調査

（2） 文化財部門以外の業務
　　なし

【遺物整理スペース】 なし

【遺物保管スペース】 なし

【直前3年間（令和3年、令和4年、令和5年）の主な調査実績】
令和3年
・柏市出山遺跡　千葉県　支援業務
・加曾利貝塚遺跡　千葉県　支援業務
・弥平迫遺跡　福島県　支援業務

令和4年
・柏市出山遺跡・中山新田遺跡　千葉県　支援業務
・加曾利貝塚遺跡　千葉県　支援業務
・船橋市上ホシ遺跡（11）　千葉県　支援業務

令和5年
・柏市出山遺跡　千葉県　支援業務
・加曽利貝塚遺跡　千葉県　支援業務
・柳沢遺跡　千葉県　支援業務

建設ＮＲＴ株式会社

本　　社	〒 243-0812	神奈川県厚木市妻田北 3 - 14 - 7	TEL 046-240-1782
東北支店	〒 960-8001	福島県福島市天神町 4 - 27 松井ビル 3F	TEL 024-563-7964
相模原営業所	〒 252-0313	神奈川県相模原市南区松が枝町 16 - 4 小山ビル 3B	TEL 042-711-6135
静岡営業所	〒 419-0104	静岡県田方郡函南町畑字向山 529 番地 272　13 街区 887	TEL 055-974-0410

■ ホームページ　：http://www.k-nrt.co.jp/
■ メールアドレス：info@k-nrt.co.jp

【設立】平成 25 年 6 月 4 日

【資本金】20,000 千円

【役員】代表取締役　成田ルミ　　専務取締役　成田　透　　取締役　成田　廉　　取締役　丸山　徹
　　　　取締役　　　佐藤昌浩　　取締役　　　遠藤文夏

【役職員数】総人数　40 名　　うち文化財部門　40 名

【文化財統括責任者】成田　透

【埋蔵文化財調査士】該当者なし

【埋蔵文化財調査士補】該当者なし

【日本考古学協会会員】該当者なし

【日本文化財科学会会員】該当者なし

【日本旧石器学会会員】該当者なし

【学芸員】金井美幸　　白戸このみ　　伊藤貴也　　辻田祐太朗　　前田憲政　　三浦惇平　　安部喜俊
　　　　　香山可菜美

【一級土木施工管理技士】2 名

【二級土木施工管理技士】4 名

【測量士】5 名

【測量士補】5 名

【直前一年間の会社の総売上高】
会社の総売上高　800,000 千円　　このうち文化財部門の売上高　760,000 千円
（令和 5 年 6 月 1 日〜令和 6 年 5 月 31 日）

【業務内容】
(1) 文化財部門の業務
　① 試掘調査・本調査
　② 整理作業・報告書作成
　③ 文化財測量全般
(2) 文化財部門以外の業務
　① 建設業
　② 測量業
　③ 労働者派遣事業

【遺物整理スペース】神奈川県厚木市 160 ㎡
　　　　　　　　　　神奈川県相模原市 55 ㎡

【遺物保管スペース】神奈川県厚木市 50 ㎡

【直前 3 年間（令和 3 年、令和 4 年、令和 5 年）の主な調査実績】
令和 3 年
・相模原市内遺跡発掘調査補助業務委託　神奈川県　試掘調査
・海老名市埋蔵文化財調査作業委託（単価契約）　神奈川県　試掘調査
・都市計画道路宮上横山線道路改良事業に伴う埋蔵文化財発掘調査補助業務委託　神奈川県　463 ㎡　本格調査

令和 4 年
・相模原市内遺跡発掘調査補助業務委託　神奈川県　試掘調査
・海老名市埋蔵文化財調査作業委託（単価契約）　神奈川県　試掘調査
・県道 52 号（相模原町田）（JR 相模線立体交差部）道路改良事業に伴う埋蔵文化財発掘調査補助業務委託　神奈川県　1,207 ㎡　本格調査

令和 5 年
・相模原市内遺跡発掘調査補助業務委託　神奈川県　試掘調査
・海老名市埋蔵文化財調査作業委託（単価契約）　神奈川県　試掘調査
・令和 5 年度綾瀬市一円の埋蔵文化財試掘・確認調査作業委託　神奈川県　試掘調査
・県道 52 号（相模原町田）（JR 相模線立体交差部）道路改良事業に伴う埋蔵文化財発掘調査補助業務委託　神奈川県　202.28 ㎡　本格調査
・旧東清掃事務所解体工事に伴う埋蔵文化財発掘調査補助業務委託　神奈川県　639 ㎡　本格調査

株式会社 古環境研究所

本　社　　　　〒331-0062　埼玉県さいたま市西区土屋 1795 - 24　　　　TEL 048-622-0389
宮崎研究所　　〒880-0912　宮崎県宮崎市赤江 1417　　　　　　　　　　TEL 0985-51-7784

■ ホームページ：http://www.kokankyo.jp/
■ メールアドレス：info@kokankyo.co.jp

【設立】昭和 61 年 3 月 28 日

【資本金】42,200 千円

【役員】代表取締役社長　松田隆二

【役職員数】総人員　4 名　　うち文化財部門　4 名

【文化財統括責任者】松田隆二

【埋蔵文化財調査士】該当者なし

【埋蔵文化財調査士補】該当者なし

【日本考古学協会会員】該当者なし

【日本文化財科学会会員】松田隆二

【日本旧石器学会会員】該当者なし

【学芸員】該当者なし

【一級土木施工管理技士】0 名

【二級土木施工管理技士】0 名

【測量士】0 名

【測量士補】1 名

【直前一年間の会社の総売上高】
会社の総売上高　39,126 千円　　このうち文化財部門の売上高　39,126 千円
（令和 4 年 10 月 1 日～令和 5 年 9 月 30 日）

【業務内容】

(1) 文化財部門の業務
　　主力業務：自然科学分析

(2) 文化財部門以外の業務
　　その他

【遺物整理スペース】本社・宮崎研究所・先端技術センター 300 ㎡

【遺物保管スペース】本社・宮崎研究所 70 ㎡

【直前 3 年間（令和 3 年、令和 4 年、令和 5 年）の主な調査実績】
令和 3 年
・平畑（3）遺跡自然科学分析業務　青森県　自然科学分析
・宿大類塚之越遺跡自然科学分析業務　群馬県　自然科学分析
・石塚廃寺東遺跡・大鴨遺跡自然科学分析業務　鳥取県　自然科学分析
・染地遺跡自然科学分析業務　東京都　自然科学分析
・北条館跡出土木製品保存処理業務　岩手県　保存処理
・普賢寺遺跡出土木製品保存処理業務　大阪府　保存処理

令和 4 年
・八戸市内遺跡自然科学分析業務　青森県　自然科学分析
・川田条里遺跡自然科学分析業務　長野県　自然科学分析
・中ノ江遺跡自然科学分析業務　石川県　自然科学分析
・熊本城跡遺跡自然科学分析業務　熊本県　自然科学分析
・西岩田遺跡出土木製品保存処理業務　大阪府　保存処理
・志摩鳥羽藩稲垣家上屋敷跡遺跡出土木製品保存処理業務　東京都　保存処理

令和 5 年
・牛田古墳群自然科学分析　群馬県　自然科学分析
・茶院Ａ遺跡自然科学分析業務　新潟県　自然科学分析
・高畑遺跡自然科学分析業務　福岡市　自然科学分析
・北山遺跡自然科学分析業務　鹿児島県　自然科学分析
・中林下遺跡木製品保存処理業務　岩手県　保存処理
・西岩田遺跡出土木製品保存処理業務　大阪府　保存処理

国際文化財株式会社

本　　社	〒141-0022	東京都品川区東五反田 2 - 3 - 4	TEL 03-3473-1221
東日本支店	〒141-0022	東京都品川区東五反田 2 - 3 - 4	TEL 03-5447-8585
西日本支店	〒532-0003	大阪府大阪市淀川区宮原 4 - 3 - 39	TEL 06-4708-5424
福島営業所	〒963-8002	福島県郡山市駅前 2 - 3 - 7	TEL 024-901-5550
新潟営業所	〒953-0042	新潟県新潟市西蒲区赤鏥 745	TEL 0256-77-5314
神奈川営業所	〒243-0807	神奈川県厚木市金田 804 - 2	TEL 046-244-0135
静岡営業所	〒420-0852	静岡県静岡市葵区紺屋町 17 - 1	TEL 054-686-5529
清須営業所	〒452-0901	愛知県清須市阿原宮東 256	TEL 052-508-6522
神戸営業所	〒651-1101	兵庫県神戸市北区山田町小部字妙賀 10 - 8	TEL 078-591-8223
鳥取営業所	〒689-1112	鳥取県鳥取市若葉台南 1 - 11	TEL 0857-50-1913
長崎営業所	〒850-0033	長崎県長崎市万才町 6 - 34	TEL 095-811-5123
熊本営業所	〒860-0807	熊本県熊本市中央区下通 1 - 3 - 8	TEL 096-319-3024
鹿児島営業所	〒892-0846	鹿児島県鹿児島市加治屋町 15 - 9	TEL 099-219-1018
宜野湾営業所	〒901-2225	沖縄県宜野湾市大謝名 1 - 2 - 35	TEL 098-987-6920

■ ホームページ：http://www.k-bunka.co.jp
■ メールアドレス：kbc-kikaku_kanri@k-bunka.co.jp

【設立】平成 19 年 12 月設立（国際航業株式会社文化財事業部門が分離独立）

【資本金】100,000 千円

【役員】代表取締役社長　伊藤敬太郎　　取締役　森下賢司　　取締役　市橋謙一　　取締役　松本　茂
　　　　監査役　　　　　岩村　繁　　　監査役　小笠原信

【役職員数】総人員　72 名　　うち文化財部門　68 名

【文化財統括責任者】伊藤敬太郎

【埋蔵文化財調査士】伊藤敬太郎　　長尾聡子　　荻澤太郎　　山崎良二　　大山祐喜　　青嶋邦夫
　　　　　　　　　　辻本　彩　　　鳥越道臣　　土　任隆　　吾妻俊典　　長林　大　　水上匡彦
　　　　　　　　　　土橋尚起　　　田口雄一　　土岐耕司　　大塚正樹　　利屋　勉　　中村祐一
　　　　　　　　　　堀苑孝志

【埋蔵文化財調査士補】関　美男　　和田浩一郎　　北森友梨　　新平直彦　　佐藤敬太
　　　　　　　　　　　後藤亮太　　髙橋宏樹　　　丸山悠里香　谷口有紀子　駒井沙紀

【日本考古学協会会員】伊藤敬太郎　　大山祐喜　　土　任隆　　青嶋邦夫　　川田秀治　　吾妻俊典
　　　　　　　　　　　大塚正樹　　　土橋尚起　　田口雄一　　辻本　彩　　山崎良二　　堀苑孝志
　　　　　　　　　　　松山敬一朗

【日本文化財科学会会員】該当者なし

【日本旧石器学会会員】該当者なし

【学芸員】伊藤敬太郎　　土　任隆　　長林　大　　辻本　彩　　大山祐喜　　青嶋邦夫　　安村　健
　　　　　長尾聡子　　　水上匡彦　　大塚正樹　　中村祐一　　佐藤敬太　　田口雄一　　吾妻俊典
　　　　　村瀬好美　　　和田浩一郎　加藤麻理　　新平直彦　　北森友梨　　土橋尚起　　谷口有紀子
　　　　　高橋宏樹　　　駒井沙紀　　丸山悠里香　木田　真　　千々和悠空　太田哲平　　堀苑孝志
　　　　　谷口晴美　　　辻龍之介　　細田滋人　　横田一真　　嶋田久乃　　松山敬一朗　吉永利子

【一級土木施工管理技士】4 名

【二級土木施工管理技士】2 名

【測量士】9 名

【測量士補】5 名

【直前一年間の会社の総売上高】
会社の総売上高　2,179,679 千円　　このうち文化財部門の売上高　2,179,679 千円
（令和 5 年 4 月 1 日～令和 6 年 3 月 31 日）

【業務内容】
(1)　文化財部門の業務
　　主力業務：試掘調査・本格調査
　　その他：遺物整理・報告書作成、遺跡関係測量一般、文化財保存活用地域計画策定支援、史跡整備設計・監理

(2)　文化財部門以外の業務
　　なし

【遺物整理スペース】東京都港区 85 ㎡　　　　神奈川県厚木市 150 ㎡　　　　愛知県清須市 60 ㎡
　　　　　　　　　　兵庫県神戸市 60 ㎡　　　沖縄県宜野湾市 20 ㎡

【遺物保管スペース】東京都港区 170 ㎡　　　神奈川県厚木市 50 ㎡　　　　愛知県清須市 50 ㎡
　　　　　　　　　　兵庫県神戸市 50 ㎡　　　沖縄県宜野湾市 15 ㎡

【直前 3 年間（令和 3 年、令和 4 年、令和 5 年）の主な調査実績】
令和 3 年
・午王山遺跡保存活用計画策定支援業務委託　埼玉県　活用計画策定支援
・八日市地方遺跡（その 9）遺物整理外業務委託　石川県　遺物整理業務
・令和 3 年度那覇空港自動車道（小禄道路）発掘調査に伴う支援業務委託　沖縄県　本調査　650 ㎡

令和 4 年
・埼玉県指定史跡野火止用水保存活用計画策定業務委託　埼玉県　活用計画策定支援
・新四之宮公民館建設に伴う埋蔵文化財発掘調査業務　神奈川県　本調査　1,110 ㎡
・池田遺跡発掘調査業務　愛知県　本調査　6,072 ㎡

令和 5 年
・令和 5 年度　秋葉街道に係る文化財現況調査業務　静岡県　活用計画策定支援
・岩津成瀬城跡・若一王子神社遺跡発掘調査業務　愛知県　本調査・報告書作成　2,020 ㎡
・令和 5 年度 畑総荒木中央地区 27・28 工区 埋蔵文化財 発掘 調査 業務委託　鹿児島県　本調査　4,853 ㎡

株式会社 コクドリサーチ

本　　社	〒 206-0023	東京都多摩市馬引沢一丁目 9 番地 6	TEL 042-373-3011
東京支社	〒 160-0011	東京都新宿区若葉 2 - 2 - 13 - 3F	TEL 03-6380-4218
神奈川支社	〒 252-0131	神奈川県相模原市緑区西橋本 2 - 25 - 3 - 203	TEL 042-703-4710
千葉支社	〒 270-0132	千葉県流山市駒木 144 - 23	TEL 04-7137-7171
埼玉支社	〒 341-0018	埼玉県三郷市早稲田 6 - 13 - 19	TEL 048-948-8043

- ホームページ：http://www.kokudo-research.co.jp
- メールアドレス：eigyo@kokudo-research.co.jp

【設立】昭和 53 年 7 月 3 日

【資本金】25,000 千円

【役員】代表取締役　崎川　修

【役職員数】総人員　30 名　　うち文化財部門　4 名

【文化財統括責任者】崎川　修

【埋蔵文化財調査士】該当者なし

【埋蔵文化財調査士補】該当者なし

【日本考古学協会会員】1 名　木下　実

【日本文化財科学会会員】該当者なし

【日本旧石器学会会員】該当者なし

【学芸員】1 名　木下　実

【一級土木施工管理技士】該当者なし

【二級土木施工管理技士】該当者なし

【測量士】2 名

【測量士補】2 名

【直前一年間の会社の総売上高】
会社の総売上高　281,956 千円　　このうち文化財部門の売上高　29,048 千円
（令和 5 年 3 月 1 日〜令和 6 年 2 月 29 日）

【業務内容】
(1) 文化財部門の業務
　主力業務：試掘調査、本格調査、遺物整理
　その他：石造物調査

(2) 文化財部門以外の業務
　補償コンサルタント、市場調査・計画策定支援部門

【遺物整理スペース】東京都多摩市 55 ㎡　　　千葉県流山市 20 ㎡

【遺物保管スペース】東京都多摩市 100 ㎡　　　千葉県流山市 20 ㎡

【直前 3 年間（令和 3 年、令和 4 年、令和 5 年）の主な調査実績】
令和 3 年
・多摩市シルバー人材センター倉庫新築工事埋蔵文化財発掘調査業務委託　東京都　25 ㎡　本調査、報告書作成
・中法伝貝塚（17）埋蔵文化財調査発掘作業委託　千葉県　505.1 ㎡　支援業務、本調査
・夏見台遺跡（75）埋蔵文化財調査発掘作業委託　千葉県　2,591.75 ㎡　支援業務、本調査
・屋敷貝塚K地点　整理作業業務委託　千葉県　遺物整理業務
・不三戸貝塚第 2 地点　整理作業業務委託　千葉県　遺物整理業務
・文化財関連調査記録等映像作成業務　岐阜県　映像記録作成業務
・社会福祉法人はぐくむ会第二はぐくむ園新築工事に伴う埋蔵文化財発掘調査委託　埼玉県　1,000 ㎡　本調査、報告書作成

令和 4 年
・飛田給遺跡第 335 地点発掘調査業務委託　東京都　260 ㎡　本調査、報告書作成
・夏見台遺跡（75）埋蔵文化財調査整理作業委託業務　千葉県　遺物整理業務
・武蔵国府関連遺跡埋蔵文化財発掘調査支援業務委託　東京都　518 ㎡　本調査、報告書作成

令和 5 年
・中法伝貝塚（17）埋蔵文化財調査整理作業委託　千葉県　1,350,25 ㎡　整理作業、報告書作成

株式会社 斉藤建設

本　　社　　〒248-0027　鎌倉市笛田一丁目10番1号　　　　　　　　TEL 0467-95-3311
　　■ ホームページ：www.saito@saito-group.com
　　■ メールアドレス：saito@saito-group.com

【設立】昭和35年4月1日

【資本金】40,000千円

【役員】代表取締役　斉藤正朗　　取締役　北埜　博　　取締役　黒崎春三郎
　　　　取締役　　　竹村雅之

【役職員数】総人員　52名　　うち文化財部門　12名

【文化財統括責任者】黒崎春三郎

【埋蔵文化財調査士】該当者なし

【埋蔵文化財調査士補】森　健一郎

【日本考古学協会会員】降矢順子　　継　実　　鹿島保宏

【日本文化財科学会会員】該当者なし

【日本旧石器学会会員】該当者なし

【学芸員】該当者なし

【一級土木施工管理技士】5名

【二級土木施工管理技士】3名

【測量士】2名

【測量士補】3名

【直前一年間の会社の総売上高】
会社の総売上高　1,619,720千円　　このうち文化財部門の売上高　74,560千円
（令和5年4月1日～令和6年3月31日）

【業務内容】
（1） 文化財部門の業務
　　 主力業務：試掘調査・本格調査

（2） 文化財部門以外の業務
　　 建設業、その他

【遺物整理スペース】 神奈川県鎌倉市 77 ㎡

【遺物保管スペース】 神奈川県鎌倉市 100 ㎡

【直前 3 年間（令和 3 年、令和 4 年、令和 5 年）の主な調査実績】
令和 3 年
・北条小町邸発掘調査　神奈川県　51 ㎡　本格調査、遺物整理、報告書作成
・中谷遺跡発掘調査　神奈川県　68 ㎡　本格調査、遺物整理、報告書作成
・前田 A 遺跡発掘調査　神奈川県　236 ㎡　本格調査、遺物整理、報告書作成
・明王ヶ谷遺跡発掘調査　神奈川県　181 ㎡　本格調査、遺物整理、報告書作成
・鐘ヶ谷遺跡発掘調査　神奈川県　160 ㎡　本格調査、遺物整理、報告書作成

令和 4 年
・旧藤沢公民館跡地試掘調査　神奈川県　26 ㎡　確認調査　報告書作成
・小井戸遺跡発掘調査　神奈川県　50 ㎡　本格調査、遺物整理、報告書作成
・大倉幕府跡　神奈川県　66 ㎡　本格調査、遺物整理、報告書作成
・下ヶ町遺跡　神奈川県　320 ㎡　本格調査、遺物整理、報告書作成
・若宮大路周辺遺跡群　神奈川県　269 ㎡、本格調査、遺物整理、報告書作成
・鐘ヶ谷遺跡発掘調査　神奈川県　115 ㎡　本格調査、遺物整理、報告書作成
・長谷小路周辺遺跡試掘調査　神奈川県　124 ㎡、確認調査　報告書作成

令和 5 年
・居村 A 遺跡発掘調査　神奈川県　232 ㎡　本格調査　遺物整理　報告書作成
・上ノ町遺跡発掘調査　神奈川県　308 ㎡　本格調査　遺物整理　報告書作成
・鎌倉市史跡指定地試掘確認調査　神奈川県　15 ㎡　確認調査　報告書作成
・荏柄天神社参道整備試掘調査　神奈川県　21 ㎡　確認調査　報告書作成
・藤沢市№57 遺跡試掘調査　神奈川県　18 ㎡　確認調査　報告書作成
・網久保 B 遺跡発掘調査　神奈川県　460 ㎡　本格調査　遺物整理　報告書作成
・甘縄神社遺跡群発掘調査　神奈川県　182 ㎡　本格調査　遺物整理　報告書作成

株式会社 G.B.K

本　　社　　　　〒259-1125　神奈川県伊勢原市下平間 674 番地の 1　　　　　TEL 0463-96-5832

　　　■ ホームページ：https://gb-k.jp/company/
　　　■ メールアドレス：info@gb-K.jp

【設立】平成 27 年 3 月 3 日

【資本金】50 千円

【役員】代表取締役　梶原　大

【役職員数】総人員　1 名　　うち文化財部門　1 名

【文化財統括責任者】梶原　大

【埋蔵文化財調査士】該当者なし

【埋蔵文化財調査士補】該当者なし

【日本考古学協会会員】該当者なし

【日本文化財科学会会員】該当者なし

【日本旧石器学会会員】該当者なし

【学芸員】該当者なし

【一級土木施工管理技士】1 名

【二級土木施工管理技士】1 名

【測量士】0 名

【測量士補】0 名

【直前一年間の会社の総売上高】
会社の総売上高　231,192 千円　　このうち文化財部門の売上高　231,192 千円
（令和 5 年 3 月 1 日～令和 6 年 2 月 28 日）

【業務内容】
（1）文化財部門の業務
　　主力業務：試掘調査・本格調査・発掘支援業務

（2）文化財部門以外の業務
　　なし

【遺物整理スペース】神奈川県伊勢原市 60 ㎡　　　神奈川県小田原市 53 ㎡

【遺物保管スペース】神奈川県伊勢原市 60 ㎡　　　神奈川県小田原市 53 ㎡

【直前 3 年間（令和 3 年、令和 4 年、令和 5 年）の主な調査実績】
令和 3 年
・なし

令和 4 年
・なし

令和 5 年
・なし

【業務内容】
（1）文化財部門の業務
　　主力業務：試掘調査・本格調査・発掘支援業務

株式会社 四門

本　　社	〒101-0061	東京都千代田区神田三崎町 2 - 4 - 1	TEL 03-3265-2857
文化財センター	〒191-0024	東京都日野市万願寺 3 - 51 - 9	TEL 042-589-0151
文化財センター（横浜分室）	〒224-0042	神奈川県横浜市都筑区大熊町 882 - 1	TEL 045-479-9071
文化財センター（浜松分室）	〒431-0202	静岡県浜松市西区坪井町 4081	TEL 053-488-8720
東北支店	〒983-0852	宮城県仙台市宮城野区榴岡 4 - 12 - 12	TEL 022-299-5507
信越支店	〒380-0922	長野県長野市七瀬 2-7	TEL 026-219-6381
名古屋支店	〒453-0014	愛知県名古屋市中村区則武 1-19-13	TEL 052-451-5531

　■ ホームページ：http://www.simmon.co.jp/
　■ メールアドレス：maibun@simmon.jp; eigyo@simmon.jp

【設立】昭和 49 年 4 月 25 日

【資本金】30,000 千円

【役員】代表取締役　宝土大亮　　取締役常務執行役員　　有房克之　　取締役執行役員　植竹　奨
　　　　顧問　　　　那波市郎　　執行役員文化財事業部長　高橋岳志

【役職員数】総人員　180 名　　うち文化財部門　70 名

【文化財統括責任者】高橋岳志

【埋蔵文化財調査士】高橋泰子　　高橋直崇　　関根信夫　　百瀬貴子　　稲村晃嗣　　西井幸雄

【埋蔵文化財調査士補】岩倉祐二　　山内伸治　　高橋岳志　　阿部孝行　　春日貴明
　　　　　　　　　　　佐々木英二　　田中竜星

【日本考古学協会会員】高橋泰子　　高橋直崇　　百瀬貴子　　稲村晃嗣　　熊谷洋一　　西井幸雄

【日本文化財科学会会員】該当者なし

【日本旧石器学会会員】西井幸雄

【学芸員】関根信夫　　高橋泰子　　百瀬貴子　　高橋岳志　　佐々木英二　　田中竜星　　大谷舞菜
　　　　　稲村晃嗣　　根本真帆　　中田達也　　小川達城　　保坂香音　　粕谷洸稀

【一級土木施工管理技士】4 名

【二級土木施工管理技士】3 名

【測量士】26 名

【測量士補】43 名

【直前一年間の会社の総売上高】
会社の総売上高　2,670,457 千円　　このうち文化財部門の売上高　429,082 千円
（令和 4 年 10 月 1 日〜令和 5 年 9 月 30 日）

【業務内容】
(1) 文化財部門の業務
　　主力業務：試掘調査、本格調査、整理・報告書作成、遺跡関係測量一般、土器復元・修復・保存修理等

(2) 文化財部門以外の業務
　　補償コンサルタント（登録全 8 部門）、固定資産評価部門、開発・測量・登記、環境調査

【遺物整理スペース】東京都日野市 232 ㎡　　　　神奈川県横浜市 200 ㎡　　　　静岡県浜松市 100 ㎡

【遺物保管スペース】東京都日野市 184 ㎡　　　　神奈川県横浜市 200 ㎡　　　　静岡県浜松市 50 ㎡

【直前 3 年間（令和 3 年、令和 4 年、令和 5 年）の主な調査実績】
令和 3 年
・四谷一丁目遺跡　東京都　44 ㎡　本調査、整理調査及び報告書作成
・八丁堀三丁目遺跡　東京都　175 ㎡　本調査支援（令和 3 年度〜令和 7 年度：整理調査及び報告書作成支援）
・武蔵国府関連遺跡、府中宿　東京都　255 ㎡　本調査、整理調査及び報告書作成
・円蔵御屋敷 A 遺跡　神奈川県　84 ㎡　本調査、整理調査及び報告書作成
・西戸類家Ⅰ・Ⅲ・Ⅴ・Ⅶ、南戸類家Ⅰ、南玉川Ⅲ・Ⅳ遺跡、松ケ沢Ⅲ遺跡　岩手県　14,154 ㎡　本調査支援、
　遺物整理及び報告書作成支援
・千音寺遺跡　愛知県　4,180 ㎡　本調査（令和 4 年度：整理調査及び報告書作成）
・牟呂坂津地区遺跡　愛知県　983 ㎡　本調査支援
・岡崎城跡備前曲輪　静岡県　1,275 ㎡　本調査（令和 4 年度：整理調査及び報告書作成）

令和 4 年
・新宿区北町遺跡　東京都　112 ㎡　本調査、整理調査及び報告書作成
・南玉川Ⅴ・Ⅵ・Ⅶ・Ⅷ・Ⅹ遺跡、西戸類家Ⅱ・Ⅳ・Ⅵ・Ⅶ・Ⅸ・Ⅺ遺跡、馬場Ⅱ・Ⅲ遺跡、長坂Ⅱ遺跡　岩
　手県　26,800 ㎡　本調査支援、整理調査及び報告書作成（令和 5 年度）
・広町遺跡　東京都　734 ㎡　本調査、整理調査及び報告書作成
・(仮)芝公園二丁目遺跡　東京都　146 ㎡　本調査、整理調査及び報告書作成
・大井鹿島遺跡　東京都　57 ㎡　本調査、整理調査及び報告書作成
・武蔵国府関連遺跡（1938 次）　東京都　278 ㎡　本調査、整理調査及び報告書作成
・円蔵御屋敷 A 遺跡　神奈川県　83 ㎡　本調査、整理調査及び報告書作成
・前谷遺跡　埼玉県　88 ㎡　本調査、整理調査及び報告書作成
・境松遺跡　愛知県　1,155 ㎡　本調査支援、基礎整理

令和 5 年
・(仮称)三田一丁目 4 番所在遺跡　東京都港区　826 ㎡　本調査、整理調査及び報告書作成（令和 6 年度）
・品川台場（第 5）遺跡　東京都港区　534 ㎡　本調査、整理調査及び報告書作成（令和 6 年度）
・居木橋遺跡　東京都品川区　77 ㎡　本調査、整理調査及び報告書作成（令和 6 年度）
・(仮称)江東橋二丁目 18 番 2 号遺跡　12 ㎡　東京都墨田区　本調査支援、整理調査及び報告書作成
・吉祥寺南町遺跡　東京都武蔵野市　317 ㎡　本調査、整理調査及び報告書作成（令和 6 年度）
・ユルギ松遺跡（12）　千葉県船橋市　817 ㎡　本調査、基礎整理調査
・本社 B 遺跡　神奈川県茅ヶ崎市　383 ㎡　本調査、整理調査及び報告書作成
・中村遺跡第 9 地点　150 ㎡　神奈川県相模原市　本調査、整理調査及び報告書作成
・上作延別所遺跡　神奈川県川崎市　116 ㎡　本調査、整理調査及び報告書作成
・高ノ御前遺跡　愛知県東海市　830 ㎡　本調査、整理調査及び報告書作成（令和 6 年度）

大成エンジニアリング株式会社

本　　　社	〒 162-0045	東京都新宿区馬場下町 1 - 1	TEL 03-5285-3151
府中事務所	〒 183-0011	東京都府中市白糸台 3 - 13 - 8　ニューライフビル	TEL 042-340-4701
名古屋支店	〒 460-0002	愛知県名古屋市中区丸の内 3 - 16 - 19　丸の内ニューネットビル 6F	
			TEL 052-265-6395
大阪支店	〒 532-0003	大阪府大阪市淀川区宮原 3-5-36　新大阪トラストタワー 3F	TEL 06-6398-7061
福岡事務所	〒 812-0016	福岡県福岡市博多区博多駅前 1 - 4 - 4　東京建物博多ビル 2F	TEL 092-452-2771
横浜営業所	〒 231-0011	神奈川県横浜市中区太田町 4 - 47　コーワ太田町ビル 7F	TEL 045-201-2460
神奈川営業所	〒 252-0216	神奈川県相模原市中央区清新 1 - 1 - 19　メゾン相模原 101	TEL 042-707-0717
三重営業所	〒 510-0042	三重県四日市市高砂町 1 - 6　細川商事ビル	TEL 059-359-1411
静岡営業所	〒 424-0885	静岡県静岡市清水区草薙杉道 2 - 15 - 28	TEL 054-344-3901

■ ホームページ：http://www.taiseieng.co.jp/
■ メールアドレス：maibun@taiseieng.co.jp

【設立】昭和 46 年 10 月 25 日

【資本金】90,000 千円

【役員】代表取締役　岩﨑信治　　取締役　福永幸正　　取締役　岡　直太　　取締役　足立智之

【役職員数】総人員　234 名　　うち文化財部門　46 名

【文化財統括責任者】板野伸彦

【埋蔵文化財調査士】
板野伸彦	坂上直嗣	蒲　明男	村田道博	美濃部達也	宇井義典
市川康弘	青池紀子	山内淳司	青木雄大	広田　健	高橋直樹
大崎美鈴	惟村忠志	地頭　猛	久保倉勇輝	手嶋正貴	石森　光

【埋蔵文化財調査士補】
山中菊乃	古田英彦	岩田堯之	尾崎愛斗	楠　秀行	駒形あゆみ
服部美咲	酒井月音				

【日本考古学協会会員】
板野伸彦	高野雅浩	坂上直嗣	蒲　明男	村田道博	宇井義典
市川康弘	青池紀子	山内淳司	青木雄大	大崎美鈴	高橋直樹
黒済和彦	惟村忠志	広田　健	地頭　猛	久保倉勇輝	手嶋正貴
石森　光	岩田堯之				

【日本文化財科学会会員】該当者なし

【日本旧石器学会会員】宇井義典

【学芸員】
高野雅浩	坂上直嗣	蒲　明男	村田道博	宇井義典	市川康弘	山内淳司
広田　健	大崎美鈴	高橋直樹	地頭　猛	久保倉勇輝	手嶋正貴	黒済和彦
岩田堯之	尾﨑愛斗	服部美咲	酒井月音	斎藤資高	佐野悠斗	北川翔英

【一級土木施工管理技士】75 名

【二級土木施工管理技士】14 名

【測量士】19 名

【測量士補】24 名

【直前一年間の会社の総売上高】
会社の総売上高　4,689,463 千円　　このうち文化財部門の売上高　1,004,664 千円
（令和 5 年 4 月 1 日～令和 6 年 3 月 31 日）

【業務内容】
（1）文化財部門の業務
　　主力業務：分布調査・試掘調査・発掘調査
　　その他：遺物実測・地形測量・写真測量・3D 測量・遺跡全体写真撮影・遺物写真撮影・復元・拓本・デジタ
　　　　ルトレース・分類・遺物実測・遺構図作成・報告書作成

（2）文化財部門以外の業務
　　建設コンサルタント業、その他

【遺物整理スペース】東京都府中市 522 ㎡　　　　神奈川県相模原市 140 ㎡　　　　東京都八王子市 555 ㎡

【遺物保管スペース】東京都府中市 611 ㎡　　　　神奈川県相模原市 140 ㎡　　　　東京都八王子市 555 ㎡
　　　　　　　　　　東京都国立市 447 ㎡

【直前 3 年間（令和 3 年、令和 4 年、令和 5 年）の主な調査実績】
令和 3 年
・港区　　高輪築堤跡遺跡埋蔵文化財発掘調査　東京都　2,800 ㎡　本調査、遺物整理、報告書作成、測量・空撮
・府中市　武蔵国府関連遺跡埋蔵文化財発掘調査　東京都　843 ㎡　本調査、遺物整理、報告書作成、測量・空撮
・志木市　西原大塚遺跡埋蔵文化財発掘調査　埼玉県　1,542 ㎡　本調査、遺物整理、報告書作成、測量・空撮
・品川区　居木橋遺跡埋蔵文化財発掘調査　東京都　180 ㎡　本調査、遺物整理、報告書作成、測量・空撮
・新宿区　若葉一丁目埋蔵文化財発掘調査　東京都　104.4 ㎡　本調査、遺物整理、報告書作成、測量・空撮

令和 4 年
・平塚市　諏訪前 A 遺跡第 18 地点・七ノ域遺跡第 15 地点埋蔵文化財発掘調査　神奈川県　1,084 ㎡　本調査、
　遺物整理、報告書作成、測量
・文京区　本郷元町遺跡埋蔵文化財発掘調査　東京都　339.1 ㎡　本調査、遺物整理、報告書作成、測量
・船橋市　上ホシ遺跡（11）埋蔵文化財発掘調査　千葉県　696.77 ㎡　本調査、測量
・新宿区　払方町遺跡埋蔵文化財発掘調査　東京都　1,168 ㎡　本調査、遺物整理、報告書作成、測量
・新宿区　宗参寺遺跡埋蔵文化財発掘調査　東京都　831 ㎡　本調査、遺物整理、報告書作成
・府中市　武蔵国府関連遺跡埋蔵文化財発掘調査　東京都　847 ㎡　本調査、遺物整理、報告書作成

令和 5 年
・文京区　龍岡町遺跡埋蔵文化財発掘調査　東京都　310 ㎡　本調査、遺物整理、報告書作成、測量
・府中市　武蔵国府関連遺跡埋蔵文化財発掘調査　東京都　728 ㎡　本調査、遺物整理、報告書作成、測量・空撮
・府中市　武蔵国府関連遺跡埋蔵文化財発掘調査　東京都　851 ㎡　本調査、遺物整理、報告書作成、測量・空撮
・川口市　宮合貝塚遺跡埋蔵文化財発掘調査　埼玉県　93.5 ㎡　本調査、遺物整理、報告書作成、測量
・伊勢原市　神戸・上宿遺跡埋蔵文化財発掘調査　神奈川県　700 ㎡　本調査、遺物整理、報告書作成、測量・
　空撮
・相模原市　小倉宮原遺跡埋蔵文化財発掘調査　神奈川県　1,851 ㎡　本調査、遺物整理、報告書作成、測量・
　空撮
・相模原市　下森鹿島遺跡埋蔵文化財発掘調査　神奈川県　638 ㎡　本調査、測量・空撮

株式会社 玉川文化財研究所

本　　社　　　〒221-0822　神奈川県横浜市神奈川区西神奈川一丁目8番地の9　　　TEL 045-321-5565

■ ホームページ：https://tamagawabunkazai.co.jp
■ メールアドレス：tamaken@coral.plala.or.jp

【設立】昭和55年12月3日

【資本金】10,880千円

【役員】代表取締役社長　相原俊夫　　取締役　西本正憲　　取締役　相原俊介
　　　　取締役　　　　　梅景富子　　相談役　河合英夫　　監査役　大西政徳

【役職員数】総人員　45名　　うち文化財部門　40名

【文化財統括責任者】相原俊夫

【埋蔵文化財調査士】相原俊夫　　河合英夫　　麻生順司　　小林義典　　吉田浩明　　迫　和幸
　　　　　　　　　　秋山重美　　小山裕之　　香川達郎　　中村哲也　　中山　豊　　北平朗久
　　　　　　　　　　坪田弘子　　小林晴生　　前川昭彦　　石川真紀　　太田雅晃　　西本正憲
　　　　　　　　　　小森明美　　御代七重　　斎藤武士　　伊藤貴宏　　林原利明　　西野吉論

【埋蔵文化財調査士補】髙橋　歩

【日本考古学協会会員】相原俊夫　　河合英夫　　麻生順司　　小林義典　　吉田浩明　　迫　和幸
　　　　　　　　　　　秋山重美　　小山裕之　　香川達郎　　中村哲也　　中山　豊　　北平朗久
　　　　　　　　　　　坪田弘子　　西本正憲　　三ツ橋勝　　太田雅晃　　小森明美　　林原利明
　　　　　　　　　　　石川真紀　　斎藤武士　　西野吉論　　伊藤貴宏　　御代七重

【日本旧石器学会会員】麻生順司　　中山　豊

【学芸員】河合英夫　　麻生順司　　吉田浩明　　坪田弘子　　石川真紀　　太田雅晃　　西本正憲
　　　　　御代七重　　小森明美　　斎藤武士　　伊藤貴宏　　玉川久子　　林原利明　　髙橋　歩
　　　　　大貫由美

【一級土木施工管理技士】2名

【二級土木施工管理技士】0名

【測量士】0名

【測量士補】2名

【直前一年間の会社の総売上高】
会社の総売上高　1,423,061千円　　このうち文化財部門の売上高　1,423,061千円
（令和5年4月1日〜令和6年3月31日）

【業務内容】

(1) 文化財部門の業務

　主力業務：試掘調査・本格調査

　その他：遺物整理・報告書作成、遺跡関係測量一般、自然科学分析、土器復元・修復・保存修理等文化財保存修復、
　史跡整備設計・監理

(2) 文化財部門以外の業務

　なし

【遺物整理スペース】神奈川県横浜市 218 ㎡　　　神奈川県高座郡寒川町 38 ㎡

【遺物保管スペース】神奈川県横浜市 218 ㎡　　　神奈川県高座郡寒川町 90 ㎡　　　茨城県牛久市 562 ㎡

【直前 3 年間（令和 3 年、令和 4 年、令和 5 年）の主な調査実績】

令和 3 年

・新道遺跡第Ⅱ地点　神奈川県　313 ㎡　本調査、遺物整理、報告書作成
・構之内遺跡　神奈川県　1,919 ㎡　本調査、遺物整理、報告書作成
・中ノ宮北遺跡　神奈川県　800 ㎡　本調査、遺物整理、報告書作成
・河原口坊中遺跡　神奈川県　1,140 ㎡　本調査、遺物整理、報告書作成
・三田林根遺跡第 3 地点　神奈川県　719 ㎡　本調査、遺物整理、報告書作成

令和 4 年

・久野下馬下遺跡第Ⅶ地点（令和 4 年度調査）　神奈川県　2,110 ㎡　本調査
・三田林根遺跡第 4 地点　神奈川県　1,534 ㎡　本調査、遺物整理、報告書作成
・下土棚諏訪ノ棚遺跡（令和 4 年度調査）　神奈川県　2,315 ㎡　本調査
・下土棚夏刈東遺跡第 1 次調査　神奈川県　1,058 ㎡　本調査
・構之内遺跡第 9 地点　神奈川県　926 ㎡　本調査、遺物整理、報告書作成
・新町遺跡第 12 地点　神奈川県　2,668 ㎡　本調査、遺物整理、報告書作成

令和 5 年

・久野下馬下遺跡第Ⅶ地点（令和 5 年度調査）　神奈川県　約 3,900 ㎡　本調査
・三田林根遺跡第 5 地点　神奈川県　838 ㎡　本調査、遺物整理、報告書作成
・新道遺跡第 3 次　神奈川県　約 240 ㎡　本調査、遺物整理、報告書作成
・藤沢市№ 118・81 遺跡（令和 5 年度調査）　神奈川県　約 4,500 ㎡　本調査
・久野北窪山遺跡第Ⅱ地点　神奈川県　599 ㎡　本調査、遺物整理、報告書作成

株式会社 地域文化財研究所

本　　社　　　〒270-1327　千葉県印西市大森 4623 番地 1　　　　　　TEL 0476-42-7820

■ ホームページ：http://www.chibun.co.jp
■ メールアドレス：mamiya@chibun.co.jp

【設立】平成 18 年 6 月 20 日

【資本金】3,500 千円

【役員】代表取締役　間宮政光　　取締役　田沼　徹

【役職員数】総人員　24 名　　うち文化財部門　24 名

【文化財統括責任者】間宮政光

【埋蔵文化財調査士】間宮政光　　高野浩之　　小川将之　　板垣　徹　　深山恒男

【埋蔵文化財調査士補】該当者なし

【日本考古学協会会員】間宮政光　　高野浩之　　小川将之　　野村浩史　　深山恒男

【日本文化財科学会会員】該当者なし

【日本旧石器学会会員】該当者なし

【学芸員】間宮政光　　高野浩之　　狩谷崇文　　田代真輝　　香取竜成　　小林真千子

【一級土木施工管理技士】0 名

【二級土木施工管理技士】0 名

【測量士】0 名

【測量士補】1 名

【直前一年間の会社の総売上高】
会社の総売上高　128,627 千円　　このうち文化財部門の売上高　128,627 千円
（令和 4 年 10 月 1 日〜令和 5 年 9 月 30 日）

【業務内容】
(1) 文化財部門の業務
　　主力業務：試掘調査・本格調査
　　その他：遺物整理・遺跡環境変遷解析・報告書作成、遺跡関係測量一般、土器復元・修復・保存修理等文化
　　　財保存修復、史跡整備設計・監理

(2) 文化財部門以外の業務
　　なし

【遺物整理スペース】千葉県印西市 330 ㎡

【遺物保管スペース】千葉県印西市 223 ㎡

【直前 3 年間（令和 3 年、令和 4 年、令和 5 年）の主な調査実績】
令和 3 年
・流山市前ヶ崎川村台遺跡発掘調査　千葉県　6,338 ㎡　本格調査、整理・報告書作成
・野田市堂山貝塚第 2 次発掘調査　千葉県　141 ㎡　本格調査、整理・報告書作成
・市川市東新山遺跡第 T・T‐2・T‐3 地点発掘調査　千葉県　1,347 ㎡　本格調査、整理・報告書作成
・松戸市小金城跡第 23 地点発掘調査　千葉県　327 ㎡　本格調査、整理・報告書作成
・柏市浅間山遺跡第 16 次発掘調査　千葉県　820 ㎡　本格調査、整理・報告書作成
・柏市八反目台遺跡第 14 次発掘調査　千葉県　393 ㎡　本格調査、整理・報告書作成
・水戸市東前原遺跡第 8 地点、小原遺跡第 51 地点発掘調査　茨城県　900 ㎡　本格調査、整理・報告書作成

令和 4 年
・市川市若宮八幡遺跡第 25 地点発掘調査　千葉県　282 ㎡　本格調査、整理・報告書作成
・柏市根戸高野台遺跡第 10 次発掘調査　千葉県　430 ㎡　本格調査、整理・報告書作成
・土浦市前神田遺跡発掘調査　茨城県　643 ㎡　本格調査、整理・報告書作成
・水戸市河和田城跡第 63 地点発掘調査　茨城県　350 ㎡　本格調査、整理・報告書作成
・稲敷市出戸遺跡発掘調査　茨城県　2,316 ㎡　本格調査、整理・報告書作成
・成田市下福田地区物流基地建設に伴う確認調査　千葉県　186,100 ㎡　確認調査
・流山市大畔中ノ割遺跡整理・報告書刊行業務委託　千葉県　整理・報告書作成

令和 5 年
・稲敷市村田貝塚発掘調査　茨城県　270 ㎡　本格調査、整理・報告書作成
・成田市下福田地区物流基地建設に伴う埋蔵文化財調査　千葉県　22,210 ㎡　本格調査、整理・報告書作成
・柏市寺下前遺跡第 24 次発掘調査　千葉県　1,148 ㎡　本格調査、整理・報告書作成
・柏市湖南台遺跡群整理作業業務委託　千葉県　整理
・流山市大畔中ノ割遺跡整理・報告書刊行業務委託　千葉県　整理・報告書作成

テイケイトレード株式会社

本　　社	〒160-0021	東京都新宿区歌舞伎町 1 - 1 - 16 テイケイトレードビル 8F	TEL 03-5155-0941
埋蔵文化財事業部	〒160-0021	東京都新宿区歌舞伎町 1 - 1 - 16 テイケイトレードビル 8F	TEL 03-5155-0391
小平整理室	〒187-0031	東京都小平市小川東町 5 - 20 - 30	TEL 042-348-7081
西ヶ原整理室	〒114-0024	東京都北区西ケ原 2 - 34 - 13	TEL 03-6262-0989
新宿支店	〒160-0021	東京都新宿区歌舞伎町 1 - 1 - 16	TEL 03-5155-0791
錦糸町支店	〒130-0022	東京都墨田区江東橋 3 - 14 - 10	TEL 03-5669-0041
町田支店	〒194-0021	東京都町田市中町 1 - 2 - 2	TEL 042-732-6221
池袋支店	〒171-0021	東京都豊島区西池袋 1 - 16 - 10	TEL 03-5956-7411
大森支店	〒143-0016	東京都大田区大森北 1 - 1 - 5	TEL 03-5767-4611
北千住支店	〒120-0034	東京都足立区千住 1 - 24 - 5	TEL 03-5284-6151
八王子支店	〒192-0082	東京都八王子市東町 9 - 10	TEL 042-631-6481
横浜支店	〒220-0004	神奈川県横浜市西区北幸 1 - 11 - 15	TEL 045-317-9371
厚木支店	〒243-0014	神奈川県厚木市旭町 1 - 2 - 1	TEL 046-229-1301
上大岡支店	〒233-0002	神奈川県横浜市港南区上大岡西 1-13-8	TEL 045-752-9671
川越支店	〒350-1122	埼玉県川越市脇田町 33 - 12	TEL 049-228-7771
朝霞台支店	〒351-0022	埼玉県朝霞市東弁財 1 - 3 - 4	TEL 048-450-1401
所沢支店	〒359-1123	埼玉県所沢市日吉町 15 - 14	TEL 04-2902-6461
東松山支店	〒355-0028	埼玉県東松山市箭弓町 1 - 13 - 20	TEL 0493-27-8811
西船橋支店	〒273-0025	千葉県船橋市印内町 593 - 1	TEL 047-420-8501
柏支店	〒277-0852	千葉県柏市旭町 1 - 1 - 17	TEL 04-7146-2681
千葉支店	〒260-0015	千葉県千葉市中央区富士見 1 - 1 - 1	TEL 043-306-2791

■ ホームページ：http://www.teikeitrade.co.jp
■ メールアドレス：maibun@teikeitrade.co.jp

【設立】平成 5 年 5 月 7 日

【資本金】50,000 千円

【役員】代表取締役　岡田竜也

【役職員数】総人員　151 名　　うち文化財部門　30 名

【文化財統括責任者】倉田宝郎

【埋蔵文化財調査士】茶木清明

【埋蔵文化財調査士補】望月大輔

【日本考古学協会会員】

宇田川肇	大口和樹	大角謙一	小野麻人	鈴木憲夫	茶木清明
望月大輔	吉田真澄	伊藤千洋	村端和樹	山本浩之	沼畑伸一
北村侑士	高橋恵子				

【学芸員】

伊藤千洋	大口和樹	大角謙一	小野麻人	北村侑士	望月大輔	吉田真澄

【一級土木施工管理技士】4 名

【二級土木施工管理技士】8 名

【測量士】3 名

【測量士補】14 名

【直前一年間の会社の総売上高】
会社の総売上高　7,338,015 千円　　このうち文化財部門の売上高　930,311 千円
（令和 4 年 7 月 1 日～令和 5 年 6 月 30 日）

【業務内容】
（1）文化財部門の業務
　①　試掘調査・本格調査
　②　遺物整理・遺跡環境変遷解析・報告書作成
　③　遺跡関係測量一般
　④　土器復元・修復・保存修理等文化財保存修復
　⑤　文化財資料等のデータベース作成
　⑥　文献調査
　⑦　空撮（マルチコプター）
（2）文化財部門以外の業務
　①　労働者派遣事業
　②　有料職業紹介事業

【遺物整理スペース】東京都小平市 830 ㎡　　　東京都北区 229 ㎡

【遺物保管スペース】東京都小平市 498 ㎡　　　東京都北区 113 ㎡

【直前 3 年間（令和 3 年、令和 4 年、令和 5 年）の主な調査実績】
令和 3 年
・八重洲一丁目遺跡　近世　東京都　3,157 ㎡　本調査、遺物整理、報告書作成
・荒木町遺跡　近世　東京都　254 ㎡　本調査、遺物整理、報告書作成
・収蔵品（考古）資料の整理及びデータ作成　東京都　遺物整理
・収蔵資料「万控帳」のデータ集計及び表作成　東京都　資料整理
・文化財修復委託（縄文土器、軒丸瓦）　千葉県　遺物整理

令和 4 年
・旧本田家住宅　近世　東京都　240 ㎡　本調査、遺物整理、図面整理
・林町遺跡　近世　東京都　140 ㎡　本調査、遺物整理、報告書作成
・向丘二丁目遺跡　近世　東京都　315 ㎡　本調査、遺物整理、報告書作成
・夏見台遺跡　弥生　千葉県　263 ㎡　遺物整理、報告書作成
・宿下遺跡　縄文、中世～近世　埼玉県　128 ㎡　本調査、遺物整理、報告書作成

令和 5 年
・武蔵国府関連遺跡　奈良・平安　東京都　338 ㎡　本格調査、遺物整理、報告書作成
・埋蔵文化財コンテナ資料及び参考文献等の分類及び台帳作成等業務　東京都　遺物整理
・収蔵品（考古）資料の整理及びデータ作成　東京都　遺物整理
・保管庫内遺物の整理及び再整理業務委託　東京都　遺物整理
・文化財修復委託（縄文土器）　千葉県　遺物整理

株式会社 東京航業研究所

本　　社　　〒 350-0855　埼玉県川越市大字伊佐沼 28 番 1　　　　　　　　　TEL 049-229-5771
千葉営業所　〒 271-0087　千葉県松戸市三矢小台 5 - 26 - 1　横尾ビル 101 号室　TEL 047-368-3105
東京営業所　〒 204-0011　東京都清瀬市下清戸 1 丁目 291　OZ マンション 101 号　TEL 042-497-8408
松本営業所　〒 399-0025　長野県松本市寿台 7 丁目 8 - 1　　　　　　　　　　TEL 0263-31-5801

■ ホームページ：https://www.tokyoas.co.jp
■ メールアドレス：tas@tokyoas.co.jp

【設立】平成 3 年 4 月 12 日

【資本金】10,000 千円

【役員】代表取締役　中本直士　　取締役　丹治　剛　　取締役　宅間清公

【役職員数】総人員　34 名　　うち文化財部門　24 名

【文化財統括責任者】宅間清公

【埋蔵文化財調査士】諸星良一

【埋蔵文化財調査士補】該当者なし

【日本考古学協会会員】宅間清公　　岩崎岳彦　　坂下貴則　　遠藤知成

【日本文化財科学会会員】該当者なし

【日本旧石器学会会員】諸星良一　坂下貴則

【学芸員】宅間清公　　諸星良一　　竹内淑一　　坂下貴則　　北條　晴　　有路尚人　　竹田和哉
　　　　　高橋詩音

【一級土木施工管理技士】0 名

【二級土木施工管理技士】0 名

【測量士】3 名

【測量士補】1 名

【直前一年間の会社の総売上高】
会社の総売上高　345,155 千円　　このうち文化財部門の売上高　328,126 千円
（令和 5 年 4 月 1 日〜令和 6 年 3 月 31 日）

【業務内容】

(1) 文化財部門の業務

　主力業務：試掘調査・本格調査

　その他：遺物整理・遺跡環境変遷解析・報告書作成、遺跡関係測量一般、自然科学分析、土器復元・修復・保存修理等文化財保存修復

(2) 文化財部門以外の業務

　測量業

【遺物整理スペース】埼玉県川越市 351 ㎡

【遺物保管スペース】埼玉県川越市 219 ㎡

【直前3年間（令和3年、令和4年、令和5年）の主な調査実績】

令和3年
・八ヶ崎遺跡　千葉県　2,420 ㎡　本調査、遺物整理、報告書作成
・舟町遺跡　東京都　319 ㎡　本調査、遺物整理、報告書作成
・東の門西の門城跡　三次　茨城県　遺物整理、報告書作成
・秋山諏訪平遺跡　埼玉県　1,336 ㎡　本調査、遺物整理、報告書作成、支援業務
・下総国分寺跡　千葉県　991 ㎡　本調査、遺物整理、報告書作成
・西ヶ原遺跡群　東京都　50 ㎡　本調査、遺物整理、報告書作成、支援業務
・大間原遺跡　埼玉県　133 ㎡　本調査、遺物整理、報告書作成、支援業務

令和4年
・中通遺跡　埼玉県　遺物整理、報告書作成、支援業務
・新開遺跡　埼玉県　200 ㎡　本調査、遺物整理、報告書作成、支援業務
・栄町貝塚　東京都　530 ㎡　本調査、遺物整理、報告書作成
・東の門西の門城跡　五次　茨城県　350 ㎡　本調査
・旧中結城小学校庭遺跡　茨城県　1,800 ㎡　本調査、遺物整理、報告書作成
・西ヶ原遺跡群　東京都　58.6 ㎡　本調査、遺物整理、報告書作成、支援業務
・上敷免遺跡　埼玉県　1,714 ㎡　本調査、遺物整理、報告書作成、支援業務
・出井南遺跡　東京都　269.9 ㎡　本調査、遺物整理、報告書作成
・比丘尼橋遺跡B地点　東京都　439 ㎡　本調査、遺物整理、報告書作成

令和5年
・原町貝塚　東京都　550 ㎡　本調査、遺物整理、報告書作成
・西ヶ原遺跡群　東京都　204 ㎡　本調査、遺物整理、報告書作成
・島名本田遺跡　茨城県　410 ㎡　本調査、遺物整理、報告書作成
・東の門西の門城跡　五次　茨城県　遺物整理、報告書作成
・地蔵作遺跡　千葉県　102 ㎡　本調査、遺物整理、報告書作成、支援業務
・東新山遺跡　千葉県　204 ㎡　本調査、遺物整理、報告書作成
・佐鴻巣遺跡　茨城県　508 ㎡　本調査、遺物整理、報告書作成

株式会社 東都文化財保存研究所

本　　社　　　〒332-0035　埼玉県川口市西青木 3 丁目 3 番 32 号　　　　　TEL 048-256-6667

■ メールアドレス：totobunk@fancy.ocn.ne.jp

【設立】昭和 60 年 3 月 9 日

【資本金】27,000 千円

【役員】代表取締役　朝重嘉朗　　取締役　朝重陽菜子

【役職員数】総人員　21 名　　うち文化財部門　21 名

【文化財統括責任者】朝重嘉朗

【埋蔵文化財調査士】朝重嘉朗

【埋蔵文化財調査士補】菅野真広

【日本考古学協会会員】該当者なし

【日本文化財科学会会員】該当者なし

【日本旧石器学会会員】該当者なし

【学芸員】朝重嘉朗　　菅野真広　　村田早苗　　保泉紗耶香

【一級土木施工管理技士】0 名

【二級土木施工管理技士】0 名

【測量士】0 名

【測量士補】0 名

【直前一年間の会社の総売上高】
会社の総売上高　170,188 千円　　このうち文化財部門の売上高　169,693 千円
（令和 5 年 5 月 1 日〜令和 6 年 4 月 30 日）

【業務内容】
（1）文化財部門の業務
　　主力業務：埋蔵文化財の保存処理・修復・復元及び複製品製作

（2）文化財部門以外の業務
　　なし

【遺物整理スペース】埼玉県川口市 429 ㎡

【遺物保管スペース】埼玉県川口市 83.7 ㎡　　　　埼玉県越谷市 57.02 ㎡

【直前3年間（令和3年、令和4年、令和5年）の主な調査実績】

令和3年
・国宝群馬県綿貫観音山古墳出土品一括のうち須恵器4箇　※国宝　国　保存処理、復元・修復
・重要文化財勝山館跡出土品保存修理委託業務　※国指定重要文化財　北海道　保存処理、復元・修復
・重要文化財三内丸山遺跡出土品保存修理委託　※国指定重要文化財　青森県　保存処理、復元・修復
・令和3年度多賀城市内遺跡埋蔵文化財発掘調査出土木製品保存処理業務委託　宮城県　保存処理、復元・修復
・重要文化財「東京都野毛大塚古墳出土品」復元処理等委託　※国指定重要文化財　東京都　保存処理、復元・修復
・重要文化財下宅部遺跡出土品保存処理委託　※国指定重要文化財　東京都　保存処理、復元・修復
・石山南古墳群出土埴輪レプリカ製作委託　群馬県　レプリカ製作
・市内遺跡出土鉄製品保存処理業務　埼玉県　保存処理、復元・修復
・藤塚貝塚出土縄文土器修復・堂の貝塚出土石鏃・垂飾レプリカ作成業務委託　※県指定文化財　新潟県　保存処理、復元・修復、レプリカ製作
・八日市地方遺跡出土品保存処理業務委託　石川県　保存処理、復元・修復

令和4年
・国宝群馬県綿貫観音山古墳出土品一括のうち須恵器3箇　※国宝　国　保存処理、復元・修復
・重要文化財勝山館跡出土品保存修理委託業務　※国指定重要文化財　北海道　保存処理、復元・修復
・重要文化財三内丸山遺跡出土品保存修理委託　※国指定重要文化財　青森県　保存処理、復元・修復
・二枚橋2遺跡出土品保存修理業務　※国指定重要文化財　青森県　保存処理、復元・修復
・重要文化財「東京都野毛大塚古墳出土品」復元処理等委託　※国指定重要文化財　東京都　保存処理、復元・修復
・重要文化財下宅部遺跡出土品保存修理委託　※国指定重要文化財　東京都　保存処理、復元・修復
・中屋サワ遺跡出土品保存修理業務　※国指定重要文化財　石川県　保存処理、復元・修復
・令和4年度青谷上寺地遺跡重要文化財修理業務委託　※国指定重要文化財　鳥取県　保存処理、復元・修復
・石山南古墳群出土埴輪レプリカ製作委託　群馬県　レプリカ製作
・令和4年度多賀城市内遺跡埋蔵文化財発掘調査出土木製品保存処理業務委託　宮城県　保存処理、復元・修復
・市内遺跡出土木製品保存処理業務　埼玉県　保存処理、復元・修復
・埋蔵文化財保存処理業務委託　神奈川県　保存処理、復元・修復
・市内出土縄文土器修復・石鏃レプリカ作成業務委託　※県指定文化財　新潟県　保存処理、復元・修復、レプリカ製作
・八日市遺跡出土品保存処理業務委託　石川県　保存処理、復元・修復
・出土木製品・金属製品保存処理業務委託　愛知県　保存処理、復元・修復
・列品の本格修理事業　東京国立博物館　保存処理、復元・修理

令和5年
・令和5年度「国宝群馬県綿貫観音山古墳出土品保存修理」一括のうち鉄鐏　※国宝　国　保存処理、復元・修復
・重要文化財勝山館跡出土品保存修理委託業務　※国指定重要文化財　北海道　保存処理、復元・修復
・重要文化財三内丸山遺跡出土品保存修理業務委託　※国指定重要文化財　青森県　保存処理、復元・修復
・二枚橋2遺跡出土品保存修理業務　※国指定重要文化財　青森県　保存処理、復元・修復
・重要文化財下宅部遺跡出土品保存修理委　※国指定重要文化財　東京都　保存処理、復元・修復
・中屋サワ遺跡出土品保存修理業務　※国指定重要文化財　石川県　保存処理、復元・修復
・石山南古墳群出土埴輪レプリカ製作委託　群馬県　レプリカ製作
・令和5年度多賀城市内遺跡埋蔵文化財発掘調査出土木製品保存処理業務委託　宮城県　保存処理、復元・修復
・市内遺跡出土木製品保存処理業務　埼玉県　保存処理、復元・修復
・埋蔵文化財保存処理業務委託　神奈川県　保存処理、復元・修復
・市内遺跡縄文土器修復・堂の貝塚石鏃レプリカ作成業務委託　※県指定文化財　新潟県　保存処理、復元・修復、レプリカ製作
・八日市遺跡出土品保存処理業務委託　石川県　保存処理、復元・修復
・出土木製品・金属製品保存処理業務委託　愛知県　保存処理、復元・修復
・列品の本格修理事業　東京国立博物館　保存処理、復元・修理

株式会社 トリアド工房

本　　社　　　〒192-0352　東京都八王子市大塚636番地の2　　　　　　TEL 042-675-2696

　■ ホームページ：https://www.toriado.co.jp
　■ メールアドレス：toriado@toriado.co.jp

【設立】昭和57年9月30日

【資本金】30,000千円

【役員】代表取締役　伊藤民郎　　取締役社長　阿部知行　　取締役副社長　播田　勲

【役職員数】総人員　21名　　うち文化財部門　4名

【文化財統括責任者】庄司岳央

【埋蔵文化財調査士】該当者なし

【埋蔵文化財調査士補】該当者なし

【日本考古学協会会員】該当者なし

【日本文化財科学会会員】該当者なし

【日本旧石器学会会員】該当者なし

【学芸員】阿部知行　　庄司岳央

【一級土木施工管理技士】0名

【二級土木施工管理技士】0名

【測量士】0名

【測量士補】0名

【直前一年間の会社の総売上高】
会社の総売上高　327,121千円　　このうち文化財部門の売上高　21,219千円
（令和4年9月1日〜令和5年8月31日）

【業務内容】

(1) 文化財部門の業務
　　主力業務：文化財レプリカ・復元、修復・保存修理等文化財保存修復、文化財資料の 3D 計測

(2) 文化財部門以外の業務
　　建設コンサルタント業（展示設計）、建設業（展示工事）
　　製造業：各種模型・造形物、特殊屋外構造物の企画、設計ならびに製作

【遺物整理スペース】八王子市 48 ㎡

【遺物保管スペース】八王子市 100 ㎡

【直前 3 年間（令和 3 年、令和 4 年、令和 5 年）の主な調査実績】
令和 3 年
・原村県宝指定顔面装飾付釣手土器レプリカ製作　長野県　レプリカ作成
・江戸東京たてもの園「丸木舟」測量作業　東京都　計測業務
・富士見町唐渡宮遺跡出土人体絵画土器レプリカ製作　長野県　レプリカ作成
・津南町沖ノ原遺跡の住居・炉跡型取りレプリカ製作　新潟県　レプリカ作成

令和 4 年
・三島町荒屋敷遺跡出土品レプリカ製作　福島県　レプリカ作成
・浜松市銅鐸複製品作成　静岡県　レプリカ作成
・三条市遺物修復復元作業　新潟県　保存修復
・「遮光器土偶」（重文）ハンズオンレプリカ製作　東京都　レプリカ作成

令和 5 年
・氷川神社　池袋富士塚石碑補修業務　東京都　保存修復
・白井市銅像 3D スキャニング業務　千葉県　3D 計測
・高崎市卸売市場周辺遺跡長頸壺三次元データ作成業務　群馬県　3D 計測
・九州国立博物館　小判（慶長・元禄・万延）のレプリカ製作業務　福岡県　レプリカ作成

株式会社 中野技術

本　　社　　　〒352-0001　埼玉県新座市東北1-14-1　　　　　　TEL 048-486-0271
東京支店　　　〒164-0002　東京都中野区上高田3-40-2　　　　　TEL 03-5318-6961
文化財整理室　〒352-0011　埼玉県新座市野火止3-8-7　　　　　TEL 048-260-6445

■ ホームページ：http://www.nakano-gijyutsu.co.jp
■ メールアドレス：bunkazai@nakano-gijyutsu.co.jp

【設立】平成元年12月25日

【資本金】25,000千円

【役員】代表取締役　兼光利之　　代表取締役　菅原広志　　監査役　菅原留美

【役職員数】総人員　44名　　うち文化財部門　18名

【文化財統括責任者】清水理史

【埋蔵文化財調査士】清水理史　　越村　篤　　根本　靖　　小林陽子

【埋蔵文化財調査士補】福泉　藍　　原野真祐　　下岡孝明　　石橋佳奈　　鈴木彩乃

【日本考古学協会会員】清水理史　　越村　篤　　根本　靖

【日本文化財科学会会員】該当者なし

【日本旧石器学会会員】該当者なし

【学芸員】清水理史　　越村　篤　　小林陽子　　原野真祐　　福泉　藍
　　　　　鈴木彩乃　　石橋佳奈　　根本　靖　　久保田創大　　高橋遥香

【一級土木施工管理技士】0名

【二級土木施工管理技士】0名

【測量士】16名

【測量士補】9名

【直前一年間の会社の総売上高】
会社の総売上高　521,400千円　　このうち文化財部門の売上高　191,670千円
（令和4年6月1日～令和5年5月31日）

【業務内容】
(1) 文化財部門の業務
　主力業務
　① 試掘調査・本格調査
　その他
　① 遺物整理・遺跡環境変遷解析・報告書作成
　② 遺跡関係測量一般
　③ 空中写真測量
　④ 地上レーザー測量
　⑤ 土器復元・修復・保存処理等文化財保存修復
　⑥ 史跡整備設計・監理
　⑦ デジタルミュージアム構築
　⑧ 遺跡情報システム構築
　⑨ 被破壊調査（地中レーダー探査）

(2) 文化財部門以外の業務
　① 測量業
　② 建設コンサルタント業
　③ GIS

【遺物整理スペース】埼玉県新座市 300 ㎡

【遺物保管スペース】埼玉県新座市 260 ㎡

【直前 3 年間（令和 3 年、令和 4 年、令和 5 年）の主な調査実績】
令和 3 年
・西原大塚遺跡第 234 地点埋蔵文化財発掘調査支援業務　埼玉県　222.59 ㎡　本調査～報告書作成
・蓮田市閏戸野久保遺跡第 3 調査地点埋蔵文化財発掘調査支援業務　埼玉県　2,135 ㎡　本調査～報告書作成
・西越後山遺跡（第 2 次）埋蔵文化財発掘調査支援業務　埼玉県　215.43 ㎡　本調査～報告書作成
・東原遺跡（第 1 次）埋蔵文化財発掘調査支援業務　埼玉県　14,000 ㎡　本調査～報告書作成
・山吹町遺跡（第 4 次）埋蔵文化財発掘調査業務　東京都　297 ㎡　本調査～報告書作成

令和 4 年
・越谷市海道西遺跡埋蔵文化財発掘調査支援業務　埼玉県　136.54 ㎡　本調査～報告書作成
・小谷場貝塚遺跡埋蔵文化財発掘作業支援業務（第 31 次）　埼玉県　1,293 ㎡　本調査、整理
・中野遺跡第 122 地点埋蔵文化財保存事業支援業務　埼玉県　709.04 ㎡　本調査～報告書作成
・旭・小島古墳群埋蔵文化財保存事業発掘調査支援業務　埼玉県　450 ㎡　本調査～報告書作成
・西大久手古墳地中レーダー探査業務委託　愛知県　1,400 ㎡　非破壊調査

令和 5 年
・西原大塚遺跡第 243 地点埋蔵文化財保存事業支援業務　埼玉県　601.77 ㎡　本調査～報告書作成
・小谷場貝塚遺跡埋蔵文化財発掘作業支援業務（第 34 次）　埼玉県　531.6 ㎡　本調査、整理
・北新宿二丁目遺跡埋蔵文化財発掘調査業務　東京都　692 ㎡　本調査～報告書作成
・府中市宮町 1 丁目（武蔵国府関連遺跡）埋蔵文化財発掘調査　東京都　252.1 ㎡　本調査～報告書作成
・港区高輪台三丁目 26 番地内地中レーダー探査調査支援業務委託　東京都　240 ㎡　非破壊調査

野口建設株式会社

本　　社　　　〒245-0064　神奈川県横浜市戸塚区影取町 175　　　　　　　TEL 045-851-1681

■ ホームページ：http://www.noguchi-kensetsu.com/
■ メールアドレス：noguchi@noguchi-kensetsu.com

【設立】昭和 39 年 11 月 5 日

【資本金】10,000 千円

【役員】代表取締役社長　野口登喜夫

【役職員数】総人員　5 名　　うち文化財部門　3 名

【文化財統括責任者】野口登喜夫

【埋蔵文化財調査士】該当者なし

【埋蔵文化財調査士補】該当者なし

【日本考古学協会会員】該当者なし

【日本文化財科学会会員】該当者なし

【日本旧石器学会会員】該当者なし

【学芸員】該当者なし

【一級土木施工管理技士】0 名

【二級土木施工管理技士】0 名

【測量士】0 名

【測量士補】1 名

【直前一年間の会社の総売上高】
会社の総売上高　200,000 千円　　このうち文化財部門の売上高　25,000 千円
（令和 5 年 4 月 1 日〜令和 6 年 3 月 31 日）

【業務内容】
（1）文化財部門の業務
　主力業務：試掘調査・本格調査
　その他：遺跡関係測量一般

（2）文化財部門以外の業務
　建設業

【遺物整理スペース】なし

【遺物保管スペース】なし

【直前3年間（令和3年、令和4年、令和5年）の主な調査実績】
令和3年
・令和3年度　東名高速道路建設事業：菩提地区に伴う埋蔵文化財発掘調査　神奈川県　822㎡　支援業務

令和4年
・令和4年度　厚木米軍内雨水排水整備事業に伴う埋蔵文化財発掘調査　神奈川県　2,703㎡　支援業務

令和5年
・令和5年度　池子米軍内消防署新設事業に伴う埋蔵文化財発掘調査　神奈川県　1,816㎡　支援業務

【業務内容】
（1）文化財部門の業務
　主力業務：試掘調査・本格調査
　その他：遺跡関係測量一般

株式会社 パスコ

本　　社	〒 153-0064	東京都目黒区下目黒 1 - 7 - 1	TEL 03-5435-3500
東北事業部	〒 983-0864	宮城県仙台市宮城野区名掛丁 205 - 1	TEL 022-299-9511
中央事業部	〒 153-0064	東京都目黒区下目黒 1 - 7 - 1	TEL 03-5435-3610
東日本事業部	〒 153-0064	東京都目黒区下目黒 1 - 7 - 1	TEL 03-5435-3652
中部事業部	〒 460-0003	愛知県名古屋市中区錦 2 - 2 - 13	TEL 052-239-5130
関西事業部	〒 556-0017	大阪府大阪市浪速区湊町 1 - 2 - 3	TEL 06-6630-1901
中四国事業部	〒 730-0037	広島県広島市中区中町 3 - 11	TEL 082-248-3391
九州事業部	〒 812-0007	福岡県福岡市博多区東比恵 3 - 5 - 2	TEL 092-451-3522
システム事業部	〒 153-0043	東京都目黒区東山 1 - 1 - 2	TEL 03-3715-1880
衛星事業部	〒 153-0042	東京都目黒区青葉台 4 - 9 - 6	TEL 03-5465-7370
新空間情報事業部	〒 153-0064	東京都目黒区下目黒 1 - 7 - 1	TEL 03-5435-3695
環境文化コンサルタント事業部／文化財技術部			
	〒 153-0064	東京都目黒区下目黒 1 - 7 - 1	TEL 03-5435-3682

■ ホームページ：https://www.pasco.co.jp/
■ メールアドレス：bunkazai_info@pasco.co.jp

【設立年月日】昭和 24 年 7 月 15 日

【資本金】8,758,481 千円

【役員】代表取締役社長　高橋識光　　常務取締役　宮本和久　　取締役　　　神山　潔
　　　　取締役　　　　　品澤　隆　　取締役　　　濱出　正　　取締役　　　西村　修
　　　　取締役　　　　　川口　剛　　取締役　　　高村　守　　常勤監査役　龍口　敦

【役職員数】総人員　2,357 名　　うち文化財部門　45 名

【文化財統括責任者】鎌田聖子（技術部長）

【埋蔵文化財調査士】鎌田聖子　　植田　真　　竹内順一　　松本　拓　　川又理枝　　翁長武司
　　　　　　　　　　野尻義敬　　岩崎　祥　　酒井　中　　縄田　愛　　丸山清志　　関口真由美
　　　　　　　　　　木村謙介　　小宮山友康　土本　医　　土本麻子　　波木基真

【埋蔵文化財調査士補】藤川真司　　仲村善洋　　蔵本奈々絵　　髙橋宏昴
　　　　　　　　　　　吉井泰行　　飯野拓哉　　西久保淳美

【日本考古学協会会員】植田　真　　松本　拓　　丸山清志　　岩崎　祥　　小林貴郎
　　　　　　　　　　　小宮山友康　土本　医　　土本麻子　　石坂雅樹

【日本文化財科学会会員】該当者なし

【日本旧石器学会会員】該当者なし

【学芸員】植田　真　　鎌田聖子　　竹内順一　　野尻義敬　　松本　拓　　木村謙介　　岩崎　祥
　　　　　酒井　中　　縄田　愛　　関口真由美　波木基真　　伊藤大祐　　小宮山友康　石坂雅樹
　　　　　植野律子

【一級土木施工管理技士】52 名

【二級土木施工管理技士】12 名

【測量士】685 名

【測量士補】380 名

【直前一年間の会社の総売上高】
会社の総売上高　55,379 百万円　　このうち文化財関係の売上高　1,096 百万円
（令和 5 年 4 月 1 日〜令和 6 年 3 月 31 日）

【業務内容】
（1）文化財部門の業務
　　主力業務：試掘調査・本調査、遺物整理・報告書作成、文化財 3 次元計測、文化財計測一般、地中レーダ探査、
　　　水中文化財調査、保存活用等各種計画・基礎調査、史跡整備設計・監理、文化財情報管理システム、文化
　　　財デジタル・コンテンツ作成業務
　　その他：自然科学分析・遺跡環境調査、遺物復元・修復・模型作製、等

（2）文化財部門以外の業務
　　測量業、建設コンサルタント業、地質調査業、補償コンサルタント業、一級建築士事務所、計量証明事業、
　　不動産鑑定業、特定建設業、労働者派遣事業、土壌汚染対策法に基づく指定調査機関

【遺物整理スペース】東京都目黒区 150 ㎡　　　神奈川県厚木市 402 ㎡　　　鹿児島県霧島市 54 ㎡
　　　　　　　　　　沖縄県宜野湾市 132.5 ㎡

【遺物保管スペース】東京都目黒区 5 ㎡　　　　神奈川県厚木市 255 ㎡　　　鹿児島県霧島市 54 ㎡
　　　　　　　　　　沖縄県宜野湾市 132 ㎡

【直前 3 年間（令和 3 年、令和 4 年、令和 5 年）の主な調査実績】
令和 3 年
・横浜市現市庁舎街区遺跡埋蔵文化財発掘調査業務委託（港町一丁目遺跡）　神奈川県　874 ㎡ + 486 ㎡　本調査
・弥平迫遺跡第 1 次発掘調査業務委託　福島県　約 8,200 ㎡　本調査支援
・名城公園北園調査業務　愛知県　試掘調査 47 箇所
・ハンセン（R3）文化財試掘調査　沖縄県　試掘調査および分布調査 48 箇所（約 698 ㎡）

令和 4 年
・宮川遺跡発掘調査業務　静岡県　570 ㎡　本調査
・伊勢原大山インター土地区画整理事業に係る埋蔵文化財発掘調査業務委託　神奈川県　13,647 ㎡　本調査
・令和 4 年度大浦崎収容所跡緊急発掘調査に伴う支援業務委託　沖縄県　640 ㎡　本調査支援

令和 5 年
・南麻布五丁目 7 番所在遺跡（有栖川宮記念公園）　東京都　763 ㎡ + 65 ㎡　本調査・報告書作成
・横海道北 1 号塚・武蔵国分寺跡関連遺跡調査　東京都　200 ㎡ + 2,990 ㎡　本調査・報告書作成
・キャンプ瑞慶覧（施設技術部地区内倉庫地区の一部）埋蔵文化財発掘調査業務委託　沖縄県 2,740 ㎡　本調査
　支援

パリノ・サーヴェイ株式会社

本　　社	〒112-0011	東京都文京区千石1-15-5　千石文化苑ビル2階	TEL 03-6386-4018
研究所	〒375-0011	群馬県藤岡市岡之郷字戸崎559-3	TEL 0274-42-8129
関東支店	〒375-0011	群馬県藤岡市岡之郷字戸崎559-3	TEL 0274-42-8129
大阪支店	〒564-0044	大阪府吹田市南金田2-3-26	TEL 06-6193-9885
沖縄支店	〒901-2226	沖縄県宜野湾市嘉数1-18-17	TEL 098-942-8030
藤岡倉庫	〒375-0014	群馬県藤岡市下栗須794-1	TEL 0274-42-8129

■ ホームページ：http://www.palyno.co.jp/
■ メールアドレス：office@palyno.co.jp

【設立】昭和53年9月1日

【資本金】50,000千円

【役員】代表取締役　宮地克明　　取締役　齋藤紀行　　取締役　小川孝之　　取締役　田中義文
　　　　監査役　　　大塚正行

【役職員数】総人員　32名　　うち文化財部門　22名

【文化財統括責任者】田中義文

【埋蔵文化財調査士】橋本眞紀夫　　千葉博俊　　　矢作健二　　　田中義文　　　石岡智武　　　齋藤崇人
　　　　　　　　　　齋藤紀行　　　松元美由紀　　上田圭一　　　金井慎司　　　坂元秀平　　　中根秀二
　　　　　　　　　　赤堀岳人　　　高野和弘　　　井上智仁

【埋蔵文化財調査士補】芝口　怜　　桒原繁和　　　古矢聡江　　　運天寛弥　　　谷藤明智　　　手塚美穂

【日本考古学協会会員】橋本眞紀夫　　矢作健二　　　上田圭一　　　高野和弘

【日本文化財科学会会員】橋本眞紀夫　　矢作健二　　　馬場健司

【日本旧石器学会会員】該当者なし

【学芸員】橋本眞紀夫　　金井慎司　　　齋藤崇人　　　松元美由紀　　　千葉博俊　　　赤堀岳人　　　高野和弘
　　　　　手塚美穂　　　古矢聡江

【一級土木施工管理技士】0名

【二級土木施工管理技士】1名

【測量士】1名

【測量士補】2名

【直前一年間の会社の総売上高】
会社の総売上高　462,030千円　　このうち文化財部門の売上高　289,000千円
（令和5年4月1日〜令和6年3月31日）

【業務内容】
(1) 文化財部門の業務
　主力業務：試掘調査・本格調査
　その他：遺物整理・遺跡環境変遷解析・報告書作成、自然科学分析

(2) 文化財部門以外の業務
　その他

【遺物整理スペース】群馬県藤岡市 450 ㎡　　　沖縄県宜野湾市 500 ㎡

【遺物保管スペース】群馬県藤岡市 900 ㎡　　　東京都北区 55 ㎡

【直前 3 年間（令和 3 年、令和 4 年、令和 5 年）の主な調査実績】
令和 3 年
・東久留米市川岸遺跡出土炭化物の放射性炭素年代測定委託　東京都　自然科学分析
・御殿山遺跡現地発掘調査（品川区北品川 5 - 14 - 18）　東京都　発掘調査
・特別天然記念物「田島ヶ原サクラソウ自生地」自然科学分析（令和 3 年度）　埼玉県　自然科学分析
・大六天遺跡発掘調査に伴う報告書作成業務　千葉県　報告書作成業務
・園町遺跡出土品分析鑑定業務委託　石川県　自然科学分析
・ウワナベ古墳範囲確認調査の自然科学分析　奈良県　自然科学分析
・新庁舎建設に伴う大兼久遺跡緊急発掘調査支援業務委託　沖縄県　発掘調査

令和 4 年
・棟高北街道遺跡　発掘調査　群馬県　発掘調査
・御殿山遺跡本調査（品川区北品川 5 - 16 - 22）　東京都　発掘調査
・下栗須伊勢塚遺跡 B 遺跡　発掘調査　群馬県　発掘調査
・令和 3 年度実施の御殿山遺跡における埋蔵文化財発掘調査に係る整理作業・報告書作成業務委託　東京都
　報告書作成業務
・田岸遺跡出土品分析鑑定業務委託　石川県　自然科学分析
・阿保遺跡出土木製品保存処理業務委託　兵庫県　保存処理業務
・令和 4 年度根謝銘城跡試掘調査業務委託　沖縄県　発掘調査

令和 5 年
・港区圓福寺跡遺跡発掘調査に係る土壌分析及び 14 c 年代測定委託　東京都　自然科学分析
・令 5 年度埋蔵文化財発掘調査（宮前遺跡第 3 次）にかかる自然科学分析委託業務　埼玉県　自然科学分析
・小井川遺跡発掘調査に係る自然科学分析業務　山梨県　自然科学分析
・一針 C 遺跡出土品分析鑑定業務委託　石川県　自然科学分析
・今出遺跡第 10 次調査にかかる古環境分析　奈良県　自然科学分析
・西普天間住宅地区における自然科学分析業務委託　沖縄県　自然科学分析
・下栗須伊勢塚遺跡 B 遺跡　群馬県　発掘調査

株式会社 パレオ・ラボ

本　　社　　〒335-0016　埼玉県戸田市下前 1 - 13 - 22 リブネスモア戸田公園 1 階　TEL 048-446-2345
東海支店　　〒501-6264　岐阜県羽島市小熊町島 5 - 62　　　　　　　　　　　　　TEL 058-391-0881
AMS 年代測定施設　　　〒376-0144　群馬県桐生市黒保根町下田沢 1900 - 65　　　　TEL 0277-96-2088
大阪営業所　　〒564-0073　大阪府吹田市山手町 2 - 8 - 46　　　　　　　　　　　TEL 06-6170-5727

▧ ホームページ：https://www.paleolabo.jp/
▧ メールアドレス：info@paleolabo.jp

【設立】昭和 61 年 10 月 2 日

【資本金】81,379 千円

【役員】代表取締役　中村賢太郎　　取締役技術開発部長　藤根　久　　取締役顧問　鈴木　茂
　　　　取締役年代測定研究部長　伊藤　茂

【役職員数】総人員　29 名　　うち文化財部門　28 名

【文化財統括責任者】中村賢太郎

【埋蔵文化財調査士】辻本裕也

【埋蔵文化財調査士補】中村賢太郎

【日本考古学協会会員】菊地有希子　　三谷智広　　辻本裕也

【日本文化財科学会会員】伊藤　茂　　小林克也　　高木康裕　　竹原弘展　　辻本裕也　　藤根　久
　　　　　　　　　　　　三谷智広

【日本旧石器学会会員】該当者なし

【学芸員】菊地有希子　　黒沼保子　　小林克也　　竹原弘展　　中村賢太郎　　森　将志　　山本　華
　　　　　三谷智広

【一級土木施工管理技士】0 名

【二級土木施工管理技士】0 名

【測量士】0 名

【測量士補】1 名

【危険物取扱者】1 名

【特定化学物質作業主任者】2 名

【有機溶剤作業主任者】1 名

【直前一年間の会社の総売上高】
会社の総売上高　410,799 千円　　このうち文化財部門の売上高　270,415 千円
（令和 4 年 10 月 1 日〜令和 5 年 9 月 30 日）

【業務内容】
(1) 文化財部門の業務
　主力業務：自然科学分析
　その他：遺物整理・遺跡環境変遷解析・報告書作成

(2) 文化財部門以外の業務
　バイオベース度測定、象牙や骨董品の年代測定など

【遺物整理スペース】岐阜県羽島市 150 ㎡

【遺物保管スペース】岐阜県羽島市 150 ㎡

【直前 3 年間（令和 3 年、令和 4 年、令和 5 年）の主な調査実績】
令和 3 年
・黒曜石原産地同定（木古内町札苅 7 遺跡）　北海道　自然科学分析
・花粉分析および大型植物遺体等同定委託業務（米山（2）遺跡）　青森県　自然科学分析
・千田北遺跡出土遺物自然科学分析業務（樹種同定・塗膜分析）　石川県　自然科学分析
・信川遺跡発掘調査に伴う自然科学分析業務（樹種同定・年代測定）　山口県　自然科学分析
・中津野遺跡出土試料の自然科学分析（年代測定・炭素窒素安定同位体比測定）　鹿児島県　自然科学分析

令和 4 年
・大久保貝塚動物遺体同定業務　宮城県　自然科学分析
・前田遺跡出土黒曜石産地推定業務委託　福島県　自然科学分析
・御座田遺跡（道路新設地点）第 2 次の炭化材樹種同定　山梨県　自然科学分析
・引田遺跡自然科学分析（放射性炭素年代測定）業務委託　愛知県　自然科学分析
・古代山陰道（養郷狐谷遺跡・青谷大平遺跡）放射性炭素年代測定業務　鳥取県　自然科学分析

令和 5 年
・水林下遺跡 1 〜 3 次　理化学分析業務委託　山形県　自然科学分析
・金屋遺跡（第 7 次）自然科学分析委託（放射性炭素年代測定、樹種同定、微細遺物分析、骨同定）　新潟県）
　自然科学分析
・令和 5 年度国道 24 号寺田拡幅事業関連遺跡（水主神社東遺跡ほか）年代測定他業務　京都府　自然科学分析
・上垣内遺跡発掘調査に伴う放射性炭素年代測定業務　大阪府　自然科学分析
・令和 5 年度史跡妻木晩田遺跡松尾頭地区谷部ボーリング試料自然科学分析（放射性炭素年代測定等）業務
　鳥取県　自然科学分析

株式会社 ヒサマツ

本　　社　　　　〒173-0037　東京都板橋区小茂根 2 丁目 3 - 14　　　　　　TEL 03-3530-8570

■ メールアドレス：hisamatsu.8570@gmail.com

【設立】平成 29 年 5 月 24 日

【資本金】1,000 千円

【役員】代表取締役　久松伸太郎　　取締役　久松孝三郎

【役職員数】総人員　7 名　　うち文化財部門　5 名

【文化財統括責任者】久松伸太郎

【埋蔵文化財調査士】該当者なし

【埋蔵文化財調査士補】該当者なし

【日本考古学協会会員】該当者なし

【日本文化財科学会会員】該当者なし

【日本旧石器学会会員】該当者なし

【学芸員】該当者なし

【一級土木施工管理技士】0 名

【二級土木施工管理技士】1 名

【測量士】0 名

【測量士補】0 名

【直前一年間の会社の総売上高】
会社の総売上高　130,807 千円　　このうち文化財部門の売上高　80,000 千円
（令和 5 年 5 月 1 日〜令和 6 年 4 月 30 日）

【業務内容】
（1）文化財部門の業務
　　主力業務：重機掘削業、作業員派遣、資材・重機リース

（2）文化財部門以外の業務
　　建設業・労働者派遣業、清掃業、解体工事

【遺物整理スペース】なし

【遺物保管スペース】なし

【直前3年間（令和3年、令和4年、令和5年）の主な調査実績
令和3年
・高輪ゲートウェイ　東京都　重機オペレーター
・坂戸市西インター　埼玉県　重機オペレーター

令和4年
・港区泉岳寺発掘調査　東京都　重機オペレーター
・船橋市川ノ上発掘調査　千葉県　重機オペレーター

令和5年
・高輪ゲートウェイ　東京都　重機オペレーター
・伊勢原遺跡調査
・港区泉岳寺発掘調査　東京都　重機オペレーター

有限会社 菱山興業

本　　社　　　〒252-0155　神奈川県相模原市緑区鳥屋 324　　　　　　　TEL 042-787-1281

　■ メールアドレス：tomo-0910@mua.biglobe.ne.jp

【設立】平成 15 年 12 月

【資本金】1,000 千円

【役員】代表取締役　菱山友久　　取締役　菱山亜希

【役職員数】総人員　2 名　　うち文化財部門　1 名

【文化財統括責任者】菱山友久

【埋蔵文化財調査士】該当者なし

【埋蔵文化財調査士補】該当者なし

【日本考古学協会会員】該当者なし

【日本文化財科学会会員】該当者なし

【日本旧石器学会会員】該当者なし

【学芸員】該当者なし

【一級土木施工管理技士】1 名

【二級土木施工管理技士】0 名

【測量士】0 名

【測量士補】0 名

【直前一年間の会社の総売上高】
会社の総売上高　194,757 千円　　このうち文化財部門の売上高　146,067 千円
（令和 4 年 12 月 1 日〜令和 5 年 11 月 30 日）

【業務内容】
（1）文化財部門の業務
　　主力業務：試掘調査・本格調査

（2）文化財部門以外の業務
　　建設業（とび・土木工事業）、ビルメンテナンス、産業廃棄物収集運搬業、警備業

【遺物整理スペース】なし

【遺物保管スペース】相模原市緑区 90 ㎡

【直前 3 年間（令和 3 年、令和 4 年、令和 5 年）の主な調査実績】
令和 3 年
・相模原市当麻　土地区画整理事業に伴う埋蔵文化財　発掘調査（当麻遺跡第 3 地点）支援業務
・平塚市新町　第一三共プロファーマ株式会社平塚工場　特薬新棟建設に伴う埋蔵文化財包蔵地発掘調査

令和 4 年
・小田原市久野　新病院建設に伴う埋蔵文化財調査業務委託　支援業務
・平塚市四ノ宮　第一三共プロファーマ株式会社平塚工場　新実験棟建設予定地の埋蔵文化財包蔵地発掘調査

令和 5 年
・小田原市久野　新病院建設に伴う埋蔵文化財調査業務委託　支援業務
・海老名市河原口　一級河川相模川河川改修（埋蔵文化財調査）委託　支援業務
・大和市上和田　令和元年度　街路整備工事に伴う埋蔵文化財発掘調査委託　支援業務

株式会社 勾玉工房

本　　社　　　〒 286-0211　千葉県富里市御料 1009 番地 28　　　　　TEL 0476-92-0658
茨城営業所　　〒 319-0203　茨城県笠間市吉岡 259－33 吉岡ハイツ 202 号室

■ メールアドレス：magatamakoubou@silk.ocn.ne.jp

【設立】平成 16 年 1 月 16 日

【資本金】3,000 千円

【役員】代表取締役　橋邊明子　　専務取締役　谷　旬

【役職員数】総人員　19 名　　うち文化財部門　19 名

【文化財統括責任者】橋邊明子

【埋蔵文化財調査士】谷　旬

【埋蔵文化財調査士補】橋邊優尚　　大賀琢磨　　大賀庸平　　山室　敦　　米山聡一

【日本考古学協会会員】谷　旬　　橋邊優尚

【日本文化財科学会会員】該当者なし

【日本旧石器学会会員】該当者なし

【学芸員】米山聡一

【一級土木施工管理技士】0 名

【二級土木施工管理技士】0 名

【測量士】0 名

【測量士補】0 名

【直前一年間の会社の総売上高】
会社の総売上高　151,830 千円　　このうち文化財部門の売上高　151,830 千円
（令和 3 年 6 月 1 日〜令和 4 年 5 月 31 日）

【業務内容】
(1) 文化財部門の業務
　主力業務：試掘調査・本格調査
　その他：遺物整理・遺跡環境変遷解析・報告書作成、遺跡関係測量一般、自然科学分析、土器復元・修復・
　　保存修理等文化財保存修復

(2) 文化財部門以外の業務
　なし

【遺物整理スペース】千葉県富里市御料 1009 番地 28　495 ㎡

【遺物保管スペース】千葉県富里市御料 1009 番地 28　825 ㎡

【直前 3 年間（令和 3 年、令和 4 年、令和 5 年）の主な調査実績】
令和 3 年
・上郷陣屋跡　茨城県つくば市　686 ㎡　本調査、遺物整理、報告書作成
・香取前遺跡（令和 3 年度）茨城県結城市　7,613 ㎡　本調査
・新田台遺跡　千葉県香取郡多古町　1,920 ㎡　本調査
・立木南遺跡　千葉県千葉市　470 ㎡　本調査　遺物整理、報告書作成
・国府台遺跡　千葉県市川市　56 ㎡　本調査、遺物整理、報告書作成
・太田城跡　茨城県常陸太田市　4,600 ㎡　遺物整理、報告書作成

令和 4 年
・上郷陣屋跡　茨城県つくば市　1,400 ㎡　確認調査、遺物整理、報告書作成
・打越遺跡　千葉県富津市　3,500 ㎡　本調査、遺物整理、報告書作成
・香取前遺跡（令和 4 年度）茨城県結城市　7,500 ㎡　本調査
・上ノ室ハマイバ遺跡　茨城県つくば市　120 ㎡　本調査
・植房遺跡　千葉県香取郡神崎町　210.07 ㎡　確認調査
・堀込遺跡　千葉県香取郡神崎町　36 ㎡　確認調査
・堀込 1 号墳　千葉県香取郡神崎町　343 ㎡　本調査

令和 5 年
・香取前遺跡（令和 5 年度）茨城県結城市　9,000 ㎡　本調査
・太田尻横穴墓群　茨城県日立市　483 ㎡　本調査　遺物整理　報告書作成
・健田遺跡群（瀬戸遺跡）千葉県南房総市　134 ㎡　本調査
・柳原遺跡　千葉県勝浦市　350 ㎡　本調査　遺物整理　報告書作成
・広町遺跡　茨城県小美玉市　58 ㎡　本調査　遺物整理　報告書作成
・岩井安町東遺跡　千葉県旭市　200 ㎡　本調査
・後田遺跡　千葉県松戸市　69 ㎡　本調査　遺物整理　報告書作成
・池の上遺跡　東京都調布市　70 ㎡　本調査　遺物整理　報告書作成
・岩名作遺跡（第 12 次）千葉県野田市　162 ㎡　本調査　遺物整理　報告書作成

株式会社 武蔵文化財研究所

本　　社　　　〒193-0942　東京都八王子市椚田町 539 番地 1 号　　　　　　TEL 042-666-6030

■ ホームページ：http://www.musashi-bunkazai.co.jp
■ メールアドレス：info@musashi-bunkazai.co.jp

【設立】平成 7 年 7 月 7 日

【資本金】10,000 千円

【役員】代表取締役　長谷川　渉　　専務取締役　新里　康　　取締役　郡山雅友

【役職員数】総人員　33 名　　うち文化財部門　31 名

【文化財統括責任者】新里　康

【埋蔵文化財調査士】長谷川渉　　新里　康　　郡山雅友　　今泉克己　　依田賢仁　　中山経一
　　　　　　　　　　里見雅仁　　平田博之　　岡田大輔　　新堀　哲　　熊坂正史　　千葉まい子
　　　　　　　　　　野村　満　　中島大輔

【埋蔵文化財調査士補】

【日本考古学協会会員】長谷川渉　　新里　康　　郡山雅友　　今泉克己　　依田賢仁　　中山経一
　　　　　　　　　　　里見雅仁　　平田博之　　岡田大輔　　新堀　哲　　千葉まい子　　前田秀則

【日本文化財科学会会員】該当者なし

【日本旧石器学会会員】該当者なし

【学芸員】新里　康　　中山経一　　平田博之　　岡田大輔　　千葉まい子　　野村　満　　黒尾大地
　　　　　中島大輔

【一級土木施工管理技士】0 名

【二級土木施工管理技士】1 名

【測量士】0 名

【測量士補】1 名

【直前一年間の会社の総売上高】
会社の総売上高　596,436 千円　　このうち文化財部門の売上高　596,436 千円
（令和 5 年 4 月 1 日〜令和 6 年 3 月 31 日）

【業務内容】
(1) 文化財部門の業務
　主力業務：試掘調査・本格調査
　その他：遺物整理・遺跡環境変遷解析・報告書作成、遺跡関係測量一般、自然科学分析、土器復元・修復・
　　保存修理等文化財保存修復、史跡整備設計・監理、各種文化財分布調査

(2) 文化財部門以外の業務
　なし

【遺物整理スペース】東京都八王子市 280 ㎡　　　　東京都文京区 60 ㎡　　　　東京都羽村市 82 ㎡

【遺物保管スペース】東京都八王子市 150 ㎡

【直前 3 年間（令和 3 年、令和 4 年、令和 5 年）の主な調査実績】
令和 3 年
・西之台遺跡（[仮称] 中町 4 – 14 – 7 地区）に係る埋蔵文化財発掘調査　東京都　88.5 ㎡　本調査、整理・報告
　書作成
・狭山工業団地拡張地区基盤整備事業発掘調査出土金属製遺物保存処理等業務委託　埼玉県　遺物保存処理
・令和 2 年度荻外荘遺構確認調査　東京都　225 ㎡　確認調査
・上神明遺跡 34 次遺跡発掘調査委託　東京都　99 ㎡　本調査、整理・報告書作成
・羽村駅西口地区埋蔵文化財調査業務委託（R3-1）　東京都　2,216 ㎡　本調査
・東京都文京区本郷一丁目 9 番 4 号地点建設事業埋蔵文化財調査委託　東京都　35 ㎡　本調査、整理・報告書
　作成
・羽村駅西口地区埋蔵文化財調査業務委託（R3-2）　東京都　890 ㎡　本調査
・羽村駅西口地区埋蔵文化財調査業務委託（R3-3）　東京都　631 ㎡　本調査
・栗山遺跡（[仮称] 中町 1 丁目 – 15 付近地区）埋蔵文化財発掘調査　東京都　115 ㎡　本調査、整理・報告書
　作成
・国史跡八王子城跡御主殿地区遺構確認調査支援業務委託　東京都　53 ㎡　確認調査、整理・報告書作成
・(仮称)西調布賃貸 MS 新築計画　埋蔵文化財本調査　東京都　125 ㎡　本調査、整理・報告書作成
・旧赤羽台東小学校跡地埋蔵文化財発掘調査委託（その 1）　東京都　4,000 ㎡　本調査、整理・報告書作成
・出土遺物保存処理業務委託　埼玉県　遺物保存処理

令和 4 年
・羽村駅西口地区埋蔵文化財調査業務委託（R4-1）　東京都　2,216 ㎡　本調査
・羽村駅西口地区埋蔵文化財調査業務委託（R4-2）　東京都　890 ㎡　本調査
・相模原市新戸遺跡埋蔵文化財発掘調査　神奈川県　1,526 ㎡　本調査、整理・報告書作成
・八王子医療刑務所跡地発掘調査業務委託　東京都　875 ㎡　本調査、整理・報告書作成
・令和 4 年度荻外荘遺構確認調査委託　東京都　35 ㎡　確認調査
・雷塚遺跡出土鉄製品保存処理委託（その 2）　千葉県　遺物保存処理
・国史跡八王子城跡御主殿地区遺構確認調査支援業務委託　東京都　35 ㎡　確認調査
・市道 380 号線埋蔵文化財発掘調査業務委託　東京都　202 ㎡　本調査、整理・報告書作成

令和 5 年
・旧赤羽台東小学校埋蔵文化財調査業務委託　東京都　2,000 ㎡　本調査、整理・報告書作成
・荻外荘遺構確認調査委託（Ⅰ期）　東京都　184 ㎡　確認調査
・羽村駅西口地区埋蔵文化財調査業務委託（R5-1）　東京都　1,925 ㎡　本調査
・川口土地区画整理事業北側公園予定地埋蔵文化財発掘調査業務委託（その 1）　東京都　2,040 ㎡　本調査
・羽村駅西口地区埋蔵文化財調査報告書作成業務委託（その 6）　東京都　基礎整理
・荻外荘遺構確認調査委託（Ⅱ期）　東京都　108 ㎡　確認調査
・羽村駅西口地区埋蔵文化財調査業務委託（R5-2）　東京都　107 ㎡　本調査
・国史跡八王子城跡御主殿地区遺構確認調査支援業務委託　東京都　27 ㎡　確認調査

株式会社 横浜技術コンサルタント

本　　社　　　　〒 241-0821　　神奈川県横浜市旭区二俣川 1 - 2 - 1 - 103　　　　TEL 045-363-4568
小田原整理事務所　〒 250-0045　　神奈川県小田原市城山 2 - 28 - 32

　■ ホームページ：現在更新中
　■ メールアドレス：tsukasa-takizawa@nifty.com

【設立】昭和 62 年 1 月 14 日

【資本金】10,000 千円

【役員】代表取締役社長　滝澤　宰

【役職員数】総人員　6 名　　うち文化財部門　4 名

【文化財統括責任者】林　俊幸

【埋蔵文化財調査士】該当者なし

【埋蔵文化財調査士補】該当者なし

【日本考古学協会会員】高杉博章

【日本文化財科学会会員】該当者なし

【日本旧石器学会会員】該当者なし

【学芸員】該当者なし

【一級土木施工管理技士】1 名

【二級土木施工管理技士】1 名

【測量士】1 名

【測量士補】0 名

【直前一年間の会社の総売上高】
会社の総売上高　192,107 千円　　このうち文化財部門の売上高　25,000 千円
（令和 4 年 9 月 1 日〜令和 5 年 8 月 31 日）

【業務内容】
(1) 文化財部門の業務
　主力業務：試掘調査・本格調査
　その他：遺物整理・遺跡環境変遷解析・報告書作成、遺跡関係測量一般

(2) 文化財部門以外の業務
　建設コンサルタント業、建設業

【遺物整理スペース】神奈川県横浜市 50 ㎡
　　　　　　　　　　神奈川県小田原市 120 ㎡

【遺物保管スペース】神奈川県横浜市 50 ㎡
　　　　　　　　　　神奈川県小田原市 100 ㎡

【直前 3 年間（令和 3 年、令和 4 年、令和 5 年）の主な調査実績】
令和 3 年
・平塚市七ノ域遺跡発掘調査　神奈川県　1,082 ㎡　支援業務
・平塚市田村館跡遺跡発掘調査　神奈川県　192.2 ㎡　支援業務
・小田原市法雲寺旧境内遺跡発掘調査　神奈川県　431.6 ㎡　支援業務
・伊勢原市東大竹・葛原遺跡発掘調査　神奈川県　220 ㎡　支援業務

令和 4 年
・茅ヶ崎市御屋敷 A 遺跡発掘調査　神奈川県　300 ㎡　支援業務
・相模原市葛坂遺跡発掘調査　神奈川県　170 ㎡　支援業務
・鎌倉市若宮大路周辺遺跡群発掘調査　神奈川県　200 ㎡　支援業務
・藤沢市藤沢宿東海道遺跡発掘調査　神奈川県　500 ㎡　支援業務
・横浜市旭区 No.104 遺跡発掘調査　神奈川県　326 ㎡　支援業務

令和 5 年
・小田原市№281 遺跡発掘調査　神奈川県　520 ㎡　支援業務
・綾瀬市中尾（№8）遺跡発掘調査　神奈川県　375 ㎡　支援業務
・藤沢市立石（№393）遺跡発掘調査　神奈川県　813.6 ㎡　支援業務
・茅ヶ崎市手城塚 B（№92）遺跡発掘調査　神奈川県　104.1 ㎡　支援業務
・茅ヶ崎市前田 A（№71）遺跡発掘調査　神奈川県　280.5 ㎡　支援業務
・茅ヶ崎市木ノ下 A（№88）遺跡発掘調査　神奈川県　379.6 ㎡　支援業務

株式会社 ラクロ

本　　社	〒 350-0021	埼玉県川越市大中居 95 - 3	TEL 049-293-7474
作 業 所	〒 350-0021	埼玉県川越市大中居 51 - 3	
群馬営業所	〒 370-0861	群馬県高崎市八千代町 1-14-20 小内ビル 101 号	

■ ホームページ：http://racro.org
■ メールアドレス：info@racro.jp

【設立年月日】平成 28 年 12 月 16 日

【資本金】20,000 千円

【役員】代表取締役　長嶋史弘　　専務取締役　對馬むつみ　　取締役　渡邊龍輝

【役職員数】総人員　16 名　　うち文化財部門　11 名

【文化財統括責任者】林　邦雄

【埋蔵文化財調査士】該当者なし

【埋蔵文化財調査士補】林　邦雄　　大橋　生

【日本考古学協会会員】林　邦雄　　大橋　生

【日本文化財科学会会員】該当者なし

【日本旧石器学会会員】該当者なし

【学芸員】大橋　生　　畠山滉平

【一級土木施工管理技士】0 名

【二級土木施工管理技士】0 名

【測量士】1 名

【測量士補】0 名

【直前一年間の会社の総売上高】
会社の総売上高　151,301 千円　　このうち文化財部門の売上高　150,634 千円
（令和 4 年 12 月 1 日〜令和 5 年 11 月 30 日）

【業務内容】
(1) 文化財部門の業務
　① 試掘調査・本格調査
　② 遺物整理・遺跡環境変遷解析・報告書作成
　③ 遺跡関係測量一般
　④ 土器復元・修復・保存修理等文化財保存修復

(2) 文化財部門以外の業務
　① 労働者派遣事業
　② 不動産業
　③ 電気工事
　④ サッカースクール運営
　⑤ 整体院・スポーツトレーナー事業
　⑥ 広告デザイン・Vtuber 事業・インターネット動画配信

【遺物整理スペース】埼玉県川越市 180 ㎡
　　　　　　　　　　群馬県高崎市 38 ㎡

【遺物保管スペース】埼玉県川越市 175 ㎡

【直前 3 年間（令和 3 年、令和 4 年、令和 5 年）の主な調査実績】
令和 3 年
・朝霞市人部・峡遺跡（第 16 地点）発掘調査業務委託　埼玉県　498 ㎡　調査支援
・朝霞市人部・峡遺跡（第 17 地点）発掘調査業務委託　埼玉県　874 ㎡　調査支援
・朝霞市北原・谷津遺跡発掘調査業務委託　埼玉県　500 ㎡　調査支援
・三鷹市丸山 A 遺跡出土資料整理作業業務委託　東京都　遺物整理
・東松山市高坂二番町西遺跡発掘調査業務委託　埼玉県　481 ㎡　調査支援　遺物整理　報告書作成

令和 4 年
・水戸市渡里町遺跡（第 42 地点 2 次）発掘調査業務委託　茨城県　410 ㎡　本調査　遺物整理　報告書作成
・朝霞市大瀬戸遺跡（第 20 地点）発掘調査業務委託　埼玉県　1,300 ㎡　調査支援
・水戸市堀遺跡（第 95 地点）発掘調査業務委託　茨城県　80 ㎡　本調査　遺物整理　報告書作
・水戸市北屋敷古墳群（第 2 地点第 2 次）発掘調査業務委託　茨城県　455 ㎡　本調査　遺物整理　報告書作成
・中央区人形町三丁目遺跡（第 3 次）発掘調査業務委託　東京都　200 ㎡　調査支援
・水戸市台渡里廃寺跡整理作業業務委託　茨城県　遺物洗浄　遺物注記

令和 5 年
・墨田区亀沢四丁目遺跡発掘調査業務委託　東京都　176 ㎡　調査支援　遺物整理　報告書作成
・町田市宮之前 A 遺跡発掘調査業務委託　東京都　104 ㎡　本調査　遺物整理　報告書作成
・伊勢崎市田向遺跡・見切塚古墳群・見切塚遺跡発掘調査業務委託　群馬県　1,500 ㎡　遺物整理　報告書作成
・東京都埋蔵文化財センター　遺物洗浄注記業務
・所沢市膳棚遺跡発掘調査業務委託　埼玉県　1,300 ㎡　調査支援　遺物整理　報告書作成
・笠間市安居五万块遺跡発掘調査業務委託　茨城県　2,400 ㎡　本調査　遺物整理　報告書作成
・朝霞市南ヶ谷戸遺跡発掘調査業務委託　埼玉県　600 ㎡　調査支援

株式会社 アーキジオ

本　　店	〒933-0824	富山県高岡市西藤平蔵 581	TEL 0766-63-8850
富山本社	〒939-8205	富山県富山市新根塚町 1 - 4 - 43	TEL 076-442-8850
パシフィック支店		〒901-2203　沖縄県宜野湾市野嵩 3 - 2 - 8	TEL 098-896-0111
中日本支店	〒483-8166	愛知県江南市赤童子町南山 98	TEL 0587-50-6770
東日本支店	〒207-0021	東京都東大和市立野 3 - 583 - 2	TEL 042-843-5471
三　　重	〒511-0524	三重県いなべ市藤原町山口 498	TEL 0594-46-9370
飛　　騨	〒506-0844	岐阜県高山市上一之町 36	TEL 0577-36-7307
福　　井	〒919-0621	福井県あわら市市姫 5 - 19 - 12	TEL 0776-73-5280
福　　島	〒976-0007	福島県相馬市大坪字山神前 126	TEL 0244-32-1061

▣ ホームページ：https://arcgeo.jp/

▣ メールアドレス：archaeology@arcgeo.jp

【設立】昭和 35 年 10 月 17 日

【資本金】80,000 千円

【役員】代表取締役会長　津嶋春秋　　代表取締役社長　津嶋剣星　　取締役副社長　西井敏夫
　　　　監査役　　　　　津嶋祥子

【役職員数】総人員　82 名　　うち文化財部門　53 名

【文化財統括責任者】田中昌樹

【埋蔵文化財調査士】井伊浩一郎　　高野裕二

【埋蔵文化財調査士補】今井千尋　　三島ゆかり　　片岡　智　　首藤有里

【日本考古学協会会員】田中昌樹　　阿部将樹

【日本文化財科学会会員】該当者なし

【日本旧石器学会会員】該当者なし

【学芸員】井伊浩一郎　　高野裕二　　阿部将樹　　田中昌樹　　宮城　努　　天久朝海　　宮平千春
　　　　　本村麻里衣　　基峰　修　　三島ゆかり　　今井千尋　　矢野義治　　片岡　智　　毛利嘉那
　　　　　知念沙季　　首藤有里　　猪俣カレン　　柴田　俊

【一級土木施工管理技士】14 名

【二級土木施工管理技士】21 名

【測量士】10 名

【測量士補】12 名

【直前一年間の会社の総売上高】
会社の総売上高　1,041,143 千円　　このうち文化財部門の売上高　625,386 千円
（令和 4 年 5 月 1 日〜令和 5 年 4 月 30 日）

【業務内容】
（1）文化財部門の業務
　　主力業務：試掘調査・本格調査
　　その他：遺物整理・遺跡環境変遷解析・報告書作成、遺跡関係測量一般、自然科学分析、土器復元・修復・
　　　保存修理等文化財保存修復、史跡整備設計・監理

（2）文化財部門以外の業務
　　建設コンサルタント業、建設業、地質調査業、測量業、その他

【遺物整理スペース】富山県高岡市 200 ㎡　　　沖縄県宜野湾市 90 ㎡　　　愛知県江南市 200 ㎡
　　　　　　　　　　富山県富山市 300 ㎡　　　東京都東大和市 200 ㎡

【遺物保管スペース】富山県高岡市 165 ㎡　　　富山県富山市 100 ㎡　　　東京都東大和市 150 ㎡
　　　　　　　　　　愛知県江南市 150 ㎡

【直前 3 年間（令和 3 年、令和 4 年、令和 5 年）の主な調査実績】
令和 3 年
・首里高校内埋蔵文化財発掘調査（Ⅷ区）に伴う支援業務委託　沖縄県　330 ㎡　本調査
・下田南遺跡発掘調査業務　愛知県　報告書作成
・弓波遺跡（東部地区その 9）遺物整理外業務委託　石川県　出土品の整理
・松木遺跡発掘調査その 5 業務委託　富山県　1,230 ㎡　本調査
・江東橋一丁目埋蔵文化財発掘調査業務委託　東京都　162 ㎡　本調査　遺物整理　報告書作成

令和 4 年
・前原遺跡発掘調査支援業務　沖縄県　148 ㎡　本調査
・令和 4 年度　埋蔵文化財発掘調査業務委託その 4（野添遺跡）　愛知県　4,055 ㎡　本調査
・恒武西宮遺跡 32 次発掘調査業務　静岡県　出土品の整理、報告書作成
・弓波遺跡（東部地区その 10）遺物整理外業務委託　石川県　出土品の整理
・井の頭二丁目埋蔵文化財発掘調査　東京都　58 ㎡　本調査、遺物整埋、報告書作成

令和 5 年
・キャンプ・ハンセン（R4）埋蔵文化財発掘調査（消防署地区）に伴う支援業務委託　沖縄県　4,445 ㎡　本調
　査
・松木遺跡発掘調査その 8 業務委託　富山県　2,500 ㎡　本調査、遺物整理
・令和 5 年度　南稲越遺跡発掘調査業務　福井県　645 ㎡　本調査
・令和 5 年度　埋蔵文化財発掘調査業務委託その 8（中般若北浦遺跡）　愛知県　2,000 ㎡　本調査
・上ヶ給遺跡 321 地点　東京都　306 ㎡　本調査、遺物整理、報告書作成

株式会社 イビソク

本　　　社	〒 503-0854	岐阜県大垣市築捨町 3 丁目 102 番地	TEL 0584-89-5507
東京本社	〒 103-0024	東京都中央区日本橋小舟町 15 番 17 号 5 階	TEL 03-3527-3510
高山支社	〒 506-0825	岐阜県高山市石浦町 7 丁目 357 番地	TEL 0577-36-6319
名古屋支店	〒 460-0002	愛知県名古屋市中区丸の内二丁目 18 番 14 号	TEL 052-228-0213
関西支店	〒 612-8425	京都府京都市伏見区竹田田中殿町 86 番地	TEL 075-632-8109
仙台支店	〒 984-0838	宮城県仙台市若林区上飯田 2 丁目 29 番 40 号	TEL 022-253-7075
新潟支店	〒 950-0864	新潟県新潟市東区紫竹 4 丁目 13 番 1 号	TEL 025-211-7500
北陸支店	〒 921-8001	石川県金沢市高畠 3 丁目 1 番地	TEL 076-287-6005
広島支店	〒 739-1731	広島県広島市安佐北区落合 1 丁目 2 番 12 号	TEL 082-847-6110
香川支店	〒 769-0102	香川県高松市国分寺町国分 563 番地 5	TEL 087-899-5081
九州支店	〒 861-4163	熊本県熊本市南区富合町志々水 20 番地 1	TEL 096-342-5861
大分支店	〒 870-0936	大分県大分市岩田町 2 丁目 2 番 16 号	TEL 097-574-7306
沖縄支店	〒 901-2214	沖縄県宜野湾市我如古 4 丁目 2 - 3	TEL 098-988-0885

■ ホームページ：https://ibisoku.co.jp
■ メールアドレス：info@ibisoku.co.jp

【設立】昭和 48 年 5 月 24 日

【資本金】45,000 千円

【役員】代表取締役　森　允　　取締役会長　森　重幸　　専務取締役　田所健二　　常務取締役　近藤真人
　　　　常務取締役　古市俊幸　　取締役　松原弘和　　取締役　樋口享秀

【役職員数】総人員　228 名　　うち文化財部門　120 名

【文化財統括責任者】近藤真人

【埋蔵文化財調査士】新井泰輔　　生駒昌史　　兼康保明　　近藤真人　　鈴木裕子　　堤　正樹　　三澤壮太

【埋蔵文化財調査士補】小篠洋平　　小野瀬一路　　澤田　孝　　玉城雄一　　知本孝治　　日比野知史
　　　　　　　　　　　仲座琢磨　　吉田　皓

【日本考古学協会会員】新井泰輔　　生駒昌史　　稲垣裕二　　岡田有司　　兼康保明　　喜多亮輔
　　　　　　　　　　　工藤基志　　近藤真人　　佐藤孝則　　佐野貴紀　　澤田　孝　　杉原弥生
　　　　　　　　　　　鈴木裕子　　髙木佑介　　田中夕佳　　玉城雄一　　堤　正樹　　濱村友美
　　　　　　　　　　　稗田智美　　日聖祐輔　　星野綾大　　三澤壮太　　山﨑貴之

【日本文化財科学会会員】木村寛之　　須山貴史　　髙木佑介

【日本旧石器学会会員】該当者なし

【学芸員】青木　優　　石井沙織　　石田純子　　稲垣裕二　　今井雄太　　今岡　蒼　　今西菜見　　浦田雅士
　　　　　大迫賢一　　大原　和　　小笠原琢馬　　小野瀬一路　　海津千聖　　金田沙佳　　壁谷奈央　　川島壮平
　　　　　川西真実　　北村仁勇　　喜多亮輔　　鬼頭直子　　工藤基志　　国廣有紀　　小宮猛幸　　小山倖平
　　　　　近藤真人　　佐藤綾音　　佐藤孝則　　佐野貴紀　　佐橋圭悟　　澤田　孝　　菅井一希　　杉原弥生
　　　　　鈴木香枝　　鈴木大翔　　鈴木美咲　　鈴木萌愛　　鈴木裕子　　寸田彩加　　関口美南　　髙木佑介
　　　　　高橋泰紀　　竹中真由　　竹本　楓　　田中夕佳　　玉城雄一　　知本孝治　　堤　正樹　　堂園　甫
　　　　　中川優奈　　祢宜田谷僚平　　羽田龍星　　濱村友美　　日聖祐輔　　廣澤佳汰　　福永　楓　　藤島友美
　　　　　前角和夫　　松井　潔　　松岡真弓　　三澤壮太　　南川雄哉　　宮内俊樹　　宮崎　直　　宗仲航汰
　　　　　山﨑貴之　　山田剛太郎　　吉田　皓　　吉次　律　　山本和人　　鷲津未来

【一級土木施工管理技士】18 名

【二級土木施工管理技士】18 名

【測量士】42 名

【測量士補】56 名

【直前一年間の会社の総売上高】
会社の総売上高　3,857,527 千円　　このうち文化財部門の売上高　1,765,531 千円
（令和 4 年 7 月 1 日～令和 5 年 6 月 30 日）

【業務内容】
(1) 文化財部門の業務
　主力業務：試掘調査・本調査・史跡整備
　その他：遺物整理、報告書作成、遺跡環境変遷解析、遺跡関係測量一般、保存処理（木製品・金属製品）、自
　　然科学分析、文化財保存修復、レプリカ製作、史跡整備設計、まちづくり事業

(2) 文化財部門以外の業務
　建設コンサルタント業、補償コンサルタント業、1 級建築士事務所、一般建設業（とび・土工工事業）

【遺物整理スペース】岐阜県大垣市（2 ヶ所）1,600 ㎡　　宮城県仙台市 300 ㎡　　新潟県新潟市 100 ㎡
　　　　　　　　　　東京都墨田区 50 ㎡　　　　　　　東京都文京区 30 ㎡　　　神奈川県相模原市 200 ㎡
　　　　　　　　　　京都府京都市 150 ㎡　　　　　　　香川県高松市 150 ㎡　　大分県大分市 100 ㎡
　　　　　　　　　　熊本県熊本市 50 ㎡

【遺物保管スペース】岐阜県大垣市 2,400 ㎡　　　　宮城県仙台市 330 ㎡　　　新潟県新潟市 50 ㎡
　　　　　　　　　　東京都墨田区 20 ㎡　　　　　　東京都文京区 30 ㎡　　　神奈川県相模原市 50 ㎡
　　　　　　　　　　京都府京都市 50 ㎡　　　　　　香川県高松市 50 ㎡　　　大分県大分市 100 ㎡
　　　　　　　　　　熊本県熊本市 50 ㎡

【直前 3 年間（令和 3 年、令和 4 年、令和 5 年）の主な調査実績】
令和 3 年
・金屋遺跡Ⅴ・六日町藤塚遺跡Ⅳ・宮林 B 遺跡発掘調査　新潟県　2,888 ㎡　本調査、写真測量
・鵜沼古市場遺跡 D 地区（第 2 次）発掘調査支援　岐阜県　3,069 ㎡　本調査、写真測量
・トリイ通信施設内発掘調査支援　沖縄県　4,803 ㎡　本調査
・令和 3 年度埋蔵文化財発掘調査業務委託その 3（上ヲロウ・下ヲロウ遺跡、下延坂遺跡、大崎遺跡、川向向山
　遺跡）愛知県　15,940 ㎡　本調査
・釜戸上平遺跡発掘作業支援業務委託　岐阜県　1,436 ㎡　本調査、1 次整理

令和 4 年
・金屋遺跡Ⅵ・六日町藤塚Ⅴ・六日町藤塚Ⅵ発掘調査作業及び関連諸工事　新潟県　6,809 ㎡　本調査
・佐竹史料館改築事業に伴う久保田城跡発掘調査業務委託　秋田県　1,413 ㎡　本調査
・令和 4 年度天王平遺跡発掘調査支援業務　三重県　7,955 ㎡　本調査
・令和 4 年度養宜地区埋蔵文化財発掘調査支援業務　兵庫県　3,241 ㎡
・名主原遺跡埋蔵文化財発掘調査業務委託　鹿児島県　2,630 ㎡　本調査

令和 5 年
・令和 5 年度　埋蔵文化財発掘調査業務委託その 2〔寄島・姫下（A）、寄島（B）、寄島（A）、姫下（A）、姫
　下・向田（A）、向田（B）、向田・亀塚（A）、亀塚（B）、中狭間（B）遺跡〕愛知県　5,550 ㎡　本調査
・令和 5 年度　沼向遺跡第 37 次発掘調査　宮城県　1,055 ㎡　本調査
・都市計画道路庄の原佐野線（下郡遺跡群第 152 次調査）埋蔵文化財発掘調査支援　大分県　1,650 ㎡　本調査
・六日町藤塚遺跡第 7 次・六日町藤塚遺跡第 8 次発掘調査作業及び関連諸工事　新潟県　4,397 ㎡　本調査
・小片野新田遺跡（第 3 次）埋蔵文化財発掘調査業務委託　三重県　1,431 ㎡　本調査

株式会社 エイ・テック

本　　社　　　〒939-1119　富山県高岡市オフィスパーク12番地　　　　　　TEL 0766-62-0388

　■ ホームページ：https://www.ei-tec.co.jp
　■ メールアドレス：info@ei-tec.co.jp

【設立】平成2年12月12日

【資本金】10,000千円

【役員】代表取締役社長　谷口謙一郎

【役職員数】総人員　28名　　うち文化財部門　4名

【文化財統括責任者】文化財調査部課長　岡田一広

【埋蔵文化財調査士】岡田一広

【埋蔵文化財調査士補】該当者なし

【日本考古学協会会員】岡田一広

【日本文化財科学会会員】後藤浩之

【文化財保存修復学会会員】髙山歩乃歌

【日本旧石器学会会員】該当者なし

【学芸員】岡田一広　　　今藤紗希　　　米澤芽衣

【一級土木施工管理技士】0名

【二級土木施工管理技士】1名

【測量士】6名

【測量士補】9名

【直前一年間の会社の総売上高】
会社の総売上高　309,369千円　　このうち文化財部門の売上高　36,183千円
（令和4年11月1日～令和5年10月31日）

【業務内容】

(1) 文化財部門の業務

　主力業務：試掘調査・本調査

　その他：遺物整理・遺跡環境変遷解析・報告書作成、遺跡関係測量一般、復元・修復、保存修理

(2) 文化財部門以外の業務

　その他

【遺物整理スペース】富山県高岡市 100 ㎡

【直前3年間（令和3年、令和4年、令和5年）の主な調査実績】

令和3年

・射水市沖塚原東B遺跡埋蔵文化財発掘調査業務委託　富山県　4,500㎡　本調査、遺物整理、保存処理、報告書作成

・令和3年度南太閤山I遺跡出土遺物保存処理業務　富山県　保存処理　2点

・弓波コマダラヒモン遺跡（その4）遺物整理外業務委託　石川県　注記、実測、デジタルトレース、観察表作成

・島地区試掘確認調査記録支援業務委託　富山県　トレンチ位置・土層断面・検出遺構等測量、トレンチ位置図・土層断面図・検出遺構概略図作成

・市内遺跡試掘調査試掘整理作業業務委託　富山県　実測・拓本・デジタルトレース・写真撮影・図面作成

・令和2年度辻遺跡木簡パネル作成業務　富山県　木簡パネル作成

・令和3年前期特別企画展資料撮影業務（その4）　富山県　写真撮影

・令和3年度大日岳発見銅錫杖頭［双竜飾］撮影業務　富山県　写真撮影

令和4年

・作道地区埋蔵文化財試掘調査支援業務委託　富山県　試掘記録支援

・松木遺跡発掘調査その7業務委託　富山県　840㎡　本調査、整理作業

・主要地方道立山水橋線外道路総合交付金（防災・安全）水橋金広・中馬場遺跡発掘調査委託業務　富山県　250.2㎡　本調査、整理作業、報告書作成

・令和4年度市内遺跡詳細分布調査整理作業業務委託　富山県　実測、拓本、デジタルトレース、写真撮影

・市内遺跡試掘調査業務（その3）　富山県　試掘調査

・令和4年度立山博物館収蔵資料撮影業務（その1）　富山県　写真撮影

・令和4年度立山博物館収蔵資料撮影業務（その2）　富山県　写真撮影

・呉羽富田町遺跡出土品実測図デジタルトレース業務委託　富山県　デジタルトレース、拓本

令和5年

・作道地区埋蔵文化財試掘確認調査記録支援業務委託　富山県　トレンチ位置・土層断面・検出遺構等測量、トレンチ位置図・土層断面図・検出遺構概略図作成

・荒町・宮新田地区埋蔵文化財試掘確認調査記録支援業務委託　富山県　トレンチ位置・土層断面・検出遺構等測量、トレンチ位置図・土層断面図・検出遺構概略図作成

・令和6年度前期特別企画展資料撮影業務　富山県　写真撮影

・深田まえだ遺跡出土遺物保存処理業務　石川県　金属製品保存処理　25点

・府中市内出土金属製品保存処理委託　東京都　金属製品保存処理　10点

株式会社 上智

本　　社	〒 939-1351	富山県砺波市千代 176 番地の 1		TEL 0763-33-2085
中四国支店	〒 768-0023	香川県観音寺市古川町 711 番地 1		TEL 0875-23-6621
高知支店	〒 789-0311	高知県長岡郡大豊町杉 1084 番地 2		TEL 0887-70-0131
あわじ支店	〒 656-0478	兵庫県南あわじ市市福永 450 番地 8		TEL 0799-43-2266
近畿支店	〒 529-1551	滋賀県東近江市宮川町 651 番地 31		TEL 0748-55-5880
三重支店	〒 511-0232	三重県員弁郡東員町笹尾東三丁目 11 番 16		TEL 0594-76-1077
山口支店	〒 744-0008	山口県下松市新川三丁目 4 番 1 号		TEL 0833-41-9133
大阪支店	〒 569-1001	大阪府高槻市大字中畑小字寺谷 502 番地の 2		TEL 072-688-9600
京都支店	〒 621-0042	京都府亀岡市千代川町高野林北ン田 1 番地 13		TEL 0771-24-1766
奈良支店	〒 635-0076	奈良県大和高田市大谷 293 番地 13		TEL 0745-53-8757
中部支店	〒 487-0017	愛知県春日井市高座台五丁目 5 番地 116		TEL 0568-95-3813
岐阜支店	〒 509-5136	岐阜県土岐市泉大島町三丁目 23 番地 1 アネックス II 402 号室		TEL 0572-54-7866
新潟支店	〒 953-0062	新潟県新潟市西蒲区並岡 215 番地		TEL 0256-72-4260
石川支店	〒 920-0269	石川県金沢市馬替一丁目 24 番地 3		TEL 076-296-0017
福井支店	〒 916-1232	福井県甑谷町第 12 号 3 番地		TEL 0776-98-5160
愛媛支店	〒 799-1104	愛媛県西条市小松町妙口甲 24 番地 17		TEL 0898-72-3287
栃木支店	〒 321-1261	栃木県日光市今市 1559 番地 3		TEL 0288-22-7211
埼玉支店	〒 356-0051	埼玉県ふじみ野市亀久保二丁目 10 番 10 - 308 号		TEL 049-269-5880
群馬支店	〒 370-0004	群馬県高崎市井野町 365 番地 10		TEL 027-364-8068
愛知三河支店	〒 471-0035	愛知県豊田市小坂町三丁目 38 番地		TEL 0565-32-4800
静岡支店	〒 424-0055	静岡県静岡市清水区吉川 110 番地 1 メゾット α C 号室		TEL 054-345-6611

▨ ホームページ：https://www.johchi.co.jp/
▨ メールアドレス：ooshita-masa@johchi.co.jp

【設立】昭和 35 年 6 月 24 日

【資本金】84,000 千円

【役員】
代表取締役社長	今川健治	取締役会長　金木春男	常務取締役	高田哲行
取締役	横山文美	取締役　　　伊藤富男	取締役	石森裕志
取締役	栄前田宗宏			

【役職員数】総人員　127 名　　うち文化財部門　4 名

【文化財統括責任者】大下政広

【埋蔵文化財調査士】兵藤千晶

【埋蔵文化財調査士補】該当者なし

【日本考古学協会会員】該当者なし

【日本文化財科学会会員】該当者なし

【日本旧石器学会会員】該当者なし

【学芸員】原　太郎　　小笠原善治

【一級土木施工管理技士】14 名

【二級土木施工管理技士】14 名

【測量士】59 名

【測量士補】29 名

【直前一年間の会社の総売上高】
会社の総売上高　1,951,232 千円　　このうち文化財部門の売上高　12,110 千円
（令和 4 年 7 月 1 日～令和 5 年 6 月 30 日）

【業務内容】
(1) 文化財部門の業務
　主力業務：試掘調査・本格調査
　その他：遺物整理・遺跡環境変遷解析・報告書作成、遺跡関係測量一般、自然科学分析、史跡整備設計・監理、
　　民具整理

(2) 文化財部門以外の業務
　測量業、建設コンサルタント業、補償コンサルタント業、その他

【遺物整理スペース】富山県砺波市 40 ㎡　　　香川県観音寺市 20 ㎡　　　愛媛県東温市 25 ㎡

【遺物保管スペース】富山県砺波市 20 ㎡　　　高知県大豊町 60 ㎡　　　愛媛県東温市 25 ㎡

【直前 3 年間（令和 3 年、令和 4 年、令和 5 年）の主な調査実績】
令和 3 年
・『史跡寺町廃寺跡発掘調査報告書』作成支援業務　広島県　図面製図 330 点　拓本データ化 200 点　レイアウ
　ト 51 枚　図面製図 42 枚
・上市町収蔵民具整理業務　富山県　100 点　写真撮影　台帳作成
・今治道路（新田）埋蔵文化財調査に伴う木製品デジタルトレース業務　愛媛県　39 点
・北竹ノ下Ⅱ遺跡出土遺物自然科学分析委託業務　愛媛県　放射性炭素年代測定 4 点　報告書作成
・「伊豫國図」複製資料作成業務　愛媛県　複製資料作成　1 式

令和 4 年
・「市道駅池連絡 1 号線」建設に伴う埋蔵文化財試掘調査業務委託　香川県　8,100 ㎡（69 筆）試掘調査　報告
　書作成
・個人住宅建築工事に伴う埋蔵文化財試掘・確認調査部分委託業務　愛媛県　257.99 ㎡　試掘調査　報告書作成
・魚津歴史民俗博物館収蔵資料整理・データベース作成業務委託　富山県　2,700 点　民具調査　民具台帳作成
　データベース作成
・上市町収蔵民具整理業務　富山県　100 点　写真撮影　台帳作成
・西条市出土遺物保存処理委託業務　愛媛県　蔵骨器 1 点　保存処理

令和 5 年
・東温市内名勝調査委託業務　愛媛県　報告書作成
・「市道駅池連絡 2 号線」建設に伴う埋蔵文化財試掘調査業務委託　香川県　5,000 ㎡　試掘調査　報告書
・魚津歴史民俗博物館収蔵資料整理及びデジタル化業務委託　富山県　1,000 点　民具調査　民具台帳作成
　データベース作成
・「市道駅池連絡 2 号線」建設に伴う「黒島遺跡」本発掘調査業務委託　香川県　625 ㎡　発掘調査　報告書作成

株式会社 太陽測地社

本　　社	〒 920-0927	石川県金沢市扇町 2 - 3　ダイアパレス兼六園東 401	TEL 076-236-4321
野々市支社	〒 921-8834	石川県野々市市中林 1 - 301	TEL 076-248-3666
七尾支社	〒 926-0841	石川県七尾市松百町弐部 2 - 1	TEL 0767-57-5857
富山支店	〒 933-0807	富山県高岡市井口本江 504 - 7	TEL 0766-50-8539
福井支店	〒 918-8239	福井県福井市成和 1 - 206 - 21　ビブレ成和 406	TEL 0776-43-6175
名古屋支店	〒 451-0062	愛知県名古屋市西区花の木 2-21-6	TEL 052-908-6970

■ ホームページ：http://co-taiyo.jp/
■ メールアドレス：taiyo@co-taiyo.jp

【設立】昭和 50 年 11 月 22 日

【資本金】32,000 千円

【役員】代表取締役　戸田　充　　取締役　能西　一　　取締役　平　吉之輔
　　　　取締役　　　園部和浩　　監査役　戸田淑子

【役職員数】総人員　22 名　　うち文化財部門　8 名

【文化財統括責任者】駒寄陞裕

【埋蔵文化財調査士】藤井秀明

【埋蔵文化財調査士補】中山優子　　朝日向忠久

【日本考古学協会会員】該当者なし

【日本文化財科学会会員】該当者なし

【日本旧石器学会会員】該当者なし

【学芸員】中山優子　　滝沢龍太

【一級土木施工管理技士】0 名

【二級土木施工管理技士】1 名

【測量士】6 名

【測量士補】2 名

【直前一年間の会社の総売上高】
会社の総売上高　377,401 千円　　このうち文化財部門の売上高　249,288 千円
（令和 4 年 7 月 1 日〜令和 5 年 6 月 30 日）

【業務内容】
（1）文化財部門の業務
　　主力業務：試掘調査・本格調査
　　その他：遺跡関係測量一般、遺物整理・遺跡環境変遷解析・報告書作成

（2）文化財部門以外の業務
　　測量業、その他

【遺物整理スペース】石川県野々市市 200 ㎡　　　石川県七尾市 100 ㎡

【遺物保管スペース】石川県野々市市 200 ㎡

【直前 3 年間（令和 3 年、令和 4 年、令和 5 年）の主な調査実績】
令和 3 年
・相木カミノオキョウ遺跡発掘調査業務（その 2）　石川県　5,665 ㎡　本調査・支援業務
・上林イシガネ遺跡発掘調査委託業務　石川県　716 ㎡　本調査・支援業務
・金沢大学（宝町）付属病院機能強化棟敷地埋蔵文化財調査支援業務　石川県　592 ㎡　本調査・支援業務
・西山古墳群発掘調査補助業務委託　石川県　90 ㎡　確認調査・支援業務
・芹川遺跡発掘調査業務委託　富山県　240 ㎡　本調査・支援業務
・八日市遺跡（その 4）遺物整理外業務委託　石川県　遺物整理　実測・トレース 311 点

令和 4 年
・八日市地方遺跡発掘調査支援業務委託　石川県　2,200 ㎡　本調査・支援業務
・末松遺跡発掘調査委託業務　石川県　3,445 ㎡　本調査・支援業務
・御経塚オッソ遺跡発掘調査委託業務　石川県　1,676 ㎡　本調査・支援業務
・宮永遺跡発掘調査業務　石川県　715 ㎡　本調査・支援業務
・西山古墳群発掘調査補助業務委託　石川県　40 ㎡　確認調査・支援業務
・舘地区・遊部地区埋蔵文化財試掘調査業務委託　富山県　370 ㎡　試掘調査・支援業務

令和 5 年
・御経塚オッソ遺跡他 2 遺跡発掘調査支援業務　石川県　2,142 ㎡　本調査・支援業務
・末松遺跡・上林イシガネ遺跡発掘調査支援業務　石川県　2,433 ㎡　本調査・支援業務
・八田中遺跡発掘調査業務　石川県　6,020 ㎡　本調査・支援業務
・西山古墳群発掘調査補助業務委託　石川県　24 ㎡　確認調査・支援業務
・(仮称)能美丘陵地開発事業に係る埋蔵文化財分布・試掘調査業務委託　石川県　875 ㎡　試掘調査・支援業務
・阿尾島田 B 遺跡試掘調査出土品デジタルトレース業務委託　富山県　遺物整理　トレース 205 点

ナカシャクリエイテブ株式会社

本　　　社　　〒 468-0045　愛知県名古屋市天白区野並二丁目 213 番地　　　TEL 052-895-1131
本　　　部　　〒 468-0047　愛知県名古屋市天白区井の森町 205　　　　　　　TEL 052-895-1132
カラーメディア　〒 456-0058　愛知県名古屋市熱田区六番三丁目 10 - 8　　　　TEL 052-651-3381
東京支店　　　〒 105-0013　東京都港区浜松町二丁目 2 - 3　　　　　　　　　　TEL 03-5401-3636
九州支店　　　〒 812-0046　福岡県福岡市博多区吉塚本町 13 番 105 号　　　　TEL 092-626-5220
浜松営業所　　〒 431-1305　静岡県浜松市北区細江町気賀 7598 - 1　　　　　　TEL 053-523-0330
岐阜営業所　　〒 509-0125　岐阜県各務原市鵜沼南町 7 - 147　　　　　　　　TEL 058-379-3582
三重営業所　　〒 511-0042　三重県桑名市柳原 54 番地　　　　　　　　　　　TEL 0594-25-8245

■ ホームページ：http://www.nakasha.co.jp/
■ メールアドレス：bunka@nakasha.co.jp

【設立】昭和 35 年 1 月 1 日

【資本金】86,350 千円

【役員】取締役会長　河合　保　　代表取締役社長　山口　寛　　取締役副社長　久田雅人
　　　　取締役　　　淺井隆生　　取締役　　　　　長尾恭世　　取締役　　　　荒木康介
　　　　取締役　　　各務智幸　　監査役　　　　　吉見幸典

【役職員数】総人員　487 名　　うち文化財部門　47 名

【文化財統括責任者】淺井隆生

【埋蔵文化財調査士】坂本範基　　西村誠治　　後藤太一

【埋蔵文化財調査士補】該当者なし

【日本考古学協会会員】坂本範基

【日本文化財科学会会員】西村誠治

【日本旧石器学会会員】該当者なし

【学芸員】西川邦彦　　高橋浩明　　仲野克麻　　西村誠治　　幾島由記　　松本景子　　石川侑子
　　　　　成瀬育美　　片桐　恵　　中井春香　　石原　綾　　後藤太一　　後藤元優　　斎藤麻子
　　　　　上野　恵　　髙橋風露　　竹本大祐　　苗村明美　　新美和奈　　中村　萌　　鈴木かのん
　　　　　橋本佐保　　植木　萌　　王　莉莉　　佐野宏一郎　濵﨑由衣　　高田志穂子
　　　　　佐々木理子　礒貝加奈　　天野峻平

【一級土木施工管理技士】5 名

【二級土木施工管理技士】該当者なし

【測量士】7名

【測量士補】14名

【直前一年間の会社の総売上高】
会社の総売上高　3,928,161千円　　このうち文化財部門の売上高　491,605千円
（令和4年9月1日〜令和5年8月31日）

【業務内容】
（1）文化財部門の業務
　主力業務：文化財情報発信アプリケーション制作、Webデザイン、デジタルアーカイブ業務
　その他：試掘調査・本格調査、整理業務、文化財保存活用地域計画策定支援、遺物復元、デジタルトレース、
　　報告書作成、レプリカ製作、古文書調査、データベース制作、展示設計・施工

（2）文化財部門以外の業務
　設備調査・設計業、GIS業、システム開発業、画像処理業務業

【遺物整理スペース】名古屋市熱田区 200㎡

【遺物保管スペース】名古屋市熱田区 250㎡

【直前3年間（令和3年、令和4年、令和5年）の主な調査実績】
令和3年
・なし

令和4年
・なし

令和5年
・なし

日本海航測株式会社

本 社	〒921-8042	石川県金沢市泉本町2丁目157番地1	TEL 076-243-0811
富山支店	〒939-8211	富山県富山市二口町2丁目5番地15 田知本ビル2階	TEL 076-422-2778
福井支店	〒910-0845	福井県福井市志比口1丁目12番27号 シギヂビル2階	TEL 0776-54-9177
新潟支店	〒950-0965	新潟県新潟市中央区新光町19番地8 パブリシティ・フレックスビル506号室	
			TEL 025-288-2018
上越支店	〒943-0831	新潟県上越市仲町4丁目3番14号 兎に角2階オフィスB	TEL 025-526-9757
長野支店	〒380-0803	長野県長野市三輪6丁目26番31号 太邦ビル1階	TEL 026-238-7081
名古屋支店	〒452-0805	愛知県名古屋市西区市場木町186番地103号室	TEL 052-506-9181
七尾支店	〒926-0817	石川県七尾市西藤橋町申部49番地1 山岸ビル2階	TEL 0767-53-3689
小松支店	〒923-0918	石川県小松市浮城町76番地2 ソシアルビル206号室	TEL 0761-23-2885
加賀支店	〒923-0918	石川県加賀市大聖寺南町二9番地3 サニー第2ビル2階	TEL 0761-72-5128
能美支店	〒923-1232	石川県能美市下開発町ア6番地	TEL 0761-51-6855
白山支店	〒924-0878	石川県白山市末広2丁目75番地 COCO189ビル1階	TEL 076-276-7311
富山支店射水営業所		〒939-0351 富山県射水市戸破5223番地	TEL 0766-55-5991

■ ホームページ：https://www.nihonkai-as.co.jp/
■ メールアドレス：kousoku@nihonkai.co.jp

【設立】平成8年1月10日

【資本金】10,000千円

【役員】代表取締役会長　黒木輝久　　代表取締役社長　黒木隆史　　専務取締役　埒　正浩
　　　常務取締役　　　長森孝司

【役職員数】総人員　31名　　うち文化財部門　10名

【文化財統括責任者】村上裕也

【埋蔵文化財調査士】村上裕也　　中井英策

【埋蔵文化財調査士補】該当者なし

【日本考古学協会会員】中井英策

【日本文化財科学会会員】丹俊詞

【日本旧石器学会会員】該当者なし

【学芸員】村上裕也　　三浦充喜　　丹　俊詞　　向田有沙　　新井隆仁　　蒔田青空

【一級土木施工管理技士】4名

【二級土木施工管理技士】1名

【測量士】7 名

【測量士補】6 名

【直前一年間の会社の総売上高】
会社の総売上高　493,314 千円　　このうち文化財部門の売上高　252,395 千円
（令和 4 年 10 月 1 日〜令和 5 年 9 月 30 日）

【業務内容】
（1）文化財部門の業務
　主力業務：試掘調査・本格調査
　その他：遺物整理・遺跡環境変遷解析・報告書作成、遺跡関係測量一般、自然科学分析、土器復元・修復・
　　保存修理等文化財保存修復、史跡整備設計・監理

（2）文化財部門以外の業務
　測量業、その他

【遺物整理スペース】石川県金沢市 161 ㎡

【遺物保管スペース】石川県金沢市 100 ㎡

【直前 3 年間（令和 3 年、令和 4 年、令和 5 年）の主な調査実績】
令和 3 年
・気屋遺跡出土遺物整理業務　石川県　実測トレース 505 点
・南新保 C 遺跡発掘調査業務　石川県　5,900 ㎡　本調査・支援業務
・金沢城下町遺跡（橋場町 2 番地点）出土遺物整理業務　石川県　洗浄・注記・分類接合、実測トレース 210 点
・南新保ゴマヂマチ遺跡・南新保 E 遺跡発掘調査業務　石川県　9,100 ㎡　本調査・支援業務
・柿木畠遺跡出土遺物整理業務　石川県　実測トレース 638 点、付帯図 507 面、拓本 55 点
・敦賀市中開発事業に伴う埋蔵文化財発掘調査業務　福井県　950 ㎡　本調査

令和 4 年
・南新保遺跡群発掘調査業務その 1　石川県　8,000 ㎡　本調査・支援業務
・南新保遺跡群発掘調査業務その 2　石川県　4,900 ㎡　本調査・支援業務
・弓波遺跡　西部地区その 6　遺物整理外業務　石川県　実測トレース 779 点
・柿木畠遺跡出土遺物整理業務　石川県　外形実測 437 点、一覧表入力、付帯図 262 面、拓本 201 点、トレース 462 点
・羽咋古墳群　八幡神社調査区　発掘調査支援業務　石川県　100 ㎡× 2 層　本調査
・菊川 1 丁目遺跡　2 番地点　出土遺物整理業務　石川県　実測トレース 468 点

令和 5 年
・南新保遺跡群発掘調査業務その 1　石川県　5,400 ㎡　本調査・支援業務
・南新保遺跡群発掘調査業務その 2　石川県　5,300 ㎡　本調査・支援業務
・白山市部入道町土地区画整理事業に伴う柴木遺跡発掘調査業務　石川県　861 ㎡　本調査・支援業務
・菊川 1 丁目遺跡（2 番地点）発掘調査報告書作成支援業務　石川県　70 頁　図版作成
・加賀市内古墳出土鉄製品保存処理業務　石川県　47 点　鉄製品保存処理

株式会社 二友組

本　　　社	〒465-0093	愛知県名古屋市名東区一社四丁目 255 番地	TEL 052-709-7700
遺跡調査部	〒465-0093	愛知県名古屋市名東区一社四丁目 255 番地	TEL 052-709-7700
東京支店	〒143-0006	東京都大田区平和島四丁目 1 番 23 号　ＪＳプログレビル	TEL 03-6450-0355
北陸支社	〒930-0204	富山県中新川郡立山町寺田 216 番地	TEL 076-462-3732

■ ホームページ：http://www.niyu.jp
■ メールアドレス：iseki@niyu.jp

【設立】平成 5 年 5 月 13 日

【資本金】99,000 千円

【役員】
代表取締役	辻　亨	代表取締役副社長	尾畑浩一郎	取締役	辻　孝
取締役	服部勝幸	取締役	土本達久	取締役	塩谷正敏
取締役	宇佐美高範	取締役	橋本康平	取締役	半田明之
取締役	辻　京子	取締役	川尻貴則	取締役	樋高勇二
取締役	吉竹知一	取締役	朝治隆行		

【役職員数】総人員　321 名　　うち文化財部門　23 名

【文化財統括責任者】湯川善一

【埋蔵文化財調査士】該当者なし

【埋蔵文化財調査士補】高木祐志

【日本考古学協会会員】湯川善一　　下島健弘　　高木祐志　　鷺坂有吾　　高橋理恵

【日本文化財科学会会員】該当者なし

【日本旧石器学会会員】該当者なし

【学芸員】湯川善一　　下島健弘　　三木雅子　　赤山純里

【一級土木施工管理技士】75 名

【二級土木施工管理技士】41 名

【測量士】21 名

【測量士補】25 名

株式会社 二友組

【直前一年間の会社の総売上高】

会社の総売上高　11,963,226 千円　　このうち文化財部門の売上高　484,518 千円

（令和 3 年 6 月 1 日〜令和 4 年 5 月 31 日）

【業務内容】

（1）文化財部門の業務

　主力業務：試掘調査・本格調査

　その他：遺物整理・遺跡環境変遷解析・報告書作成、遺跡関係測量一般

（2）文化財部門以外の業務

　建設業、その他

【遺物整理スペース】愛知県名古屋市名東区亀の井三丁目 276 ㎡

【遺物保管スペース】愛知県名古屋市名東区亀の井三丁目 276 ㎡

【直前 3 年間（令和 3 年、令和 4 年、令和 5 年）の主な調査実績】

令和 3 年

・東細谷地区緊急発掘調査業務委託　愛知県　古窯調査　28 基　二次整理、報告書作成

・阿知和地区石切丁場発掘調査業務　愛知県　調査面積　7,400 ㎡　発掘調査、測量及び空撮

・2026 アジア大会メーンスタジアム改築に伴う発掘調査　愛知県　調査面積　143 ㎡　報告書作成

・令和 3 年度埋蔵文化財靴調査その 10　愛知県　断夫山古墳　調査面積　100 ㎡

・愛知県体育館新・愛設に伴う埋蔵文化財発掘調査　愛知県　名城公園遺跡　調査面積　54,000 ㎡

令和 4 年

・東細谷地区緊急発掘調査業務委託　愛知県　古窯調査　28 基　二次整理、報告書作成

・阿知和地区石切丁場発掘調査業務　愛知県　調査面積　7,400 ㎡　報告書作成

・2026 アジア大会メーンスタジアム改築に伴う発掘調査　愛知県　調査面積　143 ㎡　報告書作成

・愛知県体育館新・愛設に伴う埋蔵文化財発掘調査　愛知県　名城公園遺跡　調査面積　54,000 ㎡

令和 5 年

・阿知和地区石切丁場発掘調査業務　愛知県　調査面積　7,400 ㎡　報告書作成

・令和 5 年度埋蔵文化財発掘調査業務委託その 1　万瀬、下延坂、上ヲロウ・下ヲロウ・根道外遺跡
　愛知県　調査面積　4,774 ㎡

・ウエルネスパーク健康産業ゾーン毛分田古窯群他試掘調査　愛知県　調査面積　320 ㎡　80 箇所

・牛川西部地区緊急発掘調査支援業務西側北遺跡　愛知県　調査面積　100 ㎡

・岡崎城跡板谷曲輪発掘調査普及業務　愛知県　調査面積　273 ㎡

・多目的屋内施設整備緊急発掘調査　愛知県　吉田城址　調査面積　13,000 ㎡　報告書作成

株式会社 波多野組

本　　社	〒 442-0055	愛知県豊川市金屋橋町 36	TEL 0533-84-6386
御津本店	〒 441-0311	愛知県豊川市御津町御馬梅田 1 - 15	TEL 0533-75-3151
豊川営業所	〒 442-0055	愛知県豊川市金屋橋町 58	TEL 0533-65-8151
新城営業所	〒 441-1317	愛知県新城市有海字飛塚 5 番地 1	TEL 0536-25-1070

■ ホームページ：http://www.hadanogumi.com/
■ メールアドレス：info@hadanogumi.com

【設立】昭和 22 年 5 月 26 日

【資本金】80,000 千円

【役員】代表取締役会長　波多野晴康　　代表取締役　秋元正守　　執行役員社長　鳥山昌宏

【役職員数】総人員　78 名　　うち文化財部門　10 名

【文化財統括責任者】小野正就

【埋蔵文化財調査士】該当者なし

【埋蔵文化財調査士補】該当者なし

【日本考古学協会会員】該当者なし

【日本文化財科学会会員】該当者なし

【日本旧石器学会会員】該当者なし

【学芸員】該当者なし

【一級土木施工管理技士】28 名

【二級土木施工管理技士】9 名

【測量士】5 名

【測量士補】3 名

【直前一年間の会社の総売上高】
会社の総売上高　5,999,156 千円　　このうち文化財部門の売上高　48,821 千円
（令和 4 年 10 月 1 日〜令和 5 年 9 月 30 日）

【業務内容】
(1) 文化財部門の業務
　主力業務：試掘調査・本発掘調査
　その他：遺物整理・遺跡環境変遷解析・報告書作成、遺跡関係測量一般

(2) 文化財部門以外の業務
　建設業、その他

【遺物整理スペース】愛知県豊川市御津町 153 ㎡

【遺物保管スペース】愛知県豊川市御津町 153 ㎡

【直前3年間（令和3年、令和4年、令和5年）の主な調査実績】
令和3年
・吉田城址確認緊急調査支援業務　愛知県
・令和3年度埋蔵文化財発掘調査における掘削業務委託（引田遺跡）愛知県　400 ㎡　本発掘調査B、支援業務
・ハサマ遺跡発掘調査掘削業務　愛知県　支援業務

令和4年
・令和4年度埋蔵文化財発掘調査における掘削業務委託（吉田城遺跡②）　愛知県　100 ㎡　本発掘調査B、支援業務

令和5年
・吉田城址確認緊急調査支援業務委託　愛知県
・令和5年度　埋蔵文化財発掘調査における掘削業務委託（一色青海遺跡）愛知県　本発掘調査B、440 ㎡、支援業務

北陸航測株式会社

本　　社　　〒933-0353　富山県高岡市麻生谷400　　　　　　　TEL 0766-31-6033
射水支店　　〒939-0351　富山県射水市戸破1587-8　　　　　　TEL 0766-50-8902
富山支店　　〒939-3555　富山県富山市水橋市田袋160-4　　　TEL 076-471-6186
南砺支店　　〒939-1612　富山県南砺市岩木77-2　　　　　　　TEL 0763-52-8300
氷見支店　　〒935-0333　富山県氷見市吉滝1020　　　　　　　TEL 0766-95-1038
小矢部支店　〒932-0102　富山県小矢部市水島975　　　　　　TEL 0766-92-4175
石川支店　　〒924-0072　石川県白山市千代野西1-2-1　　　TEL 076-255-7111
福井支店　　〒918-8026　福井県福井市渕1-1704　　　　　　TEL 0776-33-2470

▨ ホームページ：http://www.geoservice.jp/
▨ メールアドレス：hks@p2.tcnet.ne.jp

【設立】昭和24年11月20日

【資本金】7,000千円

【役員】代表取締役　高柳陽一　　取締役　戸田　充　　取締役　戸田良子

【役職員数】総人員　20名　　うち文化財部門　3名

【文化財統括責任者】朝田　要

【埋蔵文化財調査士】該当者なし

【埋蔵文化財調査士補】該当者なし

【日本考古学協会会員】該当者なし

【日本文化財科学会会員】該当者なし

【日本旧石器学会会員】該当者なし

【学芸員】朝田　要　　橋　日奈子　　宝田真実子

【一級土木施工管理技士】3名

【二級土木施工管理技士】1名

【測量士】6名

【測量士補】6名

【直前一年間の会社の総売上高】

会社の総売上高　164,705千円　　このうち文化財部門の売上高　34,630千円

（令和4年6月1日～令和5年5月31日）

【業務内容】

(1) 文化財部門の業務

　主力業務：試掘調査・本格調査

　その他：遺物整理・遺跡環境変遷解析・報告書作成、遺跡関係測量一般、土器復元・修復・保存修理等文化財保存修復

(2) 文化財部門以外の業務

　測量業、建設コンサルタント業、その他

【遺物整理スペース】富山県高岡市 50㎡

【遺物保管スペース】富山県高岡市 50㎡

【直前3年間（令和3年、令和4年、令和5年）の主な調査実績】

令和3年

・松木遺跡発掘調査その4業務委託　富山県　3,150㎡

・市内遺跡試掘調査業務　富山県　800㎡　試掘調査

・桜町遺跡発掘調査業務その2　富山県　386㎡

・民俗民芸村周辺法面保護（その2-2）工事　富山県　横穴墓2基

令和4年

・松木遺跡発掘調査その6業務委託　富山県　2,500㎡

・市内遺跡試掘調査業務　富山県　760㎡　試掘調査

・県営ほ場整備事業羽根地区（下邑東遺跡）試掘調査業務委託　富山県　196㎡

・市内遺跡試掘調査業務（その2）　富山県　試掘調査

令和5年

・松木遺跡発掘調査その9業務委託　富山県　1,521㎡

・市内遺跡試掘調査業務　富山県　736㎡　試掘調査

・遊部地区埋蔵文化財試掘調査業務委託　富山県　試掘調査

・市内遺跡試掘調査業務（その2）　富山県　試掘調査

株式会社 ユニオン

本　　社	〒501-0106	岐阜県岐阜市西河渡2丁目57番地	TEL 058-253-3111
文化財調査室	〒502-0903	岐阜県岐阜市美島町3丁目14番地	TEL 058-232-1155
名古屋支店	〒460-0002	愛知県名古屋市中区丸の内3丁目4番10号	TEL 052-951-6808
恵那営業所	〒509-7203	岐阜県恵那市長島町正家字後田1067番地186	TEL 0573-26-3103
高山営業所	〒506-0055	岐阜県高山市上岡本町7丁目395番地	TEL 0577-34-9777
郡上営業所	〒501-4211	岐阜県郡上市八幡町中坪3丁目5番地1	TEL 0575-66-1017
浜松営業所	〒433-8122	静岡県浜松市中区上島6丁目1番8号	TEL 053-416-1420
三重営業所	〒511-0863	三重県桑名市新西方5丁目150番地	TEL 0594-27-2618
福井営業所	〒910-0004	福井県福井市宝永2丁目4番3号	TEL 0776-28-6113
関東営業所	〒240-0033	神奈川県横浜市保土ヶ谷区境木本町49番16号	TEL 045-341-0637
飯田営業所	〒395-0157	長野県飯田市大瀬木1104番地72	TEL 0265-48-5296
大垣営業所	〒503-0801	岐阜県大垣市和合新町1丁目15番地	TEL 0584-83-8355
中濃営業所	〒505-0046	岐阜県美濃加茂市西町6丁目15番地	TEL 0574-26-1456
関営業所	〒501-3815	岐阜県関市東町3丁目2番4号	TEL 0575-46-8103

■ ホームページ：http://www.theunion.co.jp
■ メールアドレス：info@theunion.co.jp

【設立】昭和45年4月1日

【資本金】45,000千円

【役員】代表取締役社長　村橋　塁　　専務取締役　高田信浩　　常務取締役　青木伸親
　　　　取締役　　　　　　豊田政幸　　取締役　　　久保田孝行　　取締役　　　野田喜好

【役職員数】総人員　112名　　このうち文化財部門　10名

【文化財統括責任者】青木伸親

【埋蔵文化財調査士】該当者なし

【埋蔵文化財調査士補】青木伸親

【日本考古学協会会員】成瀬正勝

【日本文化財科学会会員】該当者なし

【日本旧石器学会会員】該当者なし

【学芸員】森岡晃司　　成瀬正勝　　髙井道和　　大橋あかね　　竹下千栄子　　寒川唯奈　　吉田京

【一級土木施工管理技士】15名

【二級土木施工管理技士】7名

【測量士】43名

【測量士補】22 名

【直前一年間の会社の総売上高】
会社の総売上高　1,776,009 千円　　このうち文化財部門の売上高　223,338 千円
（令和 5 年 4 月 1 日〜令和 6 年 3 月 31 日）

【業務内容】
(1)　文化財部門の業務
　　主力業務：試掘調査・本調査
　　その他：遺物整理・報告書作成、遺跡関係測量一般、史跡整備・構想策定・基本計画・詳細設計・施工管理

(2)　文化財部門以外の業務
　　建設コンサルタント業、補償コンサルタント業、測量業、地質調査業、一級建築士事務所

【遺物整理スペース】岐阜県岐阜市 170 ㎡

【遺物保管スペース】岐阜県岐阜市 150 ㎡

【直前 3 年間（令和 3 年、令和 4 年、令和 5 年）の主な調査実績】
令和 3 年
・芥見町屋遺跡発掘作業支援業務委託　岐阜県　1,401 ㎡　支援業務
・六里遺跡発掘作業、整理等作業支援業務委託　岐阜県　130 ㎡　1,797 点　支援業務
・令和 3 年度大桑城跡関連石製品実測等業務委託　岐阜県　支援業務
・中津 532 号線（駒場線）埋蔵文化財発掘調査整理業務　岐阜県　632 ㎡　支援業務
・加納地内開発予定地試掘確認調査支援業務委託　岐阜県　試掘調査

令和 4 年
・明徳遺跡整理等作業支援業務委託　岐阜県　36,080 点　支援業務
・芥見町屋遺跡発掘作業支援業務委託　岐阜県　2,275.3 ㎡　支援業務
・下磯西遺跡試掘確認調査測量業務委託　岐阜県　測量調査
・上磯古墳群南山古墳内容確認調査支援業務委託　岐阜県　40 ㎡　支援業務
・事業予定地試掘確認調査測量業務委託　岐阜県　測量調査

令和 5 年
・中津 532 号線（駒場線）埋蔵文化財発掘調査報告書作成業務委託　岐阜県　報告書作成、執筆、印刷製本
・芥見町屋遺跡発掘作業支援業務委託　岐阜県　6,697.1 ㎡　支援業務
・上磯古墳群北山古墳内容確認調査支援業務委託　岐阜県　600 ㎡　支援業務
・事業予定地試掘確認調査測量業務委託　岐阜県　24 ㎡　測量調査

株式会社 アート

本　　社	〒 583-0863	大阪府羽曳野市蔵之内 583 - 1	TEL 072-958-9075
東京支店	〒 102-0076	東京都千代田区五番町 5 - 6 - 209	TEL 03-6265-6397
大阪支店	〒 558-0031	大阪府大阪市住吉区沢之町 2 丁目 6 番 11 号	TEL 06-6606-1534
奈良支店	〒 630-8114	奈良県奈良市芝辻町 4 - 1 - 9	TEL 0742-36-4575
愛知支店	〒 462-0012	愛知県名古屋市北区楠 1 丁目 1721 番地	TEL 052-982-8033
三重支店	〒 519-0162	三重県亀山市住山町字安野山 233 - 1	TEL 0595-97-3027
熊本支店	〒 862-0954	熊本県熊本市中央区神水 2 丁目 13 - 29 - 202	TEL 096-285-7407

■ ホームページ：http://www.art-maibun.com
■ メールアドレス：art.maibun@theia.ocn.ne.jp

【設立】平成 4 年 4 月 23 日

【資本金】20,000 千円

【役員】代表取締役　武田　豊　　取締役　東口恭子　　取締役　浦壁泰子　　取締役　浦壁　晃
　　　　監査役　　　武田佑佳

【役職員数】総人員　23 名　　うち文化財部門　23 名

【文化財統括責任者】中村貴之

【埋蔵文化財調査士】該当者なし

【埋蔵文化財調査士補】佐々木正治

【日本考古学協会会員】該当者なし

【日本文化財科学会会員】該当者なし

【日本旧石器学会会員】該当者なし

【学芸員】佐々木正治　　宮田　慈　　岡本武司

【一級土木施工管理技士】7 名

【二級土木施工管理技士】4 名

【測量士】3 名

【測量士補】4 名

【直前一年間の会社の総売上高】

会社の総売上高　860,145 千円　　このうち文化財部門の売上高　860,145 千円

（令和5年4月1日〜令和6年3月31日）

【業務内容】

（1）文化財部門の業務

　　主力業務：試掘調査・本格調査

　　その他：遺物整理・遺跡環境変遷解析・報告書作成、遺跡関係測量一般

（2）文化財部門以外の業務

　　建設業、その他

【遺物整理スペース】　大阪府羽曳野市 250 ㎡

　　　　　　　　　　　東京都千代田区 100 ㎡

【遺物保管スペース】　大阪府羽曳野市 150 ㎡

　　　　　　　　　　　東京都墨田区 100 ㎡

【直前3年間（令和3年、令和4年、令和5年）の主な調査実績】

令和3年

・石谷遺跡・石谷古墳群1号墳埋蔵文化財発掘調査業務　三重県　432 ㎡　支援業務

・岡遺跡（第2次）埋蔵文化財発掘調査業務　三重県　1,523 ㎡　支援業務

・台東区谷中7丁目における埋蔵文化財発掘調査　東京都　425 ㎡　本調査

令和4年

・大手町一丁目第3地区第一種市街地再開発事業に伴う遺跡発掘調査　東京都　210 ㎡　本調査・整理・報告書
　作成

・薦生遺跡（第2次）埋蔵文化財発掘調査業務委託　三重県　1,535 ㎡　支援業務

・上小阪遺跡（オフサイトセンター）発掘調査に伴う工事　大阪府　29 ㎡　支援業務

令和5年

・令和5年度　埋蔵文化財発掘調査業務委託その4（青山神明遺跡）愛知県　6,600 ㎡　本調査

・太田遺跡出土遺物製図業務　大阪府　整理

・喜連西遺跡発掘調査（KR23-2次）工事等補助業務委託　大阪府　1,300 ㎡　本調査

株式会社 アコード

本　　社	〒 550-0003	大阪府大阪市西区京町堀 1 - 10 - 14	TEL 06-6445-0557
奈良営業所	〒 632-0094	奈良県天理市前栽町 309 - 3	TEL 0743-62-2360
神戸営業所	〒 673-0893	兵庫県明石市材木町 15 - 22	TEL 078-380-2437
滋賀営業所	〒 529-1433	滋賀県東近江市五個荘木流町 428	TEL 0748-48-3484
名古屋営業所	〒 498-0031	愛知県弥富市平島町大脇 12 - 3 - 202	TEL 0567-65-6086
鳥取営業所	〒 680-0841	鳥取県鳥取市吉方温泉 2 - 630	TEL 0857-54-1919
新潟営業所	〒 950-3124	新潟県新潟市北区三軒屋町 8 - 26 - 2C	TEL 025-288-6566
東北営業所	〒 960-8107	福島県福島市浜田町 12 - 19　カンノビル 301	TEL 024-563-3859
奈良整理所	〒 632-0094	奈良県天理市前栽町 309 - 3	TEL 0743-62-2360
鳥取整理所	〒 680-0841	鳥取県鳥取市吉方温泉 2 - 63	TEL 0857-54-1919

■ ホームページ：https://a-accord.co.jp
■ メールアドレス：accord@pearl.ocn.ne.jp

【設立】昭和 51 年 6 月 29 日

【資本金】10,000 千円

【役員】代表取締役　福留純子　　取締役　後藤完二　　取締役　稲垣耕作
　　　　取締役　　　西村匡広　　取締役　野津優子

【役職員数】総人員　28 名　　うち文化財部門　25 名

【文化財統括責任者】大長億浩

【埋蔵文化財調査士】西村匡広　　島軒　満　　菅原章太

【埋蔵文化財調査士補】坂口尚人

【日本考古学協会会員】西村匡広　　島軒　満　　中村　毅

【日本文化財科学会会員】該当者なし

【日本旧石器学会会員】該当者なし

【学芸員】西村匡広　　島軒　満　　中村　毅　　鈴木貴久美　　長野誠明

【一級土木施工管理技士】2 名

【二級土木施工管理技士】4 名

【測量士】6 名

【測量士補】5 名

【直前一年間の会社の総売上高】
会社の総売上高　533,653 千円　　このうち文化財部門の売上高　224,134 千円
（令和 5 年 2 月 1 日～令和 6 年 1 月 31 日）

【業務内容】
(1) 文化財部門の業務
　主力業務：試掘調査・本発掘調査
　その他：遺跡測量関係全般（空中写真測量・三次元レーザー計測・電子平板測量　等）、遺物復元・図面作成、
　　石垣カルテ作成、文化財保存修復、史跡整備設計・監理、人材派遣業

(2) 文化財部門以外の業務
　建設コンサルタント業、不動産業、人材派遣業、古物商

【遺物整理スペース】奈良県天理市 300 ㎡　　　鳥取県鳥取市 60 ㎡

【遺物保管スペース】奈良県天理市 120 ㎡　　　鳥取県鳥取市 60 ㎡

【直前 3 年間（令和 3 年、令和 4 年、令和 5 年）の主な調査実績】
令和 3 年
・大鴨遺跡　鳥取県　8,248 ㎡　本発掘調査、測量
・石丸遺跡　愛知県　1,780 ㎡　本発掘調査、測量、遺物整理、報告書作成
・石倉遺跡　新潟県　760 ㎡　本発掘調査、測量、報告書作成
・牛寺遺跡　愛知県　2,800 ㎡　本発掘調査、測量
・墓ノ本遺跡　奈良県　土嚢袋 1,500 袋　洗浄、集計、選別
・太田・黒田遺跡　和歌山県　遺物実測・トレース
・蒲生御蔵跡　宮城県　試掘調査、測量
・犬山城石垣　愛知県　422 ㎡　測量・石垣カルテ作成
・米子城跡　鳥取県　46 ㎡　測量・石垣カルテ作成

令和 4 年
・史跡妻木晩田遺跡　鳥取県　500 ㎡　本発掘調査、測量
・白石道遺跡　岐阜県　676 ㎡　本発掘調査、測量
・設楽ダム関連遺跡　愛知県　16,098 ㎡　本発掘調査、測量
・蒲生御蔵遺跡　宮城県 2,770 ㎡　本発掘調査、測量
・犬山城石垣　愛知県　287 ㎡　測量・石垣カルテ作成
・毛原廃寺跡　奈良県　保存活用計画策定
・史跡高取城跡　奈良県　393 面　石垣カルテ作成
・曽我遺跡・墓ノ本遺跡　奈良県　土嚢袋 3,000 袋　洗浄、集計、選別
・長瀬高浜遺跡　鳥取県　1,722 ㎡　本発掘調査、測量

令和 5 年
・長瀬高浜遺跡 2 区　鳥取県　660 ㎡　発掘調査
・金屋遺跡・余川中道遺跡　新潟県　3,912 ㎡　発掘調査、測量
・史跡妻木晩田遺跡　鳥取県　150 ㎡　発掘調査
・ヨシガ城跡　鳥取県　発掘調査、報告書作成
・長瀬高浜遺跡 3 区　鳥取県　1,720 ㎡　発掘調査
・蒲生御蔵跡　宮城県　遺物実測、デジタルトレース、報告書作成
・廻間遺跡・清州城下町遺跡　愛知県　1,700 ㎡　発掘調査
・曽我遺跡・墓ノ本遺跡　奈良県　土嚢袋 3,500 袋　土壌洗浄、集計、選別
・関ノ口遺跡　兵庫県　遺構図デジタルトレース
・太田・黒田遺跡　和歌山県　実測・デジタルトレース

安西工業株式会社

本　　社	〒651-2411	兵庫県神戸市西区上新地 3 丁目 3 番 1 号	TEL 078-967-5530
東京支店	〒104-0032	東京都中央区八丁堀四丁目 1 番 3 号　安和宝町ビル 302 号	TEL 03-5542-5950
三重支店	〒514-1255	三重県津市庄田町 2445 - 23	TEL 059-255-8535
大阪支店	〒550-0012	大阪府大阪市西区立売堀一丁目 8 番 1 号	TEL 06-6543-7077
南大阪支店	〒587-0002	大阪府堺市美原区黒山 47 - 6	TEL 072-362-4518
奈良支店	〒634-0074	奈良県橿原市四分町 92 - 3	TEL 0744-25-8535
伊丹支店	〒664-0028	兵庫県伊丹市西野 5 丁目 270 番地	TEL 072-777-6816
加古川支店	〒675-0015	兵庫県加古川市野口町坂井 65 番地 1	TEL 079-437-5030
小野支店	〒675-1343	兵庫県小野市来住町 1820 番地	TEL 0794-63-7792
沖縄支店	〒901-2223	沖縄県宜野湾市大山 2 丁目 1 番 7 号　アンリビル 302 号	TEL 098-975-7337
新潟営業所	〒950-1148	新潟市中央区上沼 711 - 1 G102	TEL 025-290-7500
京都支店	〒604-0924	京都府京都市中京区河原町通二条下る一之船入町 375 番地スリーエスビル 8F	
			TEL 075-741-8540
名古屋営業所	〒453-0016	愛知県名古屋市中村区竹橋町 17 - 9	TEL 052-526-3660
鳥取営業所	〒680-0844	鳥取県鳥取市興南町 124 番地	TEL 0857-51-1460
長崎営業所	〒850-0996	長崎県長崎市平山台 2 丁目 2 - 18	TEL 095-832-5601

■ ホームページ：http://www.anzaikogyo.com/
■ メールアドレス：eigyo@anzaikogyo.com

【設立】昭和 63 年 6 月 14 日

【資本金】90,000 千円

【役員】代表取締役　　　　清水章弘　　　取締役経営企画室長　　清水　綾
　　　　取締役管理本部長　由木　智　　　取締役営業統括本部長　北岡義久
　　　　取締役　　　　　　清水千春　　　取締役　　　　　　　　清水英志郎

【役職員数】総人員　82 名　　うち文化財部門　40 名

【文化財統括責任者】前谷宏明

【埋蔵文化財調査士】久富正登　　　入江剛弘

【埋蔵文化財調査士補】中山奏弘　　新山王諒太　　中北敦子　　川鍋知秋　　斎藤友富哉　　阿部寛
　　　　　　　　　　　藤本裕亘　　吉盛莉世

【日本考古学協会会員】久富正登　　　河内一浩

【日本文化財科学会会員】該当者なし

【日本旧石器学会会員】該当者なし

【学芸員】久富正登　　　入江剛弘　　鈴木淳子　　新山王諒太　　中山泰弘　　川鍋知秋　　吉盛莉世
　　　　　斎藤友富哉　　阿部寛　　　山下隆次　　益彰吾　　　　大河瑠香　　外間鈴野　　竹本安伽

【一級土木施工管理技士】22 名

【二級土木施工管理技士】20 名

【測量士】10 名

【測量士補】6 名

【直前一年間の会社の総売上高】
会社の総売上高　2,191,311 千円　　このうち文化財部門の売上高　1,645,912 千円
（令和 5 年 4 月 1 日〜令和 6 年 3 月 31 日）

【業務内容】
(1)　文化財部門の業務
　　主力業務：試掘調査・本格調査
　　その他：遺物整理・遺跡環境変遷解析・報告書作成、遺跡関係測量一般、土器復元・修復・保存修理等文化
　　　財保存修復、史跡整備設計・監理

(2)　文化財部門以外の業務
　　建設業、運送業、その他

【遺物整理スペース】東大阪市・堺市・加古川市・小野市・伊丹市・津市・東京都・京都市　2,580 ㎡

【遺物保管スペース】東大阪市・堺市・加古川市・小野市・伊丹市・津市・東京都・京都市　30,110 ㎡

【直前 3 年間（令和 3 年、令和 4 年、令和 5 年）の主な調査実績】
令和 3 年
・高輪築堤跡（1 街区）埋蔵文化財発掘調査　東京都　5,500 ㎡　本調査
・藤三郎屋敷遺跡発掘調査　佐賀県　1,614 ㎡　本調査
・河内寺廃寺跡出土遺物整理業務　大阪府　整理業務
・関ノ口遺跡 1 次出土品整理業務（実測・トレース）業務　兵庫県　整理業務

令和 4 年
・寄島遺跡、姫下遺跡、向田遺跡、亀塚・中狭間遺跡発掘調査　愛知県　5,730 ㎡　本調査
・高茶屋大垣内遺跡発掘調査　三重県　3,386 ㎡　補助・土工業務
・富士見町遺跡発掘調査　愛知県　220 ㎡　本調査・整理業務・報告書作成
・上京遺跡発掘調査　京都府　400 ㎡　本調査・整理業務・報告書作成

令和 5 年
・長瀬高浜遺跡 1 区発掘調査　鳥取県　1,673 ㎡　本調査
・高蔵遺跡発掘調査　愛知県　165 ㎡　本調査・整理業務・報告書作成
・尾張元興寺跡発掘調査　愛知県　350 ㎡　本調査・整理業務・報告書作成
・戒壇寺跡発掘調査　兵庫県　2,931 ㎡　本調査
・関ノ口遺跡出土品整理業務（遺構図トレース、接合・復元）　兵庫県　整理業務

株式会社 島田組

本　　　社	〒 581-0034	大阪府八尾市弓削町南 3 丁目 20 番地 2	TEL 072-949-2410
関東支店	〒 220-0023	神奈川県横浜市西区平沼 1 - 37 - 19	TEL 045-594-9770
沖縄支店	〒 900-0034	沖縄県那覇市東町 6 - 11 - 101	TEL 098-851-8128
九州支店	〒 839-0809	福岡県久留米市東合川 6 丁目 2 - 13	TEL 0942-64-9945
東北営業所	〒 960-8055	福島県福島市野田町 2 丁目 3 - 2 - 202	TEL 024-572-7304
静岡営業所	〒 420-0031	静岡県静岡市葵区呉服町 2 - 1 - 15 - B5	TEL 054-260-4567
新潟営業所	〒 950-0212	新潟県新潟市江南区茜ヶ丘 8 - 11 - 105	TEL 025-385-6924
中部営業所	〒 454-0804	愛知県名古屋市中川区月島町 6 - 1	TEL 052-369-1677
三重営業所	〒 519-0215	三重県亀山市太森町 1287	TEL 0595-84-2780
京都営業所	〒 605-0034	京都府京都市下京区富小路通五条下ル本塩竈町 558 - 8	昭栄ビル 7 階 A 号室
			TEL 075-366-5023
奈良営業所	〒 631-0813	奈良県奈良市秋篠新町 262 - 4 - 101	TEL 0742-53-4828
神戸営業所	〒 658-0026	兵庫県神戸市東灘区魚崎西町 3 - 4 - 3	TEL 078-855-5447
鳥取営業所	〒 680-0421	鳥取県八頭郡八頭町下門尾 195 - 1 - 101	TEL 0858-72-6131
広島営業所	〒 732-0054	広島県広島市東区愛宕町 2 - 8 - 201	TEL 082-258-4418
大分営業所	〒 870-1133	大分県大分市大字宮崎 1385 - 1 - 103	TEL 097-504-9680
佐賀営業所	〒 843-0023	佐賀県武雄市武雄町大字昭和 71	TEL 0954-22-6607
長崎営業所	〒 852-8145	長崎県長崎市昭和 3 丁目 514 - 8 - 3	TEL 095-842-6010
熊本営業所	〒 862-0970	熊本県熊本市中央区渡鹿 2 - 7 - 14	TEL 096-375-9102
鹿児島営業所	〒 899-4332	鹿児島県霧島市国分中央 5 丁目 1 番 8 - 10	TEL 0995-48-8380
宜野湾営業所	〒 901-2224	沖縄県宜野湾市真志喜 3 - 16 - 23	TEL 098-988-4058
本社別館	〒 581-0033	大阪府八尾市志紀町南 3 丁目 188 番地	
整理棟	〒 581-0034	大阪府八尾市弓削町南 3 丁目 21 番地 2	
泉佐野作業所	〒 598-0013	大阪府泉佐野市中町 2 丁目 4 - 38	
関東整理作業所	〒 220-0023	神奈川県横浜市西区平沼 1 - 37 - 19　2F.3F	
九州整理作業所	〒 839-0809	福岡県久留米市東合川 6 丁目 2 - 13　1F	

　■ ホームページ：https://shimadagumi.co.jp
　■ メールアドレス：shimadagumi-eigyou@nifty.com

【設立】昭和 53 年 2 月 3 日

【資本金】85,000 千円

【役員】代表取締役社長　木村修二　　取締役　大井　務　　取締役　北村俊男
　　取締役　　　　　　遊田明男　　取締役　村上真輔　　監査役　藤田一哉

【役職員数】総人員　128 名　　うち文化財部門　128 名

【文化財統括責任者】文化財事業本部　本部長　大井　務

【埋蔵文化財調査士】國分篤志　　丹生泰雪　　高見澤太基　　植野良子　　辻　広志　　日柴喜勝重

【埋蔵文化財調査士補】前田芳孝　　瀧口泰孝　　樽谷雅幸　　鍛治屋勝二　　駒村大介　　川島伸子
　　　　　　　　　　　結城　香　　藤本信幸　　目取眞有香　　西条洋樹　　知念源和　　木村靖子
　　　　　　　　　　　田中羽留香　比嘉奈々恵　中瀬真奈　　前田一樹　　柳島理奈

【日本考古学協会会員】安孫子雅史　國分篤志　　清岡廣子　　西森忠幸　　安川賢太　　辻　広志
　　　　　　　　　　　瀧口泰孝　　田代郁夫　　鍛治屋勝二　重金　誠　　塩濱浩之　　宮下貴治
　　　　　　　　　　　高見澤太基　坂本雄介　　日柴喜勝重　野津　旭　　安達俊一

【日本文化財科学会会員】安孫子雅史　　結城　香　　深町祥子

【学芸員】安孫子雅史　國分篤志　　清岡廣子　　植野良子　　西森忠幸　　岡中喜美
　　　　　安川賢太　　日柴喜勝重　瀧口泰孝　　高見澤太基　鍛治屋勝二　加藤優弥
　　　　　塩濱浩之　　重金　誠　　中村寛志　　坂本雄介　　前田一樹　　深町祥子
　　　　　中瀬真奈　　柳島理奈　　佐々木健生

【一級土木施工管理技士】14 名

【二級土木施工管理技士】14 名

【測量士】14 名

【測量士補】16 名

【直前一年間の会社の総売上高】
会社の総売上高　4,275,380 千円　　このうち文化財部門の売上高　4,191,929 千円
（令和 5 年 4 月 1 日～令和 6 年 3 月 31 日）

【業務内容】
(1)　文化財部門の業務
　　主力業務：試掘調査・本調査
　　その他：遺物整理・遺跡環境変遷解析・報告書作成、遺跡関係測量一般、土器復元・修復・保存修理等文化
　　　財保存修復
(2)　文化財部門以外の業務
　　土木一式工事・管更生工事

【遺物整理スペース】大阪府八尾市 250 ㎡　東京都大田区 55 ㎡　神奈川県横浜市 80 ㎡　福岡県久留米市 137 ㎡

【遺物保管スペース】大阪府八尾市 200 ㎡　東京都大田区 55 ㎡　神奈川県横浜市 80 ㎡　福岡県久留米市 110 ㎡

【直前 3 年間（令和 3 年、令和 4 年、令和 5 年）の主な調査実績】
令和 3 年
・竹ノ下遺跡Ⅱ・大川城跡発掘調査作業及び関連諸工事業務委託　新潟県　2,480 ㎡　本調査
・東京藝術大学彫刻棟増築工事に関わる埋蔵文化財発掘調査業務　東京都　600 ㎡　本調査
・柿田遺跡発掘作業支援業務委託　岐阜県　1260.5 ㎡　本調査
・一色青海遺跡　埋蔵文化財発掘調査業務委託　愛知県　2,080 ㎡　本調査
・藤三郎屋敷遺跡 G 区文化財調査支援委託業務（2 号）　佐賀県　1,860 ㎡本調査
・嘉手納知花地区（R3）文化財試掘調査（その 2）　沖縄県　本調査
・耳原古墳緊急調査業務委託　大阪府　3D 計測
・浜松城跡 27・39 次発掘調査業務　静岡県　報告書作成業務
・弓波遺跡（西部地区その 4）遺物整理外業務委託　石川県　整理作業

令和 4 年
・大阪公立大学(仮称)森之宮学舎整備事業に伴う埋蔵文化財発掘調査工事　1,162 ㎡　大阪府
・三宅西遺跡　埋蔵文化財発掘調査　4,682 ㎡　大阪府
・富雄丸山古墳範囲確認発掘調査事業　奈良県
・嘉手納弾薬庫地区（知花地区）発掘調査支援業務　2,400 ㎡　沖縄県
・斤江遺跡ⅩⅠ　発掘調査作業及び関連諸工事業務委託　5,776 ㎡　新潟県
・山口遺跡発掘調査支援業務委託（掘削・遺跡測量等）　1,025 ㎡　静岡県
・竜竜泉寺遺跡　埋蔵文化財発掘調査委託　2,250 ㎡　東京都
・牛頸石坂窯跡報告書作成業務　福岡県

令和 5 年
・三宅西遺跡発掘調査業務　5,380 ㎡　大阪府
・精華学研東部土地区画整理事業　基盤整備工事および埋蔵文化財調査工事　4,943 ㎡　京都府
・天神谷地遺跡遺構検出・掘削等業務委託　1,600 ㎡　福島県
・山中城屋敷城跡　埋蔵文化財調査　2,549 ㎡　愛知県
・安塚古墳群　埋蔵文化財発掘作業支援業務　1,000 ㎡　長野県
・三田 1 丁目プロジェクト埋蔵文化財発掘調査業務　320 ㎡　東京都
・美ノ越 1 号遺跡、美ノ越第 1 号古墳　発掘調査業務　1,240 ㎡　広島県
・唐人町・池ヶ迫遺跡　発掘調査・整理作業及び報告書作成業務委託　3,050 ㎡　宮崎県
・八重石遺跡埋蔵文化財発掘調査業務委託　8,700 ㎡　鹿児島県
・大工廻上与那原遺跡埋蔵文化財発掘調査業務委託　728 ㎡　沖縄県

株式会社 大地企画

本　　社　　〒680-0911　鳥取県鳥取市千代水一丁目70番地2　　TEL 0857-29-0551
倉吉事務所　　〒682-0012　鳥取県倉吉市清谷325番地イワセビル103　　TEL 0858-24-5401

■ ホームページ：http://www.c-dk.jp/
■ メールアドレス：daiti-eigyo@beach.ocn.ne.jp

【設立】昭和53年4月12日

【資本金】20,000千円

【役員】代表取締役　西村和政　　代表取締役　西村　薫　　取締役　石井賀彦
　　　　取締役　　　米澤謙二　　取締役　　　松田　浩　　取締役　土橋修一
　　　　監査役　　　小久江弘之

【役職員数】総人員　30名　　うち文化財部門　3名

【文化財統括責任者】清水　敦

【埋蔵文化財調査士】該当者なし

【埋蔵文化財調査士補】藤原　渉

【日本考古学協会会員】該当者なし

【日本文化財科学会会員】該当者なし

【日本旧石器学会会員】該当者なし

【学芸員】藤原　渉　　石破智子

【一級土木施工管理技士】11名

【一級土木施工管理技士補】1名

【二級土木施工管理技士】1名

【測量士】12名

【測量士補】9名

【直前一年間の会社の総売上高】

会社の総売上高　265,914 千円　　このうち文化財部門の売上高　0 千円

（令和 4 年 10 月 1 日〜令和 5 年 9 月 30 日）

【業務内容】

（1）文化財部門の業務

　主力業務：試掘調査・本格調査

　その他：遺物整理・遺跡環境変遷解析・報告書作成、遺跡関係測量一般、史跡整備設計・監理

（2）文化財部門以外の業務

　土木関係建設コンサルタント業務、測量業務、補償関係コンサルタント業務、地質調査業務

【遺物整理スペース】鳥取県鳥取市 13 ㎡

【遺物保管スペース】鳥取県鳥取市 4 ㎡

【直前 3 年間（令和 3 年、令和 4 年、令和 5 年）の主な調査実績】

令和 3 年

・なし

令和 4 年

・なし

令和 5 年

・なし

橋本技術株式会社

本　　　社	〒 529-0263	滋賀県長浜市高月町東柳野 425	TEL 0749-85-4851
静岡支店	〒 433-8109	静岡県浜松市中区花川町 1617	TEL 053-438-3660
福井支店	〒 915-0802	福井県越前市北府 2 - 9 - 34	TEL 0778-21-1303
大阪営業所	〒 577-0032	大阪府東大阪市御厨 1 - 5 - 17 - 403	TEL 06-6782-3600
京都営業所	〒 612-8427	京都府京都市伏見区竹田真幡木町 53 - 201	TEL 075-601-2345
愛知営業所	〒 448-0047	愛知県刈谷市高津波町 3 - 218	TEL 0566-28-0880
岐阜営業所	〒 509-0146	岐阜県各務原市鵜沼三ツ池町 2 - 288 - 3	TEL 058-371-2220
三重営業所	〒 514-1107	三重県津市久居中町 298 - 7	TEL 059-255-0070
石川営業所	〒 927-2151	石川県輪島市門前町走出 5 - 94 - 2	TEL 0768-42-0222

- ホームページ：http://hashimoto-gijyutu.com
- メールアドレス：info@hashimoto-gijyutu.com

【設立】平成 19 年 11 月 14 日

【資本金】10,000 千円

【役員】代表取締役　橋本岩夫　　取締役　橋本　勇　　取締役　橋本清子

【役職員数】総人員　24 名　　うち文化財部門　10 名

【文化財統括責任者】沢村治郎

【埋蔵文化財調査士】該当者なし

【埋蔵文化財調査士補】該当者なし

【日本考古学協会会員】沢村治郎

【日本文化財科学会会員】該当者なし

【日本旧石器学会会員】該当者なし

【学芸員】沢村治郎　　大岡由記子　　山本有里　　杉原由美　　平田和也

【一級土木施工管理技士】9 名

【二級土木施工管理技士】6 名

【測量士】11 名

【測量士補】6 名

【直前一年間の会社の総売上高】
会社の総売上高　294,660 千円　　このうち文化財部門の売上高　47,150 千円
（令和 4 年 10 月 1 日〜令和 5 年 9 月 30 日）

【業務内容】
（1）文化財部門の業務
　主力業務：試掘調査・本格調査
　その他：遺物整理・遺跡環境変遷解析・報告書作成、遺跡関係測量一般、史跡整備設計・監理

（2）文化財部門以外の業務
　測量業、建設コンサルタント業、補償コンサルタント業

【遺物整理スペース】滋賀県長浜市 1,100 ㎡　　福井県越前市 70 ㎡　　京都府京都市 30 ㎡
　　　　　　　　　　愛知県刈谷市 50 ㎡　　　　三重県津市 25 ㎡

【遺物保管スペース】滋賀県長浜市 1,400 ㎡　　福井県越前市 100 ㎡　京都府京都市 40 ㎡
　　　　　　　　　　愛知県刈谷市 80 ㎡　　　　三重県津市 40 ㎡

【直前3年間（令和3年、令和4年、令和5年）の主な調査実績】
令和3年
・黒橋遺跡4次発掘調査測量委託　滋賀県　2,000 ㎡　測量支援業務
・歴史文化館展示解説イラスト図作成業務　福井県　歴史イラストパネル作成
・山田桜谷古墳群埋蔵文化財測量調査業務　京都府　3,500 ㎡　UAV 航空レーザー測量
・京奈和大和北道路建設事業発掘調査基準点測量業務　奈良県　基準点・オルソ図作成
・石原遺跡出土遺物実測デジタルトレース業務　愛知県　625点　土器実測トレース
・毘沙門遺跡発掘作業支援業務　岐阜県　751 ㎡　本調査、支援業務
・上野城跡埋蔵文化財発掘調査業務　三重県　873 ㎡　本調査、支援業務

令和4年
・紫香楽宮跡出土遺物実測・電子トレース業務　滋賀県　106点　土器・石器・ガラス玉実測トレース
・八日市地方遺跡（その13）遺物整理外業務　石川県　200点　木器実測トレース
・兜山古墳復元イラスト制作業務　福井県　4点　歴史イラストパネル作成
・京都市内遺跡出土遺物実測・トレース業務　京都府　107点　土器・鉄製品実測トレース
・史跡松平氏遺跡大給城跡石垣三次元計測業務　愛知県　181 ㎡　3Dレーザー計測図化
・松本上野遺跡発掘作業支援業務　岐阜県　1,266 ㎡　本調査、支援業務
・津城跡埋蔵文化財発掘調査業務　三重県　714 ㎡　本調査、支援業務

令和5年
・名勝旧秀隣寺庭園写真測量業務　滋賀県　100 ㎡　遺構測量図・石垣出土状況図作成
・京奈和大和北 NEXCO 発掘調査空中写真測量業務　奈良県　250 ㎡　遺構測量図・土層断面図作成
・名勝名古屋城二之丸庭園10次発掘調査測量業務　愛知県　787 ㎡　庭園遺構写真測量図化
・史跡断夫山古墳埋蔵文化財発掘調査業務　愛知県　100 ㎡　本調査、支援業務
・清洲城下町遺跡埋蔵文化財発掘調査業務　愛知県　300 ㎡　本調査、支援業務
・白石道遺跡他遺跡整理作業支援業務　岐阜県　3,363点　分類・接合・復元・実測・写真図版・遺物収納
・山ノ腰A遺跡埋蔵文化財発掘調査業務　三重県　1,188 ㎡　本調査、支援業務
・下平大野B遺跡4次埋蔵文化財発掘調査業務　三重県　1,300 ㎡　本調査、支援業務

一般社団法人 文化財科学研究センター

本　　社　　　〒 632-0073　奈良県天理市田町 447 番地　　　　　　TEL 0743-84-6400

▨ ホームページ：https://www.bunkaken-nara.com/

▨ メールアドレス：bunkaken-nara@kxa.biglobe.ne.jp

【設立】平成 27 年 5 月

【基金】5,000 千円

【役員】代表理事　金原正子　　理事　金原正明

【役職員数】総人員　2 名　　うち文化財部門　2 名

【文化財統括責任者】金原正子

【埋蔵文化財調査士】該当者なし

【埋蔵文化財調査士補】該当者なし

【日本考古学協会会員】金原正明

【日本文化財科学会会員】金原正明　　金原美奈子　　金原裕美子　　団体会員

【日本珪藻学会】金原正子

【日本植生史学会】金原正子　　金原美奈子

【日本第四紀学会】金原正明

【学芸員】金原正明　　金原美奈子　　金原裕美子　　田中友貴恵

【一級土木施工管理技士】0 名

【二級土木施工管理技士】0 名

【測量士】0 名

【測量士補】0 名

【直前一年間の会社の総売上高】
会社の総売上高　44,329 千円　　このうち文化財部門の売上高　39,669 千円
（令和 4 年 11 月 1 日〜令和 5 年 10 月 31 日）

【業務内容】
(1) 文化財部門の業務
　主力業務：自然科学分析・保存処理
　その他：保存修理等・文化財保存修復等、共同研究（大学・研究機関）、講演・講義等の講師派遣、文化財関係の出版事業

(2) 文化財部門以外の業務
　その他

【遺物整理スペース】奈良県天理市 819 ㎡

【遺物保管スペース】奈良県天理市 270 ㎡

【直前 3 年間（令和 3 年、令和 4 年、令和 5 年）の主な調査実績】
令和 3 年
・大友氏館跡第 44 次調査 S100 外の土壌自然科学分析業務委託　大分県　自然科学分析
・四条遺跡樹種同定業務（医大・周辺まちづくりプロジェクト）　奈良県　自然科学分析
・自然科学分析委託（JR 新駅西口駅前広場街路整備交付金事業（繰越）（平城京跡　第 750 次調査）　奈良県　自然科学分析
・史跡古市古墳群峯ヶ塚古墳周濠出土木製品樹種同定業務　大阪府　自然科学分析
・天理山 4 号墳検出赤色顔料分析業務委託　京都府　自然科学分析
・港区三田二丁目町屋跡遺跡出土遺物保存処理　東京都　保存処理
・五町田地内遺跡出土物調査・保存業務　佐賀県　保存処理
・平城京跡　第 758 次調査出土木製品保存処理業務委託　奈良県　保存処理

令和 4 年
・大友氏館跡第 46 次調査土壌の自然科学分析業務委託　大分県　自然科学分析
・中西遺跡第 27 次調査の自然科学分析業務（3）　奈良県　自然科学分析
・下郡遺跡群第 151 次発掘調査に係る自然科学分析　大分県　自然科学分析
・令和 4 年度今治道路埋蔵文化財調査に伴う理化学分析（花粉分析・珪藻分析）業務　愛媛県　自然科学分析
・令和 4 年度管内一円（木津川御幸橋）橋りょう維持修繕業務委託関係遺跡（木津川河床遺跡）出土木製品理化学処理業務　京都府　保存処理
・長崎遺跡木製品保存処理業務委託　福井県　保存処理・自然科学分析
・久宝寺遺跡出土遺物保存処理および各種分析業務　大阪府　保存処理・自然科学分析
・市内遺跡出土木製品保存処理委託　奈良県　保存処理

令和 5 年
・佐賀道路建設に伴う文化財調査に係る出土木製品保存処理業務委託　佐賀県　保存処理・自然科学分析
・令和 5 年度一般国道 312 号大宮峰山道路事業関係遺跡（カンジョガキ遺跡）花粉分析ほか理化学分析業務　京都府　自然科学分析
・妻木平遺跡出土木製品保存処理業務委託　岐阜県　保存処理・自然科学分析
・町内遺跡出土木製品保存処理委託　奈良県　保存処理
・峯ヶ塚古墳出土石見型木製品保存処理（前処理）委託業務　大阪府　保存処理・自然科学分析
・令和 5 年度都市計画道路庄の原佐野線（下郡遺跡群）出土遺物保存処理業務　大分県　保存処理・自然科学分析
・令和 5 年度国道 24 号寺田拡幅事業関係遺跡（水主神社東遺跡）出土木製品理化学処理委託　京都府　保存処理
・恭仁宮跡ほか出土須恵器の蛍光 X 線分析　京都府　自然科学分析
・浜黒崎町畑遺跡外自然科学分析業務　富山県　自然科学分析
・今古賀遺跡群出土土器の脂質分析　福岡県　苅田町　自然科学分析

株式会社 ARIAKE

本　　社	〒 861-4108	熊本県熊本市南区幸田 2 丁目 7 番 1 号	TEL 096-381-4000
玉名支社	〒 865-0061	熊本県玉名市立願寺 189 番 2	TEL 0968-73-3463
天草営業所	〒 863-0001	熊本県天草市本渡町広瀬 2 番地 8	TEL 0969-23-0366
上天草営業所	〒 869-3601	熊本県上天草市松島町今泉 4088 - 8	TEL 0964-26-5901
八代営業所	〒 866-0844	熊本県八代市旭中央通 6 - 6　旭中央ビル 3F	TEL 0965-31-5505
球磨営業所	〒 868-0501	熊本県球磨郡多良木町大字多良木字桑木丸 1521 - 42	TEL 0966-42-8711
福岡営業所	〒 811-3305	福岡県福津市宮司 5 - 24 - 11	TEL 0940-51-5502
山口営業所	〒 754-0002	山口県山口市小郡下郷 23 - 1	TEL 083-972-2590
下関営業所	〒 751-0832	山口県下関市生野町 1 - 5 - 10	TEL 083-251-2008
奈良営業所	〒 630-8115	奈良県奈良市大宮町 1 - 9 - 19　ライズマンション 105 号	TEL 0742-93-5905
関東支社	〒 136-0072	東京都江東区大島 5 - 37 - 14　エクセル大島 802 号	TEL 03-5875-0749
関西支社	〒 550-0012	大阪府大阪市西区売堀 1 - 8　本町立売ビル 6F	TEL 06-6537-7244

■ ホームページ：http://ariake-s.co.jp/

■ メールアドレス：ariake-sou@hyu.bbiq.jp

【設立】昭和 38 年 11 月 29 日

【資本金】10,000 千円

【役員】代表取締役　藤本祐二　　取締役　野田善治　　取締役　松野恭二　　取締役　蒲池弘行
　　　　取締役　　　藤本祐弥　　取締役　馬場文明　　取締役　田中利浩　　取締役　中山哲司
　　　　取締役　　　椎葉和馬

【役職員数】総人員　106 名　　うち文化財部門　7 名

【文化財統括責任者】藤本祐二

【埋蔵文化財調査士】宮崎　拓

【埋蔵文化財調査士補】島浦健生

【日本考古学協会会員】1 名

【日本文化財科学会会員】該当者なし

【日本旧石器学会会員】該当者なし

【学芸員】6 名

【一級土木施工管理技士】13 名

【二級土木施工管理技士】6 名

【測量士】37 名

【測量士補】13 名

【直前一年間の会社の総売上高】

会社の総売上高　1,836,336 千円　　このうち文化財部門の売上高　37,743 千円

（令和 5 年 1 月 1 日～令和 5 年 12 月 31 日）

【業務内容】

（1）文化財部門の業務

　主力業務：試掘調査・本調査・報告書作成遺物整理・報告書作成、遺跡関係測量一般、土器復元・修復保存修理等文化財保存修復

（2）文化財部門以外の業務

　測量業、建設コンサルタント業、補償コンサルタント業、不動産鑑定業

【遺物整理スペース】熊本県熊本市 90 ㎡

【遺物保管スペース】熊本県熊本市 90 ㎡

【直前 3 年間（令和 3 年、令和 4 年、令和 5 年）の主な調査実績】

令和 3 年

・国泰寺跡発掘調査に伴う一次整理及び遺物実測デジタルトレース業務　熊本県　一次整理・図面作成・トレース

・上長田地区中山間地域総合整備事業に伴う前田遺跡埋蔵文化財発掘調査業務　熊本県　4,342 ㎡　本調査

・袈裟尾地区発掘調査測量業務　熊本県　1,280 ㎡　測量・図面作成

・釘﨑 2 号墳実測図作成業務　福岡県　図面作成

・二本木遺跡群第 114 次発掘調査支援業務　熊本県　1,026 ㎡　調査支援

令和 4 年

・上日置女夫木遺跡発掘調査業務　熊本県　122 ㎡　本調査・一次整理・図面作成・トレース・報告書作成

・上日置女夫木遺跡発掘調査業務　熊本県　2050.1 ㎡　本調査・一次整理・図面作成・トレース・報告書作成

・上長田地区中山間地域総合整備事業に伴う前田遺跡埋蔵文化財発掘調査報告書刊行業務　熊本県　一次整理・図面作成・トレース・報告書作成

・塚坊主古墳墳丘確認調査測量支援業務　熊本県　14 ㎡　測量・図面作成、トレース

・玉祥寺遺跡発掘調査遺物実測　熊本県　図面作成

令和 5 年

・上日置女夫木遺跡発掘調査業務　熊本県　324 ㎡　本調査・一次整理・図面作成・トレース・報告書作成

・史跡西南戦争遺跡二俣古閑官軍砲台跡試掘調査業務　熊本県　21 ㎡　試掘調査・測量・図面作成

・宮園 A 遺跡（5 次）埋蔵文化財発掘調査補助業務　熊本県　496 ㎡　本調査・測量・図面作成

・塚坊主古墳墳丘確認調査測量支援業務　熊本県　100 ㎡　測量・図面作成、トレース

・令和 5 年度隈庄遺跡群土層断面オルソ画像作成業務　熊本県　117 ㎡　測量・図面作成、トレース

扇精光コンサルタンツ株式会社

本　　社	〒 851-0134	長崎県長崎市田中町 585 - 4	TEL 095-839-2114
対馬支店	〒 817-0032	長崎県対馬市厳原町久田 352 - 6	TEL 0920-52-7663
諫早支店	〒 854-0072	長崎県諫早市永昌町 18 - 2	TEL 0957-27-1120
佐世保支店	〒 857-1161	長崎県佐世保市大塔町 1266 - 24	TEL 0956-26-1711
福岡支店	〒 815-0032	福岡県福岡市南区塩原 1 丁目 28 - 30	TEL 092-408-2530
島原事業所	〒 859-2503	長崎県南島原市口之津町丁 3750	TEL 0957-86-2901
大村事業所	〒 856-0028	長崎県大村市坂口町 1122 - 17	TEL 0957-54-1423
西海事業所	〒 857-2303	長崎県西海市大瀬戸町瀬戸西濱郷 370 - 1	TEL 0959-33-9015
熊本事業所	〒 862-0913	熊本県熊本市東区尾ノ上 3 丁目 11 - 10　2F - 2	TEL 096-285-8381
鹿児島事業所	〒 890-0026	鹿児島県鹿児島市原良 6 丁目 9 番 8 号	TEL 099-281-1255
大分事業所	〒 870-0046	大分県大分市荷揚町 10 番 13 号　大分法曹ビル 4F	TEL 097-532-0320
宮崎事業所	〒 885-0092	宮崎県都城市南横市町 1043 - 1	TEL 0986-25-1855
佐賀事業所	〒 840-0057	佐賀県佐賀市鍋島町大字八戸 1217 番地 5	TEL 0952-27-5581
雲仙事業所	〒 854-0301	長崎県雲仙市愛野町甲 3687 番地 1	TEL 0957-36-7021

■ ホームページ：http://www.ougis.co.jp/
■ メールアドレス：ougi.consultants@ougis.co.jp

【設立】昭和 33 年 11 月 1 日

【資本金】48,000 千円

【役員】代表取締役社長　安部清美　　専務取締役　扇　祥吾　　事業部長取締役　末長克也

【役職員数】総人員　102 名　　うち文化財部門　4 名

【文化財統括責任者】副島和明

【埋蔵文化財調査士】副島和明　　井立　尚　　織田健吾

【埋蔵文化財調査士補】該当者なし

【日本考古学協会会員】副島和明　　井立　尚

【日本文化財科学会会員】該当者なし

【日本旧石器学会会員】副島和明

【学芸員】井立　尚　　織田健吾　　立木美佳　　船倉景都　　西　公隆

【一級土木施工管理技士】18 名

【二級土木施工管理技士】6 名

【測量士】33 名

【測量士補】32 名

【直前一年間の会社の総売上高】

会社の総売上高　1,655,367 千円　　このうち文化財部門の売上高　55,709 千円

（令和 4 年 5 月 1 日～令和 5 年 4 月 30 日）

【業務内容】

(1)　文化財部門の業務

　　① 試掘調査・本格調査

　　② 石垣調査・3 次元レーザー計測・UAV 撮影

　　③ 遺物整理・遺跡環境変遷解析・報告書作成

　　④ 遺跡関係測量一般

　　⑤ 土器復元・修復・保存修理等文化財保存修復

　　⑥ 史跡整備設計・監理

(2)　文化財部門以外の業務

　　① 建設コンサルタント業

　　② 測量業

　　③ 補償コンサルタント業

【遺物整理スペース】長崎県長崎市 200 ㎡

【遺物保管スペース】長崎県長崎市 200 ㎡

【直前 3 年間（令和 3 年、令和 4 年、令和 5 年）の主な調査実績】

・熊本城北十八間櫓・東十八間櫓台石垣復旧設計業務委託　熊本県　3 次元データ測量・図面作成他

・博多遺跡群第 221 次発掘調査　遺構 3D 計測等業務委託　福岡県　3,500 ㎡　3 次元レーザー計測・遺構実測
　等

・令和 3 年度　岡南部地区発掘調査支援業務　長崎県　2,083 ㎡　発掘調査（調査・測量他）

・山川内遺跡保存目的範囲確認調査サポート業務　長崎県　42 ㎡　発掘調査（調査・測量他）

・山王神社石造物調査業務委託（調査区 3）　長崎県　石造物調査・石垣調査・図面作成等

令和 4 年

・令和 4 年度島原道路建設工事に伴う埋蔵文化財発掘調査業務委託　長崎県　2,052 ㎡　本格調査

・特別名勝温泉岳保存活用計画改定支援業務委託　長崎県　資料調査・現地調査・保存活用計画案作成

・山川内遺跡保存目的範囲確認調査サポート業務　長崎県　42 ㎡　範囲確認調査

・片島魚雷発射試験場跡文化財登録範囲確認調査及び登録支援業務　長崎県　図面作成・3 次元レーザー測量

・市内文化財 3 次元計測業務委託　長崎県　3 次元レーザー測量・3 次元モデル作成・図面作成

令和 5 年

・島原道路（瑞穂吾妻バイパス）建設工事に伴う発掘調査業務委託（上熊崎遺跡）　長崎県　480 ㎡　本格調査

・野崎島集落跡石垣配置図・石垣台帳作成業務委託　長崎県　石垣配置図作成・写真台帳作成

・勝本城跡石垣 3 次元レーザー計測業務　長崎県　275 ㎡　写真撮影・オルソ画像作成

・令和 5 年度特別名勝温泉岳保存活用計画策定支援業務委託　長崎県　報告書作成

・長与皿山窯跡関連遺構発掘調査支援業務委託　長崎県　100 ㎡　本格調査・図面作成

株式会社 九州文化財研究所

本　　社	〒 862-0954	熊本県熊本市中央区神水 1 丁目 32 - 19	TEL 096-381-2267
八代営業所	〒 866-0815	熊本県八代市長田町 3477 - 9	TEL 0965-30-7414
鹿児島営業所	〒 899-5106	鹿児島県霧島市隼人町内山田 1799 - 2	TEL 0995-55-1467
長崎営業所	〒 850-0003	長崎県長崎市片淵 2 丁目 8 - 8　1F 手前	TEL 095-829-1865
四国営業所	〒 763-0074	香川県丸亀市原田町 1733 - 1	TEL 0877-35-7056
佐賀営業所	〒 840-0806	佐賀県佐賀市神園 5 丁目 5 - 26 - 101	TEL 0952-32-5250
福岡営業所	〒 832-0826	福岡県柳川市三橋町高畑 261 - 2 - 106	TEL 0944-73-8180

- ホームページ：http://kyubun.sakura.ne.jp/
- メールアドレス：bunkazai@iwk.bbiq.jp

【設立】平成 5 年 12 月 20 日

【資本金】10,000 千円

【役員】代表取締役会長　徳永和人　　代表取締役社長　真崎伸一　　研究部長　花岡興史
　　　　特別相談役　　　島津義昭

【役職員数】総人員　26 名　　うち文化財部門　19 名

【文化財統括責任者】花岡興史

【埋蔵文化財調査士】島津義昭

【埋蔵文化財調査士補】石橋和久

【日本考古学協会会員】7 名

【日本文化財科学会会員】法人会員

【日本旧石器学会会員】1 名

【学芸員】13 名

【博士（法令による授与機関開示）】3 名　　冨田克敏（京都大学）　　花岡興史（九州大学）
　　　　　　　　　　　　　　　　　　　　　西谷　彰（英国ダラム大学）

【府省共通研究開発管理システム（e-Rad）登録研究者】2 名　　冨田克敏　　花岡興史（研究者番号 70840114）

【文化財 IPM】1 名

【日本地質学会】1 名

【IMA 会員】1 名

【文化財科学会】2 名

【一級土木施工管理技士】2 名

【二級土木施工管理技士】1 名

【測量士】2 名

【測量士補】0 名

【直前一年間の会社の総売上高】
会社の総売上高　287,964 千円　　このうち文化財部門の売上高　287,964 千円
（令和 5 年 3 月 1 日〜令和 6 年 2 月 29 日）

【業務内容】
(1) 文化財部門の業務
　主力業務：試掘調査・本格調査
　その他：遺物整理・遺跡環境変遷解析・報告書作成、遺跡関係測量一般、自然科学分析（石材・土層分析）、
　　土器復元・修復・保存修理等文化財保存修復、史跡整備設計・監理、古文書等の史料解読・分析、博物館・
　　資料館等の展示補助、イベント等の公開事業、文化財関係書籍編集・印刷、文化財を中心とした観光案内
　　書作成、文化財のデジタル処理、文化財関係の出版事業、赤外線写真、白黒写真現像、共同研究（大学・
　　研究機関）、新技術による保存処理（木・石・金属）、寺社等の総合的調査（建築・仏像・宝物・古文書）、
　　大名墓をはじめとする墓所調査、文化財関係の通訳、展示キャプション作成（英語・ハングル・スペイン語）

(2) 研究活動および研究助成
　学位取得者（博士・Ph.D）の派遣及び学際的な研究補助、講演・講義等の講師派遣、学術誌や各自治体史の
　　執筆および資料作成、競争的研究資金（科研費）の獲得のための研究代表者

(3) 文化財部門以外の業務
　一般測量・設計業務

【遺物整理スペース】熊本県熊本市 300 ㎡　　熊本県八代市 100 ㎡　　鹿児島県霧島市 100 ㎡
　　　　　　　　　　香川県丸亀市 100 ㎡　　長崎県長崎市 50 ㎡　　佐賀県佐賀市 20 ㎡
　　　　　　　　　　福岡県柳川市 20 ㎡

【遺物保管スペース】熊本県熊本市 100 ㎡　　熊本県八代市 100 ㎡　　鹿児島県霧島市 100 ㎡
　　　　　　　　　　香川県丸亀市 100 ㎡　　長崎県長崎市 50 ㎡　　佐賀県佐賀市 20 ㎡
　　　　　　　　　　福岡県柳川市 20 ㎡

【直前 3 年間（令和 3 年、令和 4 年、令和 5 年）の主な調査実績】
令和 3 年
・西片乙津南遺跡発掘調査業務委託　熊本県　373.4 ㎡　本調査
・久木野山上地区発掘調査業務　熊本県　3,400 ㎡　本調査
・玉名平野遺跡群発掘調査補助　熊本県　1,248 ㎡　本調査
・川久保遺跡整理・報告書作成支援　鹿児島県
・他多数

令和 4 年
・西片乙津南遺跡発掘調査業務委託　熊本県　171.8 ㎡　本調査
・久木野山上地区発掘調査業務　熊本県　1,692 ㎡　本調査
・球磨川はね発掘調査業務委託　熊本県　861.4 ㎡　本調査
・鶴丸城跡保全整備事業に係る石垣修復後基礎資料等作成業務委託　鹿児島県
・他多数

令和 5 年
・硯川遺跡群発掘調査業務委託　熊本県　13,770 ㎡　本調査
・熊本城文化財調査業務委託　熊本県　石材調査・発掘調査
・球磨川はね発掘調査業務委託　熊本県　500 ㎡　本調査
・久木野山上地区出土遺物等整理業務　熊本県
・他多数

有限会社 九州文化財リサーチ

本　　社　　　〒 870-0901　大分県大分市西新地 1－1－49　　　　　　　TEL 097-503-0285

▨ メールアドレス：bunkazai@oct-net.ne.jp

【設立】平成 7 年 2 月 21 日

【資本金】3,000 千円

【役員】代表取締役　堤　真子

【役職員数】総人員　3 名　　うち文化財部門　3 名

【文化財統括責任者】堤　真子

【埋蔵文化財調査士】該当者なし

【埋蔵文化財調査士補】該当者なし

【日本考古学協会会員】該当者なし

【日本文化財科学会会員】該当者なし

【日本旧石器学会会員】該当者なし

【学芸員】堤　真子

【一級土木施工管理技士】該当者なし

【二級土木施工管理技士】1 名

【測量士】1 名

【測量士補】1 名

【直前一年間の会社の総売上高】
会社の総売上高　42,000 千円　　このうち文化財部門の売上高　42,000 千円
（令和 5 年 4 月 1 日～令和 6 年 3 月 31 日）

【業務内容】

(1) 文化財部門の業務

　主力業務：試掘調査・本格調査

　その他：遺物整理・遺跡環境変遷解析・報告書作成、遺跡関係測量一般、土器復元・修復・保存修理等文化
　　財保存修復、史跡整備設計・監理

(2) 文化財部門以外の業務

　なし

【遺物整理スペース】大分県大分市 130 ㎡

【遺物保管スペース】大分県大分市 99 ㎡

【直前 3 年間（令和 3 年、令和 4 年、令和 5 年）の主な調査実績】

令和 3 年
・令和 3 年度　下郡遺跡第 150 次調査埋蔵文化財発掘調査支援業務委託　大分県　460 ㎡　支援業務
・令和 3 年度　城下町第 33 次調査埋蔵文化財発掘調査支援業務委託　大分県　250 ㎡　支援業務

令和 4 年
・令和 4 年度　県道吉野原犬飼線（木所遺跡第 3 次調査）埋蔵文化財発掘調査支援業務委託　大分県　51 ㎡
　支援業務
・令和 4 年度　左右知遺跡発掘調査業務委託　豊後大野市　1,200 ㎡　支援業務

令和 5 年
・令和 5 年度　大友氏館跡第 48 次確認調査に係る掘削埋戻及び調査記録作成業務委託　大分市　1,600 ㎡　支
　援業務

株式会社 三基

本　　社　　〒852-8134　長崎県長崎市大橋町 22 番 14 号　　　　　　　　TEL 095-847-7171
福岡支店　　〒812-0042　福岡県福岡市博多区豊 1 丁目 5 番 13 号　福岡三基 NS ビル 104
　　　　　　　　　　　　　　　　　　　　　　　　　　　　　　　　　　TEL 092-433-6331
諫早営業所　〒854-0042　諫早市栄田町 3-18 サクセスヒルズ 501　　　　TEL 0957-44-7077
県北営業所　〒859-3927　東彼杵郡東彼杵町地郷 298-6 メロディーハウスⅤ　1 号室
　　　　　　　　　　　　　　　　　　　　　　　　　　　　　　　　　　TEL 0957-47-0070
島原営業所　〒859-1505　長崎県南島原市深江町戊 3044－5　深江小町ビル 101　TEL 0957-72-4182

■ ホームページ：http://www.sanki-nagasaki.co.jp/
■ メールアドレス：yuuji-kidera@sanki-nagasaki.co.jp; tomoo-koga@sanki-nagasaki.co.jp

【設立】昭和 26 年 7 月 10 日

【資本金】20,000 千円

【役員】代表取締役社長　山口雅二　　　代表取締役副社長　山口　希　　　取締役　戸川純一
　　　　取締役　　　　　　村田啓一郎

【役職員数】総人員　76 名　　うち文化財部門　5 名

【文化財統括責任者】村田啓一郎

【埋蔵文化財調査士】該当者なし

【埋蔵文化財調査士補】該当者なし

【日本考古学協会会員】該当者なし

【日本文化財科学会会員】該当者なし

【日本旧石器学会会員】該当者なし

【学芸員】古賀朋緒

【一級土木施工管理技士】28 名

【二級土木施工管理技士】11 名

【測量士】1 名

【測量士補】6 名

【直前一年間の会社の総売上高】
会社の総売上高　2,490,025 千円　　このうち文化財部門の売上高　80,010 千円※繰越含む
（令和 3 年 6 月 1 日〜令和 4 年 5 月 31 日）

【業務内容】
(1)　文化財部門の業務
　主力業務：試掘調査・本格調査
　その他：遺物整理・遺跡環境変遷解析・報告書作成、遺跡関係測量一般、史跡整備設計・監理

(2)　文化財部門以外の業務
　建設業、その他

【遺物整理スペース】長崎県長崎市 100 ㎡

【遺物保管スペース】長崎県長崎市 500 ㎡

【直前 3 年間（令和 3 年、令和 4 年、令和 5 年）の主な調査実績】
令和 3 年
・令和 3 年度　桃山田地区発掘調査支援業務　長崎県　試掘調査
・令和 3 年度　伊古遺跡発掘調査支援業務　長崎県　試掘調査
・菅牟田池遺跡範囲確認調査サポート業務　長崎県　試掘調査

令和 4 年
・令和 4 年度　早岐川河川改修工事に伴う埋蔵文化財発掘調査業務委託（早岐瀬戸遺跡）

令和 5 年
・令和 5 年度　島原道路（瑞穂吾妻バイパス）建設工事に伴う埋蔵文化財発掘調査業務委託（北ノ園遺跡）

新和技術コンサルタント株式会社

本　　社	〒 890-0008	鹿児島県鹿児島市伊敷四丁目 12 番 13 号	TEL 099-218-3633
事業本部	〒 895-0012	鹿児島県薩摩川内市平佐一丁目 107 番地	TEL 0996-25-3155
南薩営業所	〒 897-0006	鹿児島県南さつま市加世田本町 12 番地 14	TEL 0993-52-1225
霧島営業所	〒 899-4311	鹿児島県霧島市国分名波町 4 番 8 号	TEL 0995-46-3800
姶良営業所	〒 899-5431	鹿児島県姶良市西餅田 1041 番地 1	TEL 0995-65-2301
熊本営業所	〒 861-4115	熊本県熊本市南区川尻三丁目 19 番地 5	TEL 096-273-0204
宮崎営業所	〒 889-2153	宮崎県宮崎市学園木花台南三丁目 6 番地 17	TEL 0985-58-1112
佐賀営業所	〒 841-0075	佐賀県鳥栖市立石町 12 番地 146 号	TEL 0942-82-8388
長崎営業所	〒 850-0842	長崎県長崎市新地町 6 番 56 号	TEL 095-822-6886
大分営業所	〒 870-0025	大分県大分市顕徳町二丁目 3 番 21 号	TEL 097-538-3336
福岡営業所	〒 814-0031	福岡県福岡市早良区南庄二丁目 9 番 12 号	TEL 092-832-1771
大島出張所	〒 894-0062	鹿児島県奄美市名瀬有屋町 6 番地 9	TEL 0997-58-8666
名古屋営業所	〒 456-0005	愛知県名古屋市熱田区池内町 6 - 13	TEL 052-872-5765
三重営業所	〒 513-0827	三重県鈴鹿市大池 2 - 16 - 1 - B207	TEL 059-340-1150
静岡営業所	〒 420-0046	静岡県静岡市葵区吉野町 4 - 7	TEL 054-270-5271
沖縄 IT センター	〒 904-1301	沖縄県国頭郡宜野座村字松田 1443 番地	TEL 0996-27-4120

■ ホームページ：https://www.net-shinwa.co.jp
■ メールアドレス：info@net-shinwa.co.jp

【設立】昭和 47 年 1 月 7 日

【資本金】41,800 千円

【役員】代表取締役会長　坂元虎彦　　代表取締役社長　原田隆男　　専務取締役　児玉賢志
　　　　常務取締役　　竹下公二

【役職員数】総人員　79 名　　うち文化財部門　8 名

【文化財統括責任者】山路和雄

【埋蔵文化財調査士】鎌田浩平

【埋蔵文化財調査士補】賦句博隆　　松本益幸

【日本考古学協会会員】該当者なし

【日本文化財科学会会員】該当者なし

【日本旧石器学会会員】該当者なし

【学芸員】鎌田浩平　　江口郁代　　白井菜実

【一級土木施工管理技士】17 名

【二級土木施工管理技士】12 名

【測量士】23 名

【測量士補】15 名

【直前一年間の会社の総売上高】
会社の総売上高　944,885 千円　　このうち文化財部門の売上高　198,100 千円
（令和 5 年 4 月 1 日～令和 6 年 3 月 31 日）

【業務内容】
(1)　文化財部門の業務
　　主力業務：試掘調査・本格調査
　　その他：遺物整理・遺跡環境変遷解析・報告書作成、遺跡関係測量一般、自然科学分析、土器復元・修復・
　　　保存修理等文化財保存修復、史跡整備設計・監理

(2)　文化財部門以外の業務
　　建設コンサルタント業、補償コンサルタント業、測量業、地質調査業、情報通信技術、その他

【遺物整理スペース】鹿児島市伊敷四丁目 12 番 13 号　120 ㎡

【遺物保管スペース】鹿児島市伊敷四丁目 12 番 13 号　60 ㎡

【直前 3 年間（令和 3 年、令和 4 年、令和 5 年）の主な調査実績】
令和 3 年
・久保田牧遺跡　鹿児島県　5,670 ㎡　本調査、遺物整理、測量及び空撮

令和 4 年
・川久保遺跡 A 地点　鹿児島県　27,327 ㎡　報告書作成作業支援、整理作業支援、印刷製本業務

令和 5 年
・名主原遺跡　鹿児島県　3,695 ㎡　本調査、遺物整理、測量及び空撮

株式会社 大信技術開発

本　　社	〒 859-4507	長崎県松浦市志佐町庄野免 940 番地	TEL 0956-72-5128
平戸営業所	〒 859-4801	長崎県平戸市田平町岳崎免 177 番地	TEL 0950-21-1870
佐世保営業所	〒 859-3223	長崎県佐世保市広田 3 丁目 38-46	TEL 0956-27-5440
県央営業所	〒 856-0016	長崎県大村市原町 290 番地 1	TEL 0957-47-5128
雲仙営業所	〒 854-0301	長崎県雲仙市愛野町甲 3995 番地 5	TEL 0957-36-0141
南島原営業所	〒 859-1503	長崎県南島原市深江町丙 1896 番地 43	TEL 0957-65-1977
長崎営業所	〒 852-8134	長崎県長崎市大橋町 3 番 30 号　ケイズⅡビル 202	TEL 095-814-9515
佐賀営業所	〒 843-0012	佐賀県武雄市橘町大字片白 8823 番地	TEL 0954-23-7078
福岡営業所	〒 811-1356	福岡県福岡市南区花畑 2 丁目 17 - 31　205	TEL 092-564-5506
大分営業所	〒 870-0303	大分県大分市大字里 1408 番 1	TEL 097-528-9666
熊本営業所	〒 862-0907	熊本県熊本市東区水源 1 丁目 6 番 15 号	TEL 096-331-6037
鹿児島営業所	〒 891-1304	鹿児島県鹿児島市本名町 3104 番地	TEL 099-294-1115
宮﨑営業所	〒 889-2152	宮崎県宮崎市学園木花台北 2 丁目 15 番地 5	TEL 0985-65-3764
沖縄営業所	〒 901-2213	沖縄県宜野湾市志真志 1 丁目 25 番 15 号 306	TEL 098-870-6270

　▨ メールアドレス：daishin@at.wakwak.com

【設立】昭和 61 年 1 月 16 日

【資本金】10,000 千円

【役員】代表取締役　辻　輝夫

【役職員数】総人員　37 名　　うち文化財部門　27 名

【文化財統括責任者】中島健太郎

【埋蔵文化財調査士】竹田将仁　　横山精士

【埋蔵文化財調査士補】柳田利明

【日本考古学協会会員】該当者なし

【日本文化財科学会会員】該当者なし

【日本旧石器学会会員】該当者なし

【学芸員】9 名

【一級土木施工管理技士】6 名

【二級土木施工管理技士】1 名

【測量士】13 名

【測量士補】2 名

【直前一年間の会社の総売上高】
会社の総売上高　439,970 千円　　このうち文化財部門の売上高　204,800 千円
（令和 4 年 6 月 1 日～令和 5 年 5 月 31 日）

【業務内容】
（1）文化財部門の業務
　　主力業務：試掘調査・本格調査
　　その他：遺物整理・遺跡環境変遷解析・報告書作成、遺跡関係測量一般、自然科学分析、史跡整備設計・監理

（2）文化財部門以外の業務
　　建設コンサルタント業、その他

【遺物整理スペース】佐賀県武雄市 30 ㎡　　　　長崎県松浦市 50 ㎡　　　　長崎県佐世保市 40 ㎡
　　　　　　　　　　長崎県大村市 300 ㎡

【遺物保管スペース】佐賀県武雄市 50 ㎡　　　　長崎県松浦市 30 ㎡　　　　長崎県佐世保市 100 ㎡
　　　　　　　　　　長崎県大村市 350 ㎡

【直前 3 年間（令和 3 年、令和 4 年、令和 5 年）の主な調査実績】
令和 3 年
・一般国道 497 号西九州自動車道埋蔵文化財発掘調査委託業務（石屋洞穴）　長崎県　170 ㎡　本調査
・令和 3 年度早岐川河川改修工事に伴う埋蔵文化財発掘調査業務委託（早岐瀬戸遺跡）JV 請　長崎県　920 ㎡　
　本調査

令和 4 年
・令和 4 年度島原道路（出平有明バイパス）建設工事に伴う埋蔵文化財発掘調査業務委託（下雨粒木遺跡・楠
　沢上遺跡）　長崎県　1,905 ㎡　本調査
・令和 4 年度早岐瀬戸遺跡土層図デジタルトレース等作成業務委託　長崎県　土層図面 200 点　土層図デジタ
　ルトレース
・令和 4 年度早岐瀬戸遺跡出土遺物図化等業務　長崎県　遺物実測 300 点　遺物図化
・令和 4 年度埋蔵文化財資料整理支援業務委託 R4-1（ｷﾅｸﾞﾅｰﾜﾝﾀﾞｰ遺跡）　遺物実測 65 点等　沖縄県
　資料整理
・令和 4 年度佐世保要塞砲兵連隊遺跡発掘調査支援業務　長崎県　400 ㎡　本調査支援

令和 5 年
・令和 5 年度早岐川河川改修工事に伴う埋蔵文化財発掘調査業務委託（早岐瀬戸遺跡）長崎県　1190.0 ㎡　本
　調査
・令和 5 年度早岐川河川改修工事に伴う早岐瀬戸遺跡発掘調査出土遺物整理業務委託　長崎県　コンテナ 365
　箱　遺物整理
・令和 5 年度早岐瀬戸遺跡出土遺物図化等業務　長崎県　300 点　遺物実測・写真撮影・トレース
・一般国道 206 号道路改良工事（遺跡分布調査業務委託）長崎県　5.62ha　遺跡分布調査
・令和 5 年度宮ノ前遺跡（隣接地）埋蔵文化財試掘調査業務委託　長崎県　75 ㎡　試掘

大福コンサルタント株式会社

本　　社	〒890-0068	鹿児島県鹿児島市東郡元町 17 番 15 号	TEL 099-251-7075
福岡支店	〒812-0013	福岡県福岡市博多区博多駅東 2 丁目 6 番 28 号　ユナイト博多ビル 3 階	
			TEL 092-432-5003
佐賀支店	〒840-0801	佐賀県佐賀市駅前中央 2 - 2 - 21 - 301	TEL 0952-36-3130
大分支店	〒897-0815	大分県大分市南春日町 2 - 30 - 202	TEL 0975-73-6166
長崎支店	〒850-0032	長崎県長崎市興善町 4 - 6 - 804	TEL 095-832-2275
熊本支店	〒862-0941	熊本県熊本市出水 1 - 25　サントビル 3A - 2	TEL 096-211-4335
宮崎支店	〒880-0021	宮崎県宮崎市清水 1 丁目 3 番 20 号サーパス宮崎セントマークス 302 号	
			TEL 0985-26-8481
大隅支店	〒899-7103	鹿児島県志布志市志布志町志布志 2 丁目 2-11	TEL 099-479-4230
北薩支店	〒895-1813	鹿児島県薩摩郡さつま町轟町 26 - 7	TEL 0996-53-3931
加世田支店	〒897-0001	鹿児島県南さつま市加世田村原 2 - 18 - 2	TEL 0993-52-1477
日置支店	〒899-3307	鹿児島県日置市吹上町花熟里 225	TEL 099-245-1685
霧島支店	〒899-4332	鹿児島県霧島市国分福島一丁目 18 番 7 号	TEL 0995-45-8106
薩摩川内支店	〒895-0026	鹿児島県薩摩川内市東向田町 3 - 13 青山ビル 201	TEL 0996-20-8645
姶良支店	〒899-5656	鹿児島県姶良市西姶良四丁目 20 番 6 号	TEL 0995-67-6656

- ホームページ：https://daifuku-consultant.co.jp
- メールアドレス：daifuku@po.minc.ne.jp

【設立】昭和 48 年 10 月 1 日

【資本金】10,000 千円

【役員】
代表取締役社長	福田真也	代表取締役副社長	福田和志	取締役副社長	渡邉敏晴
常務取締役	久米村孝	取締役技術顧問	岩屋信一郎	取締役技術顧問	松本和信
取締役技術部長	前田公平	取締役業務推進部長	川野千尋	取締役技術第一部長	叶　晋二
取締役調査部長	吉村弘幸	取締役	福田美穂子	監査役	福田朋子

【役職員数】総人員　111 名　　このうち文化財部門　8 名

【文化財統括責任者】上田　耕

【埋蔵文化財調査士】上田　耕　　倉本るみ子

【埋蔵文化財調査士補】該当者なし

【日本考古学協会会員】上田　耕　　倉本るみ子

【日本文化財科学会会員】該当者なし

【日本旧石器学会会員】倉本るみ子

【学芸員】上田耕　　倉本るみ子　　早瀬　航　　脇田陸任　　吉田伶音

【一級土木施工管理技士】26 名

【二級土木施工管理技士】6 名

【測量士】32 名

【測量士補】31 名

【直前1年間の会社の総売上高】
会社の総売上高　1,651,337千円　　このうち文化財部門の売上高　45,929千円
（令和4年10月01日〜令和5年9月30日）

【業務内容】
(1)　文化財部門の業務
　　主力業務：試掘調査・本調査、遺物整理・遺跡環境変遷解析・報告書作成、遺跡関係測量一般、土器復元・修復・
　　　保存修理等文化財保存修復、史跡整備設計・監理、保存活用等各種計画・調査

(2)　文化財部門以外の業務
　　建設コンサルタント業（道路・構造物部門、農業土木部門）、補償コンサルタント業、その他

【遺物整理スペース】鹿児島市東郡元町17番15号　210㎡　　　　　　鹿児島市真砂町32番2号　120㎡

【遺物保管スペース】鹿児島市東郡元町17番15号　210㎡

【直前3年間（令和3年、令和4年、令和5年）の主な調査実績】
令和3年
・久保田牧遺跡出土遺物実測図等作成業務委託　鹿児島県　石器実測・トレース
・寺山炭窯跡周辺斜面地本復旧調査設計業務委託　鹿児島県　災害復旧調査・設計
・久保田牧遺跡埋蔵文化財整理作業及び報告書作成作業業務委託　鹿児島県　整理作業、報告書作成作業、遺
　物復元・修復、遺構デジタルトレース、遺物図面作成・トレース
・清水磨崖仏大五輪塔三次元測量及び温度変化観測業務委託　鹿児島県　調査（赤外線温度変化観測）、測量（写
　真計測）、三次元モデル復元、図化
・下桃木渡瀬遺跡出土石器遺物実測図等作成業務委託　鹿児島県　石器実測・トレース
・鹿児島島津家墓所（垂水島津家墓所）災害復旧測量調査設計業務委託　鹿児島県　調査・予備設計
・市内製鉄関連遺跡に係る金属遺物分析業務委託　宮崎県　顕微鏡組織・化学分析
・3にぎわい回廊整備設計委託（日本遺産工区）鹿児島県　現地調査・資料収集整理・サイン設計

令和4年
・身延山大学科学研究費助成事業採択研究協力事業　山梨県　旧石器時代の集石等観察・分析
・名主原遺跡発掘調査に伴う測量・遺構実測図作成業務委託　鹿児島県　測量・図化
・知覧城本丸跡3次元測量地質調査業務委託　鹿児島県　測量調査　地質調査
・石鉢谷B遺跡出土石器遺物実測等作成業務委託　鹿児島県　石器実測・トレース
・鹿児島市本庁本館（国登録有形文化財）レリーフ調査業務委託　鹿児島県　損傷調査・図化・釉薬等成分分析
・知覧城本丸跡養生工事設計業務委託　鹿児島県　災害復旧養生工設計
・陸軍四式戦闘機「疾風」計測解析図化業務委託　鹿児島県　測量計測・図化トレース
・本願寺鹿児島別院上町出張所建替え工事に伴う春日町遺跡の発掘調査及び整理・報告書作成業務委託　鹿児
　島県　発掘調査・整理作業・報告書作成
・垂水島津家墓所災害復旧墓石取上げ作業業務委託　鹿児島県　測量図化、発掘調査による墓石取上げ作業と
　損傷調査
・知覧城本丸跡復旧工事設計業務委託　鹿児島県　災害復旧工設計

令和5年
・寺山炭窯跡石積崩落応急対策業務委託　鹿児島県　測量・設計
・名主原遺跡発掘調査に伴う測量・遺構実測図作成業務委託　鹿児島県　測量・図化
・飯倉神社宝物和鏡等実測図作成業務委託　鹿児島県　図化トレース
・飯倉神社玉依姫陵実測業務委託　鹿児島県　測量・図化
・垂水海軍航空隊地下壕三次元計測及び浜平・柊原地区戦跡等悉皆調査業務委託　鹿児島県　地下壕調査・地
　下壕周辺悉皆調査・聞取り調査・地下壕測量
・垂水島津家墓所災害復旧墓石取上業務委託　鹿児島県　災害復旧に向けての調査・計画作成　委員会運営補
　助
・門口遺跡発掘調査業務委託　鹿児島県　発掘調査　測量　土工

株式会社 タップ

本　　　社　　　〒 902-0073　沖縄県那覇市字上間 210 - 4　　　　　TEL 098-867-8838
中部支店　　　〒 903-0125　沖縄県西原町上原 1 - 8 - 6　　　　　　TEL 098-946-0331
八重山支店　　〒 907-0002　沖縄県石垣市字真栄里 198 - 5　　　　　TEL 0980-83-5906

■ ホームページ：https://tap1988.jp
■ メールアドレス：tap1988@woody.ocn.ne.jp

【設立】昭和 63 年 6 月 1 日

【資本金】10,000 千円

【役員】代表取締役社長　小濱定和　　取締役　小浜虎造　　取締役　小濱匠太
　　　　取締役　　　　　　小濱恵子

【役職員数】総人員　4 名　　うち文化財部門　1 名

【文化財統括責任者】小浜虎造

【埋蔵文化財調査士】該当者なし

【埋蔵文化財調査士補】該当者なし

【日本考古学協会会員】該当者なし

【日本文化財科学会会員】該当者なし

【日本旧石器学会会員】該当者なし

【学芸員】該当者なし

【一級土木施工管理技士】0 名

【二級土木施工管理技士】0 名

【測量士】0 名

【測量士補】1 名

【直前一年間の会社の総売上高】
会社の総売上高　109,859 千円　　このうち文化財部門の売上高　0 千円
（令和 4 年 7 月 1 日～令和 5 年 6 月 30 日）

【業務内容】
(1)　文化財部門の業務
　　主力業務：遺跡関係測量一般

(2)　文化財部門以外の業務
　　補償コンサルタント業、その他

【遺物整理スペース】沖縄県西原町 100 ㎡

【遺物保管スペース】沖縄県西原町 100 ㎡

【直前 3 年間（令和 3 年、令和 4 年、令和 5 年）の主な調査実績】
令和 3 年
・なし

令和 4 年
・なし

令和 5 年
・なし

【直前一年間の会社の総売上高】
会社の総売上高　109,859 千円　　このうち文化財部門の売上高　0 千円
（令和 4 年 7 月 1 日～令和 5 年 6 月 30 日）

有限会社 ティガネー

本　　社	〒901-0146	沖縄県那覇市具志1丁目13番1号	TEL 098-943-3228
南風原支店	〒901-1117	沖縄県島尻郡南風原町字津嘉山1657番地1	TEL 098-889-0707
宜野湾営業所	〒901-2202	沖縄県宜野湾市普天間2丁目15-17-202	TEL 098-896-1316

■ ホームページ：https://www.tiganeh.com/
■ メールアドレス：tiganee@vanilla.ocn.ne.jp

【設立】平成17年1月21日

【資本金】3,000千円

【役員】代表取締役　井上俊夫　　取締役　川端博明

【役職員数】総人員　21名　　うち文化財部門　10名

【文化財統括責任者】吉岡　宏

【埋蔵文化財調査士】吉岡　宏　　安次嶺幸太

【埋蔵文化財調査士補】譜久里昌代　　喜屋武朋子　　山岸遼士

【日本考古学協会会員】川端博明

【日本文化財科学会会員】該当者なし

【日本旧石器学会会員】該当者なし

【学芸員】川端博明　　吉岡　宏　　安次嶺幸太　　仲大底和希　　島乃南緒

【一級土木施工管理技士】4名

【二級土木施工管理技士】3名

【測量士】2名

【測量士補】5名

【直前一年間の会社の総売上高】
会社の総売上高　374,109千円　　このうち文化財部門の売上高　198,000千円
（令和4年7月1日〜令和5年6月30日）

【業務内容】
（1）文化財部門の業務
　主力業務：試掘調査・本格調査
　その他：遺物整理・遺跡環境変遷解析・報告書作成、遺跡関係測量一般、自然科学分析、土器復元・修復・
　　保存修理等文化財保存修復

（2）文化財部門以外の業務
　建設業　測量業、その他

【遺物整理スペース】沖縄県島尻郡南風原町 50 ㎡　　　　那覇市上間 20 ㎡

【遺物保管スペース】沖縄県那覇市具志 32 ㎡

【直前 3 年間（令和 3 年、令和 4 年、令和 5 年）の主な調査実績】
令和 3 年
・令和 3 年度　那覇航空基地新庁舎建設事業に伴う埋蔵文化財発掘調査業務委託　沖縄県　150 ㎡　本調査
・伊江御殿別邸庭園整備事業に伴う埋蔵文化財試掘調査業務委託　沖縄県　37 ㎡　試掘調査
・令和 3 年度首里金城町細街路整備事業に伴う埋蔵文化財発掘調査業務委託　沖縄県　90 ㎡　本調査
・令和 3 年度　津嘉山地区等埋蔵文化財確認調査支援業務委託　沖縄県　135 ㎡　試掘調査
・真栄里兼久原遺跡試掘調査支援業務　沖縄県　490 ㎡　試掘調査
・R3 沖縄気象台糸数レーダ局舎建替工事に伴う埋蔵文化財発掘調査支援委託業務　沖縄県　96 ㎡　本調査
・令和 3 年度首里金城町細街路整備事業に伴う埋蔵文化財発掘調査（資料整理）業務委託　沖縄県　遺物整理
・埋蔵文化財資料整理支援委託業務 R3-2（根石グスク周辺遺跡ほか）　沖縄県　遺物整理
・遺物実測業務委託（西普天間住宅地区）　沖縄県　遺物整理
・平敷屋トゥバル遺跡緊急発掘調査委託　沖縄県　3,500 ㎡　本調査

令和 4 年
・沖縄気象台糸数気象レーダ局舎建替工事に伴う発掘調査報告書作成支援委託業務　沖縄県　報告書作成
・嘉手納公園再整備に係る埋蔵文化財発掘調査資料整理支援委託業務　沖縄県　報告書作成
・喜友名後原丘陵古墓群　資料整理業務委託（基地内遺跡ほか発掘調査）　沖縄県　遺物整理
・糸満与那原線（平和の道線）改良事業に伴う名城遺跡資料整理支援業務（R4）　沖縄県　報告書作成
・令和 4 年度津嘉山地区等埋蔵文化財確認調査報告書作成支援業務委託　沖縄県　報告書作成
・令和 4 年度　糸数城跡園路整備予定箇所試掘調査委託業務　沖縄県 158 ㎡　試掘調査
・真栄里兼久原遺跡・川田原貝塚試掘調査支援業務　沖縄県　245 ㎡　試掘調査
・令和 4 年度　大嶺村跡試掘調査業務委託　沖縄県　54 ㎡　試掘調査
・南風原町内遺跡試掘調査　沖縄県　135 ㎡　試掘調査

令和 5 年
・屋良城跡公園再整備に係る埋蔵文化財予備調査委託業務　沖縄県　1,710 ㎡　確認調査
・普天間飛行場周辺まちづくり事業に伴う埋蔵文化財資料整理業務委託　沖縄県　遺物整理
・令和 5 年度　糸数城跡園路整備予定箇所試掘調査委託業務　沖縄県　54 ㎡　試掘調査
・令和 5 年度　首里金城町細街路整備事業に伴う埋蔵文化財発掘調査業務委託　沖縄県　12 ㎡　本調査
・令和 5 年度　大嶺村跡試掘調査業務委託（消防庁舎）　沖縄　27 ㎡　試掘調査
・第 32 軍司令部壕詳細調査委託業務（R5-3）　沖縄県　165 ㎡　試掘調査
・令和 5 年度　沖縄県鉄道与那原駅跡確認発掘調査支援業務　沖縄県　30 ㎡　試掘調査
・真志喜古墓群改葬に伴う緊急発掘調査支援業務委託（基地内遺跡ほか発掘調査）　沖縄県　950 ㎡　本調査

株式会社 埋蔵文化財サポートシステム

本　社	〒 849-0924	佐賀県佐賀市新中町 1 番 7 号	TEL 0952-31-2033
福岡支店	〒 818-0034	福岡県筑紫野市美しが丘南 7 丁目 6 番 5	TEL 092-927-0217
長崎支店	〒 852-8114	長崎県長崎市橋口町 16 番 21 号　小笹ビル 2F	TEL 095-860-0116
熊本支店	〒 861-4106	熊本県熊本市南区南高江 6 丁目 11 番 40 号	TEL 096-288-5255
大分支店	〒 870-0942	大分県大分市大字羽田 199 番地 1	TEL 097-524-5152
鹿児島支店	〒 899-4332	鹿児島県霧島市国分中央 1 丁目 10 番 7 号	TEL 0995-47-5814
沖縄支店	〒 901-2203	沖縄県宜野湾市野嵩 2 丁目 33‐15　コーポマルタ 201 号室	TEL 098-893-8085
宮崎営業所	〒 880-0835	宮崎県宮崎市阿波岐原町前浜 4276 番 762	TEL 0985-38-4004

- ■ ホームページ：http://www.mbss.jp/
- ■ メールアドレス：saga@mbss.jp

【設立】平成元年 11 月 18 日

【資本金】15,000 千円

【役員】
代表取締役会長　脇山亨治　　代表取締役社長　松尾信正　　常務取締役　栗原孝徳
取締役　　　　　山口勝也　　取締役　　　　　脇山章治　　取締役　　　脇山章太
取締役　　　　　久田ツヤ子

【役職員数】総人員　76 名　　うち文化財部門　61 名

【文化財統括責任者】松尾信正

【埋蔵文化財調査士】小石龍信　　大坪芳典　　中田裕樹　　立神勇志
平島義孝　　本村実季子

【埋蔵文化財調査士補】内田賢一　　青木翔太郎　　立石和也　　松﨑卓郎

【日本考古学協会会員】小石龍信　　松﨑卓郎　　大坪芳典　　平島義孝　　立神勇志
中田裕樹　　東中川忠美

【日本文化財科学会会員】該当者なし

【日本旧石器学会会員】立神勇志

【学芸員】
浅久野あゆ子　　小石龍信　　本田晶子　　松﨑卓郎　　中田裕樹　　大坪芳典
作田清恵　　　　坂井靖奈　　竹田ゆかり　立神勇志　　沖野沙和美　青木翔太郎
本村実季子　　　冨永朋実　　中村耕治　　立石和也　　井手基子　　本田秀樹
水之浦宗一郎　　伊勢戸文　　山本紗希　　白澤祐子　　金田由紀子

【一級土木施工管理技士】5 名

【二級土木施工管理技士】6 名

【測量士】6 名

【測量士補】12 名

【直前一年間の会社の総売上高】
会社の総売上高　638,132 千円　　このうち文化財部門の売上高　445,154 千円
（令和 4 年 11 月 1 日～令和 5 年 10 月 31 日）

【業務内容】
(1)　文化財部門の業務
　　主力業務：試掘調査・本格調査
　　その他：遺物整理・遺跡環境変遷解析・報告書作成、遺跡関係測量一般、自然科学分析、土器復元・修復・
　　保存修理等文化財保存修復、史跡整備設計・監理

(2)　文化財部門以外の業務
　　その他

【遺物整理スペース】佐賀県佐賀市 80 ㎡　　　　福岡県筑紫野市 50 ㎡　　　長崎県長崎市 20 ㎡
　　　　　　　　　　大分県大分市 2 ㎡　　　　　熊本県熊本市 80 ㎡　　　　鹿児島県霧島市 20 ㎡
　　　　　　　　　　沖縄県宜野湾市 142 ㎡

【遺物保管スペース】佐賀県佐賀市 70 ㎡　　　　福岡県筑紫野市 90 ㎡　　　長崎県長崎市 20 ㎡
　　　　　　　　　　大分県大分市 3 ㎡　　　　　熊本県熊本市 50 ㎡　　　　鹿児島県霧島市 15 ㎡
　　　　　　　　　　沖縄県宜野湾市 86 ㎡

【直前 3 年間（令和 3 年、令和 4 年、令和 5 年）の主な調査実績】
令和 3 年
・令和 3 年度　鎮西山城跡発掘調査業務委託　佐賀県　1,650 ㎡　支援業務
・竹松駅前原口線道路改良工事に伴う聖宝寺跡埋蔵文化財発掘調査業務委託　長崎県　2,300 ㎡　発掘調査
・令和 3 年度　立出遺跡埋蔵文化財発掘調査支援業務委託　大分県　4,600 ㎡　支援業務
・谷山第三地区土地区画整理事業に伴う堂園遺跡緊急発掘調査業務委託　鹿児島県　4,441 ㎡　発掘調査

令和 4 年
・下設 3 補第 2 号基山汚水ポンプ場実施設計に伴う第 2 期文化財調査業務委託　佐賀県　522 ㎡　支援業務
・令和 4 年度　鎮西山城跡発掘調査業務委託　佐賀県　1,650 ㎡　支援業務
・谷山第三地区土地区画整理事業に伴う堂園遺跡緊急発掘調査業務委託　鹿児島県　1,463 ㎡　発掘調査
・令和 4 年度開南小学校給食調理場改築に係る埋蔵文化財発掘調査業務委託　沖縄県　570 ㎡　発掘調査
・史跡浦添城跡保存整備事業に伴う発掘支援業務委託　沖縄県　109 ㎡　支援業務

令和 5 年
・令和 5 年度　宮田地区発掘調査支援業務　雲仙市　1,150 ㎡　発掘調査
・御館跡西側石垣（南天端）発掘調査支援業務委託　人吉市　92.8 ㎡　発掘調査
・野嵩スディバナビラ石畳道における範囲確認調査業務委託（基地内遺跡ほか発掘調査）　宜野湾市　150 ㎡
　発掘調査
・令和 5 年度南第一地区区画整理埋蔵文化財発掘調査事業（その 2）に伴う発掘支援業務委託（西前田原）　浦
　添市　2,690 ㎡　発掘調査

八洲開発株式会社

本　　社　　　〒862-0920　熊本県熊本市東区月出 1 丁目 1 番 52 号　　　　　TEL 096-384-3225
機材センター　〒869-1205　熊本県菊池市旭志川辺 1126 - 1　熊本北工業団地内　　TEL 0968-37-2941

　■ ホームページ：https://www.yashima-geo.co.jp/
　■ メールアドレス：info@yashima-geo.co.jp

【設立】昭和 34 年 4 月 1 日

【資本金】20,000 千円

【役員】代表取締役社長　中川　廣　　取締役執行役員　村田賢彦
　　　　取締役執行役員　井形秀一　　執行役員　　　　岡崎英児
　　　　執行役員　　　　中田　卓

【役職員数】総人員　39 名　　うち文化財部門　3 名

【文化財統括責任者】木﨑康弘

【埋蔵文化財調査士】木﨑康弘

【埋蔵文化財調査士補】該当者なし

【日本考古学協会会員】木﨑康弘

【日本文化財科学会会員】該当者なし

【日本旧石器学会会員】木﨑康弘

【学芸員】中川　廣　　木﨑康弘

【一級土木施工管理技士】7 名

【二級土木施工管理技士】5 名

【測量士】2 名

【測量士補】4 名

【直前一年間の会社の総売上高】
会社の総売上高　471,338 千円　　このうち文化財部門の売上高　6,966 千円
（令和 5 年 4 月 1 日〜令和 6 年 3 月 31 日）

【業務内容】

(1) 文化財部門の業務

主力業務：遺物整理・遺跡環境変遷解析・報告書作成

その他：試掘調査・本格調査、遺跡関係測量一般、自然科学分析

(2) 文化財部門以外の業務

建設業、地質調査業、建設コンサルタント（地質部門）、測量業

【遺物整理スペース】熊本県熊本市 35 ㎡

熊本県菊池市 44 ㎡

【遺物保管スペース】熊本県熊本市 35 ㎡

熊本県菊池市 30 ㎡

【直前 3 年間（令和 3 年、令和 4 年、令和 5 年）の主な調査実績】

令和 3 年

・立石遺跡群第 8 次調査遺構図作成　熊本県　遺構図版下作成、遺物垂直分布図作成

・令和 3 年度菊之池 A 遺跡民間開発に伴う発掘調査測量委託業務　熊本県　測量、メッシュ杭設置、遺構実測、遺物取上げ

・水城跡地中レーダー探査業務　福岡県　地中レーダー探査（探査ピッチ 50cm 間隔）

令和 4 年

・宇土城跡地中レーダー探査業務委託　熊本県　地中レーダー探査（20m × 3 本）

・国営圃場整備事業に伴う埋蔵文化財確認調査支援業務委託　熊本県　調査作業、測量、トレンチ 47 箇所、記録作業、プラント・オパール分析、出土物整理

令和 5 年

・益城東西線道路拡幅に伴う大辻遺跡埋蔵文化財発掘調査業務委託　熊本県　4 級水準測量、遺構平面実測、メッシュ杭設置、空中写真撮影、土工、発掘調査

表紙：辰野町沢尻東原遺跡　焼町式土器
　　　（原図から色調を補正したうえで切り抜きして掲載）
画像提供：一般財団法人 長野県文化振興事業団長野県埋蔵文化財センター

埋蔵文化財調査要覧　令和6年度

令和6年7月31日 発行

監　　　修　　公益社団法人 日本文化財保護協会

〒103-0006　東京都中央区日本橋富沢町 10-13-301
電話 03（6206）2190　　FAX 03（6206）2191
http://www.n-bunkazaihogo.jp/　　e-mail info@n-bunkazaihogo.jp

編集・発行　　株式会社 ニューサイエンス社

〒153-0051　東京都目黒区上目黒 3-17-8
電話 03（5720）1163　FAX 03（5720）1166
http://www.hokuryukan-ns.co.jp/　e-mail hk-ns2@hokuryukan-ns.co.jp

ISBN978-4-8216-0617-7　C0060